EDUCAÇÃO PARA DEMOCRACIA
PROPOSTAS PARA UM PAÍS EM CRISE

BEATRIZ CUNHA

Prefácio
Daniel Sarmento

Apresentação
Luís Roberto Barroso

EDUCAÇÃO PARA DEMOCRACIA
PROPOSTAS PARA UM PAÍS EM CRISE

Belo Horizonte
FÓRUM
CONHECIMENTO JURÍDICO
2025

© 2025 Editora Fórum Ltda.

É proibida a reprodução total ou parcial desta obra, por qualquer meio eletrônico, inclusive por processos xerográficos, sem autorização expressa do Editor.

Conselho Editorial

Adilson Abreu Dallari
Alécia Paolucci Nogueira Bicalho
Alexandre Coutinho Pagliarini
André Ramos Tavares
Carlos Ayres Britto
Carlos Mário da Silva Velloso
Cármen Lúcia Antunes Rocha
Cesar Augusto Guimarães Pereira
Clovis Beznos
Cristiana Fortini
Dinorá Adelaide Musetti Grotti
Diogo de Figueiredo Moreira Neto (*in memoriam*)
Egon Bockmann Moreira
Emerson Gabardo
Fabrício Motta
Fernando Rossi
Flávio Henrique Unes Pereira
Floriano de Azevedo Marques Neto
Gustavo Justino de Oliveira
Inês Virgínia Prado Soares
Jorge Ulisses Jacoby Fernandes
Juarez Freitas
Luciano Ferraz
Lúcio Delfino
Marcia Carla Pereira Ribeiro
Márcio Cammarosano
Marcos Ehrhardt Jr.
Maria Sylvia Zanella Di Pietro
Ney José de Freitas
Oswaldo Othon de Pontes Saraiva Filho
Paulo Modesto
Romeu Felipe Bacellar Filho
Sérgio Guerra
Walber de Moura Agra

FÓRUM
CONHECIMENTO JURÍDICO

Luís Cláudio Rodrigues Ferreira
Presidente e Editor

Coordenação editorial: Leonardo Eustáquio Siqueira Araújo
Thaynara Faleiro Malta
Revisão: Pauliane Santos Coelho
Capa, projeto gráfico e diagramação: Walter Santos

Rua Paulo Ribeiro Bastos, 211 – Jardim Atlântico – CEP 31710-430
Belo Horizonte – Minas Gerais – Tel.: (31) 99412.0131
www.editoraforum.com.br – editoraforum@editoraforum.com.br

Técnica. Empenho. Zelo. Esses foram alguns dos cuidados aplicados na edição desta obra. No entanto, podem ocorrer erros de impressão, digitação ou mesmo restar alguma dúvida conceitual. Caso se constate algo assim, solicitamos a gentileza de nos comunicar através do *e-mail* editorial@editoraforum.com.br para que possamos esclarecer, no que couber. A sua contribuição é muito importante para mantermos a excelência editorial. A Editora Fórum agradece a sua contribuição.

Dados Internacionais de Catalogação na Publicação (CIP) de acordo com ISBD

C972e	Cunha, Beatriz Educação para democracia: propostas para um país em crise / Beatriz Cunha. Belo Horizonte: Fórum, 2025. 316 p. 14,5x21,5cm ISBN impresso 978-65-5518-941-4 ISBN digital 978-65-5518-940-7 1. Direito constitucional. 2. Educação. 3. Democracia. 4. Retrocesso democrático. 5. Crise constitucional. 6. Cultura constitucional. 7. Educação cívica. 8. Educação de gênero. 9. Educação antirracista. 10. Currículo escolar. I. Título. CDD: 342 CDU: 342

Ficha catalográfica elaborada por Lissandra Ruas Lima – CRB/6 – 2851

Informação bibliográfica deste livro, conforme a NBR 6023:2018 da Associação Brasileira de Normas Técnicas (ABNT):

CUNHA, Beatriz. *Educação para democracia*: propostas para um país em crise. Belo Horizonte: Fórum, 2025. 316 p. ISBN 978-65-5518-941-4.

A Andréa, Marco Antônio, Julia e Alexandre, com amor.

AGRADECIMENTOS

Fomos acostumados a pensar que as relações sociais constroem-se com base na presença física, no olho no olho e nas conversas despretensiosas. Até alguns anos atrás, tendíamos a atribuir as conexões construídas à distância como frágeis e as aulas remotas como superficiais. Felizmente, a publicação desta obra, fruto da minha dissertação de Mestrado no Programa de Pós-Graduação em Direito da Universidade do Estado do Rio de Janeiro (UERJ), mostra que as expectativas estavam erradas.

Tive meu Mestrado atravessado pela pandemia da covid-19 e integrei a turma que cursou as aulas integralmente à distância (2020-2023). Mesmo sem as aulas presenciais e sem os cafés nos intervalos, conseguimos superar a frieza das chamadas de vídeo, construir conexões verdadeiras e ter debates de excelência. Foram essas relações que, em meio ao isolamento social e às inseguranças da vida acadêmica, fizeram com que eu me sentisse acolhida e apoiada. Por isso, faço um agradecimento preliminar a todos do Programa de Pós-Graduação em Direito (PPGD) da UERJ, incluindo professores, servidores e alunos, pela dedicação, carinho e sensibilidade durante o período de emergência sanitária. Faço isso em nome dos professores que compõem o maior time de publicistas do país: Luís Roberto Barroso, Daniel Sarmento, Ana Paula de Barcellos, Jane Reis, Gustavo Binenbojm e Rodrigo Brandão.

Como não poderia deixar de ser, faço um agradecimento especial ao professor Daniel Sarmento, que orientou a minha dissertação de Mestrado, é responsável por diversos *insights* constantes aqui e me deu a honra de escrever o prefácio desta obra. Como se verá, defendo que a educação deve formar pessoas dotadas de espíritos críticos, questionadores e aptos a fazer reflexões com autonomia. Daniel Sarmento é um dos professores que promovem isso em seus alunos. Em seus textos, aulas e orientações, ele contrasta a beleza do texto constitucional com a realidade, nos faz enxergar além do óbvio e nos ensina a pensar fora da caixa. Sou eternamente grata por essa virada de chave que Sarmento provocou na minha formação.

Faço também um agradecimento especial ao professor Luís Roberto Barroso. Barroso me inspirou a escolher o tema deste livro, com seu hábito de mirar o futuro e se debruçar sobre questões centrais para o progresso do país. Depois, abriu as portas do seu gabinete e salas de aula para mim, me oportunizando conviver e aprender com um jurista fora da curva, um ministro obstinado em fazer o que é justo e um professor apaixonado pelo que faz. Nesta obra, Barroso ainda me deu a honra de apresentar, com generosos elogios, o meu primeiro livro.

Agradeço, ainda, aos professores Jane Reis, Conrado Hübner e Guilherme Martins. Jane Reis é o oráculo em pessoa, dona de uma bagagem interminável de leitura e de um grande pensamento crítico. Além de um notável professor, Conrado Hübner se tornou um dos maiores pensadores e defensores da democracia neste período de crise, sendo autor de corajosos artigos, colunas e *tweets* que denunciam – e freiam – práticas autoritárias e antirrepublicanas. Por essas razões, Jane e Conrado foram escolhidos a dedo para fazer parte da minha banca de Mestrado e fizeram valiosas sugestões, que foram devidamente incorporadas a esta obra. Guilherme Martins, por sua vez, foi quem me abriu as portas do mundo acadêmico na gloriosa Faculdade Nacional de Direito. Em tempos em que eu ainda me dedicava ao direito civil, foi ele quem me introduziu à pesquisa, à docência e com quem eu escrevi a minha primeira publicação. É possível que, se não fosse ele, eu não estivesse aqui.

Faço também um agradecimento especial à Defensoria Pública do Estado do Rio de Janeiro. A Defensoria é a minha grande paixão, a carreira que eu escolhi e que me permite lutar por um mundo mais livre, justo e democrático. Foi a Defensoria que me proporcionou a lente pela qual eu enxergo a vida e escrevi esta obra.

Por fim, mas não menos importante, agradeço imensamente à minha família. Meus pais, Andréa e Marco Antônio, foram as pessoas que, mesmo nos momentos mais difíceis, colocaram a minha educação em primeiro lugar. Para além de me proporcionarem tudo que tenho, vocês deram causa à relevância que o tema desta dissertação passou a ter na minha vida. À Julia, minha irmã, agradeço pelo incentivo e por sempre comemorar comigo as minhas conquistas. Ao Alexandre, sou eternamente grata por seu amor, por tornar meus dias mais leves e pelos finais de semana em casa durante a elaboração deste trabalho. Sem vocês, nada disso seria possível.

"Se a educação sozinha não transforma a sociedade, sem ela tampouco a sociedade muda."
(Paulo Freire)

SUMÁRIO

PREFÁCIO
Daniel Sarmento 15

APRESENTAÇÃO
EDUCAÇÃO E DEMOCRACIA: SEM UMA A OUTRA NÃO SERÁ PLENA
Luís Roberto Barroso 19
I.   A autora, seu tema e sua trajetória 19
II. A obra 20
III. Conclusão 21

INTRODUÇÃO
Breve contextualização: ainda estamos em crise? 23
Delimitações conceituais: educação para democracia, educação para cidadania e educação em direitos humanos 26
Demarcação, desafios e importância do tema 29
Plano de trabalho 34

CAPÍTULO 1
OS INFLUXOS ENTRE EDUCAÇÃO E DEMOCRACIA 37
1.1   Algumas premissas 37
1.1.1 Educação: delimitação conceitual e seu papel instrumental 37
1.1.2 Quem deve decidir, como se deve decidir e o que se pode decidir em uma democracia? 50
1.2   Educação e fortalecimento da democracia 59
1.2.1 Educação, participação e deliberação pública 60
1.2.2 Educação para democracia 65

CAPÍTULO 2
AS RAZÕES PARA ADOÇÃO DA EDUCAÇÃO PARA DEMOCRACIA 75

2.1 Introdução 75
2.2 Razões políticas: As constantes ameaças e a crise do século XXI 75
2.3 Razões institucionais: os limites das instituições 83
2.4 Razões culturais: sentimento, patriotismo e cultura constitucional ...89
2.5 Razões filosóficas: as teorias de John Dewey e Paulo Freire 95

CAPÍTULO 3
FUNDAMENTOS CONSTITUCIONAIS 103

3.1 Introdução 103
3.2 O direito fundamental à educação 104
3.3 Os objetivos constitucionais do direito à educação 119
3.3.1 Pleno desenvolvimento da pessoa 121
3.3.2 Preparo para a cidadania 127
3.3.3 Qualificação para o trabalho 134
3.4 Conclusões parciais 138

CAPÍTULO 4
A TRAJETÓRIA DA EDUCAÇÃO EM DIREITOS HUMANOS NO BRASIL 141

4.1 Introdução 141
4.2 O primeiro ciclo: Educação popular, informalidade e luta contra o autoritarismo 143
4.3 O segundo ciclo: Institucionalização 149
4.4 O terceiro ciclo: O caminho rumo à implementação 154
4.4.1 Implementação e disseminação pelo Brasil 154
4.4.2 A experiência das escolas municipais de São Paulo 158
4.4.3 A experiência das escolas estaduais de Pernambuco 164
4.5 O quarto ciclo: Retrocessos e impactos da crise da democracia 171
4.5.1 Os ataques às políticas educacionais 172
4.5.2 A instrumentalização da educação para propagação do autoritarismo 174
4.5.3 A educação em direitos humanos na crise da democracia 181
4.5.4 A educação em direitos humanos no governo Lula 3 184
4.6 Conclusões parciais 186

CAPÍTULO 5
PROPOSTAS INSTITUCIONAIS 187
5.1 Introdução 187
5.2 Reinserção do tema na agenda nacional 189
5.3 Rumo à permanência: previsão e regulamentação em lei 192
5.4 Atualização: incorporação das transformações sociais, alterações normativas e experiências dos últimos 20 anos 196
5.5 Criação de órgãos de coordenação: planejamento, articulação e engajamento 197
5.6 Democratização da educação para democracia: participação social e protagonismo da infância 201
5.7 Recursos: financiamento, materiais didáticos e formação de profissionais 205
5.8 Monitoramento permanente: criação de órgãos, proatividade das instituições e fixação de indicadores 215

CAPÍTULO 6
PROPOSTAS CURRICULARES 225
6.1 Introdução 225
6.2 Transversalidade e disciplinaridade: a disseminação dos valores democráticos pela prática pedagógica e o ensino do direito constitucional na educação básica 226
6.3 Conteúdo curricular: propostas preliminares 242
6.3.1 Organização do Estado e engajamento cívico: conhecendo, participando e defendendo as instituições 243
6.3.2 Movimentos autoritários pelo mundo: educar para nunca mais 248
6.3.3 Educação midiática 252
6.3.4 Igualdade: transgredindo as fronteiras de classe social, gênero e raça 259

CONCLUSÃO 287

REFERÊNCIAS 293

PREFÁCIO

DANIEL SARMENTO[1]

O Brasil atravessou grave crise democrática durante o governo de Jair Bolsonaro. Houve ataques generalizados aos direitos humanos de grupos vulnerabilizados, desrespeito sistemático às instituições, ameaças abertas ao STF, destruição ambiental estimulada pelo governo, negacionismo na área da saúde – em plena pandemia do coronavírus – e tentativas de sabotagem e de subversão do processo eleitoral. O ex-Presidente, que sempre se notabilizou pelas manifestações machistas, racistas e homofóbicas, nunca escondeu a sua admiração pela ditadura e até pela tortura. Apesar disso, foi eleito com ampla margem em 2018 e perdeu por muito pouco em 2022. O que aconteceu com o país?

Não parece suficiente dizer que o Brasil se tornou mais conservador – embora essa afirmação seja até verdadeira. Não professo o conservadorismo, mas não há dúvida de que se trata de ideologia política legítima, que tem espaço em uma democracia. O cenário é muito mais preocupante, pois o que se observa é a adesão de amplas parcelas da população ao autoritarismo, que é sempre ruim, venha da direita ou da esquerda.

São múltiplas as causas desse fenômeno, que também ocorre em muitos outros países – e até em democracias consolidadas como os Estados Unidos, que acabam de eleger pela segunda vez uma figura abjeta e perigosa como Donald Trump. Uma dessas causas se liga à educação. Melhor dizendo, à falta dela.

Um dos papéis centrais da educação, consagrado expressamente no artigo 205 da nossa Constituição, é a formação para o exercício da cidadania. Para que uma democracia floresça, não basta que existam

---

[1] Professor Titular de Direito Constitucional da UERJ.

eleições periódicas e instituições sólidas: é fundamental que o povo seja majoritariamente democrata, que se importe com os valores básicos da democracia, como igualdade, liberdade, respeito às diferenças e limitação aos poderes estatais. Um processo educacional adequado deve preparar as pessoas não apenas para o mercado e para o mundo do trabalho – embora isso também seja muito importante –, mas igualmente para que sejam cidadãs e cidadãos comprometidos com a democracia, com capacidade crítica e engajamento cívico. E temos falhado muito nessa missão.

Tal formação deve ocorrer inclusive no ensino formal, ministrado nas escolas a crianças e adolescentes. Não se trata de reproduzir no presente o modelo anacrônico e ufanista da "educação moral e cívica", dos tempos da ditadura civil-militar. Pelo contrário, a formação para a democracia deve contribuir para que se desenvolvam pessoas críticas, com a capacidade de enxergar os graves problemas que a sociedade brasileira enfrenta, como a brutal desigualdade econômica, o racismo estrutural, a opressão de gênero, a homofobia, a emergência climática, a corrupção e o patrimonialismo. Fazê-lo não é menos importante do que ensinar matemática ou português. Trata-se não apenas de transmitir informações e conhecimentos valiosos aos educandos, como também de estimular o desenvolvimento de sentimentos democráticos e de competências para a vida em uma sociedade complexa e plural.

Este belo livro de Beatriz Cunha discute, com profundidade e ótimas ideias, esse assunto tão importante. A obra corresponde à dissertação de mestrado defendida pela autora perante a Faculdade de Direito da UERJ, por banca composta pela professora Jane Reis Gonçalves Pereira (UERJ), Conrado Hubner Mendes (USP) e por mim, na qualidade de orientador, e aprovada com a merecida nota máxima.

Trata-se de trabalho instigante, de caráter interdisciplinar, que, além de mergulhar no direito constitucional, enveda também em discussões em campos como a pedagogia e a ciência política. O texto é claro, de leitura sempre agradável, apesar da densidade das análises realizadas.

O livro costura, com inteligência, diversos temas relevantes e complexos, que vão das crises democráticas vivenciadas no mundo contemporâneo às filosofias educacionais de John Dewey e de Paulo Freire; da experiência passada com a educação popular e com o ensino de direitos humanos nas escolas brasileiras, até ameaças atuais à democratização do ensino, como a militarização das escolas e as reações contra o estudo do gênero. E a autora foi extremamente corajosa, pois além de diagnosticar com precisão o déficit educacional referido, ousou propor soluções concretas para ele, sugerindo reformas institucionais, e até alguns parâmetros, metodologias e conteúdos mínimos do ensino para a democracia nas escolas brasileiras.

Não é o caso de antecipar neste prefácio as ideias e propostas da autora. Cabe-me apenas destacar a qualidade ímpar do trabalho, a profundidade da pesquisa e o forte compromisso de Beatriz com a democracia e com a Constituição, que o texto bem evidencia. Espero que as ideias deste livro circulem e que as suas propostas sejam levadas a sério, pois a implementação de um modelo de educação para a democracia no ensino básico brasileiro não poderia ser mais urgente.

Beatriz Cunha é uma brilhante defensora pública no Estado do Rio de Janeiro. Foi aprovada em 1º lugar em disputadíssimo concurso público, para esta que é uma das melhores e mais atuantes instituições do sistema de justiça do país. No atual momento, assessora o Ministro Luís Roberto Barroso no STF, e, em paralelo, cursa o doutorado na nossa UERJ, mais uma vez sob a minha orientação, para a minha grande felicidade. Inteligente, progressista, estudiosa e combativa – e também sempre simpática e gentil –, ela faz a diferença onde quer que esteja.

É uma honra prefaciar este primeiro livro da Beatriz, que já revela todo o seu enorme talento. Com a sua forte vocação para a vida acadêmica, tenho certeza de que muitos outros virão. Boa leitura!

Rio de Janeiro, 18 de novembro de 2024.

Daniel Sarmento
Professor Titular de Direito Constitucional da UERJ

APRESENTAÇÃO

EDUCAÇÃO E DEMOCRACIA: SEM UMA A OUTRA NÃO SERÁ PLENA

LUÍS ROBERTO BARROSO[2]

I. A autora, seu tema e sua trajetória

Beatriz Cunha é uma luz que ilumina o caminho por onde passa. Inteligente, suave e comprometida com as melhores causas e valores da humanidade, ela traz uma visão severa, frequentemente crítica, mas sempre construtiva sobre os temas aos quais se dedica. Posso prestar esse depoimento pessoal porque já de algum tempo ela presta valiosa contribuição ao meu próprio trabalho, como assessora em meu gabinete na presidência do Supremo Tribunal Federal e como estagiária docente em minhas turmas de direito constitucional na Universidade do Estado do Rio de Janeiro.

Sou professor há mais de 40 anos. A educação é a principal ação afirmativa na vida de um país. Foi a deficiência no ensino, precisamente, sobretudo na educação básica (infantil, fundamental e média) que nos atrasou na história. O déficit na educação faz vidas menos iluminadas, trabalhadores menos produtivos e cidadãos menos preparados para a vida democrática e para o equacionamento criativo e eficiente dos problemas nacionais. A educação fundamental só foi verdadeiramente universalizada no Brasil cem anos depois dos Estados Unidos. E o

---

[2] Presidente do Supremo Tribunal Federal. Professor Titular da Universidade do Estado do Rio de Janeiro – UERJ.

ensino médio, na prática, ainda não foi, efetivamente, estendido. Isso explica muita coisa, como bem demonstra este livro exemplar.

Beatriz promove, nesta obra que tenho a honra de apresentar, o casamento imprescindível entre educação e democracia. Já no início do texto, expõe a crise da democracia no mundo e no Brasil. Práticas e valores democráticos vêm sendo sacrificados no altar de um populismo autoritário e, frequentemente, extremista. Nesse ambiente de enfraquecimento e desconstrução das instituições, supervalorizam-se os poderes das maiorias – maiorias eventuais e apertadas, muitas vezes – e esvaziam-se regras básicas da convivência democrática e da proteção dos direitos fundamentais.

É nesse contexto que se avulta a importância do tema central da tese de Beatriz: a educação para a democracia. Um conceito holístico, que transforma conhecimento em emancipação, respeito e consideração pelo próximo, bem como compromisso com a civilidade e o civismo. A autora tem todas as credenciais para essa empreitada, ostentando um currículo exemplar, com mestrado, pós-graduação e reconhecida atuação na prestigiada Defensoria Pública do Estado do Rio de Janeiro.

II. A obra

Sob a ótica da crise da democracia atual e sob o recorte da educação básica, a obra defende que a educação pode servir como instrumento para promoção de uma cultura democrática no Brasil. Embora seja conhecida a ideia de que a educação proporciona as capacidades necessárias para que os educandos participem, como livres e iguais, das decisões políticas fundamentais, a autora defende que as políticas educacionais devem ir além. Para alcançar todo o seu potencial transformador, elas devem procurar formar gerações comprometidas com a democracia e seus valores, como liberdade, igualdade e justiça. Diferentemente da perspectiva anterior, a preocupação não se restringe ao plano procedimental, mas busca incidir sobre o próprio conteúdo do discurso, de modo que a democracia alcance a substância das deliberações.

Para demonstrar a importância de se implementar essa educação para democracia, são apresentadas quatro razões: *razões políticas*, que são consequência das constantes ameaças ao regime democrático e da crise do século XXI; *razões institucionais*, que decorrem dos limites das instituições na contenção da democracia; *razões culturais*, que sucedem da importância de se construir uma sociedade que tenha um sentimento, patriotismo ou cultura constitucional; e *razões filosóficas*, que reconhecem o caráter transformador da educação com base nas teorias de John Dewey e Paulo Freire. Em acréscimo a essas razões, a obra vai além e demonstra que, no Brasil, essa não é apenas uma opção política; é um dever constitucional. A autora expõe como a Constituição de 1988 não adotou um modelo reducionista de educação, mas pretendeu que as escolas formem cidadãos emancipados e comprometidos com os valores democráticos.

Com base em um resgate histórico da política de educação em direitos humanos, Beatriz Cunha apresenta propostas institucionais e curriculares que podem servir de inspiração a gestores públicos pelo país. As propostas institucionais abrangem a reinserção do tema na agenda nacional, a sua previsão legal e atualização, a criação de órgãos de coordenação, a participação permanente da sociedade civil, inclusive de crianças e adolescentes, a destinação de recursos e o constante monitoramento. No plano curricular, a autora defende a necessidade de inserção de competências democráticas no projeto político-pedagógico e a criação de uma disciplina específica de direito constitucional no currículo escolar. Sustenta que, dessa forma, a prática pedagógica por inteiro deverá ser permeada de valores democráticos, como diálogo, tolerância, engajamento e respeito às diferenças; mas haverá uma disciplina destinada a ensinar conhecimentos indispensáveis para se compreender a ideia de democracia, como noções sobre o regime democrático, separação de poderes, atribuições das instituições, igualdade, discriminações, racismo. Ao final, o objetivo principal é que os alunos não só apreendam tais conteúdos, mas engajem-se na prática transformativa, de modo a combater o autoritarismo e a desigualdade no seu cotidiano.

III. Conclusão

Sou de uma geração que acreditou que o Brasil, a essa altura, já estaria mais além. Avançamos bastante, é certo, mas não o suficiente. O país continua a ter muitos débitos: raciais, de gênero e regionais, entre muitos outros. Enfrentamos, ao longo do árduo caminho, além de ditaduras, problemas de integridade, de competência e da falta de uma visão mais ampla e ambiciosa de país. A constatação inelutável que se extrai desse denso trabalho é que democracia e educação ou andam juntas ou nenhuma das duas se realizará plenamente.

Mas há alguns alentos. Um deles é que a educação, com atraso, mas não tarde demais, entrou finalmente no radar da sociedade e na agenda do país. Ainda faltam ações, bem como recursos e gestão, mas há progressos. Outro alento é o fato de que há uma nova geração comprometida em superar atrasos atávicos que nos retardam na história. São esperanças que se renovam. Beatriz Cunha é um exemplo fulgurante do que acabo de afirmar. Com talento, idealismo e formação educacional admiráveis, ajuda a renovar a esperança de que com educação e democracia seremos capazes de fazer um país melhor e maior.

Brasília, 9 de outubro de 2024.

Luís Roberto Barroso
Presidente do Supremo Tribunal Federal. Professor Titular
da Universidade do Estado do Rio de Janeiro – UERJ

INTRODUÇÃO

Breve contextualização: ainda estamos em crise?

No dia 8 de janeiro de 2023, extremistas invadiram o Palácio do Planalto, o Congresso Nacional e o Supremo Tribunal Federal, protagonizando um dos maiores ataques à democracia brasileira na história recente. Inconformados com o resultado das eleições, os vândalos depredaram obras de arte, peças históricas e os prédios dos três poderes da República, causando prejuízos inestimáveis aos cofres públicos e à cultura do país. Para além dos danos arquitetônicos, a ofensiva representou um atentado ao Estado Democrático de Direito, à vontade popular manifestada nas urnas e à autonomia das instituições. Embora não tenha sido contido com a celeridade devida, o evento já estava sendo anunciado há tempos por mobilizações populares, incentivos explícitos de autoridades e pesquisas de opinião. Uma pesquisa do Instituto Datafolha divulgada alguns meses antes revelou que quase 20% do povo brasileiro não possuía apego à democracia duramente conquistada em um passado recente.[1] Em 2024, os números já chegam a quase 30%.[2] Em termos percentuais, pode até se tratar de uma

---

[1] Segundo a pesquisa, 11% da população era indiferente ao fato de estarmos ou não em um regime democrático; e 5% admitiam a ditadura em algumas circunstâncias. Confira: INSTITUTO DATAFOLHA. *Eleições 2022: 2º turno*, 19.10.2022. Disponível em: https://media.folha.uol.com.br/datafolha/2022/10/21/democracia-2-turno-19-10-22.pdf. Acesso em: 12 ago. 2024.

[2] Segundo nova edição da pesquisa, 18% da população é indiferente ao fato de estarmos ou não em um regime democrático; e 7% admite a ditadura em algumas circunstâncias. Confira: INSTITUTO DATAFOLHA. *A avaliação de um ano e três meses do Presidente Lula.* Março de 2024. Disponível em: https://media.folha.uol.com.br/datafolha/2024/04/02/hxnnvpz2mvs5msosj0is3f4kz2by6oh2vq5o8expsicveu9ryi2hf0yyqq8m04dljofhtftzif3n6iishqd-q.pdf. Acesso em: 12 ago. 2024.

minoria; mas o episódio demonstra que é uma minoria numericamente volumosa cujas práticas são alavancadas por financiadores, algoritmos e violência.

De fato, após tempos de luta em busca da efetividade das normas da Constituição de 1988,[3] os últimos anos foram marcados pela ascensão de discursos e práticas que escancaram o déficit de cultura democrática no país. Houve a proliferação de ataques cotidianos a instituições essenciais, notícias falsas para retirar a confiabilidade do sistema eleitoral e discursos que representam a ditadura militar como um tempo de prosperidade. A erosão da democracia também se revela no dia a dia, nas conversas despretensiosas, nas mesas de bar, entre familiares e amigos. A polarização faz com que não mais existam acordos para discordar, dificultando consensos; o ressentimento alimenta o desprezo pelas diferenças, acentuando as hierarquias. O cenário revela que, passados mais de trinta anos, a Constituição de 1988 ainda não penetrou nos corações e mentes do povo brasileiro.

Isso gera uma série de problemas. As violações ao texto constitucional passam a ocorrer no cotidiano, de forma banalizada e dificultam a efetividade das suas normas. Tais ataques, então, passam a ser naturalizados pela população e deixam de ser percebidos como um inconveniente mesmo por quem não os pratica. Ao mesmo tempo, essa falta de cultura democrática enfraquece um elemento imaterial essencial: o compartilhamento de premissas sobre o mundo e a formação de uma identidade coletiva calcada nos valores constitucionais, respeito às instituições e valorização das diversidades. A ausência desse elemento dificulta a integração social necessária para que se tenha uma sociedade estável e plural.[4] Trata-se, portanto, de um gatilho para a instalação de cenários de crise.

---

[3] BARROSO, Luís Roberto. *O direito constitucional e a efetividade de suas normas:* limites e possibilidades da Constituição brasileira. 9. ed. atual. Rio de Janeiro: Renovar, 2009; CLÈVE, Clèmerson Merlin. A teoria constitucional e o direito alternativo. In: *Uma vida dedicada ao Direito:* homenagem a Carlos Henrique de Carvalho. São Paulo: RT, 1995. p. 34-53; SOUZA NETO, Cláudio Pereira de. Fundamentação e normatividade dos direitos fundamentais: uma reconstrução teórica à luz do princípio democrático. In: *A nova interpretação constitucional* – ponderação, direitos fundamentais e relações privadas. Rio de Janeiro: Renovar, 2003.

[4] SOUZA NETO, Cláudio Pereira de; SARMENTO, Daniel. *Direito constitucional:* teoria, história e métodos de trabalho. Belo Horizonte: Fórum, 2012. p. 40-42.

É o que se vê, neste momento, em diversos países do mundo,[5] inclusive no Brasil.[6] A democracia e o constitucionalismo[7] estão passando por uma crise de âmbito global, decorrente de um processo de erosão dos direitos fundamentais e dos mecanismos institucionais de contenção do poder. As pessoas ainda votam, instituições democráticas permanecem vigentes, mas pouco a pouco são adotadas medidas que, embora isoladamente lícitas, dão origem a um conjunto final marcado pelo autoritarismo. Nesse contexto, a ausência de uma cultura constitucional tem papel determinante para incentivar a deflagração dessas crises e, ainda, dificultar que se saia delas. Isso porque, diferentemente de outros períodos da história, os demagogos têm chegado ao poder pelo voto de um povo insatisfeito, que se seduz com uma retórica antissistema e autoritária. Ainda assim, mesmo quando já instalada a crise, a adesão popular aos valores da Constituição é fundamental para que não haja a virada de chave para a ditadura. Como as instituições são responsivas à opinião pública e as eleições permanecem ocorrendo, o povo precisa se mobilizar, tensionar e alterar o rumo do país nas urnas.

Especificamente no Brasil, embora superado o ápice da crise com o fim do mandato de Jair Bolsonaro, uma análise atenta do contexto atual demonstra que as ameaças ainda pairam por aí. Uma série de pessoas ainda não compartilha dos valores democráticos e o Congresso Nacional tem maioria formada por conservadores radicais, eleitos pelo

---

[5] Cf.: GRABER, Mark A; SANFORD, Levinson; TUSHNET, Mark V. (org.) *Constitutional democracy in crisis?*. New York, NY: Oxford University Press, 2018; HUQ, Aziz; GINSBURG, Tom. *How to lose a constitutional democracy*. UCLA Law Review, v. 65, n. 1. February 2018; GINSBURG, Tom; HUQ, Aziz Z. *How to save a constitutional democracy*. Chicago; London: The University of Chicago Press, 2018; LEVITSKY, Steven. ZIBLATT, Daniel. *Como as democracias morrem*. Tradução de Renato Aguiar. Rio de Janeiro: Zahar, 2018.

[6] Cf.: BARROSO, Luís Roberto. Revolução tecnológica, crise da democracia e mudança climática: limites do direito num mundo em transformação. *Revista Estudos Institucionais*, v. 5, n. 3, p. 1262-1313, set./dez. 2019; SARMENTO, Daniel. *Crise democrática e a luta pela Constituição*. Belo Horizonte: Fórum, 2020; SOUZA NETO, Cláudio Pereira de. *Democracia em crise no Brasil*: valores constitucionais, antagonismo político e dinâmica institucional. São Paulo: Contracorrente, 2020.

[7] Sabe-se que a democracia e o constitucionalismo são conceitos diferentes: a primeira é calcada nas ideias de soberania popular e governo da maioria; ao passo que o segundo é fundado, sobretudo, na limitação do poder e na supremacia da lei. Desse modo, em regra, quando a democracia eleitoral não se mantém, também são atingidos outros direitos, liberdades e mecanismos de controle eleitoral, os quais, por sua vez, configuram a essência do constitucionalismo. Andam, portanto, juntos, complementam-se e se apoiam mutuamente no Estado contemporâneo. Cf.: BARROSO, Luís Roberto. *Curso de direito constitucional contemporâneo*: os conceitos fundamentais e a construção do novo modelo. São Paulo: Saraiva, 2009. p. 90.

voto popular. O mesmo ocorre em âmbito regional e local, nos quais diversas chefias do Executivo e casas legislativas são ocupadas por políticos descompromissados com a autonomia das instituições e com os direitos das minorias. Tudo isso impõe grandes desafios ao governo federal atual. De um lado, para reafirmar seu compromisso com a democracia, é preciso neutralizar tais ameaças; de outro, para conquistar governabilidade, é preciso dialogar com todos, inclusive com setores mais radicais. Lamentavelmente, esse equilíbrio gera um inevitável efeito resfriador a avanços que seriam importantes para o país.

Delimitações conceituais: educação para democracia, educação para cidadania e educação em direitos humanos

A superação do ápice da crise pode ser encarada como uma janela de oportunidade para se refletir sobre ferramentas que tenham potencial para instalar um sentimento de apreço aos valores democráticos no Brasil. A educação é campo central nessa luta. Além de proporcionar igualdade no que se refere à participação e deliberação de cada estudante, a educação também pode formar gerações comprometidas com a democracia. Por meio dela, os valores e direitos que alicerçam o nosso ordenamento constitucional podem ser apreendidos durante a infância, o que contribui para a sua internalização e reprodução por toda a vida. Por consequência, maximiza-se a efetividade das normas constitucionais e a estabilidade política do país. A isso dá-se o nome de *educação para democracia*.

Para se compreender a educação para democracia, é preciso dar um passo atrás e fazer algumas delimitações conceituais. Compreende-se *educação* como o processo que abrange todas as formas de transmissão do conhecimento e visa ao desenvolvimento da pessoa. Ela inclui a educação formal, que se dá nos estabelecimentos de ensino; e a educação informal, que ocorre nos demais espaços de socialização, como nas relações familiares e comunitárias, movimentos sociais, imprensa e instituições. A noção de *democracia* ora adotada, por sua vez, parte da premissa de que as decisões devem ser tomadas em um processo deliberativo racional, no qual todos tenham iguais possibilidades de influenciar, e devem respeitar um núcleo mínimo de valores fundamentais, como igualdade, liberdade e justiça. Assim, a ideia de *educação para democracia* significa que as políticas educacionais devem buscar a formação de pessoas comprometidas com a democracia e engajadas na luta pela sua preservação. A expectativa é que, com isso, seja instalada uma cultura de apreço aos valores democráticos, como tolerância, respeito e consideração, e sejam transformadas as hierarquias existentes no tecido social. Dessa forma, criar-se-á uma comunidade cujos integrantes compartilham as mesmas premissas sobre o mundo e o Estado de Direito, tornando-a mais igualitária e inibindo o surgimento de populistas autoritários.

A relação entre educação e democracia não é novidade na academia. Ao contrário, é conhecida a ideia de que a educação proporciona as capacidades necessárias para que os educandos participem, como livres e iguais, das decisões políticas fundamentais. Nesse ponto, o acesso à educação é enxergado como uma condição para assegurar a liberdade e a igualdade necessárias para que os indivíduos exerçam sua autonomia com plenitude e tenham iguais possibilidades de influência nas deliberações. Essa perspectiva, contudo, é insuficiente. Ela tende a se contentar com a igualdade e liberdade de participação nas deliberações públicas sob o prisma procedimental e ignora dois pontos importantes: a substância das deliberações e a existência de fatores de opressão. Há indivíduos que tiveram acesso à educação e, ainda assim, têm discursos e práticas contrários aos valores democráticos, como aqueles que, embora integrantes de classes abastadas, defendem abertamente o racismo, a misoginia e a homofobia. Ao mesmo tempo, há pessoas que também tiveram acesso à educação, mas são vítimas de discriminações estruturais, não têm reconhecimento social e se enxergam como inaptas para contribuir com as deliberações. Por isso, além de contribuir com a igualdade sob o prisma procedimental, as políticas educacionais precisam procurar pautar o debate público com base em valores democráticos e resgatar a autoestima perdida de pessoas vítimas de opressão.

Sob outra perspectiva, a relação entre educação e democracia também vem à tona quando se fala sobre a gestão democrática do ensino. Trata-se de um princípio previsto na Constituição de 1988 (art. 206, VI) e na Lei de Diretrizes e Bases da Educação (LDB – Lei nº 9.394/1996 – arts. 3º, VIII, e 14), segundo o qual as políticas educacionais devem ser geridas com base nos postulados da autonomia, transparência, impessoalidade e participação da comunidade[8]. Isso pressupõe, por

---

[8] CURY, Carlos Roberto Jamil. Gestão democrática da educação: exigências e desafios. *RBPAE – Revista Brasileira de Política e Administração da Educação*, v. 18, n. 2, jul./dez. 2002.

exemplo, eleição para diretores, autonomia na gestão dos recursos financeiros, construção coletiva do projeto político-pedagógico e instalação de conselhos escolares. Mais uma vez, essa concepção difere-se da noção de educação para democracia. Isso porque a gestão democrática incide sobre o procedimento adotado para tomada de decisões nas políticas educacionais; ela não trata sobre a substância dessas decisões nem do próprio currículo escolar. Dessa forma, embora se reconheça que o acesso à educação e a gestão democrática do ensino fortalecem a democracia, isso por si só não é suficiente para a formação de gerações mais democráticas.

Ademais, a educação para democracia também deve ser distinguida das expressões "educação para cidadania" e "educação em direitos humanos". Uma educação que busca fortalecer a cidadania mais se associa à ideia de instrução cívica, abarcando o ensino da organização do Estado e dos direitos e deveres dos cidadãos. A educação para democracia, contudo, vai além disso: ela inclui essa formação para cidadania ativa e, ainda, a formação necessária para se viver em uma democracia. Nesse segundo aspecto, o objetivo é que os alunos apreendam valores como liberdade, igualdade e solidariedade,[9] e desenvolvam competências de tolerância, diálogo, empatia e respeito às diferenças. Dessa forma, a educação para democracia promove não apenas o objetivo constitucional de preparar para a cidadania, mas também os objetivos de possibilitar o desenvolvimento da pessoa e a qualificação para o trabalho (art. 205, *caput*, da CRFB).

A expressão "educação em direitos humanos", por sua vez, tem por objeto "normas dispostas em diferentes instrumentos internacionais",[10] ainda que se reconheça a necessidade de dialogá-las com o ordenamento nacional. Embora essa seja a terminologia comumente adotada em trabalhos acadêmicos da área de educação e em documentos editados pelo Ministério da Educação (MEC), opta-se aqui por adotar a expressão "educação para democracia" por três razões. A primeira é que os direitos humanos são aqueles previstos nos documentos de direito internacional, mas, em nosso ordenamento, a Constituição tem supremacia, é fruto da deliberação de representantes

---

[9] BENEVIDES, Maria Victória. Educação para a democracia. *Lua Nova:* Revista de Cultura e Política, n. 38, 1996.

[10] INSTITUTO INTERAMERICANO DE DERECHOS HUMANOS. *Informe interamericano de la educación en derechos humanos:* un estudio en 19 países. Parte II: Desarrollo en el currículo y textos escolares. San José: IIDH, 2003. p. 12.

eleitos pelo povo e goza de maior legitimidade democrática. Faz mais sentido, então, que a educação a tome como referência principal, e não os tratados internacionais de direitos humanos. A segunda é que a expressão "educação para democracia" é mais fiel à necessidade atual de conter a recessão democrática e fortalecer a democracia em si. A terceira razão é que, ainda que seja um conceito em disputa, a ideia de democracia é mais amplamente aceita do que a de direitos humanos, expressão que ainda sofre resistência por segmentos mais conservadores da sociedade. Por isso, estrategicamente, a expressão "educação para democracia" parece ter maior chance de adesão.

De todo modo, embora reconheça a existência dessas diferenciações conceituais, é inegável que não se trata de conceitos excludentes entre si. Como dito, na concepção ora adotada, a educação para democracia abrange a educação para cidadania. No que toca à educação em direitos humanos, a Carta de 1988 se inspirou em muitos documentos internacionais já existentes ao tempo da sua elaboração e a sua interpretação é fruto de um constante diálogo internacional.[11] Há, portanto, uma série de normas e valores convergentes.

Demarcação, desafios e importância do tema

Nessa linha, a visão de educação para democracia tem lastro no pensamento de John Dewey, um dos maiores expoentes da corrente pragmatista. Segundo o autor, a educação é capaz de promover o crescimento dos alunos e, também, da sociedade, que está em constante transformação mediante a remodelação das experiências humanas.[12] Se é assim, as políticas educacionais devem ter como norte a sociedade que se espera alcançar no futuro. As ideias de Paulo Freire, educador e filósofo pernambucano, também compõem o marco teórico desta obra. Ao defender o caráter pedagógico da transformação social, ele reconhece o papel da educação para revelar as opressões existentes na realidade e engajar os educandos em uma ação transformativa voltada para libertação.[13] Mais recentemente, a concepção de educação para democracia foi retomada no Brasil por Maria Victória Benevides,

---

[11] SOUZA NETO, Cláudio Pereira de; SARMENTO, Daniel. *Direito constitucional*: teoria, história e métodos de trabalho. 2. ed. Belo Horizonte: Fórum, 2014. p. 452-457.
[12] DEWEY, John. *Democracia e educação*. Tradução de Antônio Pinto de Carvalho, revista por Anísio Teixeira. São Paulo: Companhia Editora Nacional, 1979.
[13] FREIRE, Paulo. *Pedagogia do oprimido*. Rio de Janeiro: Paz e Terra, 2021.

professora titular da Faculdade de Educação da Universidade de São Paulo (USP). Para a autora, a proposta tem duas dimensões: a primeira volta-se para formação de valores republicanos e democráticos, como liberdade, igualdade e solidariedade; ao passo que a segunda busca a formação para a tomada de decisões políticas em todos os níveis, enquanto componente da cidadania ativa.[14]

Partindo dessas premissas, a presente obra se debruça sobre os potenciais da educação para fortalecer a democracia no Brasil, sob o recorte da educação básica. Assim, não se analisará a implementação desse projeto na educação superior, instituições, movimentos sociais e outros espaços de socialização. Muito embora se reconheça a amplitude do conceito de educação e o fato de que ela também se desenvolve para além da escola, o recorte se faz necessário para que o tema seja enfrentado com a devida profundidade. Nesse sentido, a opção pela educação básica decorre do reconhecimento de que ela é um campo mais efetivo para influenciar a formação das subjetividades das próximas gerações. Como os alunos encontram-se em tenra idade, há maior probabilidade de que eles internalizem os valores democráticos e pautem suas condutas futuras com base neles, contribuindo para o fortalecimento da democracia e a redução de desigualdades. Ao mesmo tempo, a sua pretensa universalização torna a educação básica um campo estratégico de atuação, porque permite o alcance de um grande número de pessoas e maior chance de promover a almejada transformação social.

Apesar dessas potencialidades, não se ignora que existem grandes desafios para implementação desse projeto. Muito embora as duas primeiras décadas do século XXI tenham sido marcadas por significativos avanços,[15] os índices da educação brasileira são muito aquém do que deveriam ser. De acordo com o Censo Escolar, 9% da população entre 15 a 17 anos não frequentava a escola em 2023.[16] Mesmo

---

[14] BENEVIDES, Maria Victória. Educação para a democracia. *Lua Nova:* Revista de Cultura e Política, n. 38, 1996.

[15] ORGANIZAÇÃO PARA COOPERAÇÃO E O DESENVOLVIMENTO ECONÔMICO (OCDE). *A educação no Brasil:* uma perspectiva internacional. Tradução de Todos pela Educação. Disponível em: https://todospelaeducacao.org.br/wordpress/wp-content/uploads/2021/06/A-Educacao-no-Brasil_uma-perspectiva-internacional.pdf. Acesso em: 4 dez. 2022. p. 58-98.

[16] INSTITUTO NACIONAL DE PESQUISAS ANÍSIO TEIXEIRA (INEP). *MEC e Inep divulgam resultados do Censo Escolar 2023.* Disponível em: https://www.gov.br/inep/pt-br/assuntos/noticias/censo-escolar/mec-e-inep-divulgam-resultados-do-censo-escolar-2023. Acesso em:18 jun. 2024.

entre os que já estiveram matriculados, grande parte não termina a educação básica: nesse mesmo ano, 9 milhões de jovens com 14 a 29 anos não haviam concluído o ensino médio.[17] A depender da renda, raça e território, há barreiras que dificultam ainda mais o acesso e permanência no sistema educacional: a pobreza, a negritude e a violência afastam crianças e jovens da escola, aproximando-os do trabalho infantil, dos cuidados com o lar e da criminalidade. Segundo dados da OCDE de 2019, entre a população brasileira de 18 a 29 anos, 59% do quintil mais pobre não concluiu o ensino médio, em contraposição a 8% do quintil mais rico; e apenas 60% da população negra terminou o ensino médio, em contraposição a 76% entre os brancos.[18]

Os problemas na educação brasileira, contudo, estão longe de se restringir ao acesso e permanência. A matrícula, afinal, é apenas o começo; para além dela, é preciso assegurar uma educação de qualidade, por meio da qual os alunos adquiram as habilidades necessárias para a vida e o trabalho. Todavia, os resultados de aprendizagem das escolas brasileiras estão bem abaixo dos padrões da OCDE: no Pisa (Programme for International Student Assessment ou, em português, Programa Internacional de Avaliação de Estudantes) de 2022[19], os alunos brasileiros fizeram em média 410 pontos em Leitura, 379 pontos em Matemática e 403 pontos em Ciências, em comparação aos 476, 472 e 485 pontos da OCDE. O desempenho é inferior até mesmo ao de outros países da América Latina, como Chile, Costa Rica, México e Uruguai; e ao de países cujos estudantes têm histórico socioeconômico semelhante ao dos brasileiros, como Turquia e Vietnã. No Brasil, só metade dos alunos (50%) tem um nível mínimo de desempenho em Leitura e conseguem, pelo menos, identificar a ideia central em um texto – a média da OCDE, porém, é de 74%. Ainda por aqui, apenas 27% e 45% dos estudantes atingiu um nível básico de proficiência em Matemática e Ciências respectivamente – médias novamente mais baixas do que as da OCDE (69% e 75%).

---

[17] INSTITUTO BRASILEIRO DE GEOGRAFIA E ESTATÍSTICA. *Educação 2023*, Rio de Janeiro: IBGE, 2024. Disponível em: https://biblioteca.ibge.gov.br/index.php/biblioteca-catalogo?view=detalhes&id=2102068. Acesso em: 18 jun. 2024.

[18] ORGANIZAÇÃO PARA COOPERAÇÃO E O DESENVOLVIMENTO ECONÔMICO (OCDE). *A educação no Brasil:* uma perspectiva internacional. Tradução de Todos pela Educação. Disponível em: https://todospelaeducacao.org.br/wordpress/wp-content/uploads/2021/06/A-Educacao-no-Brasil_uma-perspectiva-internacional.pdf. Acesso em: 4 dez. 2022. p. 62-63.

[19] ORGANISATION FOR ECONOMIC CO-OPERATION AND DEVELOPMENT. *PISA 2022 Results:* Brazil. OECD Publishing: Paris, 2023.

A partir de 2016, esses problemas estruturais que afligem a educação brasileira foram agravados pela superveniência de um pacote de medidas de austeridade fiscal, pela falta de uma coordenação nacional e pela pandemia da covid-19. A Emenda Constitucional nº 95/2016 congelou os gastos públicos nas áreas de educação e saúde por um prazo de vinte anos, muito embora as despesas obrigatórias e permanentes continuem crescendo. Entre os anos de 2019 a 2022, as políticas públicas educacionais de âmbito nacional sofreram um completo desmonte, em decorrência não só do neoliberalismo autoritário, mas da desorganização, inaptidão gerencial e apagão de dados indispensáveis para seu monitoramento. No campo da educação, houve sucessivas trocas de ministros, má gestão dos recursos, denúncias de corrupção, descontinuidade de políticas relevantes, empacotamento do Instituto de Estudos e Pesquisas Educacionais Anísio Teixeira (Inep) e extinção de espaços de participação popular. Tal descaso já seria terrível em qualquer circunstância, mas foi ainda pior em razão da suspensão das aulas presenciais em 2020 e 2021. A pandemia deu origem a novas barreiras educacionais, como a falta de acesso à tecnologia e a disparidade entre as redes pública e privada; e agravou outras que já existiam, como a necessidade de apoio em casa pela família e a pouca atratividade do currículo escolar.

Em um cenário como esse, a ideia de que a educação deve fortalecer a democracia pode soar um tanto quanto cosmética. É inegável que existem enormes desafios para proporcionar o acesso à educação, coibir a evasão escolar e recuperar a aprendizagem; no entanto, isso não é suficiente no mundo atual, caracterizado pela rápida transformação, aumento das desigualdades, extinção de postos de trabalho, emergência de populistas autoritários e mudanças climáticas. Como asseverou Cláudia Costin, tal conjuntura nos impõe acabar de construir a escola do século XX e, simultaneamente, edificar a escola do século XXI.[20] Ademais, a implementação da educação para democracia pode servir para proporcionar maior atratividade para o currículo escolar e resgatar alunos para as salas de aula. Por isso, nos próximos anos, a luta pela ampliação do acesso e reconstrução das políticas educacionais precisa ser combinada com a busca por uma educação de qualidade, cuja pretensão seja a formação de uma sociedade cada vez mais democrática e inclusiva.

---

[20] COSTIN, Cláudia. Educar para um futuro mais sustentável e inclusivo. *Estudos Avançados*, v. 34, n. 100, p. 43-52, 2020.

Com efeito, a obra propõe a implementação da educação para democracia no Brasil e busca responder a algumas perguntas centrais: qual é a relação entre educação e democracia? Qual é a importância da educação para democracia? O ordenamento jurídico-constitucional brasileiro admite a educação para democracia? Quais foram as experiências mais próximas disso que já ocorreram em nosso país? O que precisa ser feito, nos planos institucional e curricular, para implementar a educação para democracia no Brasil?

Nesse sentido, há diversas razões que justificam a importância e originalidade do trabalho. Em primeiro lugar, ele se desvirtua de ideias simplistas no sentido de que a educação possibilita a participação nas deliberações e que as grades de proteção da democracia conseguem ser contidas pelas instituições. Como se verá, defende-se que as potencialidades da educação vão além de proporcionar mera participação e podem contribuir para formação de um sentimento de apreço à democracia e penetrá-lo nas entranhas da sociedade. As grades da democracia, por sua vez, não conseguem ser resguardadas apenas pela atuação das instituições, porque estão fragilizadas por um problema que lhes é anterior e lhes abala: a falta de uma cultura constitucional. Sustenta-se, então, a necessidade de adoção de medidas estruturais, como a incidência sobre a educação.

Em segundo lugar, o trabalho justifica-se diante do fato de que os últimos anos foram marcados pelo fortalecimento de um movimento que busca atribuir uma pretensa neutralidade à educação, negando o seu papel emancipatório e limitando-se a encará-la como um mero instrumento de habilitação para o trabalho. É o que se vê nos recentes movimentos em prol do ensino domiciliar, na política de militarização de escolas públicas e nos ataques dirigidos a Paulo Freire, estudos de gênero e teoria crítica da raça. O contexto atual, então, é propício para resgatar os objetivos da educação estampados na Carta de 1988. O modelo por ela estabelecido não é neutro; ao contrário, demanda políticas educacionais que tenham um compromisso permanente com a democracia e a redução das desigualdades.

Em terceiro lugar, o trabalho inova ao apresentar algumas propostas preliminares para implementação da educação para democracia em nosso país. As sugestões diferem-se de outros modelos já adotados anteriormente, como uma educação para a cidadania, voltada apenas para a participação social, e a educação moral e cívica, marcada pelo ufanismo e conformismo pretendidos pela ditadura militar. Ademais, a obra faz um resgate histórico das políticas de educação em direitos humanos e avalia os seus pontos positivos e negativos para, em seguida, apresentar sugestões que podem vir a ser adotadas. Ainda, a atualidade do trabalho decorre do fato de que as propostas buscam responder ao contexto contemporâneo e procura enfrentar os desafios de um mundo em transformação.

Para percorrer esse caminho, o trabalho vale-se de uma bibliografia integrada por obras de diversas áreas do saber. O tema é, por essência, interdisciplinar, envolvendo direito, educação, filosofia e ciência política. Embora o enfoque adotado seja eminentemente jurídico, não se pode perder de vista que a interdisciplinaridade é o que permite dar conta da complexidade da vida. A própria educação, aliás, tem seguido esse caminho e combatido a fragmentação das áreas de conhecimento para fazer frente às competências exigidas pelo século XXI.[21] Ainda assim, ciente das limitações, o objetivo não é apresentar uma solução pronta e acabada para ser implementada nas escolas; a ideia, ao revés, é sugerir propostas preliminares para contribuir com a discussão, as quais inevitavelmente precisarão ser submetidas aos educadores antes de serem implementadas.

Plano de trabalho

Após esta introdução, o primeiro passo será apresentar algumas premissas para o desenvolvimento do tema. É o que se fará no primeiro capítulo, cujo objetivo é perquirir se a educação é capaz de fortalecer a democracia. Para se chegar à resposta, será inicialmente apresentada a forma como a educação, se assegurada com qualidade, é instrumento para promover outros direitos fundamentais. Em seguida, serão expostos, sem qualquer pretensão de completude, os principais debates sobre democracia na teoria constitucional, com vistas a responder a três perguntas principais: quem deve decidir, como se deve decidir e o que se pode decidir em uma democracia? A partir de então, será analisada a relação que existe entre educação e democracia, notadamente no que se refere ao papel instrumental da primeira para fortalecer a segunda.

O segundo capítulo, por sua vez, dedicar-se-á a expor a importância da educação para democracia. De início, serão delineadas as razões pelas quais precisamos da educação para democracia em nosso

---

[21] COSTIN, Cláudia. Educar para um futuro mais sustentável e inclusivo. *Estudos Avançados*, v. 34, n. 100, p. 47, 2020.

país. Elas foram divididas em quatro grupos: *razões políticas*, que são consequência das constantes ameaças ao regime democrático e à crise do século XXI; *razões institucionais*, que decorrem dos limites das instituições na contenção da democracia; *razões culturais*, que sucedem da importância de se construir uma sociedade que tenha um sentimento, patriotismo ou cultura constitucional; e *razões filosóficas*, que reconhecem o caráter transformador da educação com base nas teorias de John Dewey e Paulo Freire.

Em seguida, no terceiro capítulo, serão traçados os fundamentos constitucionais que justificam a implementação da educação para democracia no Brasil. Por isso, em um primeiro momento, serão trazidos os contornos do direito fundamental à educação no ordenamento constitucional. Após, serão apresentados os objetivos desse direito fundamental na Constituição de 1988: o pleno desenvolvimento da pessoa, o preparo para o exercício da cidadania e a qualificação do trabalho. Daí decorrerá a conclusão de que o país não adotou um modelo reducionista de educação, mas optou por um modelo que busca formar cidadãos emancipados e comprometidos com os valores constitucionais.

Partindo dessas premissas, no quarto capítulo, serão analisadas as experiências mais próximas de educação para democracia já institucionalizadas em nosso país: a educação em direitos humanos. O capítulo analisa a trajetória percorrida por essa política pública no Brasil e divide a sua história em quatro ciclos: um primeiro no qual a educação em direitos humanos ocorria na informalidade e como forma de combater o autoritarismo da ditadura militar; um segundo em que ela foi transmudada em uma política pública do governo federal; um terceiro marcado pela sua disseminação e implementação pelo Brasil; e um quarto caracterizado pelos retrocessos ocorridos durante a recente crise da democracia.

Após a análise dessa trajetória, serão apresentadas, no quinto capítulo, propostas institucionais para promover a educação para democracia nos dias de hoje. De início, com objetivo de que os entes federativos lhe confiram importância e permanência, sugere-se a reinserção do tema na agenda nacional e a previsão da política pública em lei. Ademais, considerando que a educação em direitos humanos começou a ser institucionalizada há cerca de vinte anos, a proteção da democracia demanda a sua atualização, a fim de incorporar as transformações dos últimos tempos. É preciso, ainda, a criação de órgãos de coordenação em todas as esferas federativas, de modo que sejam incumbidos do planejamento, articulação e engajamento necessários para execução da política. Tais órgãos deverão oportunizar a constante participação da sociedade civil, inclusive de crianças e adolescentes, de modo a aprimorar e democratizar a educação para democracia. Propõe-se, também, que sejam destinados recursos financeiros, didáticos e humanos para execução da política e que esta seja submetida a um constante monitoramento.

Na mesma toada, o sexto e último capítulo apresentará propostas curriculares para adoção da educação para democracia em nosso país. A ideia geral é que o currículo da educação básica tenha conteúdos que possibilitem o desenvolvimento de valores democráticos e de um sentimento de apreço à democracia. Nesse sentido, por meio da combinação de transversalidade com disciplinaridade, sugere-se a inserção de competências democráticas no projeto político-pedagógico e a criação de uma disciplina específica de direito constitucional no currículo escolar. Dessa forma, a prática pedagógica por inteiro deverá ser permeada de valores democráticos, como diálogo, tolerância, engajamento e respeito às diferenças; mas haverá uma disciplina destinada a ensinar conhecimentos indispensáveis para se compreender a ideia de democracia, como noções sobre o regime democrático, separação de poderes, atribuições das instituições, igualdade, discriminações, racismo. Ao final, o objetivo principal é que os alunos não só apreendam tais conteúdos, mas engajem-se na prática transformativa, de modo a combater o autoritarismo e a desigualdade no seu cotidiano.

CAPÍTULO 1

OS INFLUXOS ENTRE EDUCAÇÃO E DEMOCRACIA

1.1 Algumas premissas

1.1.1 Educação: delimitação conceitual e seu papel instrumental

A educação é o processo que visa ao desenvolvimento físico, intelectual e moral do ser humano, a fim de lhe assegurar integração social e formação da cidadania.[22] Ela vai, então, muito além da escola. A educação começa dentro de casa a partir do contato com a família e dos estímulos dados desde a primeira infância;[23] ela se desenvolve no convívio com os amigos nas praças, pátios e esquinas; e se aprimora no ato de brincar, de ler um livro ou de interagir nas redes sociais. Mas não é só. A educação também ultrapassa a fase da infância e pode se dar por toda a vida.[24] Ela abrange as relações e movimentos sociais, as organizações da sociedade civil e as manifestações culturais. É, aliás, o que prevê o art. 1º da Lei de Diretrizes e Bases da Educação (LDB – Lei nº 9.394/1996[25]).

---

[22] MICHAELIS. *Dicionário Brasileiro da Língua Portuguesa*. Disponível em: https://michaelis.uol.com.br/busca?id=QX0y. Acesso em: 20 jan. 2022.

[23] PIAGET, Jean. *Para onde vai a educação?* Tradução portuguesa por Ivette Braga. Rio de Janeiro: José Olympio, 1973. p. 35.

[24] MIRANDA, Jorge. Sobre o direito da educação. *Revista da Faculdade de Direito da Universidade de Lisboa*, v. LX, p. 17-44, set. 2019. p. 19.

[25] LDB, "Art. 1º A educação abrange os processos formativos que se desenvolvem na vida familiar, na convivência humana, no trabalho, nas instituições de ensino e pesquisa, nos movimentos sociais e organizações da sociedade civil e nas manifestações culturais.

Assim, a adoção de uma concepção abrangente de educação é o primeiro passo para reconhecer todo o seu potencial transformador. É o que pode permitir que ela alcance as trincheiras da sociedade e impacte a vida daqueles a quem o Estado não consegue acessar. Eventual entendimento em sentido diverso é, além de reducionista, elitista, pois ignora a possibilidade de se adquirir conhecimento com base nas camadas mais vulneráveis da população. Foi, inclusive, o que se deu por tantos anos com a história, as práticas e a cultura do povo negro e indígena. Muitas vezes são as habilidades apreendidas para além das paredes de uma sala de aula que maximizarão, verdadeiramente, o desenvolvimento de um ser humano.

Nesse sentido, o direito à educação abrange todas as formas de ensino, transmissão, reflexão e desenvolvimento do conhecimento.[26] Ele inclui, então, não só a educação formal, que se dá nas instituições de ensino, mas também a educação informal, definida pelo ambiente em que se vive.[27] Segundo Dalmo de Abreu Dallari, o direito à educação permite "um processo de aprendizagem e aperfeiçoamento por meio do qual as pessoas se preparam para a vida".[28] Daí decorre a sua indispensabilidade para o desenvolvimento das personalidades[29] e para assegurar a todos uma vida digna.

Por isso, conforme reconhecido pelo Comitê dos Direitos Econômicos, Sociais e Culturais da ONU, "a educação é um direito humano por si só e um meio indispensável para a realização de outros direitos humanos".[30] Com efeito, além da sua importância intrínseca, a educação ainda tem um papel instrumental para assegurar outros direitos igualmente fundamentais, como a dignidade, a igualdade e o trabalho. Não se ignora que, no Brasil, essa afirmação pode parecer um tanto quanto utópica, diante das remotas possibilidades de mobilidade

---

§1º Esta Lei disciplina a educação escolar, que se desenvolve, predominantemente, por meio do ensino, em instituições próprias.
§2º A educação escolar deverá vincular-se ao mundo do trabalho e à prática social".

[26] RAMOS, André de Carvalho. *Curso de direitos humanos*. 5. ed. São Paulo: Saraiva Educação, 2018. Versão kindle.

[27] SILVA, Denise dos Santos Vasconcelos. *Direito à educação*: efetividade, justiciabilidade e protagonismo cidadão. Curitiba: Brazil Publishing, 2020. p. 29.

[28] DALLARI, Dalmo de Abreu. *Direitos humanos e cidadania*. São Paulo: Moderna, 1998. p. 47.

[29] CAGGIANO, Monica Herman S. A Educação. Direito fundamental. *In*: RANIERI, Nina (coord.). RIGHETTI, Sabine (org.). *Direito à educação*. São Paulo: Editora da Universidade de São Paulo, 2009. p. 22.

[30] COMITÊ DOS DIREITOS ECONÔMICOS, SOCIAIS E CULTURAIS. *Comentário Geral n.º 13*: artigo 13 (o direito à educação). Vigésima primeira sessão, 1999. §1º.

social e dos baixíssimos níveis de aprendizagem.[31] De fato, a garantia de uma vaga na escola é muito pouco para possibilitar autonomia, reconhecimento e emancipação social. Para alcançar esses objetivos, a educação precisa ser dotada de qualidade e ser acompanhada de uma série de outras medidas de cunho econômico-social. Nada obstante, é relevante analisar como a educação tem *potencial* para realização de outros direitos fundamentais, a fim de que seja esse seja o norte a ser seguido pelas políticas educacionais.

Nesse sentido, em primeiro lugar, a educação é indispensável para concretizar o princípio da dignidade da pessoa humana (art. 1º, III, da CRFB). Trata-se de fundamento da ordem jurídica e da comunidade política,[32] cujo objetivo é proporcionar proteção integral à pessoa. Na visão de Daniel Sarmento, o conteúdo essencial da dignidade humana tem quatro elementos: valor intrínseco da pessoa; autonomia; mínimo existencial; e reconhecimento.[33] Analisando-os, verifica-se que a educação tem papel determinante para assegurar a autonomia, o mínimo existencial e o reconhecimento.

No que se refere à autonomia, a escola é capaz de permitir que as pessoas se autodeterminem e ditem as normas que regem a própria conduta.[34] Para que seja plena, essa autodeterminação deve, em primeiro lugar, abranger a autonomia privada, caracterizada pela possibilidade de realizar escolhas pessoais de forma verdadeiramente livre. Isso inclui os grandes projetos de vida, como decidir uma profissão, e até as

---

[31] ORGANIZAÇÃO PARA COOPERAÇÃO E O DESENVOLVIMENTO ECONÔMICO (OCDE). *A educação no Brasil:* uma perspectiva internacional. Tradução de Todos pela Educação. Disponível em: https://todospelaeducacao.org.br/wordpress/wp-content/uploads/2021/06/A-Educacao-no-Brasil_uma-perspectiva-internacional.pdf. Acesso em: 4 dez. 2022. p. 112.

[32] HÄBERLE, Peter. A dignidade humana como fundamento da comunidade estatal. Tradução de Ingo Wolfgang Sarlet e Pedro Scherer de Melo Aleixo. *In*: SARLET, Ingo Wolfgang (org.). *Dimensões da dignidade:* ensaios de filosofia do direito e direito constitucional. Porto Alegre: Livraria do Advogado, 2005. p. 45-93; KIRSTE, Stephan. A legal concept of dignity as a foundation of law. *In*: BRUGGER, Winfried. KIRSTE, Stephan (ed.). *Human dignity as a foundation of law*. Stuttgart: Nomos, 2013. p. 63-82; BARROSO, Luís Roberto. *A dignidade da pessoa humana no direito constitucional contemporâneo:* a construção de um conceito jurídico à luz da jurisprudência mundial. Belo Horizonte: Fórum, 2013. p. 64-67; SARLET, Ingo Wolfgang. *Dignidade da pessoa humana e direitos fundamentais na Constituição Federal de 1988*. Porto Alegre: Livraria do Advogado, 2001. p. 66-75; SARMENTO, Daniel. *Dignidade da pessoa humana:* conteúdo, trajetórias e metodologia. 2. ed. Belo Horizonte: Fórum, 2016.

[33] SARMENTO, Daniel. *Dignidade da pessoa humana:* conteúdo, trajetórias e metodologia. 2. ed. Belo Horizonte: Fórum, 2016. p. 89-94.

[34] Sobre o conceito de autonomia adotado, confira-se: SARMENTO, Daniel. *Dignidade da pessoa humana:* conteúdo, trajetórias e metodologia. 2. ed. Belo Horizonte: Fórum, 2016. p. 139-151.

escolhas mais banais do cotidiano, como optar por carne ou frango no almoço. Em segundo lugar, as pessoas precisam ter autonomia pública, o que pressupõe a possibilidade de participar das deliberações de sua comunidade política. Nesse ponto, parte-se da premissa que, em uma democracia, os cidadãos devem ser encarados como sujeitos e ter igual direito de participação no autogoverno.

Uma das formas de se assegurar o exercício dessa autonomia com plenitude é por intermédio da educação. Ela proporciona o desenvolvimento da pessoa, a formação de espíritos críticos, a aquisição de informações para a tomada de decisões e a qualificação necessária para se adquirir condições materiais mais tarde na vida. Muito embora a autonomia, enquanto componente da dignidade humana, seja um atributo inerente a todas as pessoas, a falta de escolaridade é um dos fatores que dificulta a realização de escolhas com plenitude. Nesses casos, a autonomia permanecerá existindo e as vozes dessas pessoas deverão ser ouvidas, mas caberá ao poder público atuar para proporcionar a superação desse obstáculo. A educação, portanto, revela-se condição essencial para que a autonomia não signifique apenas a ausência de constrangimentos externos (liberdade negativa), mas abarque a possibilidade real de o sujeito se autodeterminar (liberdade positiva ou fática).[35]

Daí se extrai que, para proporcionar verdadeira autonomia aos alunos, as unidades de ensino não devem somente ministrar o conteúdo em sala de aula; é preciso ir além e se preocupar com a instalação de um ambiente educacional inclusivo e igualitário. Afinal, para além das condições econômicas, há condições culturais que igualmente asfixiam a autodeterminação individual[36] e elas começam a ser percebidas e internalizadas nos primeiros espaços de socialização. Sobre isso, o Tribunal Constitucional alemão já declarou a inconstitucionalidade de norma que previa a obrigatoriedade de instalação de crucifixos em salas de aula de escolas públicas.[37] Entre os fundamentos, reconheceu que a colocação da cruz não implicaria coação para que os alunos adotassem determinada crença, mas influenciaria os seus comportamentos sociais

---

[35] ALEXY, Robert. *Teoria dos direitos fundamentais*. Tradução de Virgílio Afonso da Silva. São Paulo: Malheiros, 2008. p. 503-504; SARMENTO, Daniel. *Dignidade da pessoa humana*: conteúdo, trajetórias e metodologia. 2. ed. Belo Horizonte: Fórum, 2016. p. 137 e 151-159.

[36] SARMENTO, Daniel. *Dignidade da pessoa humana*: conteúdo, trajetórias e metodologia. 2. ed. Belo Horizonte: Fórum, 2016. p. 157.

[37] BVerfGE 93, 1 (1995).

para que entendessem que aquela era a fé exemplar e digna de ser seguida. Para a Corte, esse aspecto simbólico é ainda mais preocupante quando alcança crianças e adolescentes, que são pessoas que ainda estão desenvolvendo seu espírito crítico e pontos de vista próprios, tornando-as mais sujeitas à influência mental.

Com efeito, as escolas devem se preocupar em erradicar certas condições culturais que podem vir a asfixiar a autonomia individual ou promover a internalização de determinadas hierarquias. Assim, se o combate à discriminação de minorias se faz necessário em qualquer lugar, a escola é um dos espaços em que essa luta é ainda mais premente, diante do potencial de que eventuais práticas discriminatórias ali existentes sejam apreendidas e reproduzidas por toda a vida dos educandos. As medidas igualitárias, portanto, vão além de modificações no currículo, mas demandam um ambiente educacional inclusivo e igualitário e uma comunidade escolar plural, que acolha e instigue a diferença.

Daí a importância das ações afirmativas que têm por objetivo promover o acesso de grupos subalternizados a vagas de alunos[38] e professores. Para além de assegurar igualdade de oportunidades àqueles que são individualmente contemplados, tais políticas têm papel primordial para instalação de um ambiente acadêmico plural, à semelhança da sociedade complexa e heterogênea encontrada do lado de fora. A mesma finalidade também é alcançada por meio da inserção de pessoas com deficiência no sistema educacional geral, abandonando as políticas segregacionistas de outrora.[39] Nesse aspecto, a não segregação desses indivíduos busca alavancar o seu desenvolvimento por meio do contato com seus pares e, ainda, pluralizar o ambiente educacional.

Além disso, o direito à educação também assegura o princípio da dignidade da pessoa humana, na vertente do mínimo existencial, cujo conteúdo abarca as condições materiais básicas para uma vida

---

[38] A propósito, o STF já declarou a constitucionalidade de políticas de ação afirmativa que estabelecem reserva de vagas com base em critério étnico-racial: STF, ADPF 186, Plenário, rel. min. Ricardo Lewandowski, j. 26/4/2012, *DJe* 20/10/2014.

[39] O tema estava sendo discutido no debate público e no STF, em razão da edição do Decreto nº 10.502/2020, que instituía a Política Nacional de Educação Especial, Equitativa, Inclusiva e com Aprendizado ao longo da vida. A política estabelecia a segregação de alunos com deficiência nas escolas, sob o pretexto de lhes garantir atendimento educacional especializado. Todavia, o ato deixou de produzir efeitos, após medida liminar deferida pelo STF em 2021, e foi revogado por um novo governo federal em janeiro de 2023. Confira-se: STF, ADI 6.590 MC/DF, Plenário, rel. min. Dias Toffoli, j. 21/12/2020, *DJe* 12/2/2021.

digna[40]. Por certo, viver com dignidade pressupõe não somente a garantia das necessidades humanas voltadas à sobrevivência física,[41] mas também inclui aspectos que asseguram o mínimo indispensável para inserção social. Nessa linha, o Tribunal Constitucional alemão já afirmou, no julgamento do caso *Hartz IV*, que o mínimo existencial abrange as condições necessárias para "existência física e para uma mínima participação na vida social, cultural e política".[42]

Partindo dessa premissa, a educação – enquanto elemento indispensável ao pleno desenvolvimento físico, intelectual, moral e social da pessoa – é parte integrante desse mínimo necessário para se viver com dignidade. Nem sempre, contudo, se entendeu assim. Em análise da história, Antonio Gois constatou que a tese da escolarização universal só ganhou força no mundo a partir da segunda metade do século XVIII, com base nos argumentos de que incrementaria o desenvolvimento econômico, a construção de uma identidade nacional acima de influências religiosas e a paz social.[43] No Brasil, o avanço chegou com ainda maior atraso, pois, por muitos anos, conviveu-se com um conceito de cidadania que não abrangia os escravizados e indígenas. A Constituição de 1824, por exemplo, estabelecia que a instrução primária seria gratuita, mas tal norma não contemplava aqueles grupos, tampouco tinha condições práticas de implementação. No plano legislativo, após a abolição da escravidão, houve a universalização e, mais recentemente, a ampliação do atendimento. Em 1996, a LDB incluiu as creches e pré-escolas no escopo do ensino; em 2006, a Lei nº 11.274 ampliou o ensino fundamental de oito para nove anos, antecipando um ano a idade inicial de matrícula obrigatória; e, em 2009, a Emenda Constitucional nº 59, ampliou a faixa etária da matrícula obrigatória de seis a 14 para quatro a 17 anos.[44]

Hoje, a Constituição expressamente prevê que o dever do Estado será efetivado mediante a garantia da educação e que o acesso ao ensino obrigatório e gratuito é direito público subjetivo em todas as etapas

---

[40] SARMENTO, Daniel. *Dignidade da pessoa humana*: conteúdo, trajetórias e metodologia. 2. ed. Belo Horizonte: Fórum, 2016. p. 189-240.

[41] SARMENTO, Daniel. *Dignidade da pessoa humana*: conteúdo, trajetórias e metodologia. 2. ed. Belo Horizonte: Fórum, 2016. p. 216.

[42] BVerfGE 125, 175 (2009).

[43] GOIS, Antônio. *O ponto a que chegamos*: duzentos anos de atraso educacional e seu impacto nas políticas do presente. Rio de Janeiro: FGV Editora, 2022. Edição eletrônica.

[44] GOIS, Antônio. *O ponto a que chegamos*: duzentos anos de atraso educacional e seu impacto nas políticas do presente. Rio de Janeiro: FGV Editora, 2022. Edição eletrônica.

da educação básica obrigatória (art. 208, *caput*, I, e §1º).[45] Não à toa, a jurisprudência do Supremo Tribunal Federal (STF)[46] e do Superior Tribunal de Justiça (STJ)[47] é firme no sentido de que o atendimento em creche e pré-escola é compreendido no mínimo existencial, por se tratar de faceta do direito à educação.

Sob outra perspectiva, aqueles que tiveram ou têm a possibilidade de estudar gozam de maior reconhecimento[48] na sociedade. Trata-se de outra faceta do princípio da dignidade da pessoa humana que se manifesta mediante a valorização e respeito pelos seus pares.[49] A falta de reconhecimento, por outro lado, "oprime, instaura hierarquias, frustra a autonomia e causa sofrimento".[50] O ato de não ser reconhecido pelo outro impede que o sujeito participe, como um igual, das interações sociais e alcance determinadas posições, ocasionando a sua invisibilidade. Ao mesmo tempo, isso abala a autoestima de qualquer um,[51] promove uma internalização de uma imagem negativa de si e faz com que o/a oprimido/a não se ache apto/a a estar em certos espaços, acentuando o ciclo de exclusão. No caso de crianças e adolescentes, essa eventual falta de integração social abala ainda mais, diante da maior necessidade que sentem de aprovação por seus pares.[52]

---

[45] Inclusive, após a Emenda Constitucional nº 59/2009, Ana Paula de Barcellos passou a incluir todas as fases da educação básica obrigatória como elemento do mínimo existencial, e não só a educação fundamental, como fazia antes (BARCELLOS, Ana Paula de. *A eficácia jurídica dos princípios constitucionais*: o princípio da dignidade da pessoa humana. 3. ed. revista e atualizada. Rio de Janeiro: Renovar, 2011. p. 303-319.).

[46] STF, RE 639.337, 2ª Turma, rel. min. Celso de Mello, j. 23/8/2011, *DJe* 15/9/2011; RE 410.715, 2ª Turma, rel. min. Celso de Mello , j. 22/11/2005, *DJe* 3/2/2006.

[47] STJ, REsp 1.185.474, 2ª Turma, rel. min. Humberto Martins, j. 20/4/2010; REsp 1.695.025/DF, 2ª Turma, rel. min. Herman Benjamin, j. 7/12/2017, *DJe* 19/12/2017.

[48] Sobre a teoria do reconhecimento, confira-se: HEGEL, George Wilhelm Friedrich. *A fenomenologia do espírito*. Tradução Paulo Meneses. 6. ed. São Paulo: Vozes, 2011; TAYLOR, Charles. *La política del reconocimiento*. In: TAYLOR, Charles. *El multiculturalismo y la política del reconocimiento*. Tradução Mônica Utrilla de Neira. México: Fondo de Cultura Econômica, 1993; HONNETH, Axel. *Luta por reconhecimento*: A gramática moral dos conflitos sociais. Tradução de Luiz Repa. São Paulo: Editora 34, 2003; FRASER, Nancy. *From redistribution to recognition?*: dilemmas of justice in a "postsocialist" age. *In*: FRASER, Nancy. *Justice interruptus*: critical reflections on the "postsocialist" condition. New York: Routledge, 1997. p. 11-40.

[49] ASSY, Bethânia; FERES JUNIOR, João. *Reconhecimento*. In: BARRETTO, Vicente de Paulo (coord.). *Dicionário de filosofia do direito*. São Leopoldo: Unisinos, 2006. p. 705.

[50] SARMENTO, Daniel. *Dignidade da pessoa humana*: conteúdo, trajetórias e metodologia. 2. ed. Belo Horizonte: Fórum, 2016. p. 242.

[51] Cf. HONNETH, Axel. *Luta por reconhecimento*: A gramática moral dos conflitos sociais. Tradução de Luiz Repa. São Paulo: Editora 34, 2003. p. 217-218.

[52] Cf. PIAGET, Jean. *The moral judgement of the child*. Illinois: The Free Press, 1997. p. 54 ss; PRINSTEIN, Mitchell J. DODGE, Kenneth A. *Understanding peer influence in children and adolescents*. New York: Guilford Press, 2008, p. 3 ss.

É evidente, pois, a intrínseca relação entre educação e reconhecimento. Estar em sala de aula representa, depois da família, a primeira participação de uma criança em um grupo social, fazendo com que ela se enxergue como pertencente à comunidade. Por se tratar de um direito, em princípio, universal, o fato de não ser contemplado por ele corresponde à imposição de um selo de inferioridade.[53] Ao atribuir direitos, reconhece-se o sujeito como pessoa; ao negá-los, ele é rebaixado à condição de sub-humanidade.[54] Por isso, não surpreende o orgulho frequentemente sentido pelas primeiras pessoas que se formam em uma família cujas gerações anteriores não tiveram essa mesma oportunidade. Mais do que a conquista do diploma, tal fato representa o rompimento com o ciclo de exclusão. A médio e longo prazo, a relação entre educação e reconhecimento fica ainda mais clara: ela é o primeiro passo para alcançar um trabalho, bens materiais e posições importantes na sociedade.

Essa relação entre o direito ao reconhecimento e a educação foi apontada pela Suprema Corte norte-americana no caso *Brown v. Board of Education*, no qual foi declarada a inconstitucionalidade da política oficial de segregação racial nas escolas. Entre os fundamentos utilizados, a Corte decidiu que a separação de crianças negras das demais em razão da sua raça gera "um sentimento de inferioridade em relação ao seu *status* na comunidade que pode afetar seus corações e mentes de modo irreversível".[55]

Outro exemplo em que é possível constatar uma lesão ao reconhecimento no campo da educação ocorreu durante a pandemia da covid-19. Em razão da suspensão das aulas presenciais para contenção do vírus, o Estado do Rio de Janeiro anunciou que ofereceria o ensino remoto para todos os alunos da sua rede, à exceção daqueles que se encontravam no sistema socioeducativo. Todavia, esse tratamento diferenciado não dispunha de fator de discrímen[56] que o justificasse e, ainda, negava reconhecimento àqueles jovens internados. Afinal, era mais fácil transmitir as aulas remotas para jovens que estavam em um mesmo estabelecimento do que para o restante da comunidade escolar,

---

[53] SARMENTO, Daniel. *Dignidade da pessoa humana:* conteúdo, trajetórias e metodologia. 2. ed. Belo Horizonte: Fórum, 2016. p. 263.
[54] Cf. HONNETH, Axel. *Luta por reconhecimento:* A gramática moral dos conflitos sociais. Tradução Luiz Repa. São Paulo: Editora 34, 2003. p. 218.
[55] SUPREMA CORTE DOS ESTADOS UNIDOS. 347 u.s. 483 (1954).
[56] Cf.: MELLO, Celso Antônio Bandeira de. *O conteúdo jurídico do princípio da igualdade.* 3. ed. atual. São Paulo: Malheiros, 2006. p. 37-40.

que, em grande parte, é marcada pela exclusão ou vulnerabilidade digital. Assim, a condição de privação de liberdade foi ilegitimamente utilizada como um fator impeditivo para fruição de um direito fundamental, o que deu origem à propositura de uma ação coletiva pela Defensoria Pública e Ministério Público daquele estado.

Para além da dignidade, a educação também cumpre papel primordial para concretizar o princípio da igualdade.[57] Ele visa à rejeição das hierarquias e privilégios, de modo a romper com a discriminação e promover o reconhecimento. Para tanto, busca-se erradicar tratamentos diferenciados, sejam eles decorrentes da utilização de critérios suspeitos, como raça, gênero e idade (art. 3º, IV, da CRFB); sejam eles provenientes de normas gerais e abstratas que, contudo, promovem impacto desproporcional sobre grupos vulneráveis.[58] Sob outra perspectiva, o princípio da igualdade tem por função promocional a inclusão de grupos marginalizados, de forma que gozem de igual respeito e consideração na comunidade. Nessa segunda ótica, trata-se da vertente do reconhecimento, que já foi analisada quando abordado o princípio da dignidade da pessoa humana.

Com efeito, uma das principais ferramentas à disposição de governantes que pretendem tornar seus Estados mais igualitários é o direito à educação. Como se verá, este também objetiva qualificar os cidadãos para exercerem o trabalho e é, de fato, uma das grandes portas de entrada para que isso se efetive. Muito embora, no Brasil, um diploma não proporcione a certeza de um emprego, é certo que a sua ausência dificulta ainda mais a sua obtenção. Ademais, sob uma perspectiva macro, pode-se constatar que a universalização da educação deu causa a uma maior mobilidade intergeracional no país, aumentando as oportunidades dos filhos em relação àquelas que seus pais tiveram.[59]

---

[57] BARROSO, Luís Roberto; OSORIO, Aline. 'Sabe com quem está falando?': Notas sobre o princípio da igualdade no Brasil contemporâneo. *Revista Direito & Práxis*, v. 7, n. 13, p. 204-232, 2016.; PIOVESAN, Flávia. Igualdade, diferença e direitos humanos: perspectivas global e regional. *In*: SARMENTO, Daniel IKAWA, Daniela PIOVESAN, Flávia (org.). *Igualdade, diferença e direitos humanos*. Rio de Janeiro: Lumen Juris, 2008. p. 49-50.

[58] CORBO, Wallace. *Discriminação indireta:* Conceito, fundamentos e uma proposta de enfrentamento à luz da Constituição de 1988. Rio de Janeiro: Lumen Juris, 2017; SARMENTO, Daniel. A igualdade étnico-racial no direito constitucional brasileiro: Discriminação "de facto", teoria do impacto desproporcional e ação afirmativa. *In*: SARMENTO, Daniel. *Livres e iguais:* estudos de direito constitucional. Rio de Janeiro: Lumen Juris, 2006. p. 147-148.

[59] DUQUE, Daniel; PERO, Valéria. *The equalizing third of a century:* An evaluation of equality of opportunities in Brazil for almost 40 years. *In*: ENCONTRO NACIONAL DE ECONOMIA, 46. 2018, Rio de Janeiro.

Desse modo, a educação, se bem assegurada, tem potencial para atender à demanda por redistribuição.

De outro lado, as políticas educacionais têm ao seu dispor instrumentos que visam a atenuar a discriminação estrutural que afeta grupos marginalizados em nosso país. Alguns fatores contribuem para esse processo. O primeiro refere-se à obrigatoriedade da educação no Brasil. Em princípio, todas as crianças e adolescentes estão matriculadas, por se tratar de dever do Estado, da sociedade e da família. Mesmo que, no plano dos fatos, ainda exista um número considerável de evasão escolar, a grande maioria está estudando.[60] Por isso, diante do seu caráter universal, as escolas de hoje formam as gerações de amanhã. O segundo fator decorre do fato que a Constituição não adotou um modelo reducionista de educação, mas se preocupou que os sistemas de ensino sejam propulsores do desenvolvimento humano e da cidadania. As políticas educacionais, então, também devem se ocupar em formar pessoas melhores, que saibam se relacionar com seus pares amigavelmente e que os tratem de igual para igual. Dessa forma, se as políticas educacionais devem difundir valores inclusivos e igualitários, estes se tornam parte da formação da própria subjetividade dos alunos. Com isso, há uma expectativa de que estes continuem reproduzindo tais princípios mais tarde na vida, contribuindo para uma sociedade que rejeita hierarquias e a discriminação.

Isso tudo demonstra que uma educação de qualidade é um remédio transformativo para proporcionar redistribuição e reconhecimento. Na visão de Nancy Fraser, essas duas demandas podem ser atendidas por remédios afirmativos e/ou transformativos.[61] Aqueles têm por objetivo corrigir efeitos desiguais existentes, sem que seja alterada a estrutura da sociedade; ao passo que estes pretendem combater aqueles efeitos desiguais por meio da remodelação da estrutura que lhes é subjacente. A educação, portanto, é uma medida transformativa que pode incidir tanto sobre a estrutura econômico-política como cultural. Quando ofertada a todos, a educação tem potencial para permitir que novas gerações de famílias saiam da pobreza, tenham acesso a um

---

[60] INSTITUTO NACIONAL DE ESTUDOS E PESQUISAS EDUCACIONAIS ANÍSIO TEIXEIRA (INEP). *MEC e Inep divulgam resultados do Censo Escolar 2023*. Disponível em: https://www.gov.br/inep/pt-br/assuntos/noticias/censo-escolar/mec-e-inep-divulgam-resultados-do-censo-escolar-2023. Acesso em: 18 jun. 2024.

[61] FRASER, Nancy. From Redistribution to Recognition? Dilemmas of Justice in a "Postsocialist" Age. In: FRASER, Nancy. *Justice interruptus*: critical reflections on the "postsocialist" condition. New York & London: Routledge, 1997. p. 21-26.

trabalho e alcancem o seu mínimo existencial. Com isso, alteram-se as diferenciações de classe, a divisão social do trabalho e as condições de existência humana. Reduz-se, pois, a desigualdade econômica. De outro lado, quando comprometida com valores inclusivos, a educação pode desestabilizar discriminações estruturais e valorizar identidades de grupos vulneráveis. Assim, as pessoas, desde a tenra idade, passam a construir suas subjetividades com base nesses valores, diminuindo a probabilidade de discriminação e elevando a autoestima de grupos historicamente subalternizados.

Ao mesmo tempo, o papel instrumental da educação também é evidente na sua relação com outros direitos civis e políticos. Nesse ponto, as escolas são uma importante rede de proteção contra a violência.[62] Segundo estudo do Fundo das Nações Unidas para a Infância (UNICEF) sobre homicídios de adolescentes no estado do Ceará, mais de 70% dos adolescentes que foram assassinados em 2015 estavam fora da escola há pelo menos seis meses.[63] Em contraposição, quanto maior a escolaridade, menores as chances desses jovens serem assassinados.[64] Com efeito, a educação reduz as chances de vitimização dos alunos, resguardando seus direitos à vida e integridade psicofísica. Especificamente no Brasil, trata-se de proteção crucial, haja vista o país ter o maior número de homicídios de adolescentes em todo o mundo em números absolutos e a taxa contra esse grupo em tenra idade ser mais alta do que a da população em geral.[65] Esse perigo é ainda superior a depender do lugar em que se viva, da cor que se tenha e da renda familiar auferida.[66] Afinal, viver em um território vulnerável, como as

---

[62] Parte deste parágrafo corresponde a algumas considerações trazidas por mim no artigo: CUNHA, Beatriz. Rumo a uma educação de qualidade na periferia carioca. In: Cadernos Estratégicos II: análise estratégica de decisões dos Órgãos Internacionais de Proteção dos Direitos Humanos Rio de Janeiro: Defensoria Pública do Estado do Rio de Janeiro, p. 84-116, 2021.

[63] UNICEF. A educação que protege contra a violência. Disponível em: https://www.unicef.org/brazil/media/4091/file/Educacao_que_protege_contra_a_violencia.pdf. Acesso em: 3 maio 2022. p. 21.

[64] CERQUEIRA, Daniel. RANIERE, Mariana. GUEDES, Erivelton. COSTA, Joana. BATISTA, Filipe. NICOLATO, Patricia. Indicadores multidimensionais de educação e homicídios nos territórios focalizados pelo Pacto Nacional pela Redução de Homicídios. Brasília: Ipea, 2016. (Nota Técnica, n. 18). Disponível em: http://ipea.gov.br/portal/images/stories/PDFs/boletim_analise_politico/160908_bapi9_4_reflexao2.pdf. Acesso em: 3 maio 2022.

[65] UNICEF. A educação que protege contra a violência. Disponível em: https://www.unicef.org/brazil/media/4091/file/Educacao_que_protege_contra_a_violencia.pdf. Acesso em: 3 maio 2022. p. 9 e 16.

[66] CUNHA, Beatriz. Rumo a uma educação de qualidade na periferia carioca. In: Cadernos Estratégicos II: análise estratégica de decisões dos órgãos internacionais de proteção dos direitos humanos. Rio de Janeiro: Defensoria Pública do Estado do Rio de Janeiro, 2021. p. 89.

comunidades; ser negro; e estar em situação de pobreza faz com que essas pessoas fiquem ainda mais expostas à violência armada.

Essa, contudo, é apenas uma das facetas da violência cometida contra crianças e adolescentes. É mais comum que eles estejam sujeitos a agressões físicas, verbais e sexuais, sendo certo que a maior parte delas ocorre no ambiente familiar.[67] Nesse sentido, o fato de se estar todos os dias em uma sala de aula dissuade o cometimento de violências em âmbito doméstico. Isso porque o/a educando/a passa menos tempo dentro de casa e, ainda, os responsáveis sabem que a frequência diária na escola permite que tais explorações sejam descobertas mais facilmente, inibindo que elas ocorram. Ao mesmo tempo, quando a violência já foi praticada, as unidades de ensino constituem um espaço que possibilita a adoção de medidas reparatórias com a celeridade necessária, como o encaminhamento para a rede de proteção.

Ademais, a educação também é instrumento para proporcionar a efetividade de alguns direitos sociais. Sobre esse ponto, desde o primeiro dia de aula, os educandos têm assegurado o seu direito à alimentação por meio da merenda escolar. A comida oferecida na escola é, em muitos casos, a única refeição do dia de uma criança[68] e representa papel central no combate à desnutrição infantil.[69] O Programa Nacional de Alimentação Escolar (PNAE), aliás, tem especial importância no combate à fome no Brasil e é considerado um modelo para outros países. Ainda que haja problemas quanto à atualização dos recursos investidos pelo poder público, é inegável que o serviço tem sido prestado e que a comida chega à mesa dos alunos.[70] Não à toa, foram inúmeras as

---

[67] FUNDO DAS NAÇÕES UNIDAS PARA A INFÂNCIA (Unicef). *A educação que protege contra a violência*. Disponível em: https://www.unicef.org/brazil/media/4091/file/Educacao_que_protege_contra_a_violencia.pdf. Acesso em: 25 jan. 2022.

[68] Pesquisa do Fundo das Nações Unidas para a Infância (Unicef) revelou que 20% das crianças que frequentavam a escola ou creche antes da pandemia faziam todas as refeições nesses locais. Para 30% dos responsáveis, a comida oferecida no estabelecimento educacional é fundamental para alimentar as crianças. Confira: FUNDO DAS NAÇÕES UNIDAS PARA A INFÂNCIA (Unicef). *Alimentação na primeira infância*: conhecimentos, atitudes e práticas de beneficiários do Programa Bolsa Família. Brasília; Unicef, 2021. Disponível em: https://www.unicef.org/brazil/media/17121/file/alimentacao-na-primeira-infancia_conhecimentos-atitudes-praticas-de-beneficiarios-do-bolsa-familia.pdf. Acesso em: 27 abr. 2022.

[69] WORLD FOOD PROGRAMME. *State of School Feeding Worldwide 2020*. Rome: World Food Programme, 2020. Disponível em: https://docs.wfp.org/api/documents/WFP-0000123923/download/?_ga=2.248746629.365972922.1614175433-1077825198.1611244221. Acesso em: 27 abr. 2022.

[70] CUNHA, Beatriz. Programa Nacional de Alimentação Escolar sob monitoramento: Uma análise da sua efetividade. *Revista Eletrônica da Procuradoria Geral do Estado do Rio de Janeiro*, Rio de Janeiro, v. 4, n. 3, set./dez. 2021.

preocupações com a descontinuidade da oferta da merenda durante a pandemia da covid-19.[71]

Do mesmo modo, a educação é uma das ferramentas para dar efetividade ao direito ao trabalho nos moldes como foi previsto na Constituição. Isso se dá sob duas perspectivas. A primeira decorre da importância da educação para preparar os cidadãos para acessarem e exercerem o trabalho, como já se viu. Mas, além disso, a educação tem relevância central na erradicação do trabalho infantil.[72] O fato de se estar na escola reduz o tempo diário disponível para o trabalho; oferece outras oportunidades ao/à educando/a, como programas de jovens aprendiz; e o/a insere no aparato de proteção social, evitando que seja cooptado/a por interesses mais atrativos a curto prazo. O trabalho infantil, a propósito, é um dos problemas mais perversos em um país marcado pela desigualdade social. Muitas vezes, a atividade laboral exercida por crianças e adolescentes é determinante na renda de uma família que precisa sobreviver. Por isso, a luta pela sua erradicação deve incluir não só políticas de combate à evasão escolar, mas também medidas que visam à redistribuição. Para tanto, governos têm investido em programas de transferência de renda que exigem a frequência em sala de aula como uma condição para recebimento do benefício.

Logo, para além da sua importância intrínseca, a educação também é instrumento para dar efetividade a uma série de outros direitos fundamentais e para atendimento às demandas de redistribuição e reconhecimento. Como reconheceu o Comitê de Direitos Econômicos, Sociais e Culturais, ela é o meio principal para que pessoas saiam da pobreza e participem plenamente de suas comunidades; para que mulheres sejam emancipadas; e para que crianças fiquem protegidas da exploração laboral e sexual, sendo "um dos melhores investimentos financeiros que os Estados podem fazer".[73] Assim, ela deve se ocupar

---

[71] CUNHA, Beatriz. A alimentação escolar na pandemia, desenvolvimento infantil e igualdade de oportunidades. *Revista de Direito da Defensoria Pública Defensoria Pública Geral do Estado do Rio de Janeiro*, Rio de Janeiro, v. 29, n. 30, p. 59-81, 2020.

[72] COMITÊ DOS DIREITOS ECONÔMICOS, SOCIAIS E CULTURAIS. *Comentário Geral nº 13*: artigo 13 (o direito à educação). Vigésima primeira sessão, 1999. §55; FUNDO DAS NAÇÕES UNIDAS PARA A INFÂNCIA (UNICEF). *A educação que protege contra a violência*. Disponível em: https://www.unicef.org/brazil/media/4091/file/Educacao_que_protege_contra_a_violencia.pdf. Acesso em: 25 jan. 2022; ORGANIZACIÓN INTERNACIONAL DEL TRABAJO. *Informe Mundial sobre el Trabajo Infantil*: Allanar el camino hacia el trabajo decente para los jóvenes. Junio de 2015. Disponível em: https://www.ilo.org/ipecinfo/product/download.do?type=document&id=26980. Acesso em: 11 jun. 2022.

[73] COMITÊ DOS DIREITOS ECONÔMICOS, SOCIAIS E CULTURAIS. *Comentário Geral nº 13*: artigo 13 (o direito à educação). Vigésima primeira sessão, 1999. §1.

não só em proporcionar igualdade de oportunidades, mas também em difundir valores inclusivos, a fim de que estes se tornem parte da própria subjetividade dos alunos. Com isso, a educação pode conquistar corações e se tornar instrumento para renovação de gerações ao longo do tempo. Daí decorre todo o seu potencial para resguardar a nossa democracia.

1.1.2 Quem deve decidir, como se deve decidir e o que se pode decidir em uma democracia?

No tópico anterior, viu-se que a educação é instrumento para promover diversos princípios e direitos fundamentais no nosso ordenamento jurídico. Para além deles, ela também se revela ferramenta indispensável para fortalecer a democracia constitucional. Ocorre que, para se chegar a esse ponto, é necessário, preliminarmente, debruçar-se sobre o significado de democracia. Diante dos grandes e complexos debates sobre o tema, a pretensão deste tópico não é desenvolver uma teoria sobre democracia, mas fixar as premissas necessárias para compreensão da concepção adotada neste trabalho. Nesse sentido, serão respondidas três perguntas centrais: *quem* deve decidir; *como* deve decidir; e *o que* se pode ou não decidir em um regime democrático.[74]

Classicamente, conceitua-se democracia com base nas ideias de soberania popular e governo da maioria.[75] A lógica é que o povo é titular do poder e compete a ele a tomada das decisões, seja de forma direta ou por intermédio dos seus representantes eleitos. Diante disso, a igualdade das pessoas é pressuposto para a democracia: só há democracia se todos tiverem iguais possibilidades de reflexão, decisão e manifestação.

Tal condição não deve se restringir aos representantes eleitos, mas deve se espraiar por toda a sociedade. Atualmente, se reconhece que a representação política tradicional, instrumentalizada por meio

---

[74] Adotamos, por sua didática, a sistematização feita por Ana Paula de Barcellos. Segundo a autora, os debates em torno da democracia gravitam em quatro grandes temas: quem toma as decisões; como essas decisões são tomadas; o que pode ser decidido; e para que serve a democracia. Diante da sua conexão, os dois últimos pontos serão tratados juntos. Cf.: BARCELLOS, Ana Paula de. *Curso de direito constitucional*. 2. ed. Rio de Janeiro: Forense, 2019. p. 126-127.

[75] BARROSO, Luís Roberto. *Curso de direito constitucional contemporâneo*: os conceitos fundamentais e a construção do novo modelo. São Paulo: Saraiva, 2009. p. 88.

da ficção do contrato de mandato, é insuficiente para que haja efetiva democracia. Por vezes, as manifestações dos representantes eleitos não refletem necessariamente a vontade do povo, mas de minorias bem articuladas, que têm poder político e econômico. Ao mesmo tempo, tamanha é a heterogeneidade da nossa sociedade que é impossível que um/a político/a, por mais bem intencionado/a que seja, consiga atender aos interesses de todos os seus eleitores.

Daí nasceu a necessidade de se instituir uma nova cultura política que busca ampliar ao máximo o número de participantes nos processos de tomada de decisão: a democracia participativa. Trata-se, segundo Boaventura de Souza Santos, de "democratizar a democracia".[76] Por meio dela, busca-se romper com o elitismo democrático e instituir uma nova gramática social que proporciona a participação popular para além das eleições. A lógica é que quanto maior a participação, maior é a legitimidade da decisão e a posterior adesão a ela pela sociedade.[77] Com isso, a democracia torna-se mais inclusiva e plural, passando a incorporar novos atores e assuntos que antes eram ignorados pelo sistema político tradicional.[78]

Os instrumentos para tanto envolvem os mecanismos clássicos de democracia semidireta, como referendo, plebiscito e iniciativa popular de projetos de lei, mas não se limitam a eles. A Constituição de 1988, por exemplo, foi pródiga na matéria, tendo previsto a ação popular (art. 5º, LXXIII); a participação de trabalhadores em colegiados de órgãos públicos (art. 10); a participação de usuários na gestão dos serviços públicos (art. 37, §3º); e a participação da população, por meio de organizações representativas, na formulação e controle de políticas públicas de assistência social e infância (arts. 204 e 227, §7º). Amparando-se nessa última norma, o STF declarou a inconstitucionalidade de dispositivos que, a pretexto de regulamentar, dificultavam a participação da sociedade civil em conselhos deliberativos.[79] Na ocasião, analisava-se decreto do governo federal que frustrava a participação de entidades da sociedade civil no âmbito do Conselho Nacional da

---

[76] SANTOS, Boaventura de Sousa (org.). *Democratizar a democracia*: os caminhos da democracia participativa. Rio de Janeiro: Civilização Brasileira, 2002.
[77] BARCELLOS, Ana Paula de. *Curso de direito constitucional*. 2. ed. Rio de Janeiro: Forense, 2019. p. 127.
[78] SANTOS, Boaventura de Sousa. Para ampliar o cânone democrático. *In*: SANTOS, Boaventura de Sousa (org.). *Democratizar a democracia*: os caminhos da democracia participativa. Rio de Janeiro: Civilização Brasileira, 2002. p. 39-82.
[79] STF, ADPF 622, Plenário, rel. min. Roberto Barroso, j. 1º/3/2021, *DJe* 21/5/2021.

Criança e do Adolescente (Conanda). Ainda que compita ao Presidente da República dispor sobre organização e funcionamento dos órgãos do Executivo, o exercício dessa atribuição não pode obstaculizar o mandamento de participação da sociedade na formulação e controle de políticas públicas.

Para além do texto constitucional, há outros exemplos práticos interessantes. Entre os mais referidos, tem-se o orçamento participativo adotado no município de Porto Alegre desde 1989.[80] Ele possibilita que todos os cidadãos participem dos debates sobre a alocação do orçamento público, sem atribuir prerrogativas especiais a determinados grupos. Trata-se de uma combinação de democracia direta com democracia representativa, baseada na compatibilização das decisões dos participantes com critérios técnicos e legais eleitos pelo poder público. A ideia é que, por meio da participação popular generalizada, há maior propensão de reverter desigualdades e proporcionar redistribuição de recursos públicos em favor de grupos sociais vulneráveis.

Outro exemplo diz respeito à implantação de ouvidorias externas nas Defensorias Públicas.[81] As ouvidorias são órgãos cujo principal objetivo é servir como canal de interlocução entre a instituição e a sociedade civil, visando ao aperfeiçoamento do serviço prestado. A natureza *externa* decorre do fato de que o/a Ouvidor/a-Geral deve ser pessoa não integrante da carreira e indicada por lista tríplice formada pela sociedade civil (art. 105-B da Lei Complementar nº 80/1994). Tradicionalmente, o canal é utilizado para que os usuários do serviço veiculem suas reclamações ou sugestões sobre a assistência jurídica individual que lhe foi prestada. Mais recentemente, ele também tem servido como importante ferramenta para ajudar na articulação com os movimentos sociais, o que contribui para diagnóstico de demandas coletivas e levantamento de dados para fins de atuação estratégica. No Rio de Janeiro, por exemplo, a Ouvidoria Externa da Defensoria Pública já produziu relatórios sobre escuta da sociedade civil durante

---

[80] Cf.: SANTOS, Boaventura de Sousa. Para ampliar o cânone democrático. *In*: SANTOS, Boaventura de Sousa (org.). *Democratizar a democracia:* os caminhos da democracia participativa. Rio de Janeiro: Civilização Brasileira, 2002. p. 39-82; SANTOS, Boaventura de Sousa. Orçamento Participativo em Porto Alegre: para uma democracia redistributiva. *In*: SANTOS, Boaventura de Sousa (org.). *Democratizar a democracia:* os caminhos da democracia participativa. Rio de Janeiro: Civilização Brasileira, 2002. p. 455-560.

[81] Cf.: CARDOSO, Luciana Zaffalon Leme. *Participação social:* inovações democráticas no caso da Defensoria Pública do Estado de São Paulo. Dissertação (Mestrado em Administração Pública) – FGV, São Paulo, 2010.

a pandemia da covid-19;[82] desabastecimento de água nas comunidades e periferias;[83] e alimentação escolar.[84] Trata-se, pois, de ferramenta que permite conferir permeabilidade às demandas da sociedade civil em uma instituição do sistema de justiça. Não à toa, no ano de 2022, o STF declarou, em sede de controle concentrado, a constitucionalidade desse modelo de Ouvidoria Externa nas Defensorias Públicas estaduais.[85]

Com efeito, as decisões em uma democracia não são tomadas apenas pelos representantes eleitos, mas também pelo próprio povo, de forma direta, pelas ferramentas de participação que lhe são facultadas. Dessa forma, instaura-se um sistema democrático mais inclusivo, fazendo com que diversos atores se sintam parte desse projeto constitucional e possam aprimorar as decisões tomadas com base nas suas perspectivas.

Para além de *quem* deve tomar tais decisões em uma democracia, é necessário se preocupar sobre *como* elas devem ser tomadas. Isso demanda maior sofisticação do processo de tomada de decisão, a fim de que os resultados não sejam a mera agregação das preferências individuais de cada um. Daí nasceu a ideia de democracia deliberativa.[86] Segundo ela, as decisões devem ser tomadas a partir de debates realizados entre os diferentes atores no espaço público, sejam eles representantes eleitos ou os próprios cidadãos. É justamente essa interação entre as pessoas e a apresentação das suas respectivas razões que proporcionarão legitimidade democrática aos veredictos. Por meio desse diálogo, há maior controle social, submetendo os governantes a uma constante prestação de contas – daí a sua diferença em relação à

---

[82] OUVIDORIA EXTERNA DA DEFENSORIA PÚBLICA DO ESTADO DO RIO DE JANEIRO. *Escuta da sociedade civil sobre combate à pandemia da covid-19 nas favelas e periferias do Rio de Janeiro*. Abril a Junho de 2020. Disponível em: https://drive.google.com/file/d/16q D9bYJ1hk1x1nN4JR6LQxW63DvtGD6_/view. Acesso em: 18 jul. 2022.

[83] DEFENSORIA PÚBLICA DO ESTADO DO RIO DE JANEIRO. *Ouvidoria finda relatório de 550 denúncias de falta água em favelas*. Disponível em: https://www.defensoria.rj.def.br/noticia/detalhes/10171-Ouvidoria-finda-relatorio-de-550-denuncias-de-falta-agua-em-favelas. Acesso em: 18 jul. 2022

[84] DEFENSORIA PÚBLICA DO ESTADO DO RIO DE JANEIRO. *Município do Rio é o que acumula mais queixas sobre merenda escolar*. Disponível em: https://www.defensoria.rj.def.br/noticia/detalhes/10503-Municipio-do-Rio-e-o-que-acumula-mais-queixas-sobre-merenda-escolar. Acesso em: 18 jul. 2022.

[85] STF, ADI 4.608, Plenário, rel. min. Gilmar Mendes, j. 13/5/2022, *DJe* 20/5/2022.

[86] Cf.: SOUZA NETO, Cláudio Pereira de. *Teoria constitucional e democracia deliberativa*: um estudo sobre o papel do direito na garantia das condições para a cooperação na deliberação democrática. Rio de Janeiro: Renovar, 2006.

democracia participativa.[87] Além disso, as decisões políticas tendem a ser melhores, por serem baseadas em mais informação e contemplarem, ao menos em parte, os interesses de todos os envolvidos.[88]

Ocorre que, para que esse processo deliberativo seja justo, deve-se permitir que todos tenham iguais possibilidades de influenciar e persuadir. Nesse sentido, a teoria democracia deliberativa afasta-se de uma compreensão liberal clássica e enxerga a igualdade material como um dos seus pressupostos.[89] Sem ela, não há autonomia nem possibilidade de todos participarem, como iguais, da vida pública.

Nesse sentido, um dos principais autores que formulou um modelo de democracia deliberativa foi Jürgen Habermas.[90] Para ele, há uma relação de dependência entre democracia e Estado de Direito, pois aquela só é possível quando este oportuniza condições de liberdade e igualdade, permitindo que todos possam participar das decisões políticas. Não obstante, diante do pluralismo que marca a sociedade e da impossibilidade de se restringir previamente o conteúdo dos debates, Habermas defende uma concepção procedimental de democracia deliberativa. De acordo com essa perspectiva, a deliberação é incerta quanto aos seus resultados. A decisão guardará legitimidade com base na sua própria racionalidade e esta decorre da própria interação comunicativa, desde que seja livre e igualitária.[91] O autor ainda destaca a relevância da esfera pública em seu modelo de democracia deliberativa, de modo que a deliberação também se dá para além dos fóruns oficiais, em um diálogo entre governantes e governados.[92]

---

[87] SOUZA NETO, Cláudio Pereira de. *Teoria constitucional e democracia deliberativa:* um estudo sobre o papel do direito na garantia das condições para a cooperação na deliberação democrática. Rio de Janeiro: Renovar, 2006. p. 87-93.

[88] SILVA, Virgílio Afonso da. Deciding without deliberating. *International Journal of Constitutional Law*, v. 11, issue 3, p. 557-584, july 2013.

[89] SOUZA NETO, Cláudio Pereira de. *Teoria constitucional e democracia deliberativa:* um estudo sobre o papel do direito na garantia das condições para a cooperação na deliberação democrática. Rio de Janeiro: Renovar, 2006. p. 59-62.

[90] HABERMAS, Jürgen. *Direito e democracia:* entre facticidade e validade. Tradução de Flávio Beno Siebeneichler. v. 1. Rio de Janeiro: Tempo Brasileiro, 1997. p. 116 e ss; HABERMAS, Jürgen. Soberania popular como procedimento: um conceito normativo de espaço público. Tradução Márcio Suzuki. *Novos Estudos CEBRAP*, nº 26, p. 110-113, 1990; HABERMAS, Jürgen. On the internal relation between the rule of law and democracy. In: HABERMAS, Jürgen. *The inclusion of the other:* studies on political theory. Cambridge, Mass.: The MIT Press, 1998. p. 253 e ss; HABERMAS, Jürgen. *Constitutional democracy:* a paradoxal union of contradictory principles? Political Theory, n. 29, p. 766-781, dez. 2001.

[91] HABERMAS, Jürgen. *Consciência moral e agir comunicativo*. Tradução de Guido de Almeida. Rio de Janeiro: GTempo Brasileiro, 1989. p. 148.

[92] HABERMAS, Jürgen. *Direito e democracia:* entre facticidade e validade. Tradução de Flávio Beno Siebeneichler. v. 2. Rio de Janeiro: Tempo Brasileiro, 1997. p. 24.

Ademais, é possível extrair um modelo de democracia deliberativa da teoria da justiça de John Rawls. Diferentemente de Habermas, os escritos de Rawls apontam para um modelo substancialista. Na visão desse autor, as decisões políticas devem dotar-se de "razão pública", isto é, devem ser justificadas em uma democracia.[93] Essa justificativa, contudo, só será legítima caso seja fundada nos princípios de justiça.[94] Assim, nessa perspectiva, a deliberação tem por objetivo aplicar tais valores, motivo pelo qual ela tem seu conteúdo pré-determinado e os debates estão previamente circunscritos a tais limites. Com isso, a razão pública estrutura o processo de deliberação democrática e, ainda, estabelece princípios com base nos quais se pode aferir se o resultado é justo.[95] Sob a ótica de Rawls, essa razão pública não precisa estar presente em todos os debates na esfera pública, mas, principalmente, naqueles que ocorrem nos "fóruns oficiais" e quando estiverem em pauta elementos constitucionais essenciais e princípios de justiça. Ainda assim, as cortes constitucionais só poderão anular eventuais deliberações que sejam incompatíveis com as liberdades protegidas pelo primeiro princípio de justiça.[96] Caso haja ofensa ao princípio da diferença, a sua defesa deve se dar argumentativamente, por intermédio da razão.

Buscando um equilíbrio entre as concepções procedimentalista e substancialista de democracia deliberativa, Cláudio Pereira de Souza Neto defende um modelo cooperativo.[97] Em sua visão, há condições que devem estar presentes para que haja efetiva deliberação democrática, as quais não se confundem com requisitos meramente procedimentais nem com os princípios de justiça. A ideia é conferir legitimidade aos debates, com justificações que sejam imanentes à democracia e à cooperação

---

[93] RAWLS, John. *Liberalismo político*. Tradução de Dinah de Abreu Azevedo. 2. ed. São Paulo: Ática, 2000. p. 261; RAWLS, John. A ideia de razão pública revista. *In*: RAWLS, John. *O direito dos povos*. Tradução de Luis Carlos Borges. São Paulo: Martins Fontes, 2001. p. 173.
[94] RAWLS, John. *A theory of justice*. Revised ed. Cambridge, Mass.: The Belknap Press of Harvard University Press, 1999. p. 266.
[95] RAWLS, John. *Liberalismo político*. Tradução de Dinah de Abreu Azevedo. 2. ed. São Paulo: Ática, 2000. p. 266; RALWS, John. A ideia de razão pública revista. *In*: RAWLS, John. *O direito dos povos*. Tradução de Luis Carlos Borges. São Paulo: Martins Fontes, 2001. p. 181-182.
[96] RAWLS, John. *A theory of justice*. Revised ed. Cambridge, Mass.: The Belknap Press of Harvard University Press, 1999. p. 174-175; RAWLS, John. *Liberalismo político*. Tradução de Dinah de Abreu Azevedo. 2. ed. São Paulo: Ática, 2000. p. 205.
[97] SOUZA NETO, Cláudio Pereira de. *Teoria constitucional e democracia deliberativa*: um estudo sobre o papel do direito na garantia das condições para a cooperação na deliberação democrática. Rio de Janeiro: Renovar, 2006. p. 156-189.

social, estabelecendo-se elementos mínimos para que a deliberação seja considerada justa, sem que haja restrição prévia ao conteúdo do discurso. Nesse sentido, para o autor, as condições para deliberação democrática são a liberdade e a igualdade: a primeira possibilita uma esfera pública autônoma, em que haja troca de argumentos de forma paritária e sem censura; ao passo que a segunda assegura iguais oportunidades de acesso e influência.

Todavia, há quem critique esse modelo deliberativo por adotar uma visão romântica das relações sociais, tal como se não existissem relações de poder e a simples argumentação racional fosse suficiente para resolver conflitos. Em verdade, diante de uma sociedade marcada pelo pluralismo e hegemonia, o poder e o antagonismo revelam-se elementos constitutivos da própria ordem social. Por isso, Chantal Mouffe afirma que qualquer abordagem de democracia deve colocá-los no centro, reconhecendo o seu papel nas deliberações públicas.[98] Trata-se do modelo agonístico de democracia. Segundo ele, a questão central da política democrática deve ser "domesticar hostilidades e tentar conter o potencial antagonismo que existe nas relações humanas".[99] Dessa forma, o objetivo não é alcançar o consenso a qualquer custo, mas buscar, nesse contexto de conflitos e diversidades, a criação de uma unidade em torno dos valores democráticos.

Para além de *como* devem ser tomadas as decisões em uma democracia, passou-se a discutir se é admissível que sejam impostos limites ao conteúdo das decisões majoritárias. O ponto central do debate pode ser resumido em uma pergunta: há decisões que não podem ser tomadas, ainda que sejam apoiadas por parte expressiva da sociedade? Tradicionalmente, afirma-se que existem requisitos para que a vontade popular prevaleça, mas estes têm natureza formal, como a realização periódica de eleições, o sufrágio universal, o pluripartidarismo e a liberdade de expressão. Assim, sob essa ótica, basta esse conjunto mínimo de condições procedimentais para que as decisões sejam consideradas legítimas, pouco importando o seu conteúdo.

Essa perspectiva, contudo, ganhou maior sofisticação ao longo do tempo. Nos dias de hoje, Ginsburg e Huq defendem uma concepção um

---

[98] MOUFFE, Chantal. Por um modelo agonístico de democracia. *Revista de Sociologia e Política*, Curitiba, 25, p. 165-177, jun. 2006.
[99] MOUFFE, Chantal. Por um modelo agonístico de democracia. *Revista de Sociologia e Política*, Curitiba, 25, p. 165-177, jun. 2006. p. 174.

pouco mais abrangente de democracia.[100] Na visão deles, para que haja competição eleitoral genuína, é preciso assegurar um conjunto mínimo de arranjos legais e institucionais. Trata-se, assim, de uma visão mais robusta, que chamam de democracia liberal constitucional. Ela abarca (i) um sistema eleitoral democrático, marcado por eleições periódicas; (ii) os direitos à liberdade de expressão e associação; e (iii) o Estado de Direito, que assegure estabilidade, previsibilidade e integridade do direito e das instituições jurídicas. Todavia, mesmo que seja mais sofisticada do que a concepção tradicional, essa visão de democracia ainda se restringe a uma perspectiva procedimental. Ela admite, então, graves desigualdades econômicas, privações de direitos sociais básicos e quaisquer discriminações, como racismo, misoginia e homofobia.

Por isso, em nossa visão, o conceito de democracia deve ser mais denso para também abarcar uma dimensão substantiva. Por meio desta, instituem-se limites materiais aos poderes ordinários, a fim de preservar um núcleo mínimo de proteção essencial a valores fundamentais.

Entre os teóricos que defendem uma visão material de democracia, tem-se Ronald Dworkin. Segundo ele, ainda que sejam respeitadas as regras procedimentais, as maiorias não podem violar princípios morais de liberdade, igualdade e justiça.[101] Sob a sua ótica, as regras do jogo democrático devem ser manejadas de forma a alcançar resultados justos. Por essa razão, admitem-se decisões contramajoritárias quando estas buscarem proporcionar a todos igual respeito e consideração. Isso porque, na teoria do autor, a igualdade é valor que integra a essência do regime democrático, compondo o seu núcleo essencial,[102] razão pela qual a busca por sua efetividade pode admitir a relativização da regra majoritária. Assim, a concepção de democracia substancial de Dworkin é aqui preferida em relação à concepção formal, diante da sua maior propensão à proteção de valores universais de justiça, insulando-os das maiorias de ocasião.

Não obstante, é certo que, ao atribuir ao Judiciário o papel de protagonista na interpretação constitucional,[103] a teoria de Dworkin

---

[100] HUQ, Aziz; GINSBURG, Tom. How to lose a constitutional democracy. *UCLA Law Review*, v. 65, n. 1. p. 86-92, February 2018.
[101] DWORKIN, Ronald. *O direito da liberdade*: a leitura moral da Constituição norte-americana. Tradução de Marcelo Brandão Cipolla. São Paulo: Martins Fontes, 2006.
[102] DWORKIN, Ronald. *O direito da liberdade*: a leitura moral da Constituição norte-americana. Tradução de Marcelo Brandão Cipolla. São Paulo: Martins Fontes, 2006. p. 26.
[103] DWORKIN, Ronald. *O direito da liberdade*: a leitura moral da Constituição norte-americana. Tradução de Marcelo Brandão Cipolla. São Paulo: Martins Fontes, 2006. p. 2-3.

revela o seu próprio gargalo. Ao entender dessa forma, o autor ignora as procedentes críticas ao modelo de supremacia judicial, o relevante papel exercido por outras instituições e, ainda, a importância da interpretação feita pelo próprio povo acerca do sentido das normas constitucionais. Nesse sentido, ainda que tenham sido intensos os debates sobre a chamada "dificuldade contramajoritária"[104] do Poder Judiciário, pode-se dizer que se formou razoável consenso doutrinário e normativo sobre a legitimidade democrática da jurisdição constitucional. Os principais fundamentos para tanto decorrem do reconhecimento de que juízes tendem a ser desvinculados de interesses econômicos e/ou políticos e, ainda, devem fundamentar suas decisões à luz do direito.[105] Com efeito, juízes não eleitos podem invalidar atos praticados pelos poderes representativos para proteção dos direitos fundamentais e das regras do jogo democrático.[106]

Todavia, isso não significa que se deva adotar uma visão idealizada do Judiciário, tal como feito por Dworkin com seu juiz Hércules. Trata-se de agentes públicos de "carne e osso", com suas histórias, interesses, virtudes e deficiências, que integram igualmente instituições que têm pontos positivos e negativos. Na maioria das vezes, os juízes até podem ser preparados e bem intencionados, mas não têm tempo para refletir em detalhes sobre cada caso, tampouco fundamentar em minúcias as razões que os fizeram chegar àquela conclusão. Eles convivem, ainda, com fatores externos que influenciam na sua tomada de decisão, como a opinião pública,[107] mecanismos de reação dos poderes políticos[108] e risco de aparelhamento dos tribunais por governantes autoritários.[109] Há que se adotar, pois, uma "análise

---

[104] BICKEL, Alexander. *The least dangerous branch*: the Supreme Court at the bar of politics. 2. ed. New Haven: Yale University Press, 1986. p. 16-23.

[105] BRANDÃO, Rodrigo. *Supremacia judicial versus diálogos constitucionais*: a quem cabe a última palavra sobre o sentido da constituição? Rio de Janeiro: Lumen Juris, 2017. p. 249.

[106] BARROSO, Luís Roberto. *A judicialização da vida e o papel do Supremo Tribunal Federal*. Belo Horizonte: Fórum, 2018. p. 155-158.

[107] FRIEDMAN, Barry. *The will of the people:* how public opinion has influenced the Supreme Court and shaped the meaning of the Constitution. New York: Farrar, Strauss and Giroux, 2009.

[108] BRANDÃO, Rodrigo. *Supremacia judicial versus diálogos constitucionais*: A quem cabe a última palavra sobre o sentido da constituição?. Rio de Janeiro: Lumen Juris, 2017. p. 281-335.

[109] Segundo Ginsburg e Huq, o Judiciário, com frequência, é uma das primeiras vítimas em uma erosão da democracia (GINSBURG, Tom; HUQ, Aziz Z. *How to save a constitutional democracy*. Chicago; London: The University of Chicago Press, 2018. p. 186.). Durante a ditadura militar brasileira, o Poder Judiciário foi utilizado para legitimação do

realista das capacidades institucionais".[110] Por melhor que seja, não há instituição infalível[111] e o sentido da Constituição é resultado de uma complexa interação entre os poderes e a sociedade civil.

Dessa forma, neste tópico, buscou-se sistematizar as diversas respostas da teoria constitucional para três perguntas centrais: *quem* deve decidir; *como* deve decidir; e *o que* se pode ou não decidir em um regime democrático. Diante do objeto deste trabalho e da complexidade dos debates, não é necessário eleger um único modelo. Nada obstante, a partir do que foi dito, pode-se traçar algumas premissas que conduzirão a nossa proposta de educação para democracia: (1) as decisões em uma democracia não devem ser tomadas somente pelos representantes eleitos, mas devem contar com canais que permitam a participação de toda a sociedade; (2) tais decisões devem ser tomadas com base em um processo deliberativo racional, no qual, prescritivamente, todos tenham iguais possibilidades de influenciar, sem que sejam ignoradas as relações de poder existentes na sociedade; e (3) para serem legítimas, as decisões precisam atender não só a um conjunto de condições procedimentais (*e.g.*, eleições periódicas; sufrágio universal; liberdade de expressão), mas também a um núcleo mínimo de valores fundamentais, como igualdade, liberdade e justiça.

1.2 Educação e fortalecimento da democracia

Com base no caminho percorrido até aqui, pode-se perceber a relação intrínseca entre democracia e educação. Esta, se assegurada com qualidade, é instrumento para fortalecer e resguardar o sistema democrático. Isso se dá em duas vertentes: uma primeira decorre

---

autoritarismo (PEREIRA, Anthony. *Political (in)justice:* authoritarianism and the rule of law in Brazil, Chile, and Argentina. Pittsburgh: University of Pittsburgh Press, 2005.). Ao mesmo tempo, juízes conservadores nomeados por Donald Trump vêm gerando retrocessos em inúmeros direitos conquistados nos Estados Unidos da América (SARMENTO, Daniel. *Quando a Suprema Corte se torna inimiga dos direitos.* Disponível em: https://oglobo.globo.com/blogs/fumus-boni-iuris/post/2022/07/suprema-corte-ini miga-dos-direitos-o-caso-norte-americano-e-as-licoes-para-o-brasil.ghtml. Acesso em: 10 jul. 2022.)

[110] BRANDÃO, Rodrigo. *Supremacia judicial versus diálogos constitucionais:* a quem cabe a última palavra sobre o sentido da constituição? Rio de Janeiro: Lumen Juris, 2017. p. 248-260.

[111] MENDES, Conrado Hübner. *Direitos fundamentais, separação dos poderes e deliberação.* Tese (Doutorado) – Faculdade de Filosofia, Letras e Ciências Humanas, Universidade de São Paulo, 2008. p. 11.

da propensão da educação em proporcionar aos educandos igual participação nas deliberações públicas; e uma segunda é consequência do seu potencial para formar gerações comprometidas com a democracia.

1.2.1 Educação, participação e deliberação pública

Logo ao início de seu livro *Educação é um direito*, Anísio Teixeira critica a forma como o liberalismo reconheceu direitos a todos no plano do discurso, mas permaneceu negando-os na prática aos trabalhadores, cuja função era servir como simples massa de manobra dos privilegiados.[112] Para superar esse contexto, o autor já apontava a importância da educação para permitir que os cidadãos exercessem plenamente as suas liberdades. As conquistas do liberalismo, então, restringiam-se ao plano formal e demandavam uma educação de qualidade para fazer com que todos tivessem as capacidades necessárias para exercê-los. Em suas palavras, "o homem precisa educar-se, formar a inteligência, para poder usar eficazmente as novas liberdades".[113]

De fato, em regra, quando se analisa a relação entre democracia e educação, fala-se sobre como a educação é indispensável para proporcionar aos educandos as capacidades necessárias para que participem, como livres e iguais, das decisões e das deliberações da sua comunidade. Nesse ponto, a relação entre democracia e educação é evidente: de um lado, liberdade e igualdade são condições para cooperação na deliberação democrática;[114] de outro, a educação é uma das ferramentas necessárias para se alcançá-las.

Sabe-se que a liberdade é pressuposto para que se instaure uma esfera pública autônoma, na qual haja uma troca livre de argumentos e contra-argumentos, o que é essencial para a democracia. No entanto, além disso, para que as pessoas exerçam sua autonomia e façam suas escolhas, deve-se assegurar as condições materiais necessárias para

---

[112] TEIXEIRA, Anísio. *Educação é um direito*. 3. ed. Rio de Janeiro: Editora UFRJ, 2004.
[113] TEIXEIRA, Anísio. *Educação é um direito*. 3. ed. Rio de Janeiro: Editora UFRJ, 2004. p. 27.
[114] Cf.: SOUZA NETO, Cláudio Pereira de. *Teoria constitucional e democracia deliberativa*: um estudo sobre o papel do direito na garantia das condições para a cooperação na deliberação democrática. Rio de Janeiro: Renovar, 2006. p. 162-177; SOUZA NETO, Cláudio Pereira de. Teoria da constituição, democracia e igualdade. *In*: SOUZA NETO, Cláudio Pereira de; BERCOVICI, Gilberto; MORAES FILHO, José Filomeno; LIMA, Martônio Mont'Alverne Barreto. *Teoria da constituição*: estudos sobre o lugar da política no direito constitucional. Rio de Janeiro: Lúmen Júris, 2003.

tanto. A liberdade, pois, não se esgota na ausência de constrangimentos externos, mas há de ser real, permitindo que o sujeito tenha verdadeira capacidade de se autodeterminar.[115]

Já se viu, ainda, que a igualdade também é pressuposto para a democracia. Perante a lei, todos são iguais e, por isso, suas opiniões têm o mesmo peso no debate público, fazendo com que as decisões majoritárias devam prevalecer. A igualdade almejada, contudo, não se limita ao plano formal, mas deve ser material, assegurando que todos sejam efetivamente livres e iguais para formarem suas próprias opiniões, vocalizarem suas conclusões e, ainda, serem ouvidos. Por essa razão, é necessário assegurar que todos, de fato, tenham essa possibilidade de participação.

E uma das formas de se fazer isso é justamente por meio da educação. Ela assegura um mínimo de informações necessárias para que os cidadãos façam suas escolhas de modo consciente e argumentem de forma racional. De nada adianta, por exemplo, que canais de participação popular estejam abertos se ainda há um coeficiente de pessoas que sequer sabe da sua existência, muito menos como acessá-los; tampouco adianta que cidadãos – que, em tese, participam do autogoverno popular – não consigam compreender e debater os assuntos públicos. A educação, então, permite fazer com que os modelos de democracia participativa e deliberativa saiam do papel.

Ressalve-se, desde logo, que isso não significa que pessoas com baixa escolaridade não fazem jus a direitos políticos, não sabem votar ou não tenham que ter suas opiniões consideradas. Rechaça-se, aqui, qualquer abordagem no sentido de que existem cidadãos de segunda categoria, que não têm discernimento para fazer suas próprias escolhas e devem seguir os "iluminados" das classes média e alta do país. Trata-se de perspectiva elitista e autocentrada, que não se coaduna com o valor intrínseco da pessoa humana.

O que se defende, ao revés, é que a educação constitui um dos elementos necessários para proporcionar liberdade positiva e as condições culturais necessárias para que a autonomia pública seja exercida com plenitude. O conhecimento proporciona acesso à informação e contato com diferentes perspectivas, fazendo com que os cidadãos possam escolher, com maior liberdade, aquela que mais

---

[115] Cf. ALEXY, Robert. *Teoria dos direitos fundamentais*. Tradução de Virgílio Afonso da Silva. São Paulo: Malheiros, 2008. p. 503-504; SARMENTO, Daniel. *Dignidade da pessoa humana*: conteúdo, trajetórias e metodologia. 2. ed. Belo Horizonte: Fórum, 2016. p. 151-159.

lhes agrada.[116]

A propósito, o Tribunal Constitucional alemão já reconheceu que o acesso à universidade é determinante para que os indivíduos exerçam o direito à liberdade profissional, permitindo que este seja fruído de forma livre e autônoma.[117] Ainda que a liberdade de escolher a profissão seja, em tese, ofertada a todos, há determinados ofícios que, na prática, estarão fora do cardápio de opções de jovens em situação de pobreza, seja porque mal tiveram acesso à educação básica apta a lhes fazer chegar ao ensino superior, seja porque sequer se veem como dignos de ocupar esses espaços.

Nesse sentido, Bobbio já afirmava que, mesmo para uma definição mínima de democracia, não basta que cidadãos possam participar direta ou indiretamente da tomada de decisões coletivas nem que haja regras de procedimento para tanto; é preciso que as pessoas chamadas a decidir sejam colocadas diante de alternativas reais e tenham condições efetivas de escolha.[118]

Não é à toa que, a contrário senso, governos autoritários veem a educação, a imprensa e a liberdade de expressão como ameaças ao regime. As três têm, por essência, a livre circulação de ideias nos planos da academia, da mídia e do debate público. Os ataques que sofrem, então, não são simples coincidência, mas decorrem do seu papel emancipador. Para quem quer enfraquecer a democracia, o conhecimento deve limitar-se a um único ponto de vista, a fim de que as pessoas permaneçam aprisionadas na opressão. Por isso, John Stuart Mill já alertava que eventualmente o governo pode ter interesse em manter o povo em baixo nível de inteligência e educação.[119]

Mas a relação entre educação e democracia vai além da simples disseminação do acesso à informação. Como se viu, a educação tem como um dos seus objetivos propiciar o desenvolvimento holístico da pessoa. Por isso, esse direito, se assegurado com qualidade, também

---

[116] Nas palavras de Daniel Sarmento, "é evidente que o indivíduo com baixo nível de instrução deve ter plenos direitos políticos, com ampla possibilidade de participar do autogoverno popular. Contudo, o seu déficit de escolaridade tende a comprometer a sua capacidade de se informar adequadamente sobre os assuntos públicos e de participar, como um igual, nas deliberações sociais" (SARMENTO, Daniel. *Dignidade da pessoa humana*: conteúdo, trajetórias e metodologia. 2. ed. Belo Horizonte: Fórum, 2016. p. 202-203.).

[117] Tribunal Constitucional Federal da Alemanha. Caso *Numerus Clausus I*, BverfGE 33, 303 (1972).

[118] BOBBIO, Norberto. *O futuro da democracia*: uma defesa das regras do jogo. Tradução de Marco Aurélio Nogueira. Rio de Janeiro: Paz e Terra, 1986. Edição eletrônica.

[119] MILL, John Stuart. *Considerações sobre o governo representativo*. Edição eletrônica.

permite que os educandos desenvolvam a sua capacidade de raciocínio e a formação de espírito crítico, tornando-se aptos a fazer, com autonomia, suas próprias reflexões.

Trata-se de habilidade central para consolidação da democracia. Afinal, uma das engrenagens do fascismo é a propaganda política em torno de ideais amplamente aceitos, mas que servem, em verdade, para ocultar o seu objetivo político real.[120] Para tanto, levantam-se bandeiras em defesa da soberania nacional, das crianças e da agenda anticorrupção – com as quais todos, em princípio, concordam – para camuflar a xenofobia, a discriminação e o golpismo. É o que se vê, por exemplo, nas políticas contrárias à imigração, à "ideologia de gênero" nas escolas e à autonomia das instituições.

Ao mesmo tempo, a política fascista mascara a realidade por meio de teorias da conspiração, desinformação e ataques à imprensa tradicional.[121] O cenário torna-se ainda pior com o advento das novas tecnologias, que contribuem para que tais mensagens sejam propagadas em velocidade exponencial e se tornem cada vez mais verossímeis. Veja-se, a propósito, as "deep fakes", que são fruto do uso de inteligência artificial para criar ou manipular vídeos de pessoas proferindo discursos falsos ou em situações das quais não participaram. O fascismo, ainda, caracteriza-se por fomentar o medo, a raiva e a polarização, fazendo com que os cidadãos sejam tomados por sentimentos que vão na contramão da racionalidade que deles se espera.

Cada vez mais, portanto, é difícil distinguir o irracional do racional. Nesse cenário, a educação, por proporcionar o desenvolvimento do raciocínio, é central para evitar que as pessoas caiam no canto da sereia e, assim, consigam avaliar criticamente o conteúdo que chega até elas.

Sob outra perspectiva, um diploma, muitas vezes, é o trampolim para se conseguir um trabalho e alcançar posições determinantes na sociedade. Isso tem algumas repercussões na democracia. A primeira está ligada à redistribuição: o trabalho é a principal forma para indivíduos terem acesso a condições básicas de subsistência, como alimentação, água e moradia. Ainda que o mínimo existencial mereça proteção independente, é inegável que ele promove a nossa democracia.

---

[120] STANLEY, Jason. *Como funciona o fascismo*: a política do "nós" e "eles". Tradução de Bruno Alexander. Porto Alegre [RS]: L&PM, 2020. p. 37-47.
[121] STANLEY, Jason. *Como funciona o fascismo*: a política do "nós" e "eles". Tradução de Bruno Alexander. Porto Alegre [RS]: L&PM, 2020. p. 48-83.

Afinal, esta só "funciona adequadamente quando são asseguradas a todos as condições materiais básicas de vida, que possibilitem a instauração na esfera pública de relações simétricas entre cidadãos tratados como livres e iguais".[122]

A segunda repercussão na democracia é que, por meio do trabalho, os cidadãos podem não só ocupar os espaços nos quais as decisões são tomadas, incrementando a sua participação; mas também alcançar o reconhecimento social necessário para que suas vozes sejam ouvidas. Embora todos devam ser detentores de igual consideração, é inegável que ainda convivemos com uma cultura fortemente desigualitária, que faz com que pessoas atribuam maior ou menor importância ao conteúdo de um discurso a depender da posição de quem fala. Assim, seja à luz da redistribuição ou do reconhecimento, a educação é uma das formas de se alcançar a igualdade material indispensável para uma efetiva democracia.

A importância prática disso pode, até mesmo, ser constatada a partir de uma retrospectiva de momentos em que o regime democrático encontra-se sob ataque. Como se verá, uma das causas desses retrocessos é o advento de crises econômicas. Elas impactam o acesso a direitos básicos e geram ressentimento em parte das pessoas, fazendo com que não se sintam contempladas pelo projeto constitucional. O cenário torna-se, então, favorável para o surgimento de demagogos,[123] que se aproveitam da legítima sede de mudança vivida por parte de uma população que não tem acesso ao mínimo necessário para viver com dignidade. Verifica-se, portanto, que a educação tem todo potencial para possibilitar que os cidadãos participem, em igualdade de condições, da democracia.

Ocorre que, em nosso país, essa afirmação pode parecer um tanto quanto utópica. Afinal, não se desconhecem os grandes obstáculos que enfrentamos para que isso saia do papel. No plano da realidade, ainda há um grande número de crianças e adolescentes em situação de evasão escolar, o que só se agravou após a pandemia da covid-19.[124] Por óbvio, se queremos que a educação possibilite que cidadãos

---

[122] SARMENTO, Daniel. *Dignidade da pessoa humana*: conteúdo, trajetórias e metodologia. 2. ed. Belo Horizonte: Fórum, 2016. p. 203.

[123] SITARAMAN, Ganesh. Economic inequality and constitutional democracy. *In*: GRABER, Mark A; LEVINSON, Sanford; TUSHNET, Mark (ed.). *Constitutional democracy in crisis?* Oxford: Oxford University Press, 2018. p. 538-539.

[124] INSTITUTO NACIONAL DE ESTUDOS E PESQUISAS EDUCACIONAIS ANÍSIO TEIXEIRA (INEP). *MEC e Inep divulgam resultados do Censo Escolar 2023*. Disponível em:

participem das deliberações públicas como livres e iguais, o primeiro passo para que isso se efetive é a matrícula escolar. Todavia, mesmo quando ela é realizada, não se ignora o abismo existente entre as unidades educacionais no Brasil. Há estabelecimentos de ponta, que dispõem de profissionais altamente qualificados e preparam os alunos para a vida; mas há também aqueles que contam com quase nenhuma estrutura, deficiência de material e alta rotatividade de professores. Há, ainda, fatores externos que dificultam o trabalho dos profissionais da educação, como a extrema pobreza, a desnutrição infantil e a violência.

De todo modo, ainda que sejam necessários mais investimentos, não se pode negar que a educação é o primeiro passo desse caminho rumo a uma sociedade mais livre, inclusiva e democrática. Mas não é só. Para alcançar todo o seu potencial, as políticas educacionais também devem se voltar a formar gerações comprometidas com a democracia.

1.2.2 Educação para democracia

Além de proporcionar igualdade de oportunidades para participação e deliberação de cada estudante, a educação também pode cumprir outro papel importante para resguardo do sistema democrático: a formação de pessoas comprometidas com a democracia. Nesse aspecto, ela pode servir para transmitir valores e direitos constantes no ordenamento constitucional, a fim de que sejam reproduzidos pelos alunos e, por consequência, seja fortalecido o sistema.

Há, então, diferenças em relação à vertente anterior. Isso porque, quando se fala sobre o papel da educação para proporcionar participação nas deliberações públicas, a análise restringe-se ao plano procedimental. Assim, somente se pretende que os cidadãos tenham acesso às condições necessárias para que participem dos debates como livres e iguais. Como visto, isso inclui o desenvolvimento da autonomia, a satisfação do mínimo existencial e o reconhecimento. Diferentemente, na perspectiva ora analisada, há preocupação com o próprio conteúdo do discurso. Por meio da educação para democracia, busca-se fazer com que os debates sejam pautados em valores democráticos, como liberdade, igualdade e justiça. O objetivo, portanto, é que se criem

---

https://www.gov.br/inep/pt-br/assuntos/noticias/censo-escolar/mec-e-inep-divulgam-resultados-do-censo-escolar-2023. Acesso em: 18 jun. 2024.

incentivos para que a democracia material também alcance a própria substância das deliberações.

Isso tem importância central. Há pessoas que têm uma vida digna e tiveram acesso a um mínimo de conhecimento, mas, ainda assim, têm discursos e práticas contrárias aos valores democráticos. Parte da população que defende abertamente o racismo, a misoginia e a homofobia, por exemplo, integra as classes mais abastadas do país. O mesmo se pode dizer em relação àqueles que ameaçam indivíduos que pensam diferente e pugnam pelo fechamento das instituições. O problema é que esses episódios – além de não serem isolados – corroem a democracia por dentro, minando a sua força perante a sociedade. Ademais, como se verá, as instituições são responsivas à opinião pública, fazendo com que suas atuações sejam influenciadas por esses movimentos, o que contribui para a recessão. Por isso, a educação não deve se contentar em propiciar somente igualdade de participação; para que o regime se mantenha sólido, é preciso que ela ajude a pautar o debate público com base em valores democráticos.

Dessa forma, a educação para democracia tem por objetivo formar gerações comprometidas com a democracia e seus valores, como liberdade, igualdade e justiça, a fim de que os reproduzam e contribuam para fortalecê-la. Com isso, pretende-se construir uma sociedade na qual os cidadãos compartilham um conjunto de premissas sobre o mundo e o Estado de Direito que sejam compatíveis com a Constituição. Esse é um aspecto imaterial essencial para a democracia: em meio à diversidade, constitui-se uma unidade política em torno de valores comuns. A tendência é que, assim, as pessoas se reconheçam como pertencentes a uma mesma comunidade, o que pode contribuir para que possuam maior empatia, tolerância, diálogo, respeito e consideração.

A importância desse elemento imaterial pode ser constatada a contrário senso, diante dos prejuízos causados quando ele não está presente. É o que se observa em um cenário de polarização, no qual a sociedade encontra-se dividida em dois grupos que, embora sejam internamente homogêneos, são apartados e distantes um do outro.[125] Ambos os polos não só divergem entre si, mas compartilham premissas diferentes, que são incomunicáveis umas com as outras. No contexto atual, essa divisão ainda tem sido agravada pelas redes sociais e suas bolhas de identidade, que incentivam interações entre

---

[125] PRZEWORSKI, Adam. *Crises da democracia.* Tradução de Berilo Vargas. Rio de Janeiro: Zahar, 2020. Edição eletrônica.

pessoas que têm as mesmas visões de mundo.¹²⁶ Com isso, acentua-se a fragmentação social e dificulta-se cada vez mais o diálogo. Ao mesmo tempo, políticos demagogos aproveitam-se dessa divisão, instigando a desconfiança e o ódio de um lado contra o outro. Nesse cenário, não há espaço para desacordos razoáveis, o que é indispensável à deliberação democrática.¹²⁷ Daí a importância de uma educação que seja apta a (re)construir esses laços.

Uma ressalva, contudo, é necessária. A educação para democracia não tem por objetivo promover uma unidade política cuja consequência seja agravar a divisão existente na sociedade; caso contrário, o efeito seria o oposto do que se pretende. Lembre-se, por exemplo, que Carl Schmitt defendia uma homogeneidade social discriminatória, que permitia a distinção entre amigos e inimigos; cidadãos e estrangeiros; iguais e desiguais.¹²⁸ ¹²⁹ Segundo essa perspectiva, a igualdade política aplicava-se apenas a alguns e os demais deveriam ser eliminados. Não à toa, a partir de 1933, a tese serviu de base para defesa da pureza racial e contribuiu para os horrores do Holocausto. Diferentemente, o objetivo da educação para democracia deve ser unir as pessoas, a fim de que sejam constituídos valores comuns para solidificar o sistema, e não permitir que este seja corroído ainda mais.

Isso tampouco significa que devam ser negadas as hierarquias existentes em nossa sociedade nem ignoradas as especificidades que tornam determinados sujeitos vulneráveis. Se assim fosse, adotar-se-ia uma perspectiva descompromissada com a realidade, sobretudo em um país tão desigual quanto o Brasil; autoritária, por pretender impor um único padrão a todos; e propulsora da apatia política, diante do desincentivo à confrontação. Não é o que se pretende. A educação para democracia, na verdade, deve ter os antagonismos como um dos seus pressupostos para buscar superá-los. Adota-se, aqui, a crítica feita à democracia deliberativa pelos que defendem o modelo agonístico: o

---

[126] SOUZA NETO, Cláudio Pereira de. *Democracia em crise no Brasil*: valores constitucionais, antagonismo político e dinâmica institucional. São Paulo: Contracorrente, 2020. p. 32-36.

[127] STANLEY, Jason. *Como funciona o fascismo*: a política do "nós" e "eles". Tradução de Bruno Alexander. Porto Alegre [RS]: L&PM, 2020. p. 74-82.

[128] SCHMITT, Carl. *Verfassungslehre*. 8. ed. Berlin: Duncker & Humblot, 1993. p. 223, 226-228 e 234-238.

[129] Sobre a distinção entre as teorias de Schmitt e Heller, confira: BERCOVICI, Gilberto. Democracia, inclusão social e igualdade. *In*: CONGRESSO NACIONAL DO CONPEDI – Conselho Nacional de Pesquisa e Pós-graduação em Direito, 14., 2005, Fortaleza. Disponível em: http://www.publicadireito.com.br/conpedi/manaus/arquivos/anais/XIV Congresso/043.pdf. Acesso em: 28 jul. 2022.

poder é constitutivo das relações sociais e o pluralismo impossibilita a completa eliminação dos conflitos.[130] Cabe à educação, portanto, tentar domesticar hostilidades e criar uma mínima unidade em um contexto de diversidade. Logo, ao invés de dar fim aos antagonismos, busca-se transformar adversários em oponentes legítimos, com uma base comum entre si – os princípios da democracia.

Sob a ótica da educação, isso pode ocorrer de duas formas. Em primeiro lugar, deve-se buscar consolidar um ambiente de tolerância a opiniões diferentes, no qual as divergências sejam resolvidas de forma democrática. Desde cedo, as pessoas devem ser treinadas a respeitar as diferenças de pensamento e a compreendê-las como parte constitutiva da democracia. De um lado, isso incentiva o livre debate de ideias, acentua as deliberações e aprimora as decisões; de outro, possibilita que eventuais desacordos sejam resolvidos por meio do diálogo, sem que seja necessário recorrer à violência.

Em segundo lugar, uma educação que pretende fortalecer a democracia deve encarar as desigualdades de frente para transformá-las. Os conflitos não decorrem apenas de diferenças de pensamento, mas também das hierarquias e relações de poder. Os antagonismos muitas vezes provêm menos do conteúdo dos discursos e mais da posição ocupada por quem fala. Nesse cenário, a educação pode servir para aproximar pessoas diferentes e atenuar o abismo social que existe entre elas.

Uma das estratégias mais conhecidas para tanto é a implementação de políticas de ação afirmativa, como ofertas de vagas e bolsas de estudo para pessoas em situação de vulnerabilidade. Todavia, no Brasil, essa é uma medida limitada na educação básica, cujo maior gargalo não é a falta de vagas, mas a qualidade do ensino e a evasão escolar. Desse modo, a simples adoção de políticas de cotas na rede privada não resolveria o problema, enfrentaria o obstáculo da livre iniciativa e ainda seria uma prioridade questionável em um país que demanda maciços investimentos na rede pública.

Por isso, para promover a igualdade por meio da educação, deve-se ir além. É preciso democratizar o conteúdo dos currículos, tornando-os mais inclusivos e permitindo que os alunos conheçam histórias, realidades, interesses e angústias de grupos subalternizados. Uma escola particular voltada para a classe alta, por exemplo, dificilmente

---

[130] MOUFFE, Chantal. Por um modelo agonístico de democracia. *Revista de Sociologia e Política*, Curitiba, 25, p. 165-177, jun. 2006.

terá alunos vulneráveis ou os terá em coeficiente muito baixo. Ainda assim, ela pode cumprir a sua função democrática ao possibilitar que esses estudantes privilegiados conheçam a vivência daqueles que não são. Dessa forma, a transmissão do conhecimento pode ser capaz de fazer com que aqueles alunos não mais cometam discriminações interpessoais e, ainda, percebam como discriminatórias outras manifestações não tão evidentes, como aquelas de natureza estrutural ou indireta. Mais uma vez, os antagonismos continuarão existindo, mas se buscará construir uma unidade em torno do valor intrínseco da pessoa, fazendo com que todos se enxerguem como dignos de igual respeito e consideração.

Mas, além de transmitir conhecimento, a educação deve servir ao propósito de instigar uma análise crítica das relações de poder e, ainda, uma vontade de transformá-las, transmudando a empatia em ação. Como apontou Paulo Freire, a educação deve ter duas dimensões: ação e reflexão, afinal "não há palavra verdadeira que não seja práxis. Daí que dizer que a palavra verdadeira seja transformar o mundo".[131] Por essa razão, embora os conflitos sejam elementos constitutivos da democracia, isso não significa que devam ser naturalizados. Ao contrário, como disse Norberto Bobbio,[132] a educação para democracia pressupõe o rompimento com a apatia política.

Trata-se de ponto que também foi apontado por Maria Victória Benevides. A autora fez um esforço teórico para densificar a ideia de educação para democracia. Em sua visão, o conceito abarca três elementos interdependentes, mas indispensáveis: (i) a formação intelectual e a informação; (ii) a educação moral; e (iii) a educação do comportamento.[133] O primeiro engloba a informação e a introdução do indivíduo a diferentes áreas do conhecimento, pois, sem conhecer, não é possível escolher tampouco julgar adequadamente. Além disso, a falta de informações conduz à exclusão, o que fomenta a desigualdade. O segundo elemento, a educação moral, busca, por meio da razão e injeção de sentimentos, construir uma consciência ética sobre os valores republicanos e democráticos. A educação do comportamento, por sua vez, pretende enraizar hábitos de tolerância ante as diferenças,

---

[131] FREIRE, Paulo. *Pedagogia do oprimido*. Rio de Janeiro: Paz e Terra, 2021. p. 187.
[132] BOBBIO, Norberto. *O futuro da democracia*: uma defesa das regras do jogo. Tradução de Marco Aurélio Nogueira. Rio de Janeiro: Paz e Terra, 1986. Edição eletrônica.
[133] BENEVIDES, Maria Victória. Educação para a democracia. *Lua Nova: Revista de Cultura e Política*, n. 38, p. 226-227, 1996.

o aprendizado de cooperação ativa e a subordinação de interesses particulares ao interesse geral ou bem comum. Nesse elemento, pretende-se despertar a participação política dos cidadãos, rompendo com a apatia e a inércia.

Benevides aponta ainda duas dimensões da educação para democracia:[134] a formação para os valores republicanos e democráticos; e a formação para a tomada de decisões políticas em todos os níveis. A primeira confunde-se com a tríade da Revolução Francesa e com as gerações de direitos humanos – direitos de liberdade, igualdade e solidariedade. Sob a ótica da autora, os valores republicanos abrangem o respeito às leis e regras do jogo, o respeito ao bem público em detrimento dos interesses privados e patriarcais, e o sentido de responsabilidade no exercício do poder, incluindo prestação de contas e sujeição a eventuais sanções; ao passo que os valores democráticos incluem a igualdade em sentido formal, o respeito aos direitos humanos e a prevalência da vontade da maioria, ressalvados os direitos das minorias.[135] A segunda dimensão, por sua vez, almeja a construção da cidadania ativa, seja como cidadão seja como governante em potencial.

Se implementada nesses moldes, a educação pode contribuir para fortalecer a democracia brasileira e incrementar a fidelidade do povo à Constituição. Como disse Jack Balkin, "a legitimidade da nossa Constituição depende [...] da nossa fé no projeto constitucional e na sua trajetória futura".[136] Para que essa fidelidade seja possível, as pessoas precisam conhecer minimamente o conteúdo das normas constitucionais, o contexto em que foram editadas e as razões que justificam a sua importância. Além de disseminar a história do país e do povo, a educação é condição para que haja adesão ao projeto constitucional.

Diante do seu potencial para fortalecer a democracia, a educação pode coibir recessões autoritárias. Essa é uma constatação relevante, porque tais guinadas não são episódios isolados e imprevisíveis; ao contrário, demagogos extremistas surgem de tempos em tempos em todas as sociedades, inclusive em democracias saudáveis.[137] Em sendo

---

[134] BENEVIDES, Maria Victória. Educação para a democracia. *Lua Nova: Revista de Cultura e Política*, n. 38, p. 228, 1996.

[135] BENEVIDES, Maria Victória. Educação para a democracia. *Lua Nova: Revista de Cultura e Política*, n. 38, p. 230-232, 1996.

[136] BALKIN, Jack. *Constitutional redemption:* political faith in an unjust world. Cambridge, Massachusetts: Harvard University Press, 2011. p. 2.

[137] LEVITSKY, Steven; ZIBLATT, Daniel. *Como as democracias morrem.* Tradução de Renato Aguiar. Rio de Janeiro: Zahar, 2018. p. 18.

assim, é primordial se pensar em medidas capazes de obstaculizar o êxito desses projetos autoritários. E o ponto principal que lhes possibilita ter sucesso é o fato de encontrarem eco nos partidos políticos, nas instituições e, acima de tudo, nos cidadãos.

A contrário senso, caso a sociedade esteja permeada de pessoas aderentes aos valores democráticos, eles também estarão presentes na política e nas instituições. Líderes políticos, então, tenderão a prestar atenção aos sinais e adotar medidas para distanciar autoritários do poder.[138] Nesse aspecto, os partidos políticos podem funcionar como os grandes guardiões da democracia e evitar a participação de demagogos nas eleições. Do mesmo modo, a existência de uma cultura constitucional também influencia as instituições, que são compostas de pessoas que integram essa mesma sociedade e tendem a ser responsivas à opinião pública. Em contextos como esse, existe uma grande probabilidade de que atuem de acordo com os ideais democráticos e ajudem a resguardar o regime.

Além da política e das instituições, a presença de um sentimento constitucional gera efeitos positivos para a democracia mesmo quando alcança os corações de pessoas comuns, que não têm pretensão de exercer qualquer cargo público e estão fora dos centros de poder. A erosão da democracia, afinal, também se dá no dia a dia, nas conversas despretensiosas, nas mesas de bar, entre familiares e amigos. A cada piada racista, violência doméstica ou pedido de fechamento das instituições, a democracia é corroída mais um pouco. Nessas situações, o problema não está apenas no indivíduo que proferiu tais palavras ou praticou tais atos; ele abrange todo um público que os legitima e naturaliza. Daí a importância da educação para democracia: quanto mais pessoas compartilharem de ideais de liberdade, igualdade e justiça, menos aquelas práticas encontrarão eco na sociedade.

Com efeito, a pretensão da educação para democracia não é impedir, em absoluto, o surgimento de autoritários; o objetivo é construir uma coalizão social em torno dos valores democráticos, de modo que, caso venham a surgir, sejam isolados e se mantenham fora do poder. No mesmo sentido, analisando o cenário norte-americano, Levitsky e Ziblatt destacaram que "a genialidade da primeira geração de líderes políticos americanos não foi eles terem criado instituições à prova de erros, mas o fato de, além de desenhar instituições muito

---

[138] LEVITSKY, Steven; ZIBLATT, Daniel. *Como as democracias morrem*. Tradução de Renato Aguiar. Rio de Janeiro: Zahar, 2018. p. 31.

boas, terem estabelecido também – gradualmente e com dificuldades – um conjunto de crenças e práticas compartilhadas que ajudaram fazer essas instituições funcionarem".[139] Esse elemento imaterial, portanto, contribui para a estabilidade democrática.

Em sentido semelhante a essa ideia de que a educação para democracia coíbe recessões autoritárias, Linda McClain e James Fleming defendem que a educação cívica é fundamental para remediar o apodrecimento constitucional.[140] Este, na visão dos autores, decorre de uma perda gradual da virtude cívica e do espírito público que incidiu tanto sobre os líderes políticos quanto sobre o público norte-americano em geral. Nesse contexto, eles defendem que a educação cívica deve ensinar a juventude a participar e sustentar a democracia constitucional, sem perder de vista os desafios da atualidade. Isso pressupõe (i) o incentivo a virtudes cívicas e capacidades para exercício responsável do autogoverno popular, como tolerância, respeito, reciprocidade e apresentação de razões; (ii) o desenvolvimento de conhecimentos substantivos, como o ensino da história do país de forma crítica, políticas necessárias para alcançar os ideais da nação e noções de bem comum; e (iii) o enfrentamento aos desafios atuais da crise da democracia, como a polarização, as mídias sociais, a propaganda política e o racismo estrutural. McClain e Fleming sugerem, portanto, uma abordagem transformadora que integra propósitos cívicos com a história do país, de forma a criar uma unidade comum em torno dos ideais de liberdade, igualdade e Estado de Direito.

Se tais medidas se justificam nos Estados Unidos, elas são ainda mais importantes em países como o Brasil, no qual as "grades flexíveis de proteção da democracia"[141] nunca estiveram absolutamente consolidadas. Somos uma nação cuja história é marcada por ditaduras e cuja democracia é bastante recente. Como não passamos por uma adequada justiça de transição, são inúmeros os entulhos autoritários que persistem em nosso ordenamento e cultura. Em um cenário em que as grades de proteção à democracia vêm sendo enfraquecidas há décadas,

---

[139] LEVITSKY, Steven; ZIBLATT, Daniel. *Como as democracias morrem*. Tradução de Renato Aguiar. Rio de Janeiro: Zahar, 2018. p. 202.

[140] MCCLAIN, Linda C; FLEMING, James E. Civic education in circumstances of constitutional rot and strong polarization. *Boston University Law Review*, Boston, v. 101, n. 5, p. 1771-1792, out. 2021. Disponível em: https://www.bu.edu/bulawreview/files/2021/10/McCLAIN-FLEMING.pdf. Acesso em: 26 jul. 2022.

[141] LEVITSKY, Steven; ZIBLATT, Daniel. *Como as democracias morrem*. Tradução de Renato Aguiar. Rio de Janeiro: Zahar, 2018. p. 196.

a eleição de um político democrático ou o simples funcionamento das instituições não é capaz de restaurá-las milagrosamente. Por isso, qualquer medida que tenha a pretensão de fortalecer a democracia deve ter natureza transformativa[142] e abalar as estruturas da sociedade. Assim, o campo estratégico para implementar esse projeto é a educação básica. De um lado, o ordenamento jurídico institui a obrigatoriedade da matrícula escolar, de modo que eventuais políticas educacionais permitem, ao menos em tese, alcançar a universalidade de toda uma geração. De outro, a infância representa uma janela de oportunidade, pois é uma fase em que estudantes estão em desenvolvimento. Por isso, caso a escola incentive o desenvolvimento de competências e a apreensão de conteúdos sobre democracia, os alunos terão suas subjetividades formadas com base nesses valores e terão maior maior chance de os reproduzirem mais tarde na vida. Sem prejuízo, ainda que não seja o objeto deste trabalho e não seja o campo prioritário de incidência, a educação para democracia também deve ser impulsionada pela educação superior, pelos movimentos sociais, pela imprensa tradicional, pelas redes sociais e também pelas instituições.

Por fim, a proposta da educação para democracia pode suscitar dúvidas sobre se as escolas não deveriam adotar uma postura de neutralidade política. Em entrevista concedida em 1933, Anísio Teixeira já havia sustentado a impossibilidade de o Estado impor uma filosofia educacional modelada em sua filosofia política.[143] Em sua visão, o Estado democrático é contrário a qualquer imposição doutrinária e não pode se valer da educação para dirigir os modos de ver e pensar, enquanto forma de incidir sobre a mentalidade do país. Todavia, apesar da relevância de Teixeira para a educação brasileira, concorda-se nesse ponto com Paulo Freire, para quem "qualquer que seja a qualidade da prática educativa, autoritária ou democrática, ela é sempre diretiva".[144] Em verdade, não há educação neutra; ela é, essencialmente, política. A educação será autoritária apenas quando essa diretividade interferir na capacidade criadora, formuladora e indagadora dos educandos.

---

[142] FRASER, Nancy. From redistribution to recognition? Dilemmas of justice in a "postsocialist" age. In: FRASER, Nancy. *Justice interruptus:* critical reflections on the "postsocialist" condition. New York & London: Routledge, 1997. p. 21-26.

[143] TEIXEIRA, Anísio. *Educação para a democracia:* introdução à administração educacional. 2. ed. São Paulo: Companhia Editora Nacional, 1953. p. 220.

[144] FREIRE, Paulo. *Pedagogia da esperança:* um reencontro com a Pedagogia do Oprimido. Rio de Janeiro: Paz e Terra, 2013. Edição eletrônica.

A educação para democracia, portanto, não restringe a autonomia dos estudantes de terem outras visões de mundo, mas pretende fomentar o enraizamento de compreensões compatíveis com a Constituição.

Em síntese, por meio da educação para democracia, busca-se formar gerações comprometidas com os valores democráticos, a fim de fortalecê-los e perpetuá-los na sociedade. Passa-se a analisar, então, as razões que justificam sua implementação.

CAPÍTULO 2

AS RAZÕES PARA ADOÇÃO DA EDUCAÇÃO PARA DEMOCRACIA

2.1 Introdução

Até o momento, viu-se o papel da educação para efetivar uma série de princípios e direitos fundamentais, inclusive a própria democracia constitucional. A educação, então, é uma ferramenta valiosa para o fortalecimento do regime democrático. Para além de proporcionar igualdade de participação nas deliberações públicas, o seu grande potencial está na possibilidade de formar gerações comprometidas com a democracia. É preciso, contudo, que isso saia do papel. Dessa forma, este capítulo analisa por que se entende que a educação para democracia se faz impositiva, incluindo as razões políticas, institucionais, culturais e filosóficas que a justificam.

2.2 Razões políticas: As constantes ameaças e a crise do século XXI

Analisando a história, é comum nos depararmos com momentos em que os alicerces da democracia caem por terra ou encontram-se de pernas bambas.[145] As ameaças podem ser divididas em dois tipos: reversão autoritária e retrocesso constitucional.[146] A primeira

---

[145] PONTES, João Gabriel Madeira. *Democracia militante em tempos de crise*. Rio de Janeiro: Lumen Juris, 2020.

[146] HUQ, Aziz; GINSBURG, Tom. How to lose a constitutional democracy. *UCLA Law Review*, v. 65, n. 1, p. 94-95, February 2018.

caracteriza-se por um rápido colapso da democracia. Ele, normalmente, se dá por meio de golpes militares, como ocorreu durante a Guerra Fria em países como Argentina, Chile e Brasil;[147] ou pelo uso indevido de poderes de emergência que estão na própria Constituição, como a visão abrangente de "estado de exceção" que permitiu a ascensão de regimes totalitários no século XX.[148] Não à toa, durante a pandemia da covid-19, houve grande preocupação de que a crise fosse utilizada como pretexto para corroer ainda mais a democracia[149] e de que um governo à margem do Estado de Direito fosse apresentado como solução.[150] Nesses cenários de reversão autoritária, a virada do regime democrático para uma ditadura é de fácil percepção para todos, já que ocorre em um momento único.

Para coibi-los, é fundamental entender quando ocorrem esses colapsos. Por essa razão, Ginsburg e Huq analisaram as condições socioeconômicas e institucionais que estão presentes quando há golpes militares ou uso indevido de poderes de emergência.[151] Ainda que seja difícil apontar fatores determinantes para tanto, os autores concluíram que há três condições que podem tornar tais eventos mais prováveis: baixa riqueza do país, jovialidade da democracia e homogeneidade da sociedade. No que toca à primeira, o nível de riqueza de uma nação, sobretudo quando amplamente distribuído, fornece uma proteção à democracia. Há notícia, ainda, de que as democracias são melhores em promover o crescimento econômico quando comparadas com regimes autoritários. De uma forma ou de outra, é certo que há poucos casos de autocracias em países de alta renda, o que faz com que esse seja apontado como um fator de proteção. O baixo desenvolvimento econômico, por sua vez, é um sinal de alerta. Sob uma segunda perspectiva, a probabilidade de um colapso é maior quando se trata de uma democracia mais jovem. Nesses casos, os suportes institucionais

---

[147] PEREIRA, Anthony W. *Political (in)justice*: authoritarianism and the rule of law in Brazil, Chile, and Argentina. Pittsburgh: University of Pittsburgh Press, 2005.

[148] Cf.: AGAMBEN, Giorgio. *Estado de exceção*. Tradução de Iraci Poleti. 2. ed. São Paulo: Boitempo, 2004 (edição eletrônica).

[149] BRANDÃO, Rodrigo. *Coronavírus, 'estado de exceção sanitária' e restrições a direitos fundamentais*. Disponível em: https://www.jota.info/opiniao-e-analise/artigos/coronavirus-estado-excecao-sanitaria-direitos-fundamentais-04042020. Acesso em: 28 dez. 2020.

[150] BINENBOJM, Gustavo. Pandemia, poder de polícia e estado democrático de direito. *Revista Eletrônica da Procuradoria Geral do Estado do Rio de Janeiro*, Rio de Janeiro, v. 3, n. 1, jan./abr. 2020.

[151] GINSBURG, Tom; HUQ, Aziz Z. *How to save a constitutional democracy*. Chicago; London: The University of Chicago Press, 2018. p. 49-57.

e sociais ainda não estão consolidados como em democracias mais antigas, favorecendo a instabilidade. Finalmente, a terceira condição decorre da constatação de que sociedades heterogêneas, divididas sob o ponto de vista étnico, religioso e/ou econômico, têm maior risco de reversão autoritária. As diferenças dificultam a tomada de decisões democráticas e podem facilitar a coordenação sub-reptícia necessária para um golpe.

Nos últimos tempos, contudo, o conceito de reversão autoritária tornou-se insuficiente para explicar situações nas quais a degradação da democracia tem ocorrido sem propriamente um colapso. É o que vem acontecendo na Hungria com Orbán,[152] na Polônia com Duda[153] e no Brasil com Bolsonaro.[154] Nesses casos, está-se diante de um retrocesso constitucional, no qual governos eleitos adotam um conjunto de medidas legais e institucionais que abalam a competição eleitoral, os direitos liberais e a estabilidade do Estado de Direito.[155] Assim, governantes populistas autoritários tomam o poder pela porta da frente, eleitos pelo voto de um povo que não mais se identifica com a representação política tradicional e que se seduz com uma retórica antissistema, contra "tudo isso que está aí".[156] As pessoas ainda votam, instituições democráticas permanecem vigentes, mas pouco a pouco são adotadas medidas que, embora isoladamente lícitas, dão origem a um conjunto final marcado pelo autoritarismo. Como inexiste um momento único que marca a virada de chave para a ditadura, a erosão da democracia é, para muitos, quase imperceptível.[157] Nesse estágio, o ponto de ruptura ainda não ocorreu, mas a Constituição está à beira de um fracasso.[158]

---

[152] HALMAI, Gábor. A coup against constitutional democracy: the case of Hungary. *In*: GRABER, Mark A; SANFORD, Levinson; TUSHNET, Mark V. (org.). *Constitutional democracy in crisis?*. New York, NY: Oxford University Press, 2018. p. 243-256.

[153] SADURSKI, Wojciech. Constitutional crisis in Poland. *In*: GRABER, Mark A; SANFORD, Levinson; TUSHNET, Mark V. (org.). *Constitutional democracy in crisis?* New York, NY: Oxford University Press, 2018. p. 257-275.

[154] SOUZA NETO, Cláudio Pereira de. *Democracia em crise no Brasil*: valores constitucionais, antagonismo político e dinâmica institucional. São Paulo: Contracorrente, 2020. p. 47-144.

[155] HUQ, Aziz; GINSBURG, Tom. How to lose a constitutional democracy. *UCLA Law Review*, v. 65, n. 1, p. 92-99, February 2018.

[156] CUNHA, Beatriz. Jurisdição constitucional em tempos de crise: equilibrando-se entre a contenção do autoritarismo e o risco de empacotamento. *Revista eletrônica da Procuradoria Geral do Estado do Rio de Janeiro*, Rio de Janeiro, v. 4, n. 2, 2021.

[157] LEVITSKY, Steven. ZIBLATT, Daniel. *Como as democracias morrem*. Tradução de Renato Aguiar. Rio de Janeiro: Zahar, 2018. p. 17.

[158] BALKIN, Jack. Constitutional crisis and constitutional rot. *Maryland Law Review*, v. 77, issue 1, 2017. p. 149-150.

Diferentemente de quando se está diante de uma reversão autoritária, a degradação da democracia não tem relação necessária com a jovialidade democrática de um país ou o seu baixo desenvolvimento econômico.[159] Democracias antigas, como a Índia, e nações ricas, como os Estados Unidos, sofreram prejuízos na qualidade da sua democracia recentemente. Não obstante, verifica-se que os fatores determinantes para que haja o colapso ou erosão são bem similares. Em ambos, a idade do regime democrático e a riqueza da nação continuam sendo importantes para insular a recessão e, sobretudo, para impedir que o autoritarismo se consolide.

Analisando o cenário norte-americano logo ao início do mandato de Donald Trump, Jack Balkin[160] apontou como causas da erosão da democracia (i) o mal funcionamento das instituições que promovem os freios e contrapesos; (ii) a ausência de confiança da população de que os governantes exercerão o poder de acordo com o interesse popular, e não de acordo com eventual benefício pessoal ou de seus aliados; e (iii) a ausência de tolerância por parte de funcionários públicos em suas afirmações de poder e de obediência a normas políticas de justa concorrência.[161] Dessa forma, à medida que decai a confiança popular nos governantes, a população volta-se a demagogos, que lisonjeiam o público e promovem divisão, raiva e ressentimento.

Segundo o mesmo autor, há fatores, ainda, que aceleram esse processo de erosão democrática: (i) a perda de confiança nos governantes e nos concidadãos; (ii) a polarização, o que faz com que alguns cidadãos encarem outros como inimigos implacáveis e gastem atenção e energia com conflitos simbólicos e conflitos de soma-zero sobre *status* social; (iii) o aumento da desigualdade social; e (iv) graves falhas na tomada de decisões políticas.[162] Cada um deles, com frequência, exacerba um ao outro, incrementando a crise. Em complementação aos fatores enumerados por Balkin, Linda McClain e James Fleming também

---

[159] GINSBURG, Tom; HUQ, Aziz Z. *How to save a constitutional democracy.* Chicago; London: The University of Chicago Press, 2018. p. 73-76.

[160] Ressalve-se que Balkin atribui tais causas ao fenômeno podridão constitucional (*constitutional rot*), por adotar uma visão restritiva de crise constitucional. O autor diferencia ambos, mas destaca que o primeiro pode desencadear a segunda. (BALKIN, Jack. Constitutional crisis and constitutional rot. *Maryland Law Review*, v. 77, issue 1, p. 155, 2017.)

[161] BALKIN, Jack. Constitutional crisis and constitutional rot. *Maryland Law Review*, v. 77, issue 1, p. 149-151, 2017.

[162] BALKIN, Jack. Constitutional crisis and constitutional rot. *Maryland Law Review*, v. 77, issue 1, p. 152, 2017.

apontam a falha da nação em lidar com o racismo sistêmico como uma das causas do apodrecimento constitucional.[163]

Adam Przeworski, por sua vez, traz duas principais explicações para a atual crise da democracia.[164] A primeira decorre de transformações no âmbito da economia. Os países tiveram declínio em suas taxas de crescimento, houve aumento da desigualdade de renda e diminuição dos postos de trabalho. Isso provocou a estagnação das rendas mais baixas, sobretudo após a crise de 2008, e o colapso da fé que existia no progresso material entre gerações. A segunda tem por causa a divisão instaurada na sociedade, que é fruto da polarização e do racismo. Uma população está polarizada quando é dividida em dois grupos. Estes são homogêneos internamente, por serem pautados por preferências individuais, mas são distantes um do outro, a ponto de parte dos seus membros estarem dispostos a cometer atos hostis contra quem não integra o seu próprio grupo. O racismo, por sua vez, alimenta a divisão social, na medida em que se funda em ideias e ações que tratam um grupo como inatamente superior ou inferior ao outro. Com efeito, a polarização que arruína a democracia não é apenas política, mas também social.

Na mesma toada, Luís Roberto Barroso sistematizou as causas que proporcionaram o avanço do populismo conservador em três categorias: (i) políticas; (ii) econômico-sociais; e (iii) culturais identitárias.[165] As primeiras sucedem da crise de representatividade política, que faz com que as pessoas não se sintam representadas pelos governantes eleitos. Tal cenário decorre de um descolamento da classe política em relação às demandas do povo e de um sentimento de que, em verdade, quem comanda o país é o poder econômico. Os fatores econômico-sociais, por sua vez, têm como causa o aumento de políticas de austeridade e dos índices de desemprego. Estes se tornaram alarmantes após a superveniência de crises econômicas, da globalização e da automação, que ocasionaram o fechamento de postos de trabalho e a substituição

---

[163] MCCLAIN, Linda C. FLEMING, James E. *Civic education in circumstances of constitutional rot and strong polarization*. Boston University Law Review, Boston, v. 101, n. 5, p. 1775, outubro, 2021. Disponível em: https://www.bu.edu/bulawreview/files/2021/10/McCLAIN-FLEMING.pdf. Acesso em: 26 jul. 2022.
[164] PRZEWORSKI, Adam. *Crises da democracia*. Tradução de Berilo Vargas. Rio de Janeiro: Zahar, 2020. p. 131-149.
[165] BARROSO, Luís Roberto. Revolução tecnológica, crise da democracia e mudança climática: limites do direito num mundo em transformação. *Revista Estudos Institucionais*, v. 5, n. 3, p. 1280-1282, set./dez. 2019.

de mão de obra por estrangeiros ou, até mesmo, por máquinas. Por fim, as causas culturais identitárias decorrem de ainda existir um contingente de pessoas que não compartilha de ideias cosmopolitas, igualitárias e multiculturais. Por isso, o avanço das políticas no campo do reconhecimento em favor de minorias ocasionou um ressentimento por parte daquele grupo, que se sente desfavorecido no mundo do "politicamente correto" e busca recuperar a sua hegemonia.

Nesse contexto, Barroso lista três fatores que colocam em xeque as democracias contemporâneas: (i) o arrefecimento do sentimento democrático dos cidadãos; (ii) a desigualdade; e (iii) a corrupção.[166] O primeiro decorre da atual falta de prestígio dos governos fundados na soberania popular e da consequente necessidade de renovar a crença nas ideias do Estado de Direito, governo da maioria, limitação do poder, respeito aos direitos fundamentais e livre iniciativa. Isso foi agravado, ainda, pelas novas tecnologias e internet, que alavancou a tribalização, campanhas de desinformação e discursos de ódio, em prejuízo da esfera pública e da tolerância. O segundo, a desigualdade, funda-se na negação de oportunidades iguais a todos, fazendo com que parte das pessoas não se sinta integrante do projeto comum de autogoverno. O terceiro, a corrupção, é fator que mina a credibilidade da democracia entre os cidadãos e gera altos custos econômicos, sociais e morais.

Ocorre que, apesar de se tratar de fenômeno global, nem todos os países vivenciam a crise da democracia da mesma maneira. O desenvolvimento econômico é determinante para a estabilidade institucional.[167] Assim, países ricos podem até passar por uma erosão de sua democracia, mas dificilmente isso levará ao colapso. Diferentemente, em países em desenvolvimento, como é o caso do Brasil, há fatores históricos que agravam esse cenário, como a desigualdade social; a tradição militarista na política; o regime presidencialista; e o tempo de estabilidade política continuada.[168] Nesse contexto, o fato de a democracia estar em crise gera um sinal de alerta ainda maior pelos índices de violência que se pode alcançar e pelo risco de se chegar a um ponto de não retorno.

---

[166] BARROSO, Luís Roberto. Revolução tecnológica, crise da democracia e mudança climática: limites do direito num mundo em transformação.: *Revista Estudos Institucionais*, v. 5, n. 3, p. 1289-1293, set./dez. 2019.

[167] SOUZA NETO, Cláudio Pereira de. *Democracia em crise no Brasil:* valores constitucionais, antagonismo político e dinâmica institucional. São Paulo: Contracorrente, 2020. p. 45.

[168] SOUZA NETO, Cláudio Pereira de. *Democracia em crise no Brasil:* valores constitucionais, antagonismo político e dinâmica institucional. São Paulo: Contracorrente, 2020. p. 45-46.

Por isso, Cláudio Pereira de Souza Neto analisou os fatores que levaram à crise da democracia no cenário nacional.[169] Segundo ele, tudo começou com as manifestações ocorridas em junho de 2013, decorrente da rejeição assistemática e desorganizada do *status quo* por parte expressiva da população. Ainda que, de início, o protesto fosse contra o aumento da tarifa dos ônibus, eles rapidamente se desligaram do propósito original e passaram a ser uma demonstração de insatisfação contra tudo e todos: o valor do pedágio, os gastos públicos com obras, o sucateamento da saúde e os escândalos de corrupção. Tamanha era a hostilidade que o ambiente político se degradou e teve início a polarização que, mais tarde, ocasionou o não reconhecimento do resultado eleitoral pelo partido perdedor em 2014. Essa radicalização política provocou o avanço da operação Lava Jato em 2015, o aumento da hostilidade contra a presidente eleita e um cenário de ingovernabilidade. Ao mesmo tempo, as políticas econômicas implementadas não alcançaram os objetivos pretendidos e incrementaram a deterioração das contas públicas, acentuando a crise econômica que se avizinhava. Tudo isso contribuiu para o *impeachment* da presidente Dilma Roussef em 2016 e o espalhamento de mágoas que, mais tarde, deram origem à eleição de Jair Bolsonaro em 2018. Para além do antipetismo, instalou-se um sentimento antissistema, caracterizado por uma insatisfação generalizada com todo o sistema político tradicional.

Em meio a esse contexto, tal como em outros países do mundo, a tecnologia desempenhou papel central para a eleição de Bolsonaro. Àquela época, a principal via de comunicação já era a internet e as preferências políticas passaram a se formar, em grande parte, pela interação no ambiente digital.[170] Como se sabe, a dinâmica das redes funda-se em bolhas de identidade, que não se comunicam entre si. Elas restringem a cosmovisão dos usuários àquele universo composto somente por quem pensa de forma semelhante e isso, por consequência, acentua a polarização, dificultando a formação de consensos.[171]

---

[169] SOUZA NETO, Cláudio Pereira de. *Democracia em crise no Brasil*: valores constitucionais, antagonismo político e dinâmica institucional. São Paulo: Contracorrente, 2020. p. 47-144.

[170] SOUZA NETO, Cláudio Pereira de. *Democracia em crise no Brasil*: valores constitucionais, antagonismo político e dinâmica institucional. São Paulo: Contracorrente, 2020. p. 141-143.

[171] SUSTEIN, Cass R. *#republic*: divided democracy in the age of social media. Princeton: Princeton University Press, 2017. p. 59-97.

Ao mesmo tempo, tais bolhas forjam a aparência de que as ideias mais compartilhadas são ratificadas por milhares de pessoas, sem que, em verdade, o sejam. Muitas vezes, trata-se apenas de uma ilusão proveniente do próprio nicho virtual no qual se está inserido; em outras, trata-se de decorrência direta dos pacotes de disparo em massa de mensagens. Tais novidades foram perspicazmente percebidas pela campanha de Bolsonaro e as redes sociais tornaram-se o principal meio de comunicação utilizado. O envio de mensagens em dinâmica viral, o emprego de robôs e a disseminação de fake news foram determinantes para a vitória em 2018.

Entre 2019 e 2022, a crise alcançou o seu ápice enquanto Jair Bolsonaro ocupava a Presidência da República. O seu mandato foi marcado pelo desmantelamento do sistema de proteção social, pela deslegitimação da ciência e pelos ataques cotidianos às instituições. No momento em que o país passava por profunda crise social, o governo federal guiava-se pelo neoliberalismo autoritário, negava a gravidade da pandemia, era contrário à vacinação e ainda era incapaz de coordenar qualquer política pública de âmbito nacional. Hoje, após virem à tona minutas de decretos redigidas em 2022, já se sabe que houve tentativas de golpe de Estado. Felizmente, contudo, tais investidas não prevaleceram graças à vontade do povo manifestada nas urnas e à atuação decisiva das instituições.

Embora superado o ápice da crise com o fim do mandato de Jair Bolsonaro em 2023, uma análise atenta do contexto atual demonstra que as ameaças ainda pairam por aí. Uma série de pessoas não compartilha dos valores democráticos, como se viu no ataque aos prédios dos três poderes em 8 de janeiro de 2023; ao passo que o Congresso Nacional ainda tem maioria formada por políticos conservadores radicais, eleitos pelo voto popular. O mesmo ocorre em âmbito regional e local, nos quais diversas chefias do Executivo e casas legislativas são ocupadas por políticos descompromissados com a autonomia das instituições e com os direitos das minorias. Tudo isso revela que ainda se vive um cenário de crise por aqui.

Logo, pode-se notar que, na conjuntura atual, as ameaças à democracia rondam diversos países do mundo, inclusive o Brasil. Não se trata, contudo, de um fenômeno novo. As tentativas de enfraquecimento do regime democrático se repetem ao longo do tempo de forma cíclica. A análise dessas diferentes ocorrências permite concluir que elas até podem se diferir quanto aos instrumentos utilizados, mas suas causas se assemelham. Tal constatação pode ajudar a diagnosticar episódios futuros com maior precisão e, ainda, a refletir sobre o que se pode fazer, desde já, para evitá-los.

2.3 Razões institucionais: os limites das instituições

As constantes ameaças à democracia nos impõem a refletir sobre como podemos salvá-la. Nesse aspecto, há uma crença no sentido de que as instituições são o baluarte do regime democrático: caberia a elas atuarem como *veto players* em relação a quaisquer insurgências autoritárias.

Trata-se de conclusão que parece remeter ao contexto de surgimento do Constitucionalismo moderno. Como se sabe, a pretensão das Constituições é a limitação do exercício do poder político. Por isso, elas têm a separação dos poderes como um dos seus pilares, com o objetivo de conter o poder dos governantes mediante a divisão de funções entre órgãos diversos dentro da estrutura do Estado. Para cumprir esse papel, foi atribuído não só um rol de competências a cada um dos departamentos estatais, mas também, especialmente no modelo norte-americano, mecanismos que possibilitam fiscalizações recíprocas entre eles. Assim, uma separação de poderes com freios e contrapesos evita a concentração de atribuições em um único órgão e, ainda, permite que um ator estatal exerça certo controle sobre os demais. Seguindo esse raciocínio, parece lógica a conclusão no sentido de que eventuais abusos do Executivo poderão ser contidos pelo Legislativo, Judiciário e órgãos autônomos, neutralizando a pretensão autoritária e assegurando a higidez do regime.

De fato, em recessões democráticas, um dos maiores perigos de guinada autoritária ocorre quando políticos e instituições toleram, protegem ou possibilitam ações violentas ou antidemocráticas. Por aqui, porém, as elites políticas e militares brasileiras deixaram claro que não apoiariam o golpe,[172] o que foi determinante para que ele não se concretizasse. Olhando para trás, verifica-se que o Congresso Nacional cumpriu importante papel para contenção do autoritarismo durante os dois primeiros anos do governo Bolsonaro.[173] A Câmara dos Deputados, por exemplo, aprovou projeto de decreto legislativo

---

[172] LEVITSKY, Steven; ZIBLATT, Daniel. *Como salvar a democracia*. Tradução: Berilo Vargas. Rio de Janeiro: Zahar, 2023. p. 11-16.

[173] MELO, Teresa. *Papéis do Poder Legislativo na defesa da democracia*: bloqueio, agenda e revisão parlamentar de atos do Executivo. No prelo.

para sustar o Decreto nº 9.690/2019, que restringia a transparência dos atos do poder público. Logo após, o ato foi revogado pelo próprio governo, que temia a derrota no Senado Federal. Ainda, durante o governo Bolsonaro, houve, por duas vezes, recusa em dar seguimento ao processo legislativo de medidas provisórias.[174] Até então, o ato só havia ocorrido por três vezes na história pós 1988 e Bolsonaro tornou-se o Chefe do Executivo recordista em ter medidas provisórias devolvidas. No mesmo período, o Legislativo alterou e atravancou o curso de bandeiras centrais da campanha vencedora em 2018, como o Pacote Anticrime (Lei nº 13.964/2019) e a Reforma da Previdência (Emenda Constitucional nº 103/2019).

Tais estratégias legislativas, voltadas a pressionar o Executivo em cenários de crise da democracia, podem ser divididas em três, segundo classificação de Teresa Melo:[175] (i) bloqueio de iniciativas autoritárias (*e.g.*, retirada de pauta de projetos de lei); (ii) agenda, definindo quando determinadas pautas serão analisadas e apresentando propostas alternativas às promessas populistas; e (iii) revisão, consistente na rejeição de atos apresentados pelo Executivo (*e.g.*, sustação de atos que exorbitem o poder regulamentar ou delegação legislativa; rejeição de medidas provisórias; inadmissibilidade de projetos de lei).

A partir de 2020, foi o Supremo Tribunal Federal que assumiu protagonismo na preservação dos pressupostos formais da democracia.[176] Lembre-se, a propósito, da decisão que suspendeu norma que isentava o Governo Federal de responder aos pedidos de acesso à informação na pandemia;[177] da que determinou que o Ministério da Saúde mantivesse a divulgação diária dos dados epidemiológicos;[178] e da que suspendeu a nomeação de Alexandre Ramagem para o cargo de diretor-geral da Polícia Federal,[179] diante da possível pretensão de aparelhamento do órgão.

---

[174] MELO, Teresa. *Devolução de medidas provisórias pelo Congresso Nacional*: desafios do mais recente instrumento de controle recíproco entre os poderes. Disponível em: https://www.jota.info/opiniao-e-analise/artigos/devolucao-de-medidas-provisorias-pelo-congresso-nacional-15092021. Acesso em: 25 jul. 2022.

[175] MELO, Teresa. *Papéis do Poder Legislativo na defesa da democracia*: bloqueio, agenda e revisão parlamentar de atos do Executivo. No prelo.

[176] Cf.: CUNHA Beatriz. *Retomando a democracia para os excluídos*. Disponível em: https://www.conjur.com.br/2021-jan-19/tribuna-defensoria-retomando-democracia-excluidos. Acesso em: 25 jul. 2022.

[177] STF, ADI 6.351-MC, Plenário, rel. min. Alexandre de Moraes, j. 30/4/2020, DJe 14/8/2020.

[178] STF, ADPF 690-MC, Plenário, rel. min. Alexandre de Moraes, j. 23/11/2020, DJe 19/3/2021.

[179] STF, MS 37.097/DF, rel. min. Alexandre de Moraes, j. 29/4/2020, DJe 5/5/2020.

Houve, ainda, a suspensão de ato cujo objetivo era produzir e compartilhar informações de pessoas integrantes do movimento político antifascista;[180] a suspensão de medida provisória que obrigava as operadoras de telefonia a repassarem ao IBGE dados identificados de seus consumidores de telefonia móvel;[181] e a declaração de inconstitucionalidade de lei municipal que proibia a utilização de material didático sobre "ideologia de gênero" nas escolas públicas.[182]

Além disso, o STF também foi firme em reconhecer o valor da ciência, minando um dos elementos do fascismo – o antiintelectualismo.[183] Sobre isso, podem ser citados os precedentes nos quais (i) se estabeleceu a autonomia de Estados e Municípios para adotar medidas de contenção à pandemia, desde que amparadas em orientações de seus órgãos técnicos correspondentes;[184] (ii) se destacou que a desconsideração dos dados da ciência poderia levar à responsabilização dos agentes públicos;[185] e (iii) se fixou tese acerca da obrigatoriedade de imunização por meio de vacina.[186] É inegável, portanto, que o STF bloqueou muitas das medidas autoritárias tomadas pelo Executivo no contexto contemporâneo.

Em razão dessa falta de apoio das elites políticas e econômicas ao golpe, o Brasil é hoje apontado como em processo de democratização e como um caso de sucesso de combate à crise democrática, na contramão da tendência global. O Instituto V-Dem aponta uma série de fatores que contribuíram para isso antes, durante e depois das eleições, tais como: (i) o combate à desinformação pelo Tribunal Superior Eleitoral e pelo Supremo Tribunal Federal; (ii) a aliança dos partidos em uma frente pela democracia; (iii) a independência judicial, que possibilitou a realização de investigações, apesar das constantes ameaças; (iv) o sistema eleitoral resiliente, que superou tentativas de alterações e questionamentos; (v) suporte diplomático e institucional para reconhecimento do resultado das urnas; (vi) recusa dos militares em aderir ao golpe de Estado.[187]

---

[180] STF, ADPF 722-MC, Plenário, rel. min. Cármen Lúcia, j. 20/8/2020, DJe 22/10/2020.

[181] STF, ADI 6.387, 6.388, 6.389, 6.393, 6.390-MC, Plenário, rel. min. Rosa Weber, j. 7/5/2020, DJe 12/11/2020.

[182] STF, ADPF 457, rel. min. Alexandre de Moraes, j. 24/4/2020.

[183] SOUZA NETO, Cláudio Pereira de. *Democracia em crise no Brasil*: valores constitucionais, antagonismo político e dinâmica institucional. São Paulo: Contracorrente, 2020. p. 166.

[184] STF, ADI 6.343, rel. min. Marco Aurélio, j. 6/5/2020.

[185] STF, ADI 6.421, 6.422, 6.424, 6.425, 6.427, 6.428 e 6.431-MC, Plenário, rel. min. Roberto Barroso, j. 21/5/2020, DJe 12/11/2020.

[186] STF, ADI 6.586 e 6.587, rel. min. Ricardo Lewandowski, j. 17/12/2020, DJe 7/4/2021.

[187] V-DEM INSTITUTE. *Democracy report 2024*: Democracy Winning and Losing at the Ballot, 2024. Disponível em: https://v-dem.net/documents/43/v-dem_dr2024_lowres.pdf. Acesso em p. 36-37.

Nada obstante, é utópica a confiança de que as instituições sozinhas podem impedir o triunfo do autoritarismo. Em verdade, elas podem até ser boas salvaguardas contra a reversão autoritária, mas são uma frágil barreira ante o retrocesso constitucional por diversos aspectos.[188] O primeiro deles decorre do fato de que os fatores corrosivos têm diferentes naturezas – geopolítica, socioeconômica, partidária e, também, cultural.[189] Como se viu, trata-se de fenômeno global cujas causas envolvem crises econômicas, a superveniência das novas tecnologias, mudanças nas relações de trabalho, descontentamentos com a representação política tradicional, ressentimentos com conquistas alcançadas no plano do reconhecimento, entre outras. Nesse cenário, qualquer afirmação que pretende enxergar as instituições como solução para todos os problemas revela-se por demais simplista.

Isso fica ainda mais evidente quando se constata que grande parte das causas não estão nos partidos políticos nem no ímpeto autoritário de um governante, mas no próprio povo. Com efeito, uma tentativa de solução que se limite ao plano interinstitucional pouco contribuirá para resolver o problema por inteiro. Para além disso, as instituições sofrem, a todo momento, influxos advindos da sociedade. Afinal, elas são compostas por pessoas que integram essa mesma sociedade. Dessa forma, se o povo se encontra polarizado e parcialmente tomado por valores antidemocráticos, as entidades que se destinam a resguardar a democracia possivelmente também estarão. Mesmo que assim não fosse, elas são responsivas às demandas sociais, seja diante da "conexão eleitoral",[190] seja diante da tendência de alinhamento da jurisprudência à opinião pública.[191]

Ademais, mesmo quando as instituições estão funcionando, elas atuam sob forte estresse, gerando risco de exaustão e falência.[192] Tamanhos são os ataques que os arranjos institucionais não mais

---

[188] HUQ, Aziz; GINSBURG, Tom. How to lose a constitutional democracy. *UCLA Law Review*, v. 65, n. 1, p. 163-169, February 2018.
[189] HUQ, Aziz; GINSBURG, Tom. How to lose a constitutional democracy. *UCLA Law Review*, v. 65, n. 1, p. 82, February 2018.
[190] MAYHEW, David R. *Congress:* the electoral connection. New Heaven: Yale University Press, 1974.
[191] FRIEDMAN, Barry. *The will of the people:* how public opinion has influenced the Supreme Court and shaped the meaning of the Constitution. New York: Farrar, Strauss and Giroux, 2009.
[192] SARMENTO, Daniel. *A crise democrática e as instituições.* Disponível em: https://blogs.oglobo.globo.com/fumus-boni-iuris/post/daniel-sarmento-crise-democratica-e-instituicoes.html. Acesso em: 25 jul. 2022.

conseguem contê-los. Entidades que se destinam à proteção do meio ambiente, por exemplo, não conseguem fazer frente aos inúmeros desmatamentos. No final das contas, o cobertor é curto e mesmo as instituições bem-intencionadas precisam escolher suas batalhas. Não se ignora, ainda, que existe um efeito resfriador decorrente das ameaças que sobrepairam o funcionamento das próprias instituições. Isso faz com que elas tenham que medir seus passos, sopesando o custo político de cada possibilidade de atuação.

Especificamente no Brasil, alguns arranjos institucionais agravam esse fenômeno. O Poder Executivo tem poderes extremamente amplos. Ele pode editar atos normativos, como decretos, medidas provisórias e resoluções; é responsável pela nomeação de chefes de muitos órgãos e entidades, além de ministros de tribunais superiores; e, ainda, exerce controle sobre recursos públicos. Ao mesmo tempo, por meio do presidencialismo de coalizão,[193] o Presidente da República forma uma base de apoio parlamentar que viabiliza seus projetos no Congresso Nacional e o torna praticamente imune a um controle pelo Legislativo. Nesse cenário, um presidente autoritário pode facilmente manipular e desabilitar controles institucionais de outros poderes, notadamente se tiver apoio do Congresso.

Associado a isso, quanto mais tempo o governante autoritário está no poder, mais aparelhadas estão as instituições de Estado. É comum que órgãos de controle, como o Ministério Público, a Polícia e a Receita Federal, tenham suas atribuições esvaziadas ou sejam politizados. O aparelhamento também alcança os tribunais.[194] Segundo Ginsburg e Huq, o Judiciário, com frequência, é uma das primeiras vítimas em uma erosão da democracia.[195]

Na Polônia, por exemplo, logo após a eleição de Andrzej Duda como presidente, iniciou-se um movimento de transformações fundamentais ainda em 2015, o que afetou, sobretudo, o Poder Judiciário. Logo no começo, foi inaugurada uma campanha contra o Tribunal Constitucional e, em seguida, contra os tribunais regulares, fundando-se na ideia de que qualquer restrição à maioria política é antidemocrática.

---

[193] ABRANCHES, Sérgio Henrique. *O presidencialismo de coalizão*: raízes e evolução do modelo político brasileiro. São Paulo: Companhia das Letras, 2018.
[194] CUNHA, Beatriz. Jurisdição constitucional em tempos de crise: equilibrando-se entre a contenção do autoritarismo e o risco de empacotamento. *Revista eletrônica da Procuradoria Geral do Estado do Rio de Janeiro*, Rio de Janeiro, v. 4, n. 2, 2021. p. 34-38.
[195] GINSBURG, Tom; HUQ, Aziz Z. *How to save a constitutional democracy*. Chicago; London: The University of Chicago Press, 2018. p. 186.

Ato contínuo, deu-se sequência a uma série de reformas que afetaram sobremaneira o Judiciário: o Tribunal Constitucional foi enfraquecido e capturado; a idade de aposentadoria de juízes foi diminuída e, em razão disso, uma série deles foi removida; e o Conselho Nacional da Magistratura foi reestruturado, tendo sido politizada a sua seleção.[196] Além disso, os ataques ao Judiciário também provieram de violações frontais à Constituição, como, por exemplo, a recusa do Presidente em jurar juízes eleitos e a recusa governamental de publicar algumas sentenças do Tribunal Constitucional.[197] Após o empacotamento do Tribunal Constitucional, iniciou-se uma segunda fase na qual ele tornou-se um ajudante do governo, em contraposição à tradicional função contramajoritária, passando a constranger a oposição.[198] Com o tempo, isso se revelou não só como parte do objetivo de se manter no poder, mas como importante instrumento para atacar diretamente os direitos e liberdades dos cidadãos.[199]

Não é preciso, contudo, ir muito longe para lembrar de outros exemplos. Durante os primeiros anos da ditadura militar no Brasil, o STF proferiu algumas decisões importantes contrárias às ideias autoritárias, o que lhe rendeu animosidade entre os líderes do regime. A partir de então, a estratégia utilizada pelo governo foi cooptar o Tribunal para, depois, empoderá-lo. Assim, não tardou a aprovação do Ato Institucional nº 2/1965, que aumentou o número de ministros de 11 para 16, culminando com a nomeação de ministros alinhados ideologicamente ao governo; e suspendeu as garantias da estabilidade e da vitaliciedade por seis meses. Logo em seguida, a Emenda Constitucional nº 16/1965 introduziu a representação de inconstitucionalidade e, por via de consequência, o controle abstrato de constitucionalidade em nosso ordenamento jurídico, permitindo a produção de efeitos *erga omnes* às decisões e a vinculação de todos os destinatários da norma. Cientes de que não havia mais espaço para uma atuação independente do STF, o objetivo era transformá-lo em um instrumento de perpetuação do regime e espraiar essas amarras pelos

---

[196] SADURSKI, Wojciech. Constitutional crises in Poland. *In*: GRABER, Mark A. LEVINSON, Sanford. TUSHNET, Mark V. *Constitutional democracy in crisis?*. New York, NY: Oxford University Press, 2018. p. 258.

[197] *Ibidem*, p. 259.

[198] *Ibidem*, p. 263.

[199] GINSBURG, Tom; HUQ, Aziz Z. *How to save a constitutional democracy*. Chicago; London: The University of Chicago Press, 2018. p. 268.

demais tribunais, em uma intenção clara de controlar os juízes.²⁰⁰ Com efeito, sob a égide do legalismo autoritário, a ditadura militar contou com as cortes militares de tempos de paz para perseguir a oposição, sem que tenha jamais sido necessário suspender a Constituição.²⁰¹ Havia, portanto, uma aparência de legalidade, o que fazia com que a norma fundamental fosse uma mera Constituição semântica, isto é, um disfarce para o regime autoritário.²⁰²

Logo, esses exemplos demonstram que não é incomum que governantes autoritários capturem os órgãos de Estado, inclusive os tribunais. Diante desse risco concreto de empacotamento, verifica-se que a crença de que as instituições podem sozinhas salvar a democracia não procede. Ainda que sejam extremamente sólidas, elas vão apodrecendo com o tempo.

Por essa razão, concorda-se com Ginsburg e Huq no sentido de que "o sucesso ou o fracasso de uma empresa democrática, em última análise, depende da extensão em que as pessoas [...] estão dispostas a rejeitar o fascínio do populismo carismático ou a degradação partidária por meio de ação política na esfera pública".²⁰³ Dessa forma, a sobrevivência da democracia depende menos das instituições e mais da mobilização popular em favor das convenções e normas que viabilizam a vida democrática. É fundamental, portanto, que a verdadeira resposta à crise venha das ruas, do povo e das eleições. Daí a importância de uma cultura constitucional.

2.4 Razões culturais: sentimento, patriotismo e cultura constitucional

Para que as Constituições gozem de legitimidade, não basta que sejam fruto de ampla deliberação democrática, tenham sofisticados arranjos institucionais e contem com um vasto catálogo de direitos; é preciso que haja cultura constitucional. Para tanto, a sociedade precisa não só conhecer suas normas, mas confiar no projeto por elas

---

²⁰⁰ BRANDÃO, Rodrigo. *Supremacia judicial versus diálogos constitucionais:* a quem cabe a última palavra sobre o sentido da constituição? Rio de Janeiro: Lumen Juris, 2017. p. 140-145.
²⁰¹ PEREIRA, Anthony. *Political (in)justice:* authoritarianism and the rule of law in Brazil, Chile, and Argentina. Pittsburgh: University of Pittsburgh Press, 2005. p. 3-4.
²⁰² LOEWENSTEIN, Karl. *Teoría de la Constitución.* 2. ed. Barcelona: Editorial Ariel, Barcelona, 1976. p. 218-222.
²⁰³ *Ibidem*, p. 172.

implementado. É isso que proporciona adesão genuína à Constituição, respeito as suas normas no cotidiano[204] e a solidez do sistema.

Karl Loewenstein denomina esse fenômeno de *sentimento constitucional*.[205] Para o autor, trata-se de um componente psicossocial que une as pessoas de uma sociedade em torno da ordem instituída pela Constituição. Por meio dele, forma-se uma consciência social comum em relação às normas constitucionais, transcendendo antagonismos de ordem política, econômica, social e religiosa.

Na visão do autor, alguns fatores acendem um sinal de alerta de que uma sociedade não tem esse sentimento constitucional. O fato de uma Constituição sofrer sucessivas reformas é um deles, sobretudo quando elas não recebem o devido interesse da opinião pública.[206] O mesmo se verifica em situações em que a Constituição não goza de prestígio sequer entre os próprios governantes. Isso se manifesta quando eles negam a sua força normativa no plano do discurso ou promovem descumprimentos deliberados às suas disposições. Nesses casos em que os próprios líderes menosprezam a Constituição, gera-se um desincentivo geral ao seu cumprimento, pois o exemplo que deveria vir de cima é praticado em sentido oposto. As normas constitucionais viram, então, letra morta, tornando-se estranhas tanto aos detentores do poder quanto aos seus destinatários.

Para Loewenstein, era isso que ocorria na segunda metade do século XX. Naquela conjuntura, a falta desse sentimento constitucional decorria do fato de que as normas constitucionais nada diziam sobre o que interessa ao povo – seus direitos à alimentação, trabalho, família. Elas se limitavam a ser um instrumento de luta pelo poder entre partidos e forças políticas; a sua interpretação era reservada a uma minoria de juristas; e o povo era relegado ao papel de mero espectador.[207]

Ocorre que "a revitalização da consciência constitucional [...] tem uma importância crucial se a sociedade democrático-constitucional quer sobreviver".[208] Assim, o autor já apontava alguns fatores que podem

---

[204] SOUZA NETO, Cláudio Pereira de; SARMENTO, Daniel. *Direito constitucional*: teoria, história e métodos de trabalho. 2. ed. Belo Horizonte: Fórum, 2014. p. 40-42.

[205] LOEWENSTEIN, Karl. *Teoría de la Constitución*. Traducción de Alfredo Gallego Anabidarte. Barcelona: Ariel, 1986. p. 200.

[206] LOEWENSTEIN, Karl. *Teoría de la Constitución*. Traducción de Alfredo Gallego Anabidarte. Barcelona: Ariel, 1986. p. 199.

[207] LOEWENSTEIN, Karl. *Teoría de la Constitución*. Traducción de Alfredo Gallego Anabidarte. Barcelona: Ariel, 1986. p. 202.

[208] Tradução livre de "La revitalización de la conciencia constitucional en los destinatarios del poder tiene una importancia crucial si la sociedad democrático-constitucional quiere

levar ao surgimento desse sentimento constitucional. O primeiro deles envolvia aspectos sociais e culturais, como a mentalidade e a história de um povo.[209] O tempo de vigência de uma Constituição e a baixa frequência de emendas ao seu texto também eram indicados como fatores decisivos.[210] Apesar da importância de todos eles, Loewenstein já reconhecia a educação da juventude como a principal semente para o florescimento desse sentimento constitucional.[211]

De forma similar, Habermas começou a falar em *patriotismo constitucional*[212] na década de 80, como reação ao movimento de alguns historiadores alemães de amenizar as graves violações de direitos ocorridas durante o Holocausto.[213] Nesse contexto, o conceito era desenvolvido pelo autor por meio da comparação entre o Estado nacional e o Estado constitucional. O primeiro surgiu na modernidade, com a formação dos Estados, e teve como premissa uma perspectiva homogeneizadora de nação. A partir de uma história, língua e cultura comuns, o Estado-nação construiu uma identidade nacional e promoveu a integração social dos seus cidadãos, conquistados com base no sentimento de pertencimento a uma comunidade.

Todavia, com o surgimento do Estado constitucional, essa integração social foi substituída pela "força integrativa da cidadania democrática".[214] O conceito anterior deixou de fazer sentido diante de uma sociedade cada vez mais plural. Era chegada a hora de abandonar a perspectiva homogeneizadora, a fim de que diferentes culturas pudessem coexistir em uma mesma comunidade. O elo entre os cidadãos, então, passou a ser a soberania popular e os direitos humanos, em substituição à identidade nacional de outrora. Na visão do autor, essa união entre os indivíduos em uma sociedade multicultural ocorre quando a cidadania democrática se torna vantajosa em termos de

---

sobrevivir". (LOEWENSTEIN, Karl. *Teoría de la Constitución*. Traducción de Alfredo Gallego Anabidarte. Barcelona: Ariel, 1986. p. 231.)

[209] LOEWENSTEIN, Karl. *Teoría de la Constitución*. Traducción de Alfredo Gallego Anabidarte. Barcelona: Ariel, 1986. p. 200.

[210] LOEWENSTEIN, Karl. *Teoría de la Constitución*. Traducción de Alfredo Gallego Anabidarte. Barcelona: Ariel, 1986. p. 227.

[211] LOEWENSTEIN, Karl. *Teoría de la Constitución*. Traducción de Alfredo Gallego Anabidarte. Barcelona: Ariel, 1986. p. 200.

[212] HABERMAS, Jürgen. O Estado-nação europeu frente aos desafios da globalização. *Novos estudos CEBRAP*, n. 43, p. 43-101, novembro de 1995.

[213] WOLIN, Richard. Introduction. In: HABERMAS, Jürgen. *The new conservatism: cultural criticism and the historian's debate*. Cambridge, Massachusetts: MIT Press, 1994, p. XIII.

[214] HABERMAS, Jürgen. O Estado-nação europeu frente aos desafios da globalização. *Novos estudos CEBRAP*, n. 43, p. 94, novembro de 1995.

direitos civis e políticos e, também, direitos culturais e sociais, diante da indispensabilidade destes para assegurar igualdade material.[215]

Com efeito, o *patriotismo constitucional* designa a desejável adesão de indivíduos a princípios constitucionais básicos, como a democracia e os direitos fundamentais, a fim de integrar sociedades plurais por meio da participação cidadã e de valores universais. Assim, a unidade entre os cidadãos não advém de suas raízes étnicas ou culturais, mas do exercício comum dos direitos civis, políticos, sociais e culturais.

Trata-se de um reconhecimento de que existe uma base comum a todos os cidadãos, consubstanciada pelo rol de direitos fundamentais estampado na Constituição. Desse modo, independentemente das suas diferenças, todos passam a estar conformados em torno daqueles valores universais, formando uma identidade coletiva forjada naqueles direitos. Ao mesmo tempo, conforme reconhecido por Gisele Cittadino, o conceito favorece interpretações interculturais dos direitos humanos, porque reconhece o pluralismo que marca as sociedades contemporâneas e se desvincula de crenças éticas compartilhadas.[216]

Apesar de todo esse arcabouço teórico, nos últimos tempos, tem-se visto a ascensão de discursos e práticas que parecem demonstrar existir um déficit de cultura constitucional no país. Embora o Brasil sempre tenha sido marcado pela seletividade dos direitos, verifica-se hoje que os ataques à Constituição têm sido tão numerosos e intensos que o desenho institucional não é capaz de oferecer todas as respostas. Durante o governo de Jair Bolsonaro, políticas de promoção de direitos humanos foram desmontadas; críticos do governo foram investigados, ameaçados e punidos; e houve aumento no número de invasões a terras indígenas, execuções extrajudiciais cometidas pela polícia e ofensivas a grupos não hegemônicos, como mulheres, negros e pessoas LGBTQIA+. No debate público, proliferam discursos de ódio, notícias falsas e ataques às instituições. Tudo isso revela que, após anos de luta em busca da efetividade das normas da Carta de 1988,[217] ainda há setores que não aceitam os valores plurais e democráticos da Constituição.

---

[215] HABERMAS, Jürgen. O Estado-nação europeu frente aos desafios da globalização. *Novos estudos CEBRAP*, n. 43, p. 97-98, novembro de 1995.

[216] CITTADINO, Gisele. Patriotismo constitucional, cultura e história. *Direito, Estado e Sociedade*, n. 31, p. 58-68, jul./dez. 2007.

[217] BARROSO, Luís Roberto. *O direito constitucional e a efetividade de suas normas:* limites e possibilidades da Constituição brasileira. 9. ed. atual. Rio de Janeiro: Renovar, 2009; CLÈVE, Clèmerson Merlin. A teoria constitucional e o direito alternativo. *In: Uma vida dedicada ao Direito:* homenagem a Carlos Henrique de Carvalho. São Paulo: RT, 1995.

Nesse cenário, é importante frisar que a pretendida unidade em torno dos valores da Constituição não se confunde com uma consciência[218] ou um patriotismo nacional.[219] Estes se caracterizam pela existência de uma identidade nacional pautada nos valores tradicionais daquela comunidade (*e.g.*, origem, cultura, língua, história). Trata-se, pois, de uma ideia homogeneizadora de nação, que desconsidera o pluralismo e eventuais minorias que não compartilham daquele modo de viver. Não à toa, o patriotismo nacional foi responsável pela formação de uma cultura de massas que deu sustentação ao Holocausto e à violência institucional da Alemanha nazista.

Analisando o cenário atual, verifica-se o ressurgimento desse patriotismo nacional em alguns pontos do mundo. Nos Estados Unidos e na Europa, por exemplo, parte da população e eventuais governantes vêm aderindo a ideias xenofóbicas. Elas se manifestam por discursos de ódio contra imigrantes e refugiados, práticas sociais que os discriminam e políticas públicas que os tratam como se não fossem gente. Sobre esse último ponto, nos anos de 2017 e 2018, o governo de Donald Trump implementou política de tolerância zero a imigrantes e separou milhares de crianças de seus pais na fronteira norte-americana. Além da xenofobia, tem-se visto o ataque frequente a políticas de reconhecimento por meio do discurso de vitimização das "maiorias".[220] Isso também se relaciona com o patriotismo nacional, porque ele busca a preservação de uma identidade que não se apoia somente na origem do nascimento, mas em fatores como a raça, gênero e religião. Assim, mediante a exaltação de um passado mítico e da vitimização,[221] funda-se uma ideia de identidade de grupo que não guarda espaço para negros, mulheres, pessoas LGBTQIA+ e não cristãos – inimigos em relação aos quais o homem branco, de classe média e heterossexual deve se proteger

---

p. 34-53; SOUZA NETO, Cláudio Pereira de. Fundamentação e normatividade dos direitos fundamentais: uma reconstrução teórica à luz do princípio democrático. *In*: *A nova interpretação constitucional* – ponderação, direitos fundamentais e relações privadas. Rio de Janeiro: Renovar, 2003.

[218] LOEWENSTEIN, Karl. *Teoría de la Constitución*. Traducción de Alfredo Gallego Anabidarte. Barcelona: Ariel, 1986. p. 200.

[219] HABERMAS, Jürgen. O Estado-nação europeu frente aos desafios da globalização: o passado e o futuro da soberania e da cidadania. Tradução de Antonio Sérgio Rocha. *Novos Estudos CEBRAP*, n. 43, p. 87-101, novembro de 1995.

[220] SOUZA NETO, Cláudio Pereira de. *Democracia em crise no Brasil*: valores constitucionais, antagonismo político e dinâmica institucional. São Paulo: Contracorrente, 2020. p. 25-26.

[221] STANLEY, Jason. *Como funciona o fascismo*: a política do "nós" e "eles". Tradução de Bruno Alexander. Porto Alegre: L&P, 2020. p. 19-36; 97-111.

para resguardar seu próprio prestígio e liberdade. Diante de uma Constituição fundada na dignidade da pessoa humana, no pluralismo, na solidariedade e na não discriminação, tais práticas jamais podem ser associadas à ideia de cultura constitucional.

Por isso, discorda-se de quem defenda a implementação de uma cultura constitucional no país por meio da exaltação do nacionalismo.[222] Afinal, o cenário atual demonstra que há que se ter cuidado com a defesa de uma identidade nacional, sob pena de se desconsiderar as diferenças e adotar uma concepção de que "as minorias têm que se curvar às maiorias". Caso se validasse esse entendimento, estar-se-ia indo na contramão das políticas de reconhecimento conquistadas nos últimos anos e dos avanços em matéria de interpretação intercultural.[223] Ademais, a defesa de uma identidade nacional pautada no argumento de que o Brasil é etnicamente diverso parece retomar o mito da democracia racial[224] e negar a existência do racismo estrutural,[225] além de reforçar violências praticadas por governos autoritários nos dias de hoje. A exaltação nacional, portanto, não parece ser a melhor maneira de estimular a implementação de uma cultura constitucional em nosso país.

Feito esse panorama geral, verifica-se que as noções de sentimento, patriotismo e cultura constitucional têm como ponto em comum o fato de mirarem o futuro: reconhece-se que a Constituição precisa conquistar corações e mentes, a fim de se fortalecer o Estado Democrático de Direito ao longo de diversas gerações.[226] Para que isso aconteça e se instale uma unidade do povo em torno dos valores constitucionais, não há *lócus* melhor do que a educação.[227]

---

[222] Fazendo um cotejo entre o patriotismo constitucional de Habermas e o cenário brasileiro, Antonio Cavalcanti Maia concluiu pela possibilidade de inserir o conceito na nossa cultura. Todavia, o autor entende que não precisamos nos preocupar com os riscos do nacionalismo no Brasil, pois, segundo ele, isso não redundaria em racismo ou xenofobia, diante da nossa composição étnica híbrida. (MAIA, Antonio Cavalcanti. A idéia de patriotismo constitucional e sua integração à cultura político-jurídica brasileira. *Direito, Estado e Sociedade*. v. 9, n. 27, jul/dez/2005, p. 20-32.)

[223] ARAUJO JUNIOR, Julio José. *Direitos territoriais indígenas*: uma interpretação intercultural. Rio de Janeiro: Processo, 2018.

[224] FREYRE, Gilberto. *Casa grande e senzala*. 51. ed. rev. São Paulo: Global, 2006.

[225] ALMEIDA, Silvio Luiz de. *Racismo estrutural*. São Paulo: Sueli Carneiro; Pólen, 2019.

[226] MAIA, Antonio Cavalcanti. A idéia de patriotismo constitucional e sua integração à culutra político-jurídica brasileira. *Direito, Estado e Sociedade*. v. 9, n. 27, jul./dez./2005. p. 23.

[227] LOEWENSTEIN, Karl. *Teoría de la Constitución*. Traducción de Alfredo Gallego Anabidarte. Barcelona: Ariel, 1986. p. 200; MIRANDA, Jorge. Sobre o direito da educação. *In: RFDUL/LLR*, LX (2019.1). p. 21.

2.5 Razões filosóficas: as teorias de John Dewey e Paulo Freire

Para além das razões políticas, institucionais e culturais, há formulações interessantes no campo da filosofia que subsidiam a necessidade da educação para democracia. Entre elas, destacam-se as teorias que reconhecem o potencial da educação para promover transformação social, fortalecer o regime democrático e superar desigualdades. Assim, este tópico busca apresentar contribuições nesse sentido trazidas por dois autores relevantes em matéria de educação e democracia – John Dewey e Paulo Freire. Ressalve-se, contudo, que o objetivo deste tópico não é fazer uma revisão bibliográfica da produção de ambos os autores nem analisar as suas obras em detalhes, até porque elas serão retomadas mais à frente. Pretende-se, neste momento, apresentar apenas as suas formulações que demonstram o papel da educação para fortalecer a democracia.

Dito isso, é pertinente apresentar o primeiro autor. John Dewey é uma das grandes referências no campo da filosofia da educação. Em que pese tenha vivido de 1859 a 1952, o filósofo norte-americano elaborou ideias que foram inovadoras para a sua época e permanecem atuais. Além de se tratar de um dos precursores da corrente pragmatista, Dewey propôs uma teoria sobre democracia e educação, cuja importância é central para a tese defendida neste trabalho. As suas ideias foram trazidas para o Brasil por Anísio Teixeira, que liderou o movimento da educação nova e defendia a universalização da escola laica, gratuita, obrigatória e unificada.

John Dewey nasceu em Vermont, nos Estados Unidos, viveu boa parte da sua infância no campo e teve uma educação que ia além dos limites da escola. Sua família tinha o hábito de lhe atribuir pequenas tarefas diárias, a fim de desenvolver seu senso de responsabilidade e sua habilidade para solucionar questões práticas.[228] Após seu bacharelado em artes, Dewey fez doutorado em filosofia na Universidade John Hopkins e, em seguida, foi professor das Universidades de Michigan, Chicago e Columbia.

Entre as suas principais obras, tem-se o livro *Democracia e Educação*, de 1938. A sua grande premissa é que, para que a vida tenha continuidade, os seres vivos adaptam e se adaptam ao meio ambiente

---

[228] Sobre a biografia de John Dewey, confira: CUNHA, Marcos Vinícius. *John Dewey*: uma filosofia para educadores em sala de aula. Petrópolis, RJ: Vozes Ltda., 1994. p. 15-24.

em um processo contínuo, a fim de atender as suas necessidades.[229] Nesse fluxo, renova-se não só a existência física, mas também as crenças, ideais, esperanças e sofrimentos dos seres humanos. Tais hábitos são transmitidos de geração para geração, o que se dá por meio da educação. Por isso, na visão do autor, "a educação, em seu sentido mais lato, é o instrumento dessa continuidade social da vida".[230] Quando nascem, os indivíduos são imaturos, mas, a partir do conhecimento que recebem e da convivência com seu grupo social, adquirem a experiência. A educação, então, "é uma reconstrução ou reorganização da experiência, que esclarece e aumenta o sentido desta e também a nossa aptidão para dirigirmos o curso das experiências subsequentes".[231]

Com base nessas ideias, Dewey adota uma visão abrangente de educação. Sob a sua ótica, as escolas são apenas um dos locais em que ela acontece, pois a sociedade, por si mesma, já "*é transmissão e é comunicação*".[232] Isso, contudo, não diminui o papel da educação formal, que tem valor próprio por transmitir o conhecimento necessário para viver em uma sociedade cada vez mais complexa.[233] Todavia, na visão do autor, há que se ter cautela para que essa educação formal não desmereça a importância da experiência e da vida prática, que devem ser transmitidas para que haja uma atitude mental social. Assim, deve-se buscar um equilíbrio entre os métodos de educação formais e não formais.

No que toca à educação formal, que é o objeto deste trabalho, Dewey aponta três funções para a escola.[234] Em primeiro lugar, ela deve proporcionar um ambiente simplificado. Isso significa fragmentar a complexidade da civilização em pequenos pedaços para que os estudantes a assimilem aos poucos, de modo gradativo, iniciando pelos aspectos mais simples até alcançar os mais complexos. Em segundo lugar, o meio escolar deve eliminar pontos negativos do ambiente em comum, a fim de só transmitir aquelas realizações que contribuirão

---

[229] DEWEY, John. *Democracia e educação*. Tradução de Antônio Pinto de Carvalho, revista por Anísio Teixeira. São Paulo: Companhia Editora Nacional, 1979. p. 1-10.

[230] DEWEY, John. *Democracia e educação*. Tradução de Antônio Pinto de Carvalho, revista por Anísio Teixeira. São Paulo: Companhia Editora Nacional, 1979. p. 2.

[231] DEWEY, John. *Democracia e educação*. Tradução de Antônio Pinto de Carvalho, revista por Anísio Teixeira. São Paulo: Companhia Editora Nacional, 1979. p. 83.

[232] DEWEY, John. *Democracia e educação*. Tradução de Antônio Pinto de Carvalho, revista por Anísio Teixeira. São Paulo: Companhia Editora Nacional, 1979. p. 4-6.

[233] DEWEY, John. *Democracia e educação*. Tradução de Antônio Pinto de Carvalho, revista por Anísio Teixeira. São Paulo: Companhia Editora Nacional, 1979. p. 6-10.

[234] DEWEY, John. *Democracia e educação*. Tradução de Antônio Pinto de Carvalho, revista por Anísio Teixeira. São Paulo: Companhia Editora Nacional, 1979. p. 20-23.

para uma sociedade melhor no futuro. Por fim, as escolas têm o papel de fortalecer e integrar os diversos meios sociais existentes, permitindo que os estudantes tenham contato com grupos diferentes daquele no qual nasceu. Essa terceira função é possível por meio da convivência com jovens de diferentes raças, religiões e costumes na escola, bem como de um currículo comum que contemple horizontes mais amplos do que o visível aos membros de determinado grupo.

Nota-se, assim, que o autor adota uma concepção de educação que almeja o crescimento não só do aluno, mas da própria sociedade. Por isso, ele rejeita uma perspectiva retrospectiva, que objetiva uma formação limitada ao que se tem de herança.[235] Em sua visão, o conhecimento do passado é importante, mas somente no que se incorpora ao presente. Caso contrário, o hoje se resumirá a ser uma mera repetição do ontem, o que não se pretende.

No lugar de uma sociedade estática, há que se buscar uma comunidade progressiva, que busca modelar as experiências dos jovens para que adquiram hábitos melhores.[236] Para tanto, a educação pode ser agente edificador de uma sociedade melhor, proporcionando não só o "desenvolvimento das crianças e dos adolescentes, mas também da futura sociedade que será construída por eles".[237] As políticas educacionais, portanto, hão de ser prospectivas: devem mirar o futuro e ser guiadas rumo à civilização que se quer para os anos subsequentes.

Nessa linha, se pretendemos instalar uma cultura de democracia em nossa sociedade, a educação revela-se campo central para essa luta. Por isso, Dewey defende uma concepção democrática de educação.[238] Na sua visão, uma sociedade é democrática se prepara os seus membros para auferirem seus benefícios com igualdade e se assegura o reajustamento de suas instituições por meio das interações. Uma condição para isso é que a educação proporcione "aos indivíduos um interesse pessoal nas relações e direção sociais, e hábitos de espírito que permitam mudanças sociais sem o ocasionamento de desordens".[239]

---

[235] DEWEY, John. *Democracia e educação*. Tradução de Antônio Pinto de Carvalho, revista por Anísio Teixeira. São Paulo: Companhia Editora Nacional, 1979. p. 78-86.
[236] DEWEY, John. *Democracia e educação*. Tradução de Antônio Pinto de Carvalho, revista por Anísio Teixeira. São Paulo: Companhia Editora Nacional, 1979. p. 85.
[237] DEWEY, John. *Democracia e educação*. Tradução de Antônio Pinto de Carvalho, revista por Anísio Teixeira. São Paulo: Companhia Editora Nacional, 1979. p. 86.
[238] DEWEY, John. *Democracia e educação*. Tradução de Antônio Pinto de Carvalho, revista por Anísio Teixeira. São Paulo: Companhia Editora Nacional, 1979. p. 87-107.
[239] DEWEY, John. *Democracia e educação*. Tradução de Antônio Pinto de Carvalho, revista por Anísio Teixeira. São Paulo: Companhia Editora Nacional, 1979. p. 106.

Com efeito, as propostas de John Dewey têm diversos aspectos que nos ajudam a subsidiar a tese central deste trabalho. Para além de o próprio autor defender a educação para democracia, a sua teoria é relevante porque parte da ideia que a organização social não é estática, mas se mantém em constante renovação. Assim, eventuais déficits democráticos que caracterizam certa sociedade, como é o caso do Brasil, em nada significam um destino predeterminado; ao revés, podem ter seu curso alterado por meio da ação dos seus integrantes. Uma das frentes reconhecidas para isso é a educação. As políticas educacionais devem ser planejadas, executadas e monitoradas de acordo com o projeto de país que se quer alcançar. Se esse projeto inclui uma democracia fortalecida, isso demanda a remodelação da educação para que os valores democráticos sejam transmitidos para as futuras gerações, engajando-as nessa causa. Como disse Dewey, "o bom gosto não se gera espontâneo, como um predicado pessoal, mas é uma lembrança elaborada das coisas que ensinamos alguém a ter em mais apreço".[240]

Algumas ideias de Dewey, sobretudo no que se refere ao seu olhar para o futuro e o foco na experiência, têm pontos em comum com aquelas propostas por Paulo Freire. Este foi um educador e filósofo pernambucano, que dedicou grande parte da sua vida à alfabetização de pessoas em situação de pobreza.[241] Em razão da sua pedagogia revolucionária, ele é um dos maiores pensadores sobre educação no mundo e reconhecido como patrono da educação brasileira.[242] Por tudo isso, não haveria como se falar de educação sem adentrar nas suas ideias. No que toca ao propósito deste trabalho, suas contribuições são ainda mais relevantes em decorrência do contexto político em que escreveu uma de suas principais obras.

Freire foi perseguido e preso pela ditadura militar na década de 1960, em razão do seu método politizado de alfabetização, implantado durante o governo de João Goulart, ter sido encarado como subversivo. O educador, então, se exilou do Brasil e passou a viver em Santiago, no Chile, período no qual redigiu *Pedagogia do oprimido*, publicado

---

[240] DEWEY, John. *Democracia e educação*. Tradução de Antônio Pinto de Carvalho, revista por Anísio Teixeira. São Paulo: Companhia Editora Nacional, 1979. p. 19-20.

[241] Para conhecer a história de Paulo Freire, confira: FREIRE, Paulo. *Pedagogia da esperança*: um reencontro com a pedagogia do pprimido. Notas de Ana Maria Araújo Freire. Rio de Janeiro: Paz e Terra, 1992.

[242] BRASIL. Lei nº 12.612, de 13 de abril de 2012. Declara o educador Paulo Freire Patrono da Educação Brasileira. *Diário Oficial da União* de 16/4/2012.

em1968.²⁴³ À época, a conjuntura na América Latina era de profunda instabilidade e fragilidade democrática, diante da superveniência de ditaduras em diversos países. Muito embora as ferramentas e os graus de legalidade autoritária fossem diferentes,²⁴⁴ os regimes tinham como ponto em comum as violações massivas de direitos humanos. Nesse contexto, *Pedagogia do oprimido* resulta de observações de cinco anos de exílio²⁴⁵ e propõe uma pedagogia de resistência àqueles projetos políticos autoritários. Ao retornar ao Brasil, Freire foi secretário municipal de educação de São Paulo durante os anos de 1989 a 1991. Nesse período, ele lutou pela democratização da escola pública e pela formação permanente de educadores, a fim de que estes adquirissem gosto pelas práticas democráticas e admitissem a participação dos educandos e suas famílias nos destinos da escola.²⁴⁶

Como se verá, Paulo Freire tem enorme relevância para este trabalho, por ter proposto uma pedagogia dialógica e emancipadora que deve alicerçar um projeto de educação para democracia. Por ora, cabe salientar as suas contribuições que demonstram o potencial da educação para instalar sociedades democráticas. Uma das premissas do autor é que a conscientização possibilita que as pessoas se enxerguem como sujeitos no processo histórico, expressem suas insatisfações sociais e se engajem para transformação da realidade.²⁴⁷ Em sua visão, o futuro não é algo preestabelecido, uma sina ou um destino irremediável, mas é criado pelas pessoas, sob o protagonismo delas.²⁴⁸ Nas palavras de Freire, "toda vez que o futuro seja considerado como um pré-dado, [...] não há lugar para o sonho, para a opção, para a decisão [...]. Não há lugar para a educação. Só para o adestramento".²⁴⁹ A educação, portanto, pode auxiliar na compreensão da história como *possibilidade*, e não como *determinismo*. Por isso, o ato de ensinar exige compreender

---

[243] HADDAD, Sérgio. O contexto histórico e sociopolítico da escrita e recepção de pedagogia do oprimido. In: FREIRE, Paulo. *Pedagogia do oprimido*. Rio de Janeiro: Paz e Terra, 2021. p. 14-25.
[244] PEREIRA, Anthony W. *Political (In)justice*: authoritarianism and the rule of law in Brazil, Chile, and Argentina. Pittsburgh: University of Pittsburgh Press, 2005.
[245] FREIRE, Paulo. *Pedagogia do oprimido*. Rio de Janeiro: Paz e Terra, 2021. p. 111.
[246] FREIRE, Paulo. *Pedagogia da esperança*: um reencontro com a pedagogia do oprimido. Rio de Janeiro: Paz e Terra, 2013. Livro eletrônico.
[247] FREIRE, Paulo. *Pedagogia do oprimido*. Rio de Janeiro: Paz e Terra, 2021. p. 111-114.
[248] FREIRE, Paulo. *Pedagogia do oprimido*. Rio de Janeiro: Paz e Terra, 2021. p. 114-117.
[249] FREIRE, Paulo. *Pedagogia da esperança*: um reencontro com a pedagogia do oprimido. Rio de Janeiro: Paz e Terra, 2013. Edição eletrônica.

que a mudança é possível e que a educação é uma forma de intervenção no mundo.[250]

A pedagogia freireana, então, serve a esse propósito de formar consciência crítica. Segundo a metodologia proposta, ela deve levar o oprimido a refletir sobre a opressão e suas causas, na medida em que a imersão em uma realidade domesticadora prejudica a aquisição dessa consciência sobre si.[251] O *status quo* pode levar o oprimido ora a querer se tornar opressor, diante da identificação com o seu contrário; ora a querer se manter atado à condição de oprimido, por não se sentir capaz de superá-la ou por temor das ameaças.[252] Essa dualidade existencial dos oprimidos e a realidade opressora fazem com que eles tendam a assumir atitudes fatalistas diante da exploração a que são submetidos.[253]

Por isso, para Freire, a reflexão é fundamental para proporcionar essa conscientização e para desencadear o engajamento necessário no enfrentamento da cultura de dominação. É o que ele chama de práxis: "reflexão e ação dos homens sobre o mundo para transformá-lo".[254] De nada adianta, assim, o mero reconhecimento, como espectador, de uma realidade; é preciso ação para conduzir a sua transformação.

Para que isso se operacionalize, a luta pela libertação deve ser forjada *com* o oprimido, e não *para* o oprimido.[255] Trata-se de uma autolibertação. É preciso, assim, um diálogo crítico, no qual ele seja sujeito ativo no processo de conscientização e transformação. Caso contrário, estar-se-ia diante de uma mera verticalidade e, portanto, mais um instrumento de domesticação.

Daí por que essa necessidade de diálogo conduz Freire a defender o caráter eminentemente pedagógico da transformação social. Não é, contudo, qualquer pedagogia que permite alcançar esse objetivo. O autor rejeita uma concepção bancária de educação, a qual se caracteriza por uma relação vertical entre educador e educando e por um conteúdo alheio à experiência existencial dos educandos.[256] Segundo essa visão criticada, ao educador cabe somente narrar o conteúdo para o educando; a este, por sua vez, cabe receber, memorizar

---

[250] FREIRE, Paulo. *Pedagogia da autonomia:* saberes necessários à prática educativa. São Paulo: Paz e Terra, 2011. Livro eletrônico.
[251] FREIRE, Paulo. *Pedagogia do oprimido.* Rio de Janeiro: Paz e Terra, 2021. p. 124-128.
[252] FREIRE, Paulo. *Pedagogia do oprimido.* Rio de Janeiro: Paz e Terra, 2021. p. 128.
[253] FREIRE, Paulo. *Pedagogia do oprimido.* Rio de Janeiro: Paz e Terra, 2021. p. 147.
[254] FREIRE, Paulo. *Pedagogia do oprimido.* Rio de Janeiro: Paz e Terra, 2021. p. 133.
[255] FREIRE, Paulo. *Pedagogia do oprimido.* Rio de Janeiro: Paz e Terra, 2021. p. 152-154.
[256] FREIRE, Paulo. *Pedagogia do oprimido.* Rio de Janeiro: Paz e Terra, 2021. p. 159.

e repetir a matéria ministrada, sem qualquer reflexão. Ao mesmo tempo, o conteúdo é dissertado de forma desconectada da realidade do educando, dificultando a compreensão e o engajamento. Por isso, Freire rejeita a educação bancária, enxergando-a como mais um instrumento de opressão. No lugar dela, deve-se adotar uma educação problematizadora, calcada na superação da dicotomia educador-educandos e na problematização das pessoas em suas relações com o mundo.[257] Dessa forma, educador e educando se educam em diálogo, mediante o desvelamento crítico da realidade.[258]

Para que haja esse verdadeiro diálogo, na visão do autor, é imprescindível haver duas dimensões: ação e reflexão.[259] Desse modo, não há efetivo diálogo nem efetiva palavra sem práxis, isto é, sem compromisso com a transformação do mundo. No entanto, para que esse engajamento ocorra, é fundamental que haja amor, humildade, fé nos homens, esperança e pensar verdadeiro.[260] O amor ao mundo é o que gerará esse comprometimento com a causa de sua libertação; a humildade proporciona a pré-compreensão de que o debate se dá de igual para igual e que não há uma única parte que seja superior ou dona da verdade; a fé nos homens permite que se enxerguem as pessoas como aptas a fazer, criar e modificar o mundo por meio de suas ações; a esperança gera a eterna busca pela restauração da humanidade, rompendo com a acomodação; e o pensar verdadeiro é crítico, no sentido de enxergar a realidade como processo e como apta a ser transformada.

Com efeito, para os propósitos deste trabalho, a dialogicidade da proposta freireana nos ajuda a compreender o potencial da educação para construção de uma democracia cada vez mais fortalecida. Nos moldes da proposta formulada, a educação é capaz de gerar engajamento nos educandos, fazendo com que se compreendam como parte do projeto constitucional e como atores capazes de promover transformação social. Esse é o primeiro passo para que haja o efetivo fortalecimento da democracia: não basta que os cidadãos conheçam as normas da Constituição; é preciso que se engajem e se insurjam quando houver riscos de sua deterioração. Eventuais ameaças autoritárias, então, devem ser enxergadas como mais um fator que os leva à luta, e não como um fato do destino em relação ao qual nada se pode fazer.

---

[257] FREIRE, Paulo. *Pedagogia do oprimido*. Rio de Janeiro: Paz e Terra, 2021. p. 172-173.
[258] FREIRE, Paulo. *Pedagogia do oprimido*. Rio de Janeiro: Paz e Terra, 2021. p. 174-176.
[259] FREIRE, Paulo. *Pedagogia do oprimido*. Rio de Janeiro: Paz e Terra, 2021. p. 187-189.
[260] FREIRE, Paulo. *Pedagogia do oprimido*. Rio de Janeiro: Paz e Terra, 2021. p. 190-194.

Para que se fortaleça a democracia, é preciso, antes de tudo, acreditar no seu potencial para fazê-lo. Ao mesmo tempo, o desenvolvimento de um pensamento crítico é um dos motores para que as pessoas não se encantem com discursos proferidos por demagogos, desmascarando a mitificação. Ademais, ele proporciona que os indivíduos reflitam sobre o *status quo*, evitando que os oprimidos permaneçam em estado de imersão e incentivando que os opressores busquem a libertação. Trata-se de aspecto fundamental ao se considerar que, como se viu, um dos fatores que corrói a democracia é a desigualdade, seja sob o prisma econômico, seja sob o prisma cultural.

Logo, no campo da filosofia, as teorias de John Dewey e Paulo Freire também justificam a necessidade de uma educação que fortaleça a democracia, promova a transformação social e supere desigualdades. Há que se analisar, então, se o ordenamento jurídico-constitucional possibilita a sua implementação no Brasil.

CAPÍTULO 3

FUNDAMENTOS CONSTITUCIONAIS

3.1 Introdução

Houve um tempo em que a instrução pública no Brasil não passava de um "arremedo de ensino".[261] Tamanha era a sua estreiteza que ela se contentava em ensinar a ler, escrever e fazer contas. Ainda assim, eram poucos os privilegiados que faziam jus a esse direito: apenas os cidadãos brasileiros, excluindo-se os estrangeiros, escravizados e indígenas. A própria gratuidade do ensino já foi suprimida da Constituição e, mesmo depois que restabelecida, foi interpretada sob uma perspectiva não universal. As escolas já foram ainda utilizadas como ferramenta para controle ideológico da infância por meio do ensino cívico e da disciplina moral.

Com efeito, uma breve retrospectiva da história evidencia os avanços alcançados em matéria de educação em nosso país. Atualmente, a matrícula é reconhecida como um direito público subjetivo que deve ser assegurado a todos e a educação não se limita à mera instrução, mas está compromissada com o desenvolvimento humano, a formação de cidadãos e a efetivação de direitos fundamentais. Assim, o modelo de educação adotado pela Carta de 1988 não é neutro; ao revés, ele exige a formação de gerações comprometidas com uma sociedade cada vez mais inclusiva e democrática. É isso que justamente pavimenta o caminho para a educação para democracia.

---

[261] RANIERI, Nina. Educação obrigatória e gratuita no Brasil: um longo caminho, avanços e perspectivas. *In*: RANIERI, Nina. ALVES, Angela (org.). *Direito à educação e direitos na educação em perspectiva interdisciplinar.* São Paulo: Cátedra UNESCO de Direito à Educação/ Universidade de São Paulo (USP), 2018. p. 18.

Dessa forma, neste capítulo, analisa-se o direito à educação no ordenamento jurídico contemporâneo, incluindo seus aspectos gerais e seus objetivos constitucionais, a fim de avaliar a possibilidade de adoção da educação para democracia no Brasil.

3.2 O direito fundamental à educação

A educação foi alçada à categoria de direito fundamental em grande parte dos países do mundo. Das Constituições atualmente em vigor, 141 asseguram o direito à educação gratuita e 119 preveem o direito à educação obrigatória.[262] Fugindo à regra, a Constituição norte-americana não tem um artigo explícito sobre o direito à educação, o que faz com que a Suprema Corte daquele país tampouco reconheça a existência de um direito fundamental à educação.[263]

No Brasil, o reconhecimento da fundamentalidade desse direito já ocorreria por se tratar de emanação direta da dignidade humana,[264] mas, ainda assim, todas as Constituições brasileiras[265] o previram. A Constituição de 1988 dispõe que a educação é direito social,[266] que

---

[262] ZACHARY. Elkins; GINSBURG, Tom; MELTON, James. *Constitute:* the world's constitutions to read, search, and compare. Disponível em: constituteproject.org. Acesso em: 25 ago. 2024.

[263] Para maiores detalhes sobre o direito à educação nos Estados Unidos da América, confira-se: BEAUMONT, Elizabeth. Education and the Constitution: defining the contours of governance, rights and citizenship. In: TUSHNET, Mark; GRABER, Mark A; LEVINSON, Sanford. *The Oxford handbook of the U.s. Constitution.* Oxford: Oxford University Press, 2015.

[264] Uma das funções do princípio da dignidade da pessoa humana é permitir o reconhecimento de direitos fundamentais não enumerados na Constituição, servindo como fonte adicional de direitos ou uma espécie de "direito-mãe". Nesse sentido: BARAK, Aharon. *Human dignity:* the constitutional value and the constitutional right. Cambridge: Cambridge University Press, 2015. p. 156-159; DUPRÉ, Catherine. *Importing law in post-communist transitions:* the Hungarian Constitutional Court and the right to human dignity. Oxford: Hart Publishing, 2003. p. 67; SARMENTO, Daniel. *Dignidade da pessoa humana:* conteúdo, trajetórias e metodologias. 2. ed. Belo Horizonte: Fórum, 2016. p. 86.

[265] Confira-se: art. 179, XXXII, da Constituição de 1824; arts. 35 e 72, §6º, da Constituição de 1891; arts. 149 e 150 da Constituição de 1934; arts. 128 a 133 da Constituição de 1937; arts. 166 a 174 da Constituição de 1946; arts. 168 a 171 da Constituição de 1967; arts. 176 a 179 da Emenda Constitucional nº 1 de 1969; e arts. 6º e 205 a 214 da Constituição de 1988.

[266] Segundo José Afonso da Silva, os direitos sociais são "prestações positivas proporcionadas pelo Estado direta ou indiretamente, enunciadas em normas constitucionais, que possibilitam melhores condições de vida aos mais fracos; direitos que tendem realizar a igualização de situações sociais desiguais". (SILVA, José Afonso da. *Comentário contextual à Constituição.* 6. ed. São Paulo: Malheiros, 2009. p. 183.). Sobre os direitos sociais, veja SOUZA NETO, Cláudio Pereira de; SARMENTO, Daniel. *Direitos sociais:* fundamentos, judicialização e direitos sociais em espécie. Rio de Janeiro: Lumen Juris, 2008.

deve ser assegurado a todos,[267] e um dever do Estado e da família, visando ao pleno desenvolvimento da pessoa, seu preparo para o exercício da cidadania e sua qualificação para o trabalho (art. 205). Além disso, as normas constitucionais preveem princípios (art. 206), deveres do Estado (art. 208), condições à iniciativa privada (art. 209), percentuais mínimos de investimentos das receitas auferidas com impostos (arts. 212 e 212-A), entre outras disposições voltadas a assegurar uma educação de qualidade.

A propósito, a análise das disposições constitucionais evidencia que não há só um, mas diversos direitos educacionais. Por isso, Nina Ranieri afirma que há o *direito à educação*, que é gênero e impõe ao Estado a realização de prestações positivas materiais para concretizá-lo; e há *direitos na educação*, que são desdobramentos do primeiro e demandam abstenções para preservação das liberdades educacionais.[268] Estas abrangem a liberdade de aprender, ensinar, pesquisar e divulgar o pensamento, a arte e o saber (art. 206, II); o pluralismo de ideias e de concepções pedagógicas (art. 206, III, primeira parte); a coexistência de instituições públicas e privadas de ensino (art. 206, III, segunda parte); a gestão democrática do ensino público (art. 206, VI); o ensino religioso facultativo (art. 210, §1º); a autonomia universitária (art. 207); entre outros.

Jorge Miranda,[269] por sua vez, categoriza os dispositivos constitucionais sobre educação em direito à educação; liberdade de educação; políticas públicas; e recursos públicos. Ao analisar o ordenamento português, o autor subdivide também os próprios direitos de liberdade em *liberdade de escola* e *liberdade na escola*.[270] A primeira abrange os direitos de acesso à escola, de escolha da escola mais adequada ao projeto educativo ou cultural que pretenda, de formação pessoal e profissional que se queira obter, de criação de escolas distintas das escolas do Estado, com graus de equivalência semelhantes, e de escolha da escola pública que se quer frequentar, sem adstrição necessária a critérios geográficos ou de residência. A segunda, a liberdade na escola, abarca a liberdade

---

[267] CRFB: "Art. 6º São direitos sociais a educação, a saúde, a alimentação, o trabalho, a moradia, o transporte, o lazer, a segurança, a previdência social, a proteção à maternidade e à infância, a assistência aos desamparados, na forma desta Constituição."

[268] RANIERI, Nina. *O Estado Democrático de Direito e o sentido da exigência de preparo da pessoa para o exercício da cidadania, pela via da educação*. Tese (Livre docência) – Faculdade de Direito, Universidade de São Paulo. São Paulo. p. 283. 2009.

[269] MIRANDA, Jorge. Sobre o direito da educação. *In: RFDUL/LLR*, LX (2019.1). p. 29-32.

[270] MIRANDA, Jorge. Sobre o direito da educação. *In: RFDUL/LLR*, LX (2019.1). p. 33-35.

dos professores de ensinar, o direito dos alunos à compreensão crítica dos conteúdos e o direito dos alunos de aprender e dos professores de ministrar as aulas em língua portuguesa, ressalvadas as minorias.

No plano internacional, por sua vez, a educação é prevista como direito humano em diversos diplomas, como na Declaração Universal dos Direitos Humanos (DUDH), que ainda adota a expressão "direito à instrução";[271] [272] no Pacto Internacional de Direitos Econômicos, Sociais e Culturais (PIDESC);[273] na Convenção dos Direitos das Crianças;[274] e no Protocolo de São Salvador.[275] Todos eles têm como ponto em comum que a educação deverá voltar-se ao pleno desenvolvimento da personalidade humana e ao respeito aos direitos humanos, liberdades fundamentais e demais grupos raciais, étnicos ou religiosos.

Por se tratar de direito fundamental,[276] ele goza de aplicação imediata[277] e se contrapõe a um dever do Estado e da família de promovê-lo.[278] Nesse sentido, o poder público deve assegurar o acesso à educação básica gratuita, sendo esse um direito público subjetivo reconhecido pela Emenda Constitucional nº 59/2009 (art. 208, *caput*, I, e §1º, da CRFB).[279] Como esse direito nem sempre sai espontaneamente

---

[271] ORGANIZAÇÃO DAS NAÇÕES UNIDAS. Declaração Universal dos Direitos Humanos, 1948. Artigo 26.

[272] Instrução, ensino e educação foram termos usados, progressivamente, pelas Constituições brasileiras. A mudança na terminologia não foi à toa, mas decorre da evolução na compreensão do tema. Sobre isso: SIFUENTES, Mônica. *Direito fundamental à educação*. 2. ed. Porto Alegre: Núria Fabris, 2009. p. 37.

[273] BRASIL. Decreto nº 591, de 6 de julho de 1992. Atos Internacionais. Pacto Internacional sobre Direitos Econômicos, Sociais e Culturais. Promulgação. *Diário Oficial da União* de 7/7/1992. Artigos 13 e 14.

[274] BRASIL. Decreto nº 99.710, de 21 de novembro de 1990. Promulga a Convenção sobre os direitos da Criança. *Diário Oficial da União* de 22/11/1990. Artigos 28 e 29.

[275] BRASIL. Decreto nº 3.321, de 30 de dezembro de 1999. Promulga o Protocolo Adicional à Convenção Americana sobre Direitos Humanos em Matéria de Direitos Econômicos, Sociais e Culturais "Protocolo de São Salvador", concluído em 17 de novembro de 1988, em São Salvador, El Salvador. Diário Oficial da União de 31/12/1999. Artigo 13.

[276] O pensamento amplamente majoritário é no sentido de que os direitos sociais são direitos fundamentais. Por todos: SARLET, Ingo Wolfgang. *In*: CANOTILHO, J. J. *et al. Comentários à Constituição do Brasil*. 2. ed. São Paulo: Saraiva Educação, 2018. (Série IDP). Versão Kindle. Em sentido contrário: TORRES, Ricardo Lobo. *Teoria dos direitos fundamentais*. Rio de Janeiro: Renovar, p. 243 e ss.

[277] CRFB: "Art. 5º [...] §1º As normas definidoras dos direitos e garantias fundamentais têm aplicação imediata."

[278] CRFB: "Art. 205. A educação, direito de todos e dever do Estado e da família, será promovida e incentivada com a colaboração da sociedade, visando ao pleno desenvolvimento da pessoa, seu preparo para o exercício da cidadania e sua qualificação para o trabalho."

[279] Inclusive, após a Emenda Constitucional nº 59/2009, Ana Paula de Barcellos passou a incluir todas as fases da educação básica obrigatória como elemento do mínimo existencial,

do papel, o Supremo Tribunal Federal decidiu, com repercussão geral, que ele é passível de exigência judicial.[280] Na ocasião, a Corte analisava um recurso extraordinário no qual se discutia o dever do Estado de garantir vaga em creche e pré-escola. Esse ainda é um dos maiores gargalos para universalização da educação básica[281] [282] e uma das maiores causas de judicialização do direito à educação no Brasil. Ainda que a jurisprudência seja favorável, o final é feliz apenas para aqueles que têm acesso à justiça, são minimamente conhecedores dos seus direitos e conseguem buscar o Judiciário, o que evidencia um déficit de isonomia no planejamento e execução da política pública.[283]

O dever do Estado, contudo, não se esgota em oportunizar a matrícula. Segundo o Comitê dos Direitos Econômicos, Sociais e Culturais da ONU, o poder público deve assegurar uma educação

---

e não só a educação fundamental, como fazia antes (BARCELLOS, Ana Paula de. *A eficácia jurídica dos princípios constitucionais*: o princípio da dignidade da pessoa humana. 3. ed. revista e atualizada. Rio de Janeiro: Renovar, 2011. p. 303-319.).

[280] Ao julgar o Tema 548, a Corte fixou a seguinte tese com repercussão geral: "1. A educação básica em todas as suas fases - educação infantil, ensino fundamental e ensino médio - constitui direito fundamental de todas as crianças e jovens, assegurado por normas constitucionais de eficácia plena e aplicabilidade direta e imediata. 2. A educação infantil compreende creche (de zero a 3 anos) e a pré-escola (de 4 a 5 anos). Sua oferta pelo Poder Público pode ser exigida individualmente, como no caso examinado neste processo. 3. O Poder Público tem o dever jurídico de dar efetividade integral às normas constitucionais sobre acesso à educação básica." (STF. RE 1008166, Plenário, rel. min. Luiz Fux, j. em 22/9/2022, DJe 20/4/2023.)

[281] Cerca de 20% das crianças de até três anos não estão em creches por alguma dificuldade de acessar o serviço. O número é fruto de levantamento do Todos pela Educação com base em dados da Pesquisa Nacional por Amostra de Domicílios 2023, feita pelo Instituto Brasileiro de Geografia e Estatística (IBGE): TODOS PELA EDUCAÇÃO. *Percentual de crianças de 0 a 3 anos que frequentam e não frequentam a creche (com motivo discriminado)* – Brasil – 2023. Abril/2024. Disponível em: https://todospelaeducacao.org.br/wordpress/wp-content/uploads/2024/03/atendimento-creche-todos-pela-educacao.pdf. Acesso em: 25 ago. 2024.

[282] O Município de São Paulo tem histórico de grande demanda de vaga em creche, mas, após longos anos de um litígio estrutural, de intervenção do Poder Judiciário e de monitoramento de um comitê interinstitucional, a fila foi zerada no ano de 2020. Cf.: TODOS PELA EDUCAÇÃO. *Acesso à creche*: crianças vulneráveis em primeiro lugar. Disponível em: https://educacaoquedacerto.todospelaeducacao.org.br/redes-e-desafios/acesso-a-creche-criancas-vulneraveis-em-primeiro-lugar/. Acesso em: 26 abr. 2022; OLIVEIRA, Vanessa Elias de; SILVA, Mariana Pereira da; MARCHETTI, Vitor. Judiciário e políticas públicas: o caso das vagas em creches na cidade de São Paulo. *Educ. Soc.*, Campinas, v. 39, n.º 144, p. 652-670, jul./set., 2018; COSTA, Susana Henriques da. Acesso à justiça: promessa ou realidade? Uma análise do litígio sobre creche e pré-escola no Município de São Paulo. *In*: GRINOVER, Ada Pellegrini; WATANABE, Kazuo; COSTA, Susana Henriques da (coord.). *O Processo Para Solução de Conflitos de Interesse Público*. Salvador: Jus Podivm, 2017. p. 449-473.

[283] BARCELLOS, Ana Paula de. Políticas públicas e o dever de monitoramento: "levando os direitos a sério". *Revista Brasileira de Políticas Públicas*, Brasília. v. 8, n. 2, p. 258, 2018.

que preencha quatro características essenciais e inter-relacionadas: disponibilidade; acessibilidade; aceitabilidade e adaptabilidade.[284]

Desse modo, as instituições e programas de ensino devem estar disponíveis em quantidade suficiente e em condições adequadas de funcionamento, o que abarca instalações sanitárias, água potável, docentes qualificados e com salários competitivos, bibliotecas e ferramentas tecnológicas. Sobre o tema, durante a pandemia da covid-19, foi aprovada a Lei nº 14.172/2021, que impôs à União a obrigação de transferir recursos aos Estados, Municípios e Distrito Federal para garantir acesso à internet, para fins educacionais, a professores e estudantes da rede de educação básica pública. Posteriormente, a iniciativa foi expandida para além do período de emergência sanitária por meio da Lei nº 14.640/2023, que alterou o diploma anterior para também destinar as verbas aos estabelecimentos de ensino; e da Lei nº 14.533/2023, que instituiu o dever do Estado de assegurar "educação digital, com a garantia de conectividade de todas as instituições públicas de educação básica e superior à internet em alta velocidade" (art. 4º, XII, da LDB). A medida é importante para ampliar o acesso à informação e à pesquisa científica, bem como para permitir o desenvolvimento de competências voltadas ao letramento digital e educação midiática.[285]

A acessibilidade, por sua vez, exige que as instituições e programas de ensino sejam acessíveis a todos sob três perspectivas. Há que se ter acessibilidade física, seja por localização geográfica de acesso razoável ou, quando possível, por ensino à distância. Exige-se, também, acessibilidade econômica, de modo que o ensino gratuito seja oferecido a todos no primário e, progressivamente, na educação secundária e superior. Ainda, é preciso que não haja discriminação no acesso, em especial aos grupos vulneráveis, sem prejuízo da adoção de medidas destinadas a alcançar a igualdade de fato, como bolsas de estudo e reserva de vagas.

Já a aceitabilidade significa que os programas e materiais de ensino devem ser aceitáveis para os estudantes e, em determinados casos, para os pais. É necessário, portanto, que tenham boa qualidade e que sejam adotadas medidas positivas para torná-los culturalmente adequados às minorias. As comunidades indígenas, por exemplo, têm direito à utilização de suas línguas maternas e processos próprios de

---

[284] COMITÊ DOS DIREITOS ECONÔMICOS, SOCIAIS E CULTURAIS. *Comentário Geral nº 13*: artigo 13 (o direito à educação). Vigésima primeira sessão, 1999. §6.

[285] COMITÊ DOS DIREITOS DA CRIANÇA. *Comentário Geral nº 25 sobre os Direitos das Crianças em relação ao ambiente digital*. 2021. §99-103.

aprendizagem.²⁸⁶ As pessoas com deficiência, por sua vez, fazem jus a adaptações razoáveis, medidas de apoio individualizadas e meios de comunicação adequados às suas particularidades no campo da educação.²⁸⁷ O Estado, inclusive, deve adotar medidas para que os professores sejam habilitados em língua de sinais e/ou braile.

Por fim, a adaptabilidade impõe que a educação tenha flexibilidade para se adaptar às necessidades da sociedade em transformação e responda às necessidades de contextos culturais e sociais diversos. Essa característica impõe, por exemplo, que o Estado inclua literacia digital na educação básica, adaptando os currículos escolares para fazer frente às necessidades decorrentes da revolução tecnológica e ampliando a concepção usual de alfabetização.²⁸⁸ A mesma adaptabilidade foi necessária durante a pandemia da covid-19, quando as aulas presenciais precisaram ser suspensas, o ensino passou a ter que ser prestado de forma remota e a alimentação escolar precisou ser garantida por cestas básicas ou transferência de renda.²⁸⁹ Ela ainda precisa ocorrer em favelas e áreas conflagradas no Rio de Janeiro, nas quais a comunidade escolar precisa lidar com o impacto de tiroteios e operações policiais, que ocasionam suspensões das aulas, alta rotatividade de professores e estresse pós-traumático.²⁹⁰

Tomando como parâmetro essas características, a Corte Interamericana de Direitos Humanos já responsabilizou o Equador em razão de violação ao direito à permanência no sistema educativo e aos postulados da não discriminação e adaptabilidade do direito à educação.²⁹¹ No caso, uma criança diagnosticada com HIV foi impedida

---

[286] CRFB, art. 210, §2º.

[287] ORGANIZAÇÃO DAS NAÇÕES UNIDAS. Convenção Internacional sobre os Direitos das Pessoas com Deficiência (Convenção de Nova York). 2007. Artigo 24.

[288] Cf.: COMITÊ DOS DIREITOS DA CRIANÇA. *Comentário geral nº 25 sobre os Direitos das Crianças em relação ao ambiente digital*. 2021. §104-105; FERRARI, Ana Claudia; OCHS, Mariana; MACHADO, Daniela. *Guia da educação midiática*. São Paulo: Instituto Palavra Aberta, 2020. p. 13-16.

[289] Sobre a alimentação escolar na pandemia, confira: CUNHA, Beatriz. A alimentação escolar na pandemia, desenvolvimento infantil e igualdade de oportunidades. *Revista de Direito da Defensoria Pública do Estado do Rio de Janeiro*, v. 29, n. 30. Rio de Janeiro: DPGE-RJ, 2020. p. 59-81.

[290] CUNHA, Beatriz. Rumo a uma educação de qualidade na periferia carioca. In: *Cadernos Estratégicos II*: análise estratégica de decisões dos órgãos internacionais de proteção dos direitos humanos. Rio de Janeiro: Defensoria Pública do Estado do Rio de Janeiro, 2021. p. 84-116.

[291] CORTE INTERAMERICANA DE DIREITOS HUMANOS. *Caso Gonzales Lluy e outros vs. Equador*. Sentença de 1 de setembro de 2015 (exceções preliminares, fundo, reparações e custas). §§230-291.

de frequentar as aulas e, depois, de se matricular em outras escolas.[292] Assim, a Corte entendeu que o ambiente educativo deve ser adaptável à condição de pessoa com deficiência e que as unidades até podem estabelecer distinções entre alunos, mas desde que fundadas em causas razoáveis e objetivas, e não com base em riscos especulativos e imaginários provenientes de enfermidade que lhe torna vulnerável.

No âmbito constitucional, o dever do Estado também abarca programas suplementares de material didático, transporte, alimentação e assistência à saúde (art. 208, VII). Afinal, o aprendizado torna-se muito mais difícil sem livros, sem ter como ir até a escola, de barriga vazia ou doente. Essas políticas públicas educacionais, então, são indispensáveis para promover o acesso efetivo a uma educação de qualidade e superar desigualdades. A comida oferecida na escola, por exemplo, é, em muitos casos, a única refeição do dia de uma criança[293] e representa papel central no combate à desnutrição infantil.[294] Ademais, a articulação entre as políticas de saúde e educação proporciona maior capilaridade a ambas e ainda permite o combate a vulnerabilidades de saúde que possam comprometer o desenvolvimento escolar.

Em que pese tenha estabelecido que a educação é dever do Estado, a Constituição de 1988 não previu um regime de monopólio. É possível a atuação da iniciativa privada, mas de forma secundária e condicionada. Assim, conforme reconhecido por José Afonso da Silva, o modelo adotado pela Constituição de 1988 é o da preferência pelo ensino público,[295] tratando-se de um serviço público essencial. Por isso,

---

[292] CUNHA, Beatriz. Caso Gonzales Lluy e outros vs. Equador: estigmatização e permeabilidade do conceito de deficiência. In: *Cadernos estratégicos:* análise estratégica dos julgados da Corte Interamericana de Direitos Humanos. Rio de Janeiro: Defensoria Pública do Estado do Rio de Janeiro, 2018. p. 136-160.

[293] Pesquisa do Fundo das Nações Unidas para a Infância (Unicef) revelou que 20% das crianças que frequentavam a escola ou creche antes da pandemia faziam todas as refeições nesses locais. Para 30% dos responsáveis, a comida oferecida no estabelecimento educacional é fundamental para alimentar as crianças. Confira: FUNDO DAS NAÇÕES UNIDAS PARA A INFÂNCIA (Unicef). *Alimentação na primeira infância:* conhecimentos, atitudes e práticas de beneficiários do Programa Bolsa Família. Brasília, 2021. Disponível em: https://www.unicef.org/brazil/media/17121/file/alimentacao-na-primeira-infancia_conhecimentos-atitudes-praticas-de-beneficiarios-do-bolsa-familia.pdf. Acesso em 27 abr. 2022.

[294] WORLD FOOD PROGRAMME. *State of School Feeding Worldwide 2020.* Rome: World Food Programme, 2020. Disponível em: https://docs.wfp.org/api/documents/WFP-0000123923/download/?_ga=2.248746629.365972922.1614175433-1077825198.1611244221. Acesso em: 27 abr. 2022.

[295] SILVA, José Afonso da. *Comentário contextual à Constituição.* 6. ed. São Paulo: Malheiros, 2009. p. 795.

propostas estatais de distribuição de *vouchers* para custear matrículas em creches privadas não se compatibilizam com o modelo constitucional. Afinal, a própria Constituição previu que os recursos públicos devem ser destinados a escolas públicas, salvo a possibilidade excepcional de destinação a escolas comunitárias, confessionais ou filantrópicas, ou quando houver falta de vagas na localidade, ficando, nesse segundo caso, o poder público obrigado a expandir a sua rede.[296] Ademais, o ensino privado é condicionado, porque deve cumprir as normas gerais da educação nacional e demanda autorização e avaliação de qualidade pelo poder público.[297] Mesmo que assim não fosse, a iniciativa privada já estaria sujeita à observância de uma educação de qualidade, diante da eficácia horizontal dos direitos fundamentais.[298]

De outro lado, a educação também é dever da família, de modo que os pais ou responsáveis devem matricular as crianças na educação básica a partir dos quatro anos de idade[299] e zelar, junto ao poder público, pela frequência.[300] De fato, sendo as crianças pessoas em situação peculiar de desenvolvimento, a participação da família é fundamental para dar início à trajetória educacional e, ainda, para manter o seu engajamento durante os anos letivos, evitando a evasão escolar.

Todavia, por vezes, o dia a dia das varas de infância e juventude revela que o monitoramento desse dever vem ocorrendo de forma inadequada. Além de existir uma seletividade nas notificações – normalmente, advindas de escolas públicas –, as instituições de controle, quando recebem tais notícias, preocupam-se mais em dar entrada em representações administrativas, que, ao final, culminarão com uma condenação ao pagamento de multa, do que em investigar e resolver as causas que deram origem ao problema. Desse modo, a atuação pouco contribui para o alcance do objetivo final e mais se revela uma ferramenta persecutória que aprofunda a pobreza.[301] Se a

---

[296] CRFB, art. 213.
[297] CRFB, art. 209.
[298] SARMENTO, Daniel. *Direitos fundamentais e relações privadas*. 2. ed. Rio de Janeiro: Lumen Juris, 2010; SARLET, Ingo Wolfgang. Direitos fundamentais e direito privado: algumas considerações em torno da vinculação dos particulares aos direitos fundamentais. In: *A Constituição concretizada*. Porto Alegre: Livraria do Advogado, 2000. p. 107-163; SILVA, Virgílio Afonso da. *A constitucionalização do direito*: os direitos fundamentais nas relações entre particulares. São Paulo: Malheiros, 2005.
[299] Lei nº 9.394/1996, art. 6º; Lei nº 8.069/1990, art. 55.
[300] CRFB, art. 208, §3º. Lei nº 9.394/1996, art. 5º, §1º, III; Lei nº 8.069/1990, art. 54, §3º.
[301] A Terceira Turma do STJ já decidiu que, em sede de representação por infração administrativa prevista no Estatuto da Criança e do Adolescente, a hipossuficiência

causa da evasão escolar não decorreu pura e simplesmente de desídia, mas, por exemplo, de uma necessidade de o adolescente ou a mãe trabalhar, é preferível encaminhar a família para a rede de proteção, já que eventual cobrança de multa só agravará a vulnerabilidade que deu causa ao que se queria erradicar.[302] É fundamental, portanto, que o dever familiar de matrícula e fiscalização da frequência seja monitorado de forma comprometida com a realidade, tendo como norte o alcance do objetivo pretendido pelos Constituintes – o resgate dos alunos para as salas de aula.

Sob outra perspectiva, nos últimos tempos, tem-se debatido os limites e possibilidades do papel da família no campo da educação. Nesse sentido, há diversos argumentos que justificam a divisão de responsabilidades entre sociedade, família e Estado na educação.[303] A participação das duas primeiras é apontada como um mecanismo de controle da atividade estatal, de forma a evitar que o poder público pretenda impor uma concepção de bem por meio da educação. Ao mesmo tempo, a intervenção da sociedade e da família pode democratizar e aprimorar o processo educativo, permitindo deliberações sobre os currículos e práticas pedagógicas. O Estatuto da Criança e do Adolescente (Lei nº 8.069/1990), a propósito, prevê que é "direito dos pais ou responsáveis ter ciência do processo pedagógico,

---

econômica não afasta a obrigação de pagamento de multa, por se tratar de medida de cunho não só sancionatório, mas também preventivo, coercitivo e disciplinador (STJ, REsp 1.780.008/MG, Terceira Turma, rel. min. Nancy Andrighi, j. 2/6/2020, DJe 8/6/2020; REsp 1.658.508/RJ, Terceira Turma, rel. min. Nancy Andrighi, j. 23/10/2018, DJe 26/10/2018.).

[302] Nesse sentido, já decidiu a Quarta Turma do STJ: "2. Necessidade, na hipótese ora sob julgamento, do afastamento da multa imposta no art. 249 do ECA, porquanto no caso, conforme reconhecido pelo Tribunal de origem, devido as condições econômicas dos pais, a cominação pecuniária apenas agravaria ainda mais a situação material dos interessados, sendo suficiente as demais medidas concomitantemente aplicadas em primeiro grau, e assim, entende-se ser mais eficaz, para o fim que se espera, a aplicação de medida de advertência e de encaminhamento dos pais para tratamento psicológico e programas de orientação, com uma efetiva supervisão, voltada a conscientização de suas responsabilidades inerentes ao poder familiar, sendo inócua a aplicação de qualquer outra penalidade, mormente a financeira, que prejudicará indiretamente a família como um todo. Destacadamente na hipótese de célula que, segundo os autos, detém parcos recursos materiais.

2.1. A sanção, no caso concreto, não surtirá o efeito pretendido, tornando-se apenas uma penalidade gravosa, uma vez improvável a família lograr êxito em realizar o pagamento da multa convencionada sem comprometer o próprio sustento e, se cumprida, provavelmente acarretará o agravamento do seu estado de pobreza.

3. Recurso não provido." (STJ, REsp 1.584.840/RJ, Quarta Turma, rel. min. Marco Buzzi, j. 23/8/2016, DJe 28/9/2016.)

[303] ALMEIDA, Fábio. *Liberalismo político, constitucionalismo e democracia*: a questão do ensino religioso nas escolas públicas. Belo Horizonte, MG: Argvmentvm, 2008. p. 168-171.

bem como participar da definição das propostas educacionais" (art. 53, par. único).

Esse direito, contudo, não significa, que os responsáveis podem determinar o conteúdo e a forma do ensino ministrado para as crianças que estão sob sua guarda. Aliás, diante do fortalecimento de ideias conservadoras na sociedade,[304] essa compreensão equivocada tem ganhado cada vez mais força.[305] Tal movimento tem ocorrido de diferentes maneiras: por vezes, a família dita *o que* pode ser ensinado e busca incidir sobre o próprio conteúdo curricular, como na defesa da linguagem neutra nas escolas,[306] o cerceamento de discussões sobre teoria crítica da raça[307] e a escolha da disciplina religiosas;[308] em outras, ela pretende definir *como* o ensino deve ser ministrado, como nas reivindicações pelo ensino domiciliar (*homeschooling*). Essas duas perspectivas, todavia, não são excludentes entre si; em verdade, um dos instrumentos para exercer controle sobre o conteúdo é a implementação do ensino domiciliar, no qual a escolarização formal é realizada em casa pelos pais ou por pessoas por ele escolhidas.

Tais exemplos serão analisados mais à frente, mas é importante consignar, desde já, que o papel da família na educação encontra limite no pluralismo de ideias, nos objetivos da educação e na concepção de criança como sujeito de direitos. Afinal, a Carta de 1988 estabelece que a República Federativa do Brasil tem como fundamentos a dignidade da pessoa humana e o pluralismo político (art. 1º, III e V). Entre

---

[304] ABRAJANO, M.; HAJNAL, Z. L. *White backlash:* immigration, race, and American politics. Princeton, NJ: Princeton University Press, 2015; HUGHNEY, M. W. White backlash in the 'post-racial' United States. *Ethnic and Racial Studies*, nº 27, 2014; STANLEY, J. *Como funciona o fascismo:* a política do "nós" e "eles". Porto Alegre: L&PM, 2018. p. 101 e ss.

[305] Para uma análise geral desse movimento na educação, confira-se: RANIERI, Nina. O novo cenário jurisprudencial do direito à educação no Brasil: o ensino domiciliar e outros casos no Supremo Tribunal Federal. *Proposições*, v. 28, n. 2 (83), p. 141-171, 2017.

[306] A Comissão Interamericana de Direitos Humanos demonstrou preocupação com o movimento "Escola Sem Partido" em relatório sobre o Brasil publicado em 2021: COMISSÃO INTERAMERICANA DE DIREITOS HUMANOS. *Situação dos direitos humanos no Brasil.* Disponível em: http://www.oas.org/pt/cidh/relatorios/pdfs/Brasil2021-pt.pdf. Acesso em: 21 fev. 2022. p. 166-167.

[307] HUQ, Aziz. *The conservative case against banning critical race theory.* Disponível em: https://time.com/6079716/conservative-case-against-banning-critical-race-theory/. Acesso em: 21 fev. 2022.

[308] Cf.: STF, ADI 4.439-DF, Plenário, rel. min. Roberto Barroso, red. do acórdão min. Alexandre de Moraes, j. 27/9/2017; SARMENTO, Daniel. *Ensino religioso nas escolas públicas:* a ADI 4.439 e a audiência pública do STF. Disponível em: https://www.jota.info/opiniao-e-analise/artigos/ensino-religioso-nas-escolas-publicas-23062015. Acesso em: 16 jun. 2022; ALMEIDA, Fábio. *Liberalismo político, constitucionalismo e democracia:* a questão do ensino religioso nas escolas públicas. Belo Horizonte, MG: Argvmentvm, 2008.

os seus objetivos, estão a construção de uma sociedade livre, justa e solidária; a redução das desigualdades sociais; e a promoção do bem de todos, sem preconceitos (art. 3º, I, III e IV). Isso, por si só, já serviria como sustentáculo para impedir que a família intervenha no conteúdo curricular de tal forma a ir na contramão desses objetivos. Mas, no campo da educação, os Constituintes ainda fizeram questão de especificar que o ensino deve ser ministrado com base na liberdade de aprender, ensinar, pesquisar e divulgar o pensamento, a arte e o saber e, também, no pluralismo de ideias e de concepções pedagógicas (art. 206, I e III). Assim, não se pode admitir, com ainda maior razão, que estabelecimentos de ensino sejam mais um instrumento para perpetuação da intolerância, do preconceito e da desigualdade, sobretudo diante da sua função social.

Além disso, como se verá, a Constituição de 1988 estabeleceu que o direito à educação visa ao pleno desenvolvimento da pessoa, seu preparo para o exercício da cidadania e sua qualificação para o trabalho (art. 205, *caput*). Desse modo, não se pode falar em um "direito" das famílias em educar as crianças de acordo com a sua própria concepção de bem.[309] A educação, afinal, não está a serviço das famílias, mas dos próprios educandos e da sociedade. E uma das formas de se atender a esse comando é ensinar às crianças que elas não são uma mera extensão de seus pais e devem respeitar os direitos de todos. Cabe ao Estado, portanto, intervir para assegurar padrões curriculares mínimos voltados a cumprir esses objetivos constitucionais.

Por fim, uma intervenção excessiva da família na educação parte de uma perspectiva adultocêntrica, nega protagonismo às crianças e ignora a evolução normativa do direito infanto-juvenil. A prevalência da autoridade da família representa, afinal, a projeção de um mundo governado por adultos, no qual as crianças são vistas como incapazes e sujeitas ao poder parental.[310] Nesse contexto, os conflitos são enxergados sob a ótica dos adultos, mesmo quando os seus personagens principais sejam crianças. Estas são, contudo, dignas de igual respeito

---

[309] ALMEIDA, Fábio. *Liberalismo político, constitucionalismo e democracia*: a questão do ensino religioso nas escolas públicas. Belo Horizonte, MG: Argvmentvm, 2008. p. 171-182.

[310] Partindo dessa premissa, Cláudia Türner P. Duarte problematiza o lugar da criança na teoria da justiça. Nesse sentido, a autora defende que as crianças devem ser consideradas como sujeitos dotados de subjetividade autônoma, porém contextualizados. Isso pressupõe o rompimento com perspectivas adultocêntricas, que negam protagonismo à infância. Confira-se: DUARTE, Cláudia P. Duarte. *O sistema familiar na teoria política:* repensando o lugar da criança na teoria da justiça. Dissertação – Faculdade de Direito, Universidade do Estado do Rio de Janeiro, Rio de Janeiro, 2016.

e consideração, titulares de direitos fundamentais e devem ter a possibilidade de participar das deliberações públicas, sobretudo aquelas que lhes afetem, como as concernentes ao seu processo educacional. Por isso, no prisma normativo, a Convenção sobre os Direitos da Criança da ONU, a Constituição de 1988 e o Estatuto da Criança e do Adolescente (Lei nº 8.069/1990), romperam com a perspectiva de outrora que considerava os "menores" meros objetos de intervenção do Estado e da família.[311] A partir de então, o ordenamento jurídico passou a tratá-los como sujeitos titulares de todos os direitos fundamentais destinados aos adultos e de mais alguns específicos provenientes da sua condição peculiar de pessoa em desenvolvimento. Assim, qualquer pretensão de substituição da vontade do/a educando/a pela vontade de seus responsáveis vai na contramão dessa evolução, que teve por objetivo lhe dar voz, opinião e expressão.

Nesse ponto, não se desconhece que diversas crianças podem estar, em princípio, de acordo com seus pais no sentido de que o ensino seja ministrado sob determinada perspectiva ideológica. Trata-se de situação não só possível, mas extremamente provável, diante do papel determinante da família sobre a constituição da própria subjetividade de cada um. Até mesmo Paulo Freire já demonstrava preocupação com as consequências políticas das relações entre pais e filhos e dos riscos que a reprodução da ideologia autoritária pode provocar à democracia.[312] Há uma propensão de que a criança dê como certo tudo que vier a ouvir, ler e debater em casa ou ainda tudo que for compatível com os valores internalizados durante aquela primeira socialização. Essa vivência, inevitavelmente, repercutirá sobre as suas próprias reflexões e conclusões, mesmo mais tarde na vida.

Todavia, um dos papéis da educação é propiciar a libertação dos educandos em relação às crenças e valores da sua própria família. Assim, ainda que exista essa inevitável influência, não há como se considerar como abrangido pelo direito à opinião que um indivíduo, em tenra idade, possa definir o que ele *não* quer aprender. Afinal, para que haja uma decisão verdeiramente livre, é fundamental que se conheça,

---

[311] Sobre a história da criança no direito e a compreensão contemporânea de criança como sujeito de direitos, confira: HARTUNG, Pedro. *Levando os direitos das crianças a sério:* a absoluta prioridade dos direitos fundamentais e o melhor interesse da criança. 2019. Tese (Doutorado) – Programa de Pós-Graduação em Direito do Estado – Faculdade de Direito, Universidade de São Paulo, São Paulo, 2019. p. 33-268.

[312] FREIRE, Paulo. *Pedagogia da esperança:* Um reencontro com a pedagogia do oprimido. Rio de Janeiro: Paz e Terra, 2013. Edição eletrônica.

minimamente, sobre o que se está decidindo e a escola é o *lócus* onde esse conhecimento inicial será possibilitado. Desse modo, no campo da educação, o direito à opinião da criança jamais poderá servir de justificativa para cercear o conteúdo ministrado em sala de aula ou impedir que ela tenha acesso a outras visões de mundo com as quais, em princípio, não simpatize. Após conhecer diversas perspectivas, é que se adquirirá espírito crítico para rejeitar, dentro dos limites da Constituição, aquelas com as quais não concorde.

Essa defesa de um papel da família limitado pelo pluralismo de ideias, pelos objetivos da educação e pela concepção de criança como sujeito de direitos permite a formulação de críticas à decisão do STF que declarou a constitucionalidade do ensino religioso confessional como disciplina facultativa nas escolas públicas.[313] Nos termos do voto vencedor proferido pelo ministro Alexandre de Moraes, há um "legítimo direito subjetivo constitucional do aluno que já tem religião ou de seu pai/responsável em matricular-se no ensino religioso de sua própria confissão". Em sua visão, a eventual proibição do ensino religioso resvalaria em censura prévia às opiniões religiosas diversas, maculando a liberdade de expressão. Nessa linha, para a maioria da Corte, a facultatividade faz com que inexista violação ao Estado Laico, uma vez que o Estado não estaria impondo a presença de uma única crença religiosa no ensino público. Aos educandos, caberia a escolha da crença que mais lhes agrada; e às diferentes organizações religiosas, a autonomia para oferecer tais disciplinas.

Tal decisão, contudo, é passível de críticas.[314] Afinal, o fato de se oportunizar a escolha pelos próprios educandos faz com que eles não tenham contato com perspectivas diferentes das suas, o que é essencial para desenvolver as virtudes de tolerância, empatia e respeito. Ademais, por serem pessoas em tenra idade, há risco de que o exercício dessa opinião seja mera reprodução da escolha feita por seus responsáveis, em prejuízo à sua autonomia e libertação. Ao mesmo tempo, ainda que, em tese, o chamamento público seja aberto a todos,

---

[313] STF, ADI 4.439-DF, Plenário, rel. min. Roberto Barroso, red. do acórdão min. Alexandre de Moraes, j. 27/9/2017.

[314] Embora tenham sido escritas antes da decisão, as seguintes obras têm argumentos que ajudam a criticar o ensino religioso confessional nas escolas públicas: SARMENTO, Daniel. *Ensino religioso nas escolas públicas*: a ADI 4.439 e a audiência pública do STF. Disponível em: https://www.jota.info/opiniao-e-analise/artigos/ensino-religioso-nas-escolas-publicas-23062015. Acesso em: 16 jun. 2022; ALMEIDA, Fábio. *Liberalismo político, constitucionalismo e democracia*: a questão do ensino religioso nas escolas públicas. Belo Horizonte, MG: Argvmentvm, 2008.

a tendência é que, na prática, sejam priorizadas religiões que têm maior capacidade de organização política, como as cristãs, em detrimento de outras minoritárias, como as de matizes africanas. Macula-se, pois, o pluralismo de ideias e ainda se desestimula que as crianças conduzam a sua vida por outras alternativas, inclusive as não religiosas.

Logo, o papel da família precisa ser compreendido sem ignorar os seus conflitos, o protagonismo da criança e a pretensão libertadora da educação. Isso porque as famílias são compostas não só de afetos, mas de antagonismos, relações de poder e choques intergeracionais. Mesmo quando não sejam tão aparentes, tais conflitos devem ser tomados como premissa para que a educação sirva para colocar as crianças em contato com múltiplas perspectivas, a fim de que busquem suas próprias alternativas e oportunidades. Muitas vezes, a escola será uma válvula de escape para que as crianças elejam projetos de vida distintos dos seus pais, libertando-as da opressão da autoridade adulta. Trata-se, pois, de um direito de saída, permitindo que elas construam o seu próprio caminho rumo à autodeterminação.[315]

Com efeito, esse breve panorama sobre o direito à educação evidencia que muitos avanços foram conquistados nos últimos anos, sobretudo quanto ao reconhecimento de que se trata de um direito público subjetivo, que deve ser assegurado pelo Estado. Mais recentemente, contudo, o foco do debate deixou de ser o direito ao acesso e à matrícula para passar a se centrar nas liberdades educacionais.

Isso pode ser constatado nos próprios casos paradigmáticos em matéria de direito à educação que vêm sendo julgados pelo STF. Nos últimos anos, a Corte se debruçou sobre se a liberdade de ensino abrange o ensino domiciliar, tendo concluído pela inexistência de um direito subjetivo nesse sentido, por ausência de lei regulamentadora.[316] O Tribunal decidiu também que as liberdades de ensinar e de aprender são incompatíveis com proibições de abordagens sobre gênero e orientação sexual nas escolas;[317] bem como que a liberdade

---

[315] DUARTE, Cláudia P. Duarte. *O sistema familiar na teoria política*: repensando o lugar da criança na teoria da justiça. Dissertação – Faculdade de Direito, Universidade do Estado do Rio de Janeiro, Rio de Janeiro, 2016. p. 267-277.

[316] STF, RE 888.815, Plenário, rel. min. Roberto BarGroso, red. do ac. min. Alexandre de Moraes, j. 12/9/2018, DJe 21/3/2019, Tema 822.

[317] STF, ADI 5.537, Plenário, rel. min. Roberto Barroso, j. 24/8/2020, DJe 17/9/2020; ADPF 460, Plenário, rel. min. Luiz Fux, j. 29/6/2020, DJe 13/8/2020; ADPF 467, Plenário, rel. min. Gilmar Mendes, j. 29/5/2020, DJe 7/7/2020; ADPF 457, Plenário, rel. min. Alexandre de Moraes, j. 27/4/2020, DJe 3/6/2020.

de associação, a gestão democrática da educação e a livre circulação de ideias abrangem o direito à criação e organização de centros e diretórios acadêmicos.[318] Na mesma toada, como forma de resguardar a liberdade de manifestação do pensamento e a autonomia universitária, o STF declarou a inconstitucionalidade de atos judiciais ou administrativos que possibilitem, determinem ou promovam ingresso de agentes públicos em universidades, recolhimento de documentos, interrupção de aulas, debates ou manifestações de docentes e discentes.[319] A autonomia universitária ainda foi reafirmada em diversos outros precedentes, tendo sido assegurado, por exemplo, que as universidades constituam suas próprias procuradorias jurídicas[320] e exijam comprovante de vacinação da covid-19.[321]

Segundo Ranieri, essa virada de perspectiva decorre de um movimento social rumo ao fortalecimento desses direitos na educação.[322] De fato, é inegável que as liberdades educacionais devem ser resguardadas como forma de se assegurar, por consequência, o próprio direito à educação. Afinal, como se viu, elas têm natureza instrumental e constituem a caixa de ferramentas indispensável para conferir qualidade ao ensino do país.

O fato de as liberdades educacionais terem se tornado o foco do debate, no entanto, é mais complexo do que uma simples tentativa de se fortalecê-las. Em verdade, a origem de tal movimento tem como ponto central os duros ataques que vêm sendo perpetrados a uma educação comprometida com os valores democráticos. Entre os mais frequentes, professores têm sido censurados no seu discurso ou perseguidos, caso optem por não se curvar à ideologia dominante; estudantes têm sido impedidos de fazer manifestações, de se associar e de reivindicar seus direitos; áreas de estudo e disciplinas acadêmicas têm sido denunciadas, por instigarem o pensamento crítico ou pretenderem combater desigualdades.

Tais ataques, contudo, não decorrem de simples coincidência. Sob a ótica dos conservadores autoritários, a educação é um campo estratégico de aparelhamento voltado à preservação do *status quo*.

---

[318] STF, ADI 3.757, Plenário, rel. min. Dias Toffoli, j. 17/10/2018, DJe 27/4/2020.

[319] STF, ADPF 548, Plenário, rel. min. Cármen Lúcia, j. 15/5/2020, DJe 9/6/2020.

[320] STF, ADI 5.215, Plenário, rel. min. Roberto Barroso, j. 28/3/2019, DJe 1º/8/2019.

[321] STF, ADPF 756, Plenário, rel. min. Ricardo Lewandowski, j. 21/2/2022, DJe 24/3/2022.

[322] RANIERI, Nina. O novo cenário jurisprudencial do direito à educação no Brasil: o ensino domiciliar e outros casos no Supremo Tribunal Federal. *Proposições*, v. 28, n. 2 (83), p. 163-165, 2017.

Ela permite a união entre o passado, o presente e o futuro[323] por meio da transmissão do conhecimento entre gerações. Mas é justamente daí que decorre todo o seu potencial transformador. A educação pode conquistar corações e se tornar instrumento para renovação ao longo do tempo, contribuindo para a transformação. Por isso, em crises da democracia, verifica-se um aparente paradoxo: como forma de impedir a formação de pensamento crítico e perpetuar valores autoritários, a educação é frequentemente atacada e aparelhada, mas, ao mesmo tempo, ela, se assegurada com qualidade, é o sopro de esperança de que dias melhores podem vir.

Para que isso ocorra, não basta oportunizar o acesso à vaga; é preciso assegurar uma educação de qualidade, que esteja permanentemente direcionada ao cumprimento dos objetivos constitucionais.

3.3 Os objetivos constitucionais do direito à educação

O direito à educação não é apenas uma questão de acesso, mas de conteúdo.[324] Essa é uma das mensagens centrais do Comitê dos Direitos da Criança da ONU no seu Comentário Geral nº 01, que trata sobre os objetivos da educação. Ela significa que, para que seja assegurado o direito à educação, não basta que haja prédios erguidos aos quais se dê o nome de escola nem que todas as crianças estejam matriculadas; é preciso que se ensinem competências para a vida. Assim, longe de se restringir à matemática e à língua portuguesa, uma educação de qualidade pressupõe o livre desenvolvimento do/a educando/a e que lhe sejam propiciados meios para viver com dignidade em uma sociedade plural.

Não à toa, a Constituição da República de 1988 prevê que o direito à educação tem três objetivos: (i) o pleno desenvolvimento da pessoa; (ii) o seu preparo para o exercício da cidadania; e (iii) a sua qualificação para o trabalho (art. 205, *caput*). Nesse sentido, tem-se também o art. 2º da Lei de Diretrizes e Bases da Educação (LDB – Lei nº 9.394/1996) e o art. 53, *caput*, do Estatuto da Criança e do Adolescente (Lei nº 8.069/1990).

O mesmo é previsto, ainda, em alguns tratados internacionais de direitos humanos com maior riqueza de detalhes. É o caso do Pacto

---

[323] MIRANDA, Jorge. Sobre o direito da educação. *In: RFDUL/LLR*, LX (2019.1). p. 19.
[324] COMITÊ DOS DIREITOS DA CRIANÇA. *Comentário Geral nº 01:* Os Objetivos da Educação. Vigésima-sexta sessão, 2001.

Internacional de Direitos Econômicos, Sociais e Culturais (PIDESC), segundo o qual "a educação deverá visar ao pleno desenvolvimento da personalidade humana e do sentido de sua dignidade e fortalecer o respeito pelos direitos humanos e liberdades fundamentais", além de "capacitar todas as pessoas a participar efetivamente de uma sociedade livre, favorecer a compreensão, a tolerância e a amizade entre todas as nações e entre todos os grupos raciais, étnicos ou religiosos e promover as atividades das Nações Unidas em prol da manutenção da paz" (art. 13.1). O Protocolo de São Salvador, por sua vez, dispõe que "a educação deverá orientar-se para o pleno desenvolvimento da personalidade humana e do sentido de sua dignidade e deverá fortalecer o respeito pelos direitos humanos, pelo pluralismo ideológico, pelas liberdades fundamentais, pela justiça e pela paz", bem como "capacitar todas as pessoas para participar efetivamente de uma sociedade democrática e pluralista, conseguir uma subsistência digna, favorecer a compreensão, a tolerância e a amizade entre todas as nações e todos os grupos raciais, étnicos ou religiosos e promover as atividades em prol da manutenção da paz." (art. 13.2).

De forma ainda mais detalhada, a Convenção sobre os Direitos da Criança da ONU prevê que:

Artigo 29

1. Os Estados Partes reconhecem que a educação da criança deverá estar orientada no sentido de:

a) desenvolver a personalidade, as aptidões e a capacidade mental e física da criança em todo o seu potencial;

b) imbuir na criança o respeito aos direitos humanos e às liberdades fundamentais, bem como aos princípios consagrados na Carta das Nações Unidas;

c) imbuir na criança o respeito aos seus pais, à sua própria identidade cultural, ao seu idioma e seus valores, aos valores nacionais do país em que reside, aos do eventual país de origem, e aos das civilizações diferentes da sua;

d) preparar a criança para assumir uma vida responsável numa sociedade livre, com espírito de compreensão, paz, tolerância, igualdade de sexos e amizade entre todos os povos, grupos étnicos, nacionais e religiosos e pessoas de origem indígena;

e) imbuir na criança o respeito ao meio ambiente. [...]

Assim, com base na análise do plano normativo, pode-se dizer que são três seus objetivos principais: (i) o pleno desenvolvimento da pessoa; (ii) o seu preparo para o exercício da cidadania; e (iii) a sua qualificação para o trabalho. Trata-se da sistematização feita pela Constituição, sendo aqui adotada para fins metodológicos, diante da sua supremacia, simplicidade e do fato de que os pormenores trazidos nos tratados de direitos humanos são, de certa forma, compreendidos dentro dessa classificação tripartite.

Esses três objetivos integram valores antropológico-culturais, políticos e profissionais.[325] Com efeito, não há dúvidas que o país não adota uma concepção reducionista sobre o modelo ideal de educação. Ao contrário, conforme reconheceu Ana Paula de Barcellos, escolas e professores são atividades meio, e não fins em si mesmos. O verdadeiro "propósito constitucional é, por meio da educação, promover o pleno desenvolvimento da pessoa, seu preparo para o exercício da cidadania e sua qualificação para o trabalho".[326]

Esse é o rumo a ser seguido pelas políticas educacionais. Essa foi uma decisão tomada pelo poder constituinte, de modo que cabe aos poderes constituídos apenas executá-la. A educação necessariamente deve ser direcionada no sentido desse propósito constitucional, sendo esse um direito subjetivo do/a educando/a. Não há, portanto, qualquer liberdade dos gestores ou das famílias de adotar um ensino que caminhe em sentido contrário.

Passa-se, pois, a analisar cada um desses objetivos.

3.3.1 Pleno desenvolvimento da pessoa

A Carta de 1988 não poupou palavras ao enunciar que o direito à educação deve visar ao *pleno* desenvolvimento da pessoa. Desenvolver-se plenamente significa desenvolver-se em âmbito físico, mental e social. Assim, a educação assume um compromisso com o crescimento e atividade motora dos educandos quando, por exemplo, oferta refeições, ensina sobre hábitos alimentares saudáveis[327] e incentiva a prática de

---

[325] SILVA, José Afonso da. *Comentário contextual à Constituição*. 6. ed. São Paulo: Malheiros, 2009. p. 785.
[326] BARCELLOS, Ana Paula de. *A eficácia jurídica dos princípios constitucionais*: O princípio da dignidade da pessoa humana. 3. ed. revista e atualizada. Rio de Janeiro: Renovar, 2011. p. 318.
[327] O Programa Nacional de Alimentação Escolar (PNAE) é considerado um modelo mundial no combate à fome e à desnutrição infantil no país. Para saber mais: CUNHA, Beatriz. Programa Nacional de Alimentação Escolar sob monitoramento: uma análise

esportes.[328] Ao mesmo tempo, as escolas têm papel fundamental não só na aprendizagem do conteúdo ministrado em sala de aula, mas também nos estímulos indispensáveis para solidificar a memória, a capacidade de raciocínio e a atenção. São nesses espaços, ainda, que as pessoas têm as primeiras experiências que lhes ensinam a se relacionar com seus pares, tendo a chance de aprender noções básicas de respeito, solidariedade e convivência. A educação, pois, tem por escopo permitir que os educandos se desenvolvam holisticamente e aprimorem todas as suas potencialidades.

Nesse sentido, o Comitê dos Direitos da Criança da ONU já afirmou que o processo educativo deve garantir que o/a aluno/a adquira as competências essenciais para a vida e esteja preparado para enfrentar os desafios que virão. Para tanto, o currículo escolar deve ter relevância para o contexto social, cultural, ambiental e econômico do/a educando/a e para suas necessidades presentes e futuras. Além disso, as competências básicas ensinadas devem incluir "a capacidade para tomar decisões ponderadas; resolver conflitos de forma não violenta; e desenvolver um estilo de vida saudável, boas relações sociais e uma responsabilidade social sólida, pensamento crítico, talentos criativos e outras capacidades que forneçam à criança os instrumentos necessários para fazer opções de vida".[329]

Ademais, esse papel da educação como instrumento para proporcionar o desenvolvimento já foi reconhecido no campo da filosofia política. Nessa linha, o filósofo indiano Amartya Sen elaborou uma teoria segundo a qual o desenvolvimento é um processo de expansão das liberdades reais de que as pessoas desfrutam.[330] Rejeita-se, com isso, uma concepção reducionista de desenvolvimento, que o associa ao aumento das riquezas, da industrialização e do avanço tecnológico. Ainda que esses sejam aspectos importantes, é preciso que eles estejam combinados com outros fatores sociais e políticos para que haja efetivo desenvolvimento. Este pressupõe, por essência, que as pessoas sejam

---

da sua efetividade. *Revista Eletrônica da PGE-RJ*, v. 4, n. 3 (2021). Disponível em: https://revistaeletronica.pge.rj.gov.br/index.php/pge/article/view/270. Acesso em: 5 jan. 2021.

[328] O art. 27 da LDB estabelece que "Os conteúdos curriculares da educação básica observarão, ainda, as seguintes diretrizes: [...] IV – promoção do desporto educacional e apoio às práticas desportivas não-formais".

[329] COMITÊ DOS DIREITOS DA CRIANÇA. *Comentário Geral nº 1:* os objetivos da educação. Vigésima-sexta sessão, 2001. §9º.

[330] SEN, Amartya. *Desenvolvimento como liberdade.* Tradução de Laura Teixeira Motta. São Paulo: Companhia das Letras, 2018.

livres e tenham capacidade para fazer suas próprias escolhas.[331] Essa liberdade, porém, há de ser real: é preciso remover as fontes de sua privação, como a pobreza, a falta de oportunidades sociais e a tirania. Para Sen, as liberdades constituem o fim primordial do desenvolvimento (papel constitutivo) e o principal meio para se alcançá-lo (papel instrumental).[332] Em razão desse segundo aspecto, o autor aponta a existência de cinco tipos de liberdades instrumentais, que se inter-relacionam, contribuem para a promoção da capacidade geral de uma pessoa e incrementam a liberdade humana em geral. São elas: liberdades políticas; facilidades econômicas; oportunidades sociais; garantias de transparência; e segurança protetora.

Nesse ponto, as oportunidades sociais abrangem a educação. Para além de serem importantes para a condução da vida de cada um, elas possibilitam a participação mais efetiva em atividades econômicas e políticas. É preciso, por exemplo, saber ler para se inserir no mercado de trabalho e para se comunicar por escrito com outros. Para Sen, os benefícios da educação básica são determinantes para o desenvolvimento, pois transcendem a própria pessoa que a recebe para alcançar toda a sociedade. Por isso, a expansão geral da educação tem potencial real para provocar mudança social e, por consequência, o desenvolvimento.

De forma semelhante, Martha Nussbaum defende uma abordagem das capacidades, segundo a qual o nível de justiça de uma sociedade pode ser aferido com base no que cada um é capaz de ser e fazer.[333] Essas capacidades não abrangem somente as habilidades internas dos indivíduos, mas são fruto da junção destas com o ambiente político, social e econômico. Essa combinação dá origem às capacidades combinadas. Aquelas habilidades internas, por sua vez, são chamadas pela autora de capacidades internas. A necessidade de combinação das aptidões pessoais com o contexto político, social e econômico decorre do fato de que pouco adianta ter sujeitos instruídos e capazes internamente de exercer sua liberdade se, na prática, são cerceados ou reprimidos quando a exercem. Para a autora, essas capacidades

---

[331] SEN, Amartya. *A ideia de justiça*. Tradução de Denise Bottmann e Ricardo Doninelli Mendes. São Paulo: Companhia das Letras, 2009.

[332] SEN, Amartya. *Desenvolvimento como liberdade*. Tradução de Laura Teixeira Motta. São Paulo: Companhia das Letras, 2018.

[333] NUSSBAUM, Martha C. *Creating capabilities:* the human development approach. Cambridge: The Belknap Press of Harvard University Press, 2011. p. 17-45.

internas são fluidas e se desenvolvem por intermédio da educação e das interações com o meio social.

Por essa razão, Nussbaum também propôs um modelo de educação para o desenvolvimento humano, cuja meta é produzir cidadãos do mundo dignos, que possam compreender os problemas globais e tenham competências e incentivos motivacionais para agir em relação a eles.[334] Assim, na sua visão, uma educação para o desenvolvimento humano tem um duplo objetivo: proporcionar o desenvolvimento humano dos alunos; e promover a compreensão de que esse mesmo desenvolvimento deve ser assegurado a todos, garantindo igual acesso a um conjunto de oportunidades humanas centrais.

Para tanto, sob a ótica da autora, a educação deve cultivar três valores.[335] O primeiro é a capacidade de autocrítica socrática e de pensar criticamente as próprias tradições. Trata-se de habilidade indispensável para que diferentes pessoas possam conviver, dialogar e discordar harmonicamente. O segundo valor, por sua vez, é a capacidade de cada cidadão se ver como membro de uma nação e de um mundo heterogêneo. Isso significa que os alunos devem conhecer a história e as características de diferentes grupos com os quais eles compartilham leis e instituições, o que ajuda a combater estereótipos que minam uma democracia pluralista. Já a imaginação narrativa é a terceira habilidade que deve ser cultivada por uma educação que busque o desenvolvimento humano. Cuida-se da capacidade de se colocar no lugar do outro, de ler a história da pessoa e de tentar compreender seus desejos, emoções e vontades.

Esse aspecto relacional do desenvolvimento da pessoa também foi reconhecido por Jean Piaget. Ao se debruçar sobre esse objetivo da educação, o pensador o bipartiu em dois elementos principais: a autonomia e a reciprocidade.[336] Isso significa que visar ao pleno desenvolvimento da personalidade humana consiste em formar indivíduos dotados de autonomia intelectual e moral, mas que sejam respeitadores dessa mesma autonomia em outrem.

---

[334] NUSSBAUM, Martha C. Educação para o lucro, educação para a liberdade. *Revista Redescrições* – Revista *on-line* do GT de Pragmatismo e Filosofia Norte-americana. ano I, número 1, 2009. p. 5-17.

[335] NUSSBAUM, Martha C. Educação para o lucro, educação para a liberdade. *Revista Redescrições* – Revista *on-line* do GT de Pragmatismo e Filosofia Norte-americana. ano I, número 1, 2009. p. 17-23.

[336] PIAGET, Jean. *Para onde vai a educação?* Tradução de Ivette Braga. 3. ed. Rio de Janeiro: Livraria José Olympio, 1975. p. 59-.60.

Para tanto, é preciso assegurar um espaço no qual não haja constrangimentos intelectuais e morais, permitindo que o/a educando/a seja livre para aprender, experimentar e errar. É isso que propiciará a construção de um raciocínio ativo e o despertar de um pensamento crítico, fazendo com que o/a aluno/a seja capaz de formar suas próprias correlações e conclusões.[337] Nesse ponto, a matemática desempenha papel fundamental, na medida em que possibilita o desenvolvimento dos instrumentos lógicos que asseguram autonomia intelectual; assim como as línguas, geografia, história e ciências naturais, pois permitem não só o conhecimento do fato, mas dos processos de descoberta que lhe deram origem.

Além disso, "o pleno desenvolvimento da personalidade [...] é inseparável do conjunto dos relacionamentos afetivos, sociais e morais que constituem a vida da escola".[338] Por isso, nas relações entre alunos e professores, estes não podem ser vistos como soberanos absolutos detentores da verdade, devendo ser estimulado um espaço de trocas recíprocas. Afinal, não há como se formar personalidades autônomas se os relacionamentos de uma criança são todos fundados na submissão a uma autoridade adulta. Veja-se que, para Piaget, mesmo o regime disciplinar e a aplicação das sanções devem ser guiados pela reciprocidade, rechaçando que sejam fundados na autoridade e no respeito unilateral. Do mesmo modo, a escola também tem especial importância para proporcionar vida social entre os próprios alunos, contribuindo para a formação de pessoas respeitadoras dos direitos de outrem.

Nesse sentido, ao considerarmos a autonomia e a reciprocidade como elementos indispensáveis para o pleno desenvolvimento da pessoa, é inevitável rechaçar as propostas de *homeschooling*. Trata-se de espécie de educação domiciliar, na qual a escolarização formal não é realizada nas instituições oficiais de ensino, mas na própria casa da criança ou adolescente, sendo o ensino ministrado pelos pais ou pessoas por eles escolhidas. Muito embora o STF tenha declarado a sua constitucionalidade desde que haja lei regulamentadora,[339] o

---

[337] PIAGET, Jean. *Para onde vai a educação?* Tradução de Ivette Braga. 3. ed. Rio de Janeiro: Livraria José Olympio, 1975. p. 61-70.
[338] PIAGET, Jean. *Para onde vai a educação?* Tradução de Ivette Braga. 3. ed. Rio de Janeiro: Livraria José Olympio, 1975. p. 69.
[339] STF, RE 888.815/RS, Plenário, rel. orig. min. Roberto Barroso, red. do acórdão min. Alexandre de Moraes, j. 12/9/2018 (repercussão geral) (Info 915).

homeschooling vai na contramão do objetivo educacional de pleno desenvolvimento da pessoa. Em se tratando de um regime domiciliar, ele se funda em um relacionamento exclusivo entre aluno e professor, calcado na submissão daquele à autoridade deste. A falta de convivência com outros alunos também contribui negativamente para a formação de personalidades verdadeiramente livres, uma vez que empobrece os relacionamentos sociais, reduz os estímulos e não desenvolve a habilidade de respeitar os direitos de terceiros.[340] Além disso, a escolha pelo ensino domiciliar, com frequência, decorre de uma intenção de doutrinação ideológica do/a aluno/a, visando a incutir nele a visão de mundo dos pais, prejudicando o princípio do pluralismo e o desenvolvimento de um espírito crítico.

Nesse cenário, ainda que o STF tenha declarado a constitucionalidade do *homeschooling*, o fato de a Corte ter condicionado a sua prática à edição de lei regulamentadora permite que as instituições façam o devido controle por meio do conteúdo de eventual diploma que venha a ser editado. Assim, caso o Poder Legislativo queira implementar tal regime de ensino, será necessário que não só promulgue a lei respectiva, mas também se preocupe em prever ferramentas necessárias para concretizar os objetivos do direito à educação previstos na Carta de 1988, sob pena de inconstitucionalidade. Caberá, ainda, às instituições de controle fiscalizarem a sua implementação na prática, avaliando, concretamente, se as famílias aderentes ao ensino domiciliar estão adotando medidas voltadas a proporcionar o desenvolvimento dos educandos nos termos aqui referidos.

Com efeito, o pleno desenvolvimento exige que o/a aluno/a seja instado/a a evoluir para alcançar autonomia nos mais diferentes aspectos da sua personalidade. Busca-se, assim, que ele/a adquira autodeterminação individual, sendo capaz de fazer e implementar escolhas concernentes à sua própria vida. Trata-se de um dos atributos

---

[340] No mesmo sentido, Maria Celina Bodin de Moraes destacou a possibilidade de o *homeschooling* gerar prejuízo à posterior inserção na comunidade pelo/a aluno/a: "Ao contrário, ao que parece, a prática do homeschooling pode acabar ensejando, como efeito adverso, ela própria um problema de reconhecimento. De fato, justamente por não estar baseado em qualquer questão comunitária, o ensino domiciliar no Brasil corresponde tão somente ao afastamento do menor, por desejo dos pais, daquele espaço de convívio que seria típico à sua fase de desenvolvimento – escolha que, segundo boa parte dos especialistas, prejudica sua inserção na comunidade no futuro –, sem as respectivas questões que justificam, alhures, essa exclusão". (MORAES, Maria Celina Bodin de. A liberdade segundo o STF e a liberdade constitucional: o exemplo do ensino domiciliar. *Civilistica*, a. 6, n. 2, p. 1-7, 2017. p. 6.)

da dignidade humana: a autonomia privada.[341] Ela permite que a pessoa decida o que é bom ou ruim para si e isso pressupõe certa racionalidade – daí a importância da educação. No entanto, essa mesma autonomia permitirá que a pessoa tome suas decisões com base em quaisquer motivações, inclusive juízos morais, sentimentos e desejos,[342] bem como abrangerá atos cotidianos da vida humana, e não apenas grandes decisões existenciais.[343]

Não se trata, contudo, de uma autonomia ilimitada. Ao contrário, o seu limite está no ponto a partir do qual o seu exercício ocasiona lesão a interesses de terceiros. Dessa forma, a autonomia que deve ser proporcionada pela educação não se dá sob uma perspectiva egocêntrica ou ensimesmada, mas parte da premissa de que a pessoa é um ser social e, por isso, precisa dos demais para alcançar a plenitude.

Verifica-se, portanto, que a educação – logo em seu primeiro objetivo – tem escancarada a sua importância central para formação das pessoas, permitindo que elas alcancem autonomia nos mais diferentes aspectos da sua personalidade. Mas é preciso mais: em uma democracia, as salas de aula também precisam se comprometer a formar cidadãos aptos a participar das deliberações da sua comunidade. É o que pretende o próximo objetivo.

3.3.2 Preparo para a cidadania

O segundo objetivo da educação é o preparo dos estudantes para o exercício da cidadania. A simples leitura desse objetivo evidencia a dificuldade da tarefa imposta pela Constituição. Afinal, foram inúmeros os autores que se debruçaram sobre a formação e o conceito de cidadania,[344] sem que seja possível extrair um modelo universal. Para além de sequer haver consenso acerca do conteúdo da expressão, a missão de *preparar* alguém para a cidadania revela-se

---

[341] SARMENTO, Daniel. *Dignidade da pessoa humana*: conteúdo, trajetórias e metodologia. 2. ed. Belo Horizonte: Fórum, 2016. p. 136-149.
[342] *Ibidem*, p. 141.
[343] *Ibidem*, p. 149.
[344] MARSHALL, Thomas H. *Cidadania, classe social e status*. Rio de Janeiro: Zahar Editores, 1967; TURNER, Bryan. *Citizenship and capitalism*. Londres: Allen & Unwin, 1986; TURNER, Bryan. Outline of a theory of citizenship. *Sociology*. The Journal of the British Sociological Association. v. 24, n. 2. 1990; VIEIRA, Liszt. *Cidadania e globalização*. Rio de Janeiro: Record, 1997; CARVALHO, José Murilo de. *Cidadania no Brasil*: o longo caminho. 16. ed. Rio de Janeiro: Civilização Brasileira, 2013.

hercúlea, sobretudo dada a realidade de parte significativa das escolas do país e das experiências vivenciadas por crianças em situação de vulnerabilidade.

De todo modo, para que se debruce sobre esse objetivo, faz-se imprescindível adentrar na clássica sistematização feita por Thomas H. Marshall em 1949.[345] Analisando o cenário inglês, o autor concluiu que a cidadania se iniciou com a conquista dos direitos civis no século XVIII; prosseguiu com o surgimento dos direitos políticos no século XIX; e teve fim com o alcance dos direitos sociais no século XX. Tal sequência não se tratou de simples coincidência, mas decorreu da luta histórica que permitiu a conquista dos direitos: foram as liberdades civis que possibilitaram a reivindicação do direito ao voto; foi este que permitiu a eleição de operários; os quais, por sua vez, implementaram os direitos sociais.

O próprio Marshall, contudo, pontua que a educação foi exceção a essa regra. Em que pese seja classificada como direito social, ela foi, desde o início, uma condição para conquista dos direitos civis e políticos. Quanto mais pessoas eram alcançadas pela educação, maior era o conhecimento dos direitos e a organização da luta popular em sua defesa. Daí se extrai a relevância da educação para o alcance da cidadania no país e o cumprimento do objetivo constitucional ora analisado.

Todavia, no Brasil, o fortalecimento da cidadania seguiu percurso distinto, conforme história narrada por José Murilo de Carvalho. Aqui, diferentemente da Inglaterra, houve ênfase em um grupo específico de direitos – os sociais – e a conquista destes precedeu os direitos civis e políticos.[346] Durante o Império (1922-1829) e a Primeira República (1889-1930), o único marco no progresso da cidadania foi a abolição da escravidão em 1888. A partir de então, os ex-escravos tornaram-se titulares de direitos civis, mas apenas no papel. De 1930 em diante, houve avanços significativos nos direitos sociais, sobretudo no trabalho, previdência, educação e saúde. O mesmo não se deu, contudo, com os direitos civis e políticos, que permaneceram assolados pela instabilidade que alternava o país entre ditaduras e regimes democráticos. Seu fortalecimento ocorreu, sobretudo, após a redemocratização, a partir

---

[345] MARSHALL, Thomas H. *Cidadania, classe social e status*. Rio de Janeiro: Zahar Editores, 1967.
[346] CARVALHO, José Murilo de. *Cidadania no Brasil:* o longo caminho. 16. ed. Rio de Janeiro: Civilização Brasileira, 2013.

da qual houve a expansão do direito ao voto e a consolidação das liberdades de expressão, de imprensa e de organização.

Os anos subsequentes à Constituição de 1988 foram marcados pela tentativa de se retirar do papel os direitos nela assegurados. De fato, houve avanços importantes no campo das políticas públicas: milhares de pessoas deixaram a linha de pobreza, o país saiu do mapa da fome da ONU e a saúde foi universalizada. Ademais, foram aprovados importantes diplomas legislativos para proteção das minorias, tais como o Estatuto da Criança e do Adolescente (Lei nº 8.069/1990), a Lei Maria da Penha (Lei nº 11.340/2006) e, mais recentemente, o Estatuto da Pessoa com Deficiência (Lei nº 13.146/2015). Grande parte das conquistas, ainda, provieram do protagonismo do Poder Judiciário na defesa dos direitos fundamentais, alavancado pelo desenvolvimento da *doutrina brasileira da efetividade*.[347] Como exemplos, pode-se citar a firme jurisprudência sobre a impossibilidade de censura prévia;[348] a declaração da inconvencionalidade da prisão por dívida;[349] e o reconhecimento das uniões estáveis[350] e casamentos[351] entre pessoas do mesmo gênero.

Os últimos anos, contudo, têm evidenciado a fragilização de muitos desses avanços. Como já visto, a recessão democrática vem colocando em xeque os direitos à liberdade de expressão, de organização e de imprensa. Críticos do governo têm sido criminalizados, servidores públicos têm sido perseguidos e a imprensa tem sido silenciada. Os direitos sociais – que eram a base da pirâmide brasileira, segundo José Murilo de Carvalho – têm convivido com reformas trabalhistas e um cenário de austeridade fiscal, que os sujeita a um permanente estado de sucateamento.

---

[347] BARROSO, Luís Roberto. *O Direito constitucional e a efetividade de suas normas*: limites e possibilidades da Constituição brasileira. 9. ed. atual. Rio de Janeiro: Renovar, 2009; CLÈVE, Clèmerson Merlin. A teoria constitucional e o direito alternativo. In: *Uma vida dedicada ao Direito*: homenagem a Carlos Henrique de Carvalho. São Paulo: RT, 1995. p. 34-53; SOUZA NETO, Cláudio Pereira de. Fundamentação e normatividade dos direitos fundamentais: uma reconstrução teórica à luz do princípio democrático. In: *A nova interpretação constitucional* – ponderação, direitos fundamentais e relações privadas. Rio de Janeiro: Renovar, 2003.

[348] Por todos: BRASIL. STF, ADPF 130, Plenário, rel. min. Carlos Britto, j. 30/4/2009, DJe-208.

[349] Súmula Vinculante 25. É ilícita a prisão civil de depositário infiel, qualquer que seja a modalidade de depósito. Cf.: STF, RE 466.343, Plenário, rel. min. Cezar Peluso, j. 3/12/2008, DJe 104 de 5/6/2009.

[350] STF, ADI 4.277 e ADPF 132, Plenário, rel. min. Ayres Britto, j. 5/5/2011, DJe 14/10/2011.

[351] STJ, REsp 1.183.378/RS, Quarta Turma, rel. min. Luis Felipe Salomão, j. 25/10/2011.

Todavia, paradoxalmente, essa mesma crise da democracia tem pavimentado o caminho para avanços importantes em matéria de cidadania. Isso porque a polarização, a lógica do combate ao "inimigo"[352] e a política do "nós" e "eles"[353] vêm instigando maior participação no debate público por pessoas que anteriormente não o faziam. Ao mesmo tempo, a tecnologia tem proporcionado o surgimento de novas formas de participação política. Hoje, para chamar atenção para determinada pauta, não é mais necessário organizar uma passeata, abdicar de compromissos pessoais nem gastar dinheiro de passagem; basta lançar uma campanha nas redes sociais, instigar o compartilhamento e fazer com que o assunto chegue aos *treding topics*. A disseminação, então, passará a ser alavancada pelos próprios algoritmos. O exercício da cidadania, portanto, sujeita-se permanentemente aos influxos de um mundo em transformação.

Ocorre que essa avaliação historicista e sociológica, em que pese importante, não supre o déficit conceitual de uma concepção jurídica de cidadania. Por isso, Ricardo Lobo Torres procurou densificar esse conceito sob a perspectiva do direito. Em sua visão, cidadania é o ato de pertencer à comunidade, o que assegura à pessoa uma constelação de direitos e um quadro de deveres.[354] A partir dessa ótica, a cidadania revela-se multidimensional, tendo uma *dimensão temporal*, caracterizada pelo aparecimento sucessivo, no campo do conhecimento, dos direitos fundamentais, políticos, sociais e difusos; uma *dimensão espacial*, consistente em uma cidadania nos planos local, nacional, internacional, supranacional e virtual; uma *dimensão bilateral*, que se expressa em uma relação assimétrica na qual os direitos têm deveres correspectivos; e uma *dimensão processual*, que envolve os processos normativos (legislativo, administrativo e judicial) por meio dos quais se afirmam direitos e deveres.[355]

Dito isso, cabe à educação preparar os estudantes para o exercício dessa cidadania. Assim, as unidades educacionais devem se

---

[352] LEVITSKY, Steven; ZIBLATT, Daniel. *Como as democracias morrem*. Tradução de Renato Aguiar. Rio de Janeiro: Zahar, 2018. p. 103 e ss.

[353] STANLEY, Jason. *Como funciona o fascismo*: a política do "nós" e "eles". Tradução de Bruno Alexander. Porto Alegre: L&P, 2020.

[354] TORRES, Ricardo Lobo. A cidadania multidimensional na era dos direitos. *In*: TORRES, Ricardo Lobo (org.). *Teoria dos Direitos Fundamentais*. 2. ed. rev. e atual. Rio de Janeiro: Renovar, 2001. p. 251.

[355] TORRES, Ricardo Lobo. A cidadania multidimensional na era dos direitos. *In*: TORRES, Ricardo Lobo (org.). *Teoria dos direitos fundamentais*. 2. ed. rev. e atual. Rio de Janeiro: Renovar, 2001. p. 256-329.

comprometer a ensinar habilidades para que o/a educando/a exerça seus direitos, cumpra seus deveres e participe ativamente da comunidade. Para que isso aconteça, o currículo escolar precisa contemplar noções básicas de organização do Estado, direitos fundamentais, igualdade e democracia. Afinal, para exercer direitos e deveres, é preciso conhecer minimamente a Constituição, os alicerces do Estado de Direito e o que fazem as instituições. Mais do que isso, é preciso conhecer quais são os direitos fundamentais básicos, seus deveres correspectivos, suas implicações e as ferramentas para reivindicá-los. Nesse ponto, há que se assumir um compromisso com a igualdade, não discriminação, reconhecimento e direitos das pessoas vulneráveis. Pouco contribuiria, contudo, um conhecimento ensimesmado, que permanecesse aprisionado na mente de cada um; é preciso que as lições sirvam como engrenagem para transformação da realidade e materialização de uma sociedade cada vez mais democrática. Assim, para além de ensinar os direitos e deveres, é necessário que a escola instigue e incentive o engajamento cívico, encorajando a participação popular e o controle social, seja nos espaços aos quais o/a educando/a já tem acesso, seja mais tarde na vida adulta.

Nesse sentido, inclusive, a LDB estabelece que os conteúdos curriculares da educação básica devem ter como uma de suas diretrizes "a difusão de valores fundamentais ao interesse social, aos direitos e deveres dos cidadãos, de respeito ao bem comum e à ordem democrática" (art. 27, I). Do mesmo modo, a ONU elencou, como um dos objetivos da Agenda 2030, que se deve garantir uma "educação para o desenvolvimento sustentável e estilos de vida sustentáveis, direitos humanos, igualdade de gênero, promoção de uma cultura de paz e não violência, cidadania global e valorização da diversidade cultural e da contribuição da cultura para o desenvolvimento sustentável" (objetivo 4.7).[356] Trata-se, então, de meta fundamental para formar gerações comprometidas com a democracia e o Estado de Direito.

Diante desse objetivo, poder-se-ia questionar se cabe ao Estado se imiscuir nessa seara ou se não seria preferível que ele adotasse uma postura de neutralidade, deixando cada um definir o seu próprio ideal de vida boa. Afinal, grande parte das normas da Constituição de 1988 são princípios ou direitos fundamentais dotados de vagueza, cujo emprego pode subsidiar visões absolutamente opostas sobre a mesma

---

[356] NAÇÕES UNIDAS BRASIL. *Objetivos de Desenvolvimento Sustentável 4 – Educação de Qualidade*. Disponível em: https://brasil.un.org/pt-br/sdgs/4. Acesso em: 5 jan. 2021.

questão. Duas pessoas de boa-fé podem, por exemplo, discordar sobre a (in)constitucionalidade da criminalização do aborto, utilizando como argumento o mesmo princípio da dignidade da pessoa humana. Assim, diante dos inevitáveis desacordos morais razoáveis sobre o sentido da Constituição, não seria preferível que o Estado se mantivesse neutro e deixasse os estudantes optarem entre a compreensão que mais lhe agrada?[357] Vale ressaltar que "a própria garantia da liberdade justifica que o Estado abandone a suposta neutralidade cosmovisiva para favorecer, em regra sem coerções, compreensões de 'vida boa' cuja adoção pelas pessoas propicie um ambiente cultural mais hospitaleiro para o livre desenvolvimento da personalidade de cada integrante da sociedade".[358] A educação é um campo estratégico para isso, pois não restringe a possibilidade de aqueles estudantes terem e se comportarem de acordo com outras visões de mundo, mas fomenta o enraizamento de compreensões compatíveis com a Constituição. Assim, o Estado não se manterá neutro na adoção de incentivos, a fim de que a sociedade se torne cada vez mais livre e igualitária. Muitas vezes, é isso que justamente proporcionará que os educandos se encarem como sujeitos e se libertem de eventuais amarras mantidas por sua família.

Sob outra perspectiva, há que se ressaltar que esse preparo dos estudantes para o exercício da cidadania não deve ser confundido como um instrumento para se alcançar uma espécie de perfeccionismo ou moralismo jurídico. Ambos têm como ponto em comum o fato de estabelecerem uma limitação à liberdade do agente. A diferença é que o perfeccionismo busca ajustar a sua conduta a um modelo de vida boa; ao passo que o moralismo pretende ajustá-la a princípios morais ou a valores socialmente compartilhados.[359] A educação, contudo, não deve ter por pretensão formar cidadãos-modelo, que são completamente disciplinados, impassíveis de erros e despidos de espírito crítico. Trata-se de meta que, além de inalcançável, tenderia a impor valores majoritários e resvalaria em autoritarismo, em prejuízo a uma sociedade verdadeiramente plural. Desse modo, ao ter como norte o preparo para a cidadania, as escolas devem ter o cuidado de ensinar direitos

---

[357] Nessa linha: RAWLS, John. *Political liberalism*. New York: Columbia University Press, 1993. p. 191-200; ACKERMAN, Bruce. *Social justice in the liberal state*. New Heaven: Yale University Press, 1980. p. 10-12 e 255-357.

[358] SARMENTO, Daniel. *Dignidade da pessoa humana*: conteúdo, trajetórias e metodologia. 2. ed. Belo Horizonte: Fórum, 2016. p. 174-175.

[359] SARMENTO, Daniel. *Dignidade da pessoa humana*: conteúdo, trajetórias e metodologia. 2. ed. Belo Horizonte: Fórum, 2016. p. 167-183.

e deveres, mas, ao mesmo tempo, não asfixiar o espírito crítico nem tratar os alunos como ovelhas em um rebanho.

Ademais, merece relevo dizer que não se desconhecem os desafios que uma educação para a cidadania impõe em nosso país. Afinal, ainda convivemos com uma forte cultura desigualitária e com pessoas que vivem sem acesso aos direitos básicos, à margem do Estado de Direito. É inegável, pois, que existe um abismo entre os direitos estampados na Carta de 1988 e a realidade. Nesse contexto, o preparo dos estudantes para o exercício da cidadania deve ser realizado sem que se coloque uma cortina de fumaça sobre a realidade. Ao contrário, impõe-se que os direitos sejam não só ensinados, mas, a todo momento, contrastados com o mundo real, instigando o espírito crítico e o ímpeto de transformação.

Por fim, há que se fazer uma ressalva importante: o fato de a educação ter como objetivo preparar os estudantes para cidadania não significa que inexiste cidadania na infância. De fato, a perspectiva da escola enquanto formadora de cidadãos, a imaturidade social das crianças, a ausência do direito ao voto são fatores que têm sido utilizados para invisibilização política da infância.[360] Isso faz com que crianças sejam encaradas como meros cidadãos do futuro e tenham suas vidas administradas por adultos, sejam pertencentes às famílias ou instituições. O problema é que, ao longo dos anos, essa perspectiva paternalista serviu para disciplinação da infância e para afastá-la de espaços de participação diversos da escola. Assim, a cidadania na infância deve ser compreendida para além do direito ao voto e as crianças devem ser enxergadas como sujeitos políticos peculiares, por exercerem sua participação nas interações sociais e nos espaços comuns.[361] Elas são, portanto, cidadãs, mas cabe à educação habilitá-las para que essa cidadania seja exercida de forma plena.

Logo, a educação tem papel determinante no ensino dos direitos e deveres e no incentivo à participação comunitária, formando futuras gerações engajadas e comprometidas com a democracia. Para dar continuidade à pavimentação desse caminho rumo a uma sociedade mais igualitária, é fundamental também que se alcance mais equidade no plano da redistribuição. Daí a importância do próximo objetivo.

---

[360] SARMENTO, Manuel Jacinto; FERNANDES, Natália; TOMÁS, Catarina. Políticas públicas e participação infantil. *Educação, Sociedade & Culturas*, n. 25, p. 183-206, 2007.

[361] SARMENTO, Manuel Jacinto; FERNANDES, Natália; TOMÁS, Catarina. Políticas públicas e participação infantil. *Educação, Sociedade & Culturas*, n. 25, p. 183-206, 2007. p. 190.

3.3.3 Qualificação para o trabalho

A qualificação para o trabalho é o terceiro objetivo da educação, nos termos do art. 205 da Carta de 1988. Trata-se de mais uma das tantas disposições constitucionais na qual foi reconhecido o papel central do trabalho para o desenvolvimento das pessoas e do país. O trabalho foi alçado a fundamento da República (art. 1º, IV, da CRFB), a direito fundamental (art. 5º, XIII, da CRFB) e a direito social (art. 6º), do qual se irradiam diversos outros direitos, como o salário mínimo, férias, liberdade de associação profissional ou sindical (arts. 7º e seguintes da CRFB). O trabalho é, ainda, alicerce da ordem econômica (art. 170, *caput*, da CRFB) e social (art. 193, *caput*, da CRFB), além de poder dar causa à aquisição da propriedade por meio da usucapião (art. 191 da CRFB).

Não é à toa essa importância conferida ao trabalho na nossa Constituição. Afinal, ele cumpre funções indispensáveis sob o prisma individual e coletivo. No plano individual, o trabalho permite que a pessoa exercite e desenvolva as suas potencialidades, facilitando a realização pessoal e o alcance da plenitude. Além disso, ele possibilita que o indivíduo alcance um mínimo existencial e tenha acesso a condições básicas de subsistência, como alimentação, água, energia elétrica e vestuário.

Sob a ótica coletiva, ao se permitir que mais pessoas tenham acesso a um trabalho digno, instaura-se um cenário favorável para alcance de uma sociedade mais justa e inclusiva, atenuando a desigualdade social. Não se desconhece que, no Brasil, as chances de mobilidade social são baixíssimas, mas é certo que, sem uma educação de qualidade, é praticamente impossível que novas gerações de famílias em situação de pobreza rompam esse ciclo.[362] Do mesmo modo, há tendência de que, quanto maior o número de pessoas trabalhando, maior é a produção do país e o seu desenvolvimento.[363] [364] Com uma

---

[362] WORLD ECONOMIC FORUM. *The Global Social Mobility Report 2020:* equality, opportunity and a new economic imperative. Janeiro, 2020. Disponível em: http://www3.weforgum.org/docs/Global_Social_Mobility_Report.pdf. Acesso em: 5 jan. 2021.

[363] "Em suma: é impossível exagerar a importância do Ensino Básico, inclusive na sua vertente profissionalizante, não sendo difícil justificar sua elevação a prioridade máxima do país. Trata-se de um ativo essencial para que as pessoas vivam uma vida melhor e maior, assim como para que o Brasil consiga furar o cerco da renda média, tornando-se verdadeiramente desenvolvido, com uma força de trabalho com produtividade em padrão mundial." (BARROSO, Luís Roberto. A educação básica no Brasil: do atraso prolongado à conquista do futuro. *Direitos Fundamentais & Justiça*, Belo Horizonte, ano 13, n. 41, p. 121, jul./dez. 2019.)

[364] GARCÍA, Jorge Luis; HECKMAN, James J.; LEAF, Duncan Ermini; PRADOS, María José. *The life-cycle benefits of an influential early childhood program.* NBER Working Paper

população mais qualificada, há, pelo menos em tese, mais empregos, mais produtividade, mais recursos sendo reinvestidos na economia e menos necessidade de investimentos públicos em outros setores, como saúde, assistência social e segurança pública.

Com efeito, esses papéis individuais e coletivos do trabalho evidenciam a importância de que a educação também sirva ao propósito de preparar os educandos para exercê-lo, como consta no art. 205, *caput*, da Carta de 1988. No mesmo sentido, a LDB estabelece que os conteúdos curriculares da educação básica devem contar com orientações para o trabalho (art. 27, III). Na visão aqui desenvolvida, , esse objetivo deve ser operacionalizado em três vertentes: (i) habilidades técnicas; (ii) habilidades interpessoais; e (iii) mentalidade de crescimento.

Assim, de início, a educação deve ensinar as habilidades técnicas necessárias para exercer determinadas competências (*e.g.*, ler, escrever, interpretar, matemática, informática) e para acessar o ensino superior. Sobre isso, é comum que, no Brasil, alguns estabelecimentos de ensino restrinjam suas práticas pedagógicas ao preparo para o vestibular, adotando um modelo voltado à mera memorização do conteúdo. Trata-se, contudo, de uma visão reducionista da educação básica, enxergando-a como um mero trampolim para acesso às universidades. Apesar de não se desconhecer a importância do ensino superior para o mercado de trabalho, um ensino que se limita a treinar os estudantes para provas padronizadas pode deixar de prepará-los para outras competências que precisarão ter quando do desempenho dos seus ofícios no futuro.[365]

Daí decorre a importância de que a educação também tenha por escopo o desenvolvimento de habilidades interpessoais e de uma mentalidade de crescimento. As primeiras abrangem as competências necessárias para se relacionar e interagir com outras pessoas. Entre os

---

No. 22993. December 2016. Disponível em: https://www.nber.org/system/files/working_papers/w22993/w22993.pdf. Acesso em: 5 jan. 2021.

[365] Isso já foi objeto de preocupação do Comitê dos Direitos da Criança da ONU: "Deve ser sublinhado que o tipo de ensino que se preocupa essencialmente com a acumulação de conhecimentos, promovendo a competição e originando uma carga de trabalho excessiva para as crianças, pode afectar seriamente o desenvolvimento harmonioso da criança, dos seus talentos e aptidões na medida das suas potencialidades. A educação deve ser favorável à criança, inspiradora e motivadora para cada criança individualmente considerada. As escolas devem promover uma atmosfera humana e permitir às crianças que evoluam de acordo com o desenvolvimento das suas capacidades." (COMITÊ DOS DIREITOS DA CRIANÇA. *Comentário Geral nº 1*: os objetivos da educação. Vigésima-sexta sessão, 2001. §12.)

exemplos, tem-se as aptidões de sociabilidade, comunicação, resolução de conflitos, empatia, ética, liderança, trabalho em equipe e inteligência emocional. Tais habilidades são relevantes para que os estudantes mais tarde ingressem, se mantenham e ascendam no mercado de trabalho.

A mentalidade de crescimento, por sua vez, visa a incutir a ideia de que cada um, mediante seus esforços, tem potencial para desenvolver em si as qualidades que deseja.[366] Veja-se que não se está a defender a meritocracia, tampouco ignorar as condições de subalternidade vividas por grande parte da população. Muitas pessoas, de fato, têm talentos ou dificuldades iniciais, o que faz com que comecem sua vida em situação de vantagem ou desvantagem. Todavia, sem deixar de reconhecer esses contextos, a mentalidade de crescimento considera que eles são apenas um ponto de partida de uma trajetória que pode ter seu curso alterado. Trata-se de perspectiva fundamental para fazer com que os estudantes adquiram uma paixão pelo aprendizado, tenham a sua curiosidade atiçada e desenvolvam a capacidade de raciocínio, de modo que continuem exercendo essas potencialidades mesmo após deixarem os bancos escolares. Ao mesmo tempo, a mentalidade de crescimento incentiva que os educandos adquiram adaptabilidade, resiliência, criatividade e disrupção.

Essas aptidões sempre foram importantes para qualquer um que pretendesse ingressar no mercado de trabalho, mas se tornam ainda mais relevantes diante das características da sociedade contemporânea. Atualmente, as relações sociais, econômicas e culturais sujeitam-se a mudanças de grande impacto em um curto espaço de tempo. As práticas e necessidades de hoje deixam de estar presentes amanhã. Isso provoca transformações significativas na forma como as pessoas se relacionam, nas demandas da sociedade e, consequentemente, nas relações de trabalho. O fenômeno é, ainda, agravado em decorrência das novas tecnologias e da probabilidade de que grande parte dos postos de trabalho hoje existentes sejam substituídos pela automação, deixando de existir.[367] Dois dos maiores exemplos são os motoristas de aplicativo e auxiliares de escritórios, que perderão espaço diante dos carros autônomos e agentes virtuais respectivamente.

---

[366] DWECK, Carol S. *Mindset:* a nova psicologia do sucesso. Tradução de S. Duarte. São Paulo: Objetiva, 2017.

[367] ABREU, João M.; KLINOVA, Katya. *Do Brazil need to prepare for the age of artificial intelligence?* Cambridge, MA: Harvard University, 2019.

Nesse contexto, é premente que tenhamos hoje uma educação comprometida com a formação de pessoas com capacidade de raciocínio, aprendizado e adaptabilidade – habilidades que são menos passíveis de substituição por máquinas e que permitem a maleabilidade necessária para fazer frente a essas transformações.[368] Como disse Paulo Freire, sociedades que se caracterizam pela rapidez e flexibilidade devem formar e desenvolver espíritos também flexíveis.[369] Assim, verifica-se que, para atender a esse objetivo do preparo para o trabalho, a condução das políticas educacionais não pode se pautar somente pelo presente, mas deve partir de uma projeção do futuro e de um prognóstico das competências que serão exigidas das novas gerações nos próximos anos. Caso contrário, estar-se-á contribuindo para o desemprego, o ócio e uma sociedade cada vez mais desigualitária, que vai na contramão do pretendido pela Constituição.

Por essas razões, há que se rejeitar uma concepção reducionista da educação. É o que se vê, com frequência, quando se utilizam em excesso argumentos desenvolvimentistas e/ou quando se está diante de um governo autoritário. Em tais situações, dá-se prioridade somente às habilidades técnicas, em detrimento dos objetivos anteriores (desenvolvimento da pessoa e preparo para a cidadania) e de habilidades comportamentais. Essa, aliás, é uma praxe das políticas educacionais brasileiras de longa data. Conforme pesquisa de Antonio Gois, um relatório da Secretaria do Interior do Estado de São Paulo de 1895 já apontava que os pais só queriam que os filhos fossem aprovados nos exames, os colégios disputavam matrícula nas faculdades superiores e a juventude formava-se ignorante e abatida na inteligência.[370] Mesmo nos anos subsequentes, uma retrospectiva histórica revela que, buscando promover a industrialização, o país concentrou os recursos educacionais no ensino superior.

Fenômeno semelhante também foi constatado por Martha Nussbaum na primeira década do século XXI, quando apontou a existência de uma crise na educação.[371] A percepção da autora é que

---

[368] Cf.: COSTIN, Cláudia. Educar para um futuro mais sustentável e inclusivo. *Estudos Avançados*, v. 34, n. 100, p. 45-47, 2020.

[369] FREIRE, Paulo. *Educação como prática da liberdade* [recurso eletrônico]. Rio de Janeiro: Paz e Terra, 2015. p. 45.

[370] GOIS, Antônio. *O ponto a que chegamos:* duzentos anos de atraso educacional e seu impacto nas políticas do presente. Rio de Janeiro: FGV Editora, 2022. Edição eletrônica.

[371] NUSSBAUM, Martha C. Educação para o lucro, educação para a liberdade. *Revista Redescrições – Revista on-line* do GT de Pragmatismo e Filosofia Norte-americana. ano I,

havia preocupação especial com uma educação voltada ao crescimento nacional e à rentabilidade do mercado global, deixando de lado as humanidades, as artes e o pensamento crítico. Em sua visão, a educação para o lucro deve ser substituída pela educação para democracia. De forma análoga, na recessão democrática contemporânea, áreas de humanas e disciplinas acadêmicas comprometidas com o combate à desigualdade têm sido desacreditadas e alvo de corte de verbas.[372] Todavia, a importância do preparo para o trabalho não quer significar a adoção de uma concepção reducionista de educação, voltada apenas às ciências, tecnologia e desenvolvimento. Além de esse objetivo demandar também habilidades comportamentais, certo é que inexiste hierarquia entre os objetivos da educação estampados na Constituição, e as humanidades têm papel central na democracia, por permitirem a formação de pensamento crítico e o preparo para a cidadania.

Destarte, as políticas educacionais precisam ter como norte a qualificação para o trabalho, diante da sua importância central para o desenvolvimento das pessoas e do país, mas desde que isso signifique alavancar, concomitantemente, habilidades técnicas, habilidades interpessoais e mentalidade de crescimento dos estudantes.

3.4 Conclusões parciais

O percurso transcorrido por este capítulo evidencia que o país não adota uma concepção reducionista de educação, o que subsidia a defesa da educação para democracia. Como se viu, o modelo adotado pela Carta de 1988 é mais abrangente do que a mera instrução, calcada na leitura, escrita e matemática; ultrapassa o ensino de competências

---

número 1, p. 5-17, 2009; NUSSBAUM, Martha C. *Sem fins lucrativos:* por que a democracia precisa das humanidades. Tradução de Fernando Santos. São Paulo: WMF Martins Fontes, 2015.

[372] Cf.: VETTORASSI, Andréa; OLIVEIRA, Dijaci de; BENEVIDES, Rubens. Direitos humanos no Brasil: Os ataques às humanidades no governo Bolsonaro. *Revista Humanidades e Inovação*, v.7, n. 20, p. 401-417, 2020; BOLSONARO diz que MEC estuda 'descentralizar' investimento em cursos de filosofia e sociologia. *G1*. Disponível em: https://g1.globo.com/educacao/noticia/2019/04/26/bolsonaro-diz-que-mec-estuda-descentralizar-investimento-em-cursos-de-filosofia-e-sociologia.ghtml. Acesso em: 6 set. 2021; *EM* meio à pandemia, governo Bolsonaro investe contra pesquisa em ciências humanas. *Folha*. Disponível em: https://www1.folha.uol.com.br/educacao/2020/03/em-meio-a-pandemia-governo-bolsonaro-investe-contra-pesquisa-em-ciencias-humanas.shtml. Acesso em: 6 set. 2021; GOVERNO Bolsonaro exclui humanas de edital de bolsas de iniciação científica. *Folha*. Disponível em: https://www1.folha.uol.com.br/educacao/2020/04/governo-bolsonaro-exclui-humanas-de-edital-de-bolsas-de-iniciacao-cientifica.shtml. Acesso em: 6 set. 2021.

básicas para o trabalho; e vai muito além da simples memorização do conteúdo. Em verdade, as salas de aula devem se preocupar com o desenvolvimento das pessoas, permitindo que alcancem autonomia nos mais diferentes aspectos da sua personalidade; com a formação de cidadãos aptos a exercer seus direitos, cumprir seus deveres e participar das suas comunidades; e com o preparo para o trabalho, tornando-os habilitados técnica e pessoalmente. Esse é o rumo a ser seguido pelas políticas educacionais em nosso país. Com isso, a educação pode conquistar corações e se tornar instrumento para renovação de gerações ao longo do tempo. Esse potencial transformador já vem sendo percebido nos últimos anos por uma série de movimentos sociais, gestores públicos e educadores, que implementaram políticas públicas de educação em direitos humanos no Brasil.

CAPÍTULO 4

A TRAJETÓRIA DA EDUCAÇÃO EM DIREITOS HUMANOS NO BRASIL

4.1 Introdução

A ideia de que a educação pode servir para formar gerações comprometidas com democracia, liberdade, igualdade e justiça não é nova. Ao contrário, o país já conta com uma série de projetos e políticas educacionais que têm esse como um dos seus objetivos. A principal delas envolve a política pública de educação em direitos humanos. Segundo o Instituto Interamericano de Direitos Humanos, trata-se de "um processo de aquisição de determinados conhecimentos, habilidades e valores necessários para conhecer, compreender, afirmar e reivindicar os próprios direitos sobre a base de normas dispostas em diferentes instrumentos internacionais, em conexão com a normativa nacional".[373] O seu objeto, portanto, são os documentos internacionais, ainda que se reconheça a necessidade de dialogá-los com o ordenamento nacional.

Embora essa seja a terminologia comumente adotada em trabalhos acadêmicos da área de educação e em documentos editados pelo Ministério da Educação (MEC), opta-se aqui por adotar a expressão "educação para democracia" por três razões. A primeira é que os direitos humanos são aqueles previstos nos documentos de direito internacional, mas, em nosso ordenamento, a Constituição tem

---

[373] INSTITUTO INTERAMERICANO DE DERECHOS HUMANOS. *Informe Interamericano de la Educación en Derechos Humanos*: Un estudio en 19 países. Parte II: Desarrollo en el currículo y textos escolares. San José: IIDH, 2003. p. 12.

supremacia, é fruto da deliberação de representantes eleitos pelo povo e goza de maior legitimidade democrática. Faz mais sentido, então, que a educação a tome como referência principal, e não os tratados internacionais de direitos humanos. A segunda é que a expressão "educação para democracia" é mais fiel à necessidade atual de conter a recessão democrática e fortalecer a democracia em si. A terceira razão é que, ainda que seja um conceito em disputa, a ideia de democracia é mais amplamente aceita do que a de direitos humanos, expressão que ainda sofre resistência por segmentos mais conservadores da sociedade. Por isso, estrategicamente, a expressão "educação para democracia" parece ter maior chance de adesão.

De todo modo, embora reconheça a existência dessas diferenciações conceituais, é inegável que não se trata de conceitos excludentes entre si. A Carta de 1988 se inspirou em muitos documentos internacionais já existentes ao tempo da sua elaboração e a sua interpretação é fruto de um constante diálogo internacional.[374] Há, portanto, uma série de normas e valores convergentes. É pertinente, então, analisar a trajetória da educação em direitos humanos no Brasil como etapa preliminar à apresentação das propostas para implementação do que aqui se chama de educação para democracia. O objetivo, portanto, é investigar uma experiência já ocorrida no país para constatar seus pontos positivos e negativos, a fim de que sejam replicados ou contornados. É o que será feito ao longo deste capítulo.

Nesse sentido, em um primeiro momento, será feita uma analise do surgimento das primeiras experiências de educação em direitos humanos no país. Como se verá, elas ocorreram na informalidade, enquanto instrumento de educação popular, durante a ditadura militar nas décadas de 1960 e 1970. Após a redemocratização, elas foram institucionalizadas e passaram a constar em uma série de normas, programas e planos de governo. É o que se extrai das normas que preveem que a educação deve preparar os estudantes para a cidadania (art. 205, *caput*, da CRFB; arts. 2º, 22, 35, II e III, da LDB); que os currículos devem incluir "conteúdos relativos aos direitos humanos e à prevenção de todas as formas de violência contra a criança, o adolescente e a mulher" como temas transversais (art. 26, §9º, da LDB); e que é obrigatório o estudo da história e cultura afrobrasileira e indígena (art. 26-A da LDB). Com o objetivo de instituir metas e diretrizes, o

---

[374] SOUZA NETO, Cláudio Pereira de; SARMENTO, Daniel. *Direito constitucional*: teoria, história e métodos de trabalho. 2. ed. Belo Horizonte: Fórum, 2014. p. 452-457.

Poder Executivo editou o Programa Nacional de Direitos Humanos e, em seguida, o Plano Nacional de Educação em Direitos Humanos. Diante desses avanços, era preciso retirar a política do papel e implementá-la Brasil afora. Nesse contexto, a coordenação do governo federal, a adesão dos demais entes federativos e o empenho de uma série de educadores possibilitaram o surgimento de inúmeras práticas interessantes. Tais avanços, contudo, foram interrompidos a partir de 2013. Daí em diante, a recessão democrática, o conservadorismo nos costumes e o surgimento de uma agenda contrária aos direitos humanos tornaram a conjuntura desfavorável para o desenvolvimento de políticas educacionais emancipadoras. Logo, o presente capítulo objetiva levantar a trajetória da educação em direitos humanos no país e analisar algumas dessas experiências pelo Brasil, identificando seus êxitos e gargalos.

4.2 O primeiro ciclo: Educação popular, informalidade e luta contra o autoritarismo

Desde meados do século XX, o Brasil já contava com experiências exitosas de educação emancipadora. Em 1961, o conhecido método de alfabetização de Paulo Freire começou a ser aplicado com camponeses, época em que o pedagogo exerceu o cargo de diretor do Departamento de Extensões Culturais da Universidade do Recife. Os impressionantes resultados locais fizeram com que Freire fosse convidado para elaborar um Plano Nacional de Alfabetização durante o governo de João Goulart, visando a multiplicar aquelas experiências por todo o país. Alguns meses depois, contudo, os esforços foram interrompidos pelo golpe militar em 1964, culminando com a prisão e exílio de Paulo Freire.

Curiosamente, a educação em direitos humanos começou a se desenvolver justamente nesse período, nas décadas de 1960 e 1970, época em que o país estava sob a ditadura militar.[375] Tal marco temporal gera, à primeira vista, certo estranhamento. Afinal, governantes autoritários não têm qualquer interesse em implantar políticas educacionais que busquem a emancipação do povo e justiça social. O seu objetivo, ao revés, tende a ser formar indivíduos obedientes e acríticos, a fim de

---

[375] ZENAIDE, Maria de Nazaré T. A Linha do tempo da educação em direitos humanos na América Latina. *In*: RODINO, Ana Maria *et al*. (org.). *Cultura e educação em direitos humanos na América Latina*. João Pessoa: Editora da UFPB, 2014.

que não obstaculizem a expansão do projeto de poder ditatorial. Assim, a vigência de um regime autoritário parece ser incompatível com o surgimento e desenvolvimento da educação em direitos humanos.

De fato, uma retrospectiva histórica demonstra que as políticas educacionais implementadas pela ditadura militar no Brasil eram diametralmente contrárias às propostas da educação em direitos humanos. No campo educacional, tal conjuntura foi marcada pela implantação da educação moral e cívica em todos os níveis de ensino da educação básica no ano de 1969. À época, o cenário era favorável para isso, pois o ano anterior tinha sido caracterizado por intensas mobilizações estudantis, pela decretação do Ato Institucional n.º 5/1968 e por uma série de cassações de membros do Conselho Federal de Educação (CFE).[376] Nesse contexto, a educação moral e cívica pretendia conter a agitação estudantil opositora ao regime, instituir um padrão cultural de moralidade e mobilizar os alunos em prol da defesa da pátria. Para tanto, o seu conteúdo deveria ser ministrado como uma disciplina em, pelo menos, duas séries do 1º grau (atual ensino fundamental) e uma série do 2º grau (atual ensino médio) e também permear o restante do ciclo de formação, direcionando a prática educativa como um todo. Nos termos do Decreto-lei nº 869/1969, ela apoiava-se nas "tradições nacionais" e tinha como finalidades:

> a) a defesa do princípio democrático, através da preservação do espírito religioso, da dignidade da pessoa humana e do amor à liberdade com responsabilidade, sob a inspiração de Deus;
>
> b) a preservação, o fortalecimento e a projeção dos valôres espirituais e éticos da nacionalidade;
>
> c) o fortalecimento da unidade nacional e do sentimento de solidariedade humana;
>
> d) a culto à Pátria, aos seus símbolos, tradições, instituições e aos grandes vultos de sua historia;
>
> e) o aprimoramento do caráter, com apoio na moral, na dedicação à comunidade e à família, buscando-se o fortalecimento desta como núcleo natural e fundamental da sociedade, a preparação para o casamento e a preservação do vínculo que o constitui. (Redação dada pela Lei nº 6.660, de 1979)

---

[376] FILGUEIRAS, Juliana Miranda. *A educação moral e cívica e sua produção didática*: 1969-1993. Dissertação (Mestrado em Educação: História, Política e Sociedade) – Pontifícia Universidade Católica de São Paulo (PUC-SP), São Paulo, 2006. 211 f.

f) a compreensão dos direitos e deveres dos brasileiros e o conhecimento da organização sócio-político-ecônomica do País;

g) o preparo do cidadão para o exercício das atividades cívicas com fundamento na moral, no patriotismo e na ação construtiva, visando ao bem comum;

h) o culto da obediência à Lei, da fidelidade ao trabalho e da integração na comunidade.[377]

Tratava-se, pois, de parte de um projeto político que buscava formar os alunos com base em um conjunto único de valores morais calcados no civismo, família, religião e defesa da pátria.[378] Para tanto, a educação disseminava uma narrativa de superioridade do português na formação da identidade brasileira e impunha a modernidade eurocêntrica como eixo direcionador do progresso social.[379] Reforçava-se, então, a colonialidade do poder e encobria-se a história de povos considerados primitivos, como indígenas e negros. Nos materiais didáticos, isso ora se manifestava sob a forma de teorias que propunham o branqueamento da população, com forte influência do darwinismo social; ora por meio da ideologia da tolerância miscigenada, valendo-se, por exemplo, da figura do Pelé para reforçar as ideias de meritocracia e democracia racial.[380] Ao mesmo tempo, a educação moral e cívica pretendia disseminar uma ideologia de afetividade perante a pátria e a valorização da disciplina, tradições e símbolos nacionais.[381] Esse patriotismo era calcado naquela perspectiva homogênea de nação, que ignorava as diferenças existentes no tecido social e diferia-se do nacionalismo, que era enxergado como um disfarce para o comunismo. Ademais, àquela época, já se reconhecia o papel da educação para formação de cidadania. Os cidadãos pretendidos, todavia, deveriam

---

[377] UNIÃO, Decreto-lei nº 869, de 12 de setembro de 1969, art. 2º, *caput*.

[378] MACEDO, André Luan Nunes. Narrativas conservadoras e o sequestro do futuro: os materiais de educação moral e cívica (1971). *História & Ensino*, Londrina, v. 27, n. 2, p. 100-123, jul./dez. 2021.

[379] MACEDO, André Luan Nunes. Narrativas conservadoras e o sequestro do futuro: os materiais de educação moral e cívica (1971). *História & Ensino*, Londrina, v. 27, n. 2, p. 105-108, jul./dez. 2021.

[380] MACEDO, André Luan Nunes. Narrativas conservadoras e o sequestro do futuro: os materiais de educação moral e cívica (1971). *História & Ensino*, Londrina, v. 27, n. 2, p. 109-112, jul./dez. 2021.

[381] MACEDO, André Luan Nunes. Narrativas conservadoras e o sequestro do futuro: os materiais de educação moral e cívica (1971). *História & Ensino*, Londrina, v. 27, n. 2, p. 112-114, jul./dez. 2021.

ser conhecedores dos seus direitos e deveres, mas agir de modo conformista, respeitando a hierarquia e as autoridades.[382] A concepção de cidadania ativa era ressaltada apenas para empoderar os indivíduos para que se tornassem vigilantes em relação aos interesses da pátria, da moral e dos bons costumes. No plano institucional, portanto, o regime militar implantava uma educação que instigava o ufanismo, a subserviência e a homogeneidade social.

Apesar desse contexto, essa conjuntura ditatorial incentivou o surgimento das primeiras experiências da educação em direitos humanos no Brasil. Elas surgiram justamente como forma de resistência da sociedade civil à violência e opressão do regime militar. Por isso, a educação em direitos humanos se desenvolvia no campo da educação informal, como parte de uma ação conscientizadora e contestadora ao autoritarismo vigente.[383] Até então, não se tratava de um projeto de Estado, mas um dos instrumentos de luta popular contra a repressão política.

Analisando esse contexto, Maria de Nazaré Zenaide, professora da Universidade Federal da Paraíba (UFPB), pontuou que a educação em direitos humanos tinha diferentes objetivos: romper com a naturalidade das violações de direitos produzidas pela colonização e ditaduras; formar valores e hábitos promotores da dignidade e liberdades fundamentais; fortalecer os movimentos sociais e a ação transformadora; promover o pluralismo político, o regime democrático e os direitos humanos; erradicar o autoritarismo; educar o povo e os agentes públicos em direitos humanos; combater discriminações; e promover os direitos à memória e à verdade, evitando que aquelas violações de direitos se repetissem no futuro.[384] Com isso, os movimentos sociais tensionavam o projeto autoritário instituído pelo regime militar e, ainda, lutavam por justiça social, na contramão do modelo neoliberal então hegemônico.[385]

---

[382] MACEDO, André Luan Nunes. Narrativas conservadoras e o sequestro do futuro: os materiais de educação moral e cívica (1971). *História & Ensino*, Londrina, v. 27, n. 2, p. 114-118, jul.dez. 2021.

[383] RODINO, Ana Maria. La institucionalización de la educación en derechos humanos en los sistemas educativos de América Latina (1990-2012): avances, limitaciones y desafios. *In*: RODINO, Ana Maria *et al.* (org.). *Cultura e educação em direitos humanos na América Latina*. João Pessoa: Editora da UFPB, 2014. p. 80.

[384] ZENAIDE, Maria de Nazaré T. A Linha do tempo da educação em direitos humanos na América Latina. *In*: RODINO, Ana Maria *et al.* (org.). *Cultura e educação em direitos humanos na América Latina*. João Pessoa: Editora da UFPB, 2014. p. 38.

[385] ZENAIDE, Maria de Nazaré T. A Linha do tempo da educação em direitos humanos na América Latina. *In*: RODINO, Ana Maria *et al.* (org.). *Cultura e educação em direitos humanos na América Latina*. João Pessoa: Editora da UFPB, 2014. p. 40.

A luta por direitos civis e políticos era, pois, combinada com a luta por direitos econômicos, sociais e culturais, buscando combater opressões e desigualdades.

Tal processo ocorria mediante caravanas, serviços de assistência jurídica e psicológica, aulas nas prisões, documentários, pesquisas, exposições e musicais.[386] Daí surgiram várias organizações sociais, centros de defesa de direitos humanos, pastorais de promoção social e comissões de justiça e paz. Essas últimas, por exemplo, foram instituídas pela Igreja Católica a partir da década de 70 e cumpriram importante papel na denúncia de tortura, assassinatos de dissidentes políticos e condições aviltantes das prisões brasileiras.[387] A partir da expectativa de redemocratização nos anos 80, a Comissão de Justiça e Paz de São Paulo começou a construir um plano de ação de educação em direitos humanos, com apoio do Instituto Interamericano de Direitos Humanos (IIDH).[388] Este contava com apoio financeiro de agências europeias e pretendia fortalecer os direitos humanos nos países latino-americanos, após os estragos produzidos pelas ditaduras no tecido social e institucional.

Ao mesmo tempo, educadores com experiências em educação popular[389] passaram a se articular por toda a América Latina em seminários, oficinas e redes para multiplicar práticas de promoção e defesa dos direitos humanos. Tal contexto foi relatado por Paulo Freire em *Pedagogia da esperança*, obra na qual o autor conta parte da sua história e o período que viveu no exílio.[390] Durante os anos de 1964 a

---

[386] ZENAIDE, Maria de Nazaré T. A Linha do tempo da educação em direitos humanos na América Latina. *In*: RODINO, Ana Maria *et al.* (org.). *Cultura e educação em direitos humanos na América Latina*. João Pessoa: Editora da UFPB, 2014. p. 33-40.

[387] SACAVINO, Susana Beatriz. *Educação em/para os direitos humanos em processos de democratização*: o caso do Chile e do Brasil. Tese (Doutorado em Educação) – Pontifícia Universidade Católica do Rio de Janeiro, Rio de Janeiro, 2008. 289 f. p. 166.

[388] MENEZES, Caroline Grassi Franco de. *Educação em direitos humanos*: Mudança de concepção entre participantes de uma política no município de São Paulo. Dissertação (Mestrado em Educação) – Universidade de São Paulo (USP), São Paulo, 2020. 127 f. p. 23-25.

[389] Para Zenaide, "Educação popular é uma prática voltada para distintos coletivos especificamente populares, claramente identificada com a democracia e a justiça social, politicamente engajada com processos de libertação e emancipação do social. A relação entre educação popular e direitos humanos tem sido historicamente tecida ao longo da trajetória histórica dos direitos humanos na contemporaneidade." (ZENAIDE, Maria de Nazaré T. Educação popular e Educação em Direitos Humanos: aproximações, diálogos e contribuições teórico-práticas. *In*: SANTORO, Emilio; BATISTA, Gustavo; ZENAIDE, Maria de Nazaré T.; TONEGUTTI, Raffaella Greco (org.). *Direitos humanos em uma época de insegurança*. Porto Alegre: Tomo, 2010a. p. 360.)

[390] FREIRE, Paulo. *Pedagogia da esperança*: um reencontro com a pedagogia do pprimido. Rio de Janeiro: Paz e Terra, 2013. Edição eletrônica.

1969, Freire percorreu o Chile ao lado de outros educadores realizando cursos de formação para camponenses em assentamentos de reforma agrária. O objetivo era fazer com que os educandos percebessem o mundo criticamente e fossem alfabetizados com base nessa perspectiva. À medida que os camponeses adquiriam clareza política na leitura de mundo, percebendo-se enquanto oprimidos, maiores eram os níveis de engajamento para reivindicação da justiça. Essa era a ideia da educação popular: permitir às classes menos abastadas a compreensão das relações socioeconômicas e o desenvolvimento de sua própria linguagem, enquanto forma de alcançar a sua cidadania e transformar o mundo.

Assim, tais práticas de promoção dos direitos humanos por meio da educação ocorreram não só no Brasil, mas atravessaram a América Latina, incluindo países como Argentina, Chile e Uruguai. Em todos eles, a educação em direitos humanos surgiu como campo de luta, visando a coibir violações de direitos, a instabilidade de seus processos democráticos e a marginalização de grupos historicamente discriminados.[391] Isso faz com que, até hoje, tais países enfrentem desafios comuns para dar continuidade a essa política. Entre eles, está a dificuldade de garantir o direito à memória e verdade em relação aos crimes ocorridos durante os regimes ditatoriais, bem como de assegurar uma educação verdadeiramente emancipadora em um contexto de profunda desigualdade social.

Logo, o contexto da ditadura militar instigou o surgimento de movimentos sociais obstinados em combater o autoritarismo, e a educação tornou-se "parte do processo de mobilização, organização, denúncia, defesa e reparação".[392] Assim, nesse primeiro momento, a educação em direitos humanos ocorria na prática coletiva, sob a forma de ativismo político, e tinha por propósito prioritário a denúncia e defesa de direitos. Com a redemocratização, contudo, houve a sua institucionalização e o foco primordial passou a estar no futuro, a fim de fazer com que aquelas violações de direitos não se repetissem nunca mais.

---

[391] LAPA, Fernanda; KOCH, Fernando; LIZAMA, Isabel; PENHOS, Matias. A Educação em Direitos Humanos na América Latina. *Perspectiva*: Revista do Centro de Ciências da Educação, Florianópolis, v. 39, n. 3, p. 1-26, jul./set. 2021.

[392] ZENAIDE, Maria de Nazaré T. A Linha do tempo da educação em direitos humanos na América Latina. *In*: RODINO, Ana Maria *et al.* (org.). *Cultura e educação em direitos humanos na América Latina*. João Pessoa: Editora da UFPB, 2014. p. 39.

4.3 O segundo ciclo: Institucionalização

A partir do fim do regime autoritário, a promulgação da Constituição de 1988 fincou as bases para institucionalização da educação em direitos humanos.[393] Trata-se do marco da redemocratização e do início de uma democracia comprometida com a cidadania, a dignidade da pessoa humana e o pluralismo. Para além de organizar o Estado, a Carta de 1988 mira o futuro e elenca objetivos a serem perseguidos para construção de uma sociedade livre, justa e solidária, na qual não haja pobreza, desigualdade nem discriminação. Foi essa natureza programática que alicerçou a construção de uma educação em direitos humanos: a pretensão dos Constituintes era a transformação da realidade e, para tanto, inexiste lócus melhor para incidência do que a educação.

Ao mesmo tempo, o cenário internacional também contribuía para esse processo.[394] Na II Conferência Mundial de Direitos Humanos, realizada em 1993 em Viena, a educação em direitos humanos foi colocada como eixo da política de direitos humanos. Naquele mesmo ano, educadores elaboraram um Plano de Ação Integrado sobre a Educação para a Paz, os Direitos Humanos e a Democracia, que veio a ser aprovado na Conferência Geral da Unesco em 1995. Nesse mesmo ano, a Assembleia Geral da ONU aprovou a Década da Educação em Direitos Humanos (1995 – 2004), na intenção de mobilizar os Estados a implementá-la no ensino formal. Logo após, foi elaborado um plano de ação para tanto e mais tarde, em 2011, foi aprovada a Declaração das Nações Unidas sobre Educação e Formação em Matéria de Direitos Humanos. O mesmo movimento se desenvolvia no cenário interamericano. Em 1988, o Protocolo de São Salvador previu que os direitos humanos devem orientar o conteúdo da educação; em 1998, foi aprovado o Programa de Educação para a Paz no Hemisfério; em 2001, foi aprovada a Declaração do México sobre Educação em Direitos Humanos; e, em 2001, foi aprovado o Plano Latino-Americano para Promoção da Educação em Direitos Humanos. Mais tarde, nos

---

[393] ZENAIDE, Maria de Nazaré T. A Linha do tempo da educação em direitos humanos na América Latina. *In*: RODINO, Ana Maria *et al.* (org.). *Cultura e educação em direitos humanos na América Latina.* João Pessoa: Editora da UFPB, 2014. p. 44.

[394] ZENAIDE, Maria de Nazaré T. Educação em direitos humanos e democracia: história, trajetórias e desafios nos quinze anos do PNEDH. *Educação & Formação*, v. 3, n. 7, Fortaleza, p. 147-148, jan./abr. 2018.

anos de 2008, 2009 e 2010, a OEA editou diversas resoluções, pactos e recomendações sobre educação em direitos humanos na educação formal nas Américas.

Assim, nos planos nacional e internacional, o cenário era perfeito para transmudação da educação em direitos humanos em uma política de Estado e criação de estruturas governamentais para implementá-la pelo Brasil. É evidente que, até então, as organizações da sociedade civil tinham cumprido um papel primordial; no entanto, era preciso dar um passo adiante e institucionalizar o projeto para gerar a sua profissionalização, disseminação e valorização. A partir daí, as escolas passaram a ser encaradas como equipamentos propícios à transmissão dos direitos humanos e à construção de uma cultura social que os aplique no cotidiano. Em que pese não seja o único local hábil a tanto, elas permitem a difusão desses saberes com maior sistematicidade e capilaridade, adentrando em espaços nos quais outras organizações não adentrariam.

Nesse contexto, a partir da década de 1990, foram elaboradas as primeiras versões do Programa Nacional de Direitos Humanos (PNDH) nos anos de 1996 e 2002.[395] Tais programas deram origem, em 2003, ao Comitê Nacional de Educação em Direitos Humanos (CNEDH)[396] e ao Plano Nacional de Educação em Direitos Humanos (PNEDH). Após muitos debates em âmbito internacional, nacional, regional e estadual, foram realizadas inúmeras contribuições da sociedade civil e governo, culminando com a aprovação de uma versão definitiva do PNEDH em 2006. Por meio dele, busca-se a implementação de uma política educacional cujo norte é a construção de uma cultura de direitos humanos na sociedade, visando à solidariedade e respeito às diversidades. A política tem cinco campos de atuação: educação básica, educação superior, educação não formal, mídia e formação

---

[395] Posteriormente, em 2009, foi aprovado um novo Programa Nacional de Direitos Humanos (PNDH-3), que tem, como um dos seus eixos orientadores, a promoção de uma educação e cultura em direitos humanos. Entre as diretrizes desse eixo, tem-se a efetivação das diretrizes e princípios da política nacional de educação em direitos humanos; o fortalecimento dos princípios da democracia e dos direitos humanos nos sistemas de educação básica, instituições de ensino superior e instituições formadoras; o reconhecimento da educação não formal como espaço de defesa e promoção dos direitos humanos; a promoção da educação em direitos humanos no serviço público; e a garantia do direito à comunicação democrática e ao acesso à informação.

[396] O CNEDH foi extinto com a publicação do Decreto nº 9.759, de 11 de abril de 2019, que deu fim a uma série de colegiados na Administração Pública federal.

de profissionais dos sistemas de segurança e justiça. Diante da sua abstração, em 2012, o Conselho Nacional de Educação (CNE) aprovou um parecer[397] e uma resolução[398] traçando as diretrizes de implementação da educação em direitos humanos.

Segundo o PNEDH, a educação em direitos humanos é um processo sistemático e multidimensional que orienta a formação do sujeito de direitos e tem as seguintes dimensões:

> a) apreensão de conhecimentos historicamente construídos sobre direitos humanos e a sua relação com os contextos internacional, nacional e local;
>
> b) afirmação de valores, atitudes e práticas sociais que expressem a cultura dos direitos humanos em todos os espaços da sociedade;
>
> c) formação de uma consciência cidadã capaz de se fazer presente em níveis cognitivo, social, cultural e político;
>
> d) desenvolvimento de processos metodológicos participativos e de construção coletiva, utilizando linguagens e materiais didáticos contextualizados;
>
> e) fortalecimento de práticas individuais e sociais que gerem ações e instrumentos em favor da promoção, da proteção e da defesa dos direitos humanos, bem como da reparação das violações.[399]

O PNEDH tem os seguintes objetivos gerais: destacar o papel estratégico da educação em direitos humanos para fortalecimento do Estado democrático de direito; enfatizar o papel dos direitos humanos na construção de uma sociedade justa, equitativa e democrática; encorajar o desenvolvimento de ações de educação em direitos humanos pelo poder público e sociedade civil por meio de ações conjuntas; propor a transversalidade da educação em direitos humanos nas políticas públicas nos mais diversos setores (*e.g.*, educação, saúde, comunicação, cultura, segurança, justiça, esporte, lazer), orientar políticas educacionais para a constituição de uma cultura de direitos humanos, estabelecer objetivos, diretrizes e linhas de ações para

---

[397] BRASIL. Ministério da Educação. Conselho Nacional de Educação. Parecer CNE/CP nº 8, de 6 de março de 2012. p. 8-9.
[398] BRASIL. Ministério da Educação. Conselho Nacional de Educação. Resolução nº 1, de 30 de maio de 2012.
[399] BRASIL. Ministério dos Direitos Humanos. Comitê Nacional de Educação em Direitos Humanos. Plano Nacional de Educação em Direitos Humanos. Brasília, 2018. 3ª reimpressão, simplificada. p. 11.

elaboração de programas e projetos na área da educação de direitos humanos, entre outros.[400]

Com base nesses objetivos, percebe-se que o escopo principal da educação em direitos humanos é proporcionar uma "formação ética, crítica e política".[401] Nessa linha, a formação ética inclui uma formação pautada por valores humanos, como dignidade da pessoa humana, liberdade, igualdade, justiça, paz e reciprocidade entre povos. Para que ela se concretize, é preciso que os educandos internalizem tais valores e atuem, no seu cotidiano, de acordo com eles. A formação crítica, por sua vez, abrange o desenvolvimento da capacidade de fazer reflexões acerca do contexto social, cultural, econômico e político. Trata-se, então, do adquirir consciência crítica sobre o mundo a sua volta, possibilitando que os alunos tornem-se capazes de formar suas próprias conclusões. Por fim, a formação política pressupõe que eles se tornem sujeitos emancipados e engajados no processo de transformação da realidade. Isso inclui, por exemplo, o empoderamento e incentivo à organização e participação na sociedade civil, sobretudo por parte de pessoas marginalizadas.

Diante da sua abrangência, o PNEDH apresenta as ações programáticas específicas para cada um dos campos de atuação. Em atenção aos propósitos deste trabalho, cabe analisar aquelas previstas para a educação básica.[402] A ideia geral é inserir a educação em direitos humanos nos conteúdos, recursos, metodologias e formas de avaliação. Isso inclui uma pedagogia participativa, que dialogue com os alunos sobre como aplicar concretamente tais princípios no seu cotidiano, incentive a organização estudantil (*e.g.*, em grêmios e associações), estimule o fortalecimento dos conselhos escolares e abarque procedimentos voltados à resolução pacífica de conflitos. Ao mesmo tempo, é preciso inserir a educação em direitos humanos nas diretrizes curriculares, o que abrange, por exemplo, a inclusão no currículo de temáticas relativas a gênero, raça, etnia, religião, orientação sexual, pessoas com deficiência e outras minorias para

---

[400] BRASIL. Ministério dos Direitos Humanos. Comitê Nacional de Educação em Direitos Humanos. Plano Nacional de Educação em Direitos Humanos. Brasília, 2018. 3. reimpressão, simplificada. p. 13-14.

[401] BRASIL. Ministério da Educação. Conselho Nacional de Educação. Parecer CNE/CP nº 8, de 6 de março de 2012. p. 8-9.

[402] BRASIL. Ministério dos Direitos Humanos. Comitê Nacional de Educação em Direitos Humanos. Plano Nacional de Educação em Direitos Humanos. Brasília, 2018. 3ª reimpressão, simplificada. p. 20-22.

coibir quaisquer formas de discriminação. As ações programáticas também abrangem o treinamento de trabalhadores da educação no tema, inclusive aqueles que exercem suas atividades em unidades de cumprimento de medida socioeducativa. Daí se verifica que a educação em direitos humanos deve se espraiar pelo projeto político-pedagógico, organização curricular, modelo de gestão e avaliação, produção de materiais didático-pedagógicos e formação inicial e continuada dos profissionais da educação.[403]

No que diz respeito especificamente ao currículo, o conteúdo abrange não só a Constituição, legislações e tratados, mas também a história, os processos de conquistas, violações de direitos e as variáveis sociais, econômicas, políticas e culturais que neles interferem.[404] Tal conteúdo deve ser ensinado com base na realidade social dos estudantes, discutindo questões presentes na vida daquela comunidade e formas de resolvê-las. Em termos metodológicos, o modelo atual prevê que o conhecimento pode se dar de três formas: (i) pela transversalidade, inserindo os temas relacionados aos direitos humanos aos conteúdos já existentes de forma interdisciplinar; (ii) como um conteúdo específico de uma disciplina já existente no currículo escolar; ou (iii) de maneira mista, combinando transversalidade e disciplinaridade, sem prejuízo de outras formas que observem as especificidades dos níveis e modalidades da educação nacional.[405]

Para além dessas diretrizes gerais, há uma série de normas que preveem a obrigatoriedade de que os currículos contem com temas setoriais sobre direitos humanos, especialmente voltados à proteção de grupos vulneráveis. Nesse aspecto, o art. 26-A da LDB tem especial importância, por estabelecer a necessidade de que os estabelecimentos de ensino fundamental e médio ensinem a história e cultura afro-brasileira e indígena.[406] Tal conteúdo programático deve incluir aspectos da história e cultura da população brasileira, dos povos africanos e indígenas, resgatando as suas contribuições sociais, econômicas e políticas para a história do Brasil. Ele deve ser ministrado no âmbito

---

[403] BRASIL. Ministério da Educação. Conselho Nacional de Educação. Parecer CNE/CP nº 8, de 6 de março de 2012. p. 7-8.
[404] BRASIL. Ministério da Educação. Conselho Nacional de Educação. Parecer CNE/CP nº 8, de 6 de março de 2012. p. 13.
[405] Art. 7º da Resolução nº 1, de 30 de maio de 2012, do Conselho Nacional de Educação.
[406] No que se refere à população negra e à história da África, o Estatuto da Igualdade Racial também prevê a obrigatoriedade de que tais conteúdos sejam ministrados nos estabelecimentos de ensino fundamental e médio (arts. 11 e ss. da Lei nº 12.288/2010).

de todo o currículo escolar, em especial nas áreas de educação artística, literatura e história brasileiras. Sob a ótica de gênero, a Lei Maria da Penha prevê que o poder público deverá realizar campanhas educativas sobre prevenção de violência doméstica e familiar contra a mulher para o público escolar (art. 8º, V, da Lei nº 11.340/2006), bem como promover programas educacionais que disseminem valores éticos de respeito à dignidade humana sob a perspectiva de gênero e raça (art. 8º, VIII). O Estatuto da Pessoa com Deficiência, por sua vez, prevê que devem ser incluídos temas relacionados à pessoa com deficiência nos cursos de nível superior e de educação profissional e tecnológica (art. 28, XIV, da Lei nº 13.146/2016). No mais, o art. 225, VI, da CRFB estabelece a obrigatoriedade da educação ambiental em todos os níveis de ensino, o que é regulamentado pela Lei nº 9.975/1999 e pelo Decreto nº 4.281/2002, que instituem a Política Nacional de Educação Ambiental.

Dessa forma, o fim da ditadura militar e a redemocratização possibilitaram que os projetos pontuais de educação em direitos humanos fossem transformados em políticas de Estado, dando origem a uma série de normas, programas e planos que buscaram institucionalizá-la no plano federal. Era preciso, pois, dar um passo adiante para que tal política saísse do papel e chegasse às salas de aula.

4.4 O terceiro ciclo: O caminho rumo à implementação

4.4.1 Implementação e disseminação pelo Brasil

A previsão de um direito no ordenamento jurídico é apenas um ponto de partida.[407] Assim, após a institucionalização da educação em direitos humanos, passou a ser discutido o caminho necessário à sua implementação. Para que isso ocorresse, era preciso que a prática pedagógica estivesse em consonância com os princípios e valores dos direitos humanos, tendo por objetivo a compreensão e a transformação da realidade mediante a defesa desses direitos.[408] Isso demandava, então, que fossem reformuladas a prática docente, as atividades em

---

[407] BARCELLOS, Ana Paula. Direitos fundamentais, políticas públicas, informação e desigualdade. *In*: SILVA, Christine Oliveira Peter da; BARBOSA, Estefânia Maria de Queiroz; FACHIN, Melina Girard; NOVAK, Bruna (org.). *Constitucionalismo feminista*. 2. ed. Rio de Janeiro: Selo Feminismo Literário, 2021, v. 1, edição eletrônica.

[408] TAVARES, Celma. *Educação em direitos humanos em Pernambuco*: as práticas vivenciadas nas escolas estaduais. Bauru, v. 5, n. 1, p. 225-244, jan./jun. 2017 (8). p. 231.

sala de aula, o currículo, o projeto político-pedagógico, as relações com a comunidade e todas as demais atividades da escola.

Por isso, a partir de 2004, iniciou-se um novo ciclo que buscou disseminar a educação em direitos humanos e promover a sua estadualização e municipalização em todo o país.[409] Para tanto, o primeiro passo foi criar um órgão responsável pela coordenação, implementação e monitoramento da política em âmbito nacional: a Coordenação Geral de Educação em Direitos Humanos, criada na estrutura da Secretaria Especial dos Direitos Humanos (SEDH) do Ministério da Justiça. Em seguida, foram realizados encontros estaduais para difundir o PNEDH, o que resultou na criação dos primeiros Comitês Estaduais de Educação em Direitos Humanos. No ano de 2008, a Secretaria Especial dos Direitos Humanos (SEDH) organizou um seminário para incentivar a criação e fortalecimento de tais comitês no âmbito dos estados, bem como criou, em parceria com o Ministério da Educação (MEC), o Prêmio Nacional de Educação em Direitos Humanos.[410] A partir de 2010, o MEC passou a incentivar e apoiar as Secretarias de Educação dos Estados e Distrito Federal a elaborarem planos de ação em educação em direitos humanos para a educação básica.[411] O PNEDH começou a ser, então, traduzido em práticas educativas regionais e locais.

Aida Monteiro e Celma Tavares, professoras da Universidade Federal de Pernambuco (UFPE), fizeram uma análise documental dos planos de educação em direitos humanos das Secretarias de Educação dos Estados e Distrito Federal, a fim de investigar se a educação em direitos humanos vem sendo implementada como uma política de Estado ou um projeto pontual.[412] De modo geral, constatou-se que os planos estaduais e distrital seguem o PNEDH e buscam incidir sobre a prática educativa, o currículo e o projeto político-pedagógico, de forma crítica, problematizadora e geradora de conhecimento de acordo com

---

[409] ZENAIDE, Maria de Nazaré T. Educação em direitos humanos e democracia: história, trajetórias e desafios nos quinze anos do PNEDH. *Educação & Formação*, v. 3, n. 7, Fortaleza, jan/abr, 2018, p. 137-161. p. 153.

[410] BITTAR, Eduardo C. B. *O Plano Nacional de Educação em Direitos Humanos no Brasil*: um cenário obscuro de implementação. Latin American Human Rights Studies, v. 1 (2021). p. 9.

[411] SILVA, Aida Maria Monteiro; TAVARES, Celma. Educação em direitos humanos no Brasil: contexto, processo de desenvolvimento, conquistas e limites. *Educação* (Porto Alegre, impresso), v. 36, n. 1, p. 50-58, jan./abr. 2013.

[412] SILVA, Aida Maria Monteiro; TAVARES, Celma. Educação em direitos humanos no Brasil: contexto, processo de desenvolvimento, conquistas e limites. *Educação* (Porto Alegre, impresso), v. 36, n. 1, p. 50-58, jan./abr. 2013.

as pautas da sociedade. Eles, ainda, contam com objetivos que podem ser divididos em quatro grupos: (i) questões técnicas, incluindo a formação, a pesquisa e a produção de material; (ii) questões políticas, nas quais se destaca a construção de uma cultura de direitos humanos; (iii) questões técnicas e políticas, consistentes na elaboração de uma proposta curricular que contemple a educação em direitos humanos, a inclusão desta no projeto político pedagógico, a sua inclusão nos cursos de formação de professores e a sua incorporação como eixo norteador dos planos estaduais e municipais de educação; e (iv) questões políticas e de gestão, que abarcam a educação em direitos humanos como critério para avaliação de livros didáticos e paradidáticos a serem adquiridos pelo Estado e o fortalecimento dos conselhos escolares.[413]

Em mais da metade dos planos analisados, a metodologia adotada inclui uma política voltada para o sistema de ensino em sua totalidade, em detrimento de outras opções, como projetos por escolas ou por instituições externas às secretarias.[414] Trata-se de um aspecto positivo, na medida em que possibilita maior permanência e oportuniza a inclusão do conteúdo na formação de professores, concursos públicos de professores e materiais didáticos. Os conteúdos devem ser trabalhados de forma integralizada ao currículo e nos projetos político-pedagógicos; no entanto, poucos planos apresentam ações concretas sobre como pode ocorrer essa integralização na prática.[415] No que se refere às ações previstas, a maioria abrange formação de profissionais. Foram constatadas, ainda, ações sobre produção de material, sem que tenha sido especificado o tipo de material; e monitoramento, sem que tenha sido indicado um órgão responsável por esse processo. Ademais, verificou-se que a maioria dos planos têm suas ações submetidas a um período de curto prazo, de um ou dois anos, e não contam com um item prevendo recursos orçamentários.

Com efeito, com base na pesquisa das autoras, pode-se perceber que os Estados institucionalizaram a educação em direitos humanos

---

[413] SILVA, Aida Maria Monteiro; TAVARES, Celma. Educação em direitos humanos no Brasil: contexto, processo de desenvolvimento, conquistas e limites. *Educação* (Porto Alegre, impresso), v. 36, n. 1, p. 50-58, jan./abr. 2013. p. 54.

[414] SILVA, Aida Maria Monteiro; TAVARES, Celma. Educação em direitos humanos no Brasil: contexto, processo de desenvolvimento, conquistas e limites. *Educação* (Porto Alegre, impresso), v. 36, n. 1, p. 50-58, jan./abr. 2013. p. 54.

[415] SILVA, Aida Maria Monteiro; TAVARES, Celma. Educação em direitos humanos no Brasil: contexto, processo de desenvolvimento, conquistas e limites. *Educação* (Porto Alegre, impresso), v. 36, n. 1, p. 50-58, jan./abr. 2013. p. 55.

em suas respectivas redes, tendo editado planos que pretendem implementá-la em suas unidades. Nada obstante, ainda há obstáculos para alcance de todo o seu potencial, notadamente pela previsão de poucas e genéricas ações de implementação, falta de previsão de recursos orçamentários e ausência de indicação de órgãos para monitoramento.

No mesmo sentido, Maria de Nazaré Zenaide, professora da UFPB, fez um balanço dos primeiros quinze anos do PNEDH e identificou muitos avanços, mas também algumas dificuldades.[416] Entre os avanços, está a criação de uma rede institucional indispensável para a implementação da política. Ela foi marcada pela atuação do Comitê Nacional de Educação em Direitos Humanos (CNEDH), que, de órgão consultivo, também se revelou como um órgão de monitoramento; dos Ministérios da Justiça e da Educação, enquanto órgãos gestores da política em âmbito nacional; e das diversas coordenações, gerências e comitês criados nos Estados. Ao lado da estrutura administrativa, a sociedade civil também foi apontada como indispensável para construir, monitorar e aprimorar a educação em direitos humanos no país, tendo participado de consultas públicas, fóruns e conferências. Além disso, foi importante a inserção dos direitos humanos na educação básica, na segurança pública, em disciplinas, cursos de extensão, especialização, aperfeiçoamento e mestrados interdisciplinares; bem como a normatização das políticas educacionais e o lançamento de diretrizes.

Apesar de tais avanços, é inegável que ainda há algumas necessidades que devem ser atendidas para aprimoramento da política no país. Entre aquelas apontadas pela autora, estão a criação de uma rede de Comitês de educação em direitos humanos, incluindo o Comitê Nacional e os estaduais e municipais; a revisão do PNEDH; o fomento à pesquisa em direitos humanos; a criação de um programa para elaboração de material educativo em direitos humanos; o fomento à formação no tema voltado à educação superior e básica; e o aprimoramento do diálogo entre gestores, associações e o CNEDH.

Ao mesmo tempo, uma análise do cenário nacional evidencia que existem gargalos no que toca ao monitoramento da política de educação em direitos humanos em nosso país. Isso decorre não só da ausência de órgãos responsáveis pelo monitoramento em algumas localidades, mas

---

[416] ZENAIDE, Maria de Nazaré T. Educação em direitos humanos e democracia: história, trajetórias e desafios nos quinze anos do PNEDH. *Educação & Formação*, v. 3, n. 7, Fortaleza, v. 3, n. 7, p. 137-161, 2018. p. 155-160.

também da falta de indicadores para avaliação. A propósito, no ano de 2016, o Instituto de Desenvolvimento e Direitos Humanos (IDDH) apresentou denúncia ao Alto Comissariado das Nações Unidas para os Direitos Humanos (ACNUDH) sobre a falta de monitoramento das políticas de educação em direitos humanos no Brasil e salientou a necessidade de criação de indicadores.[417] No mesmo documento, também foi requerida a instituição, em nível nacional, de um plano de ação para avaliar e implementar o Plano Nacional de Educação em Direitos Humanos, bem como o engajamento da União para que haja a sua implementação nas esferas estaduais e municipais.

Logo, esse panorama demonstra que as primeiras décadas do século XXI foram marcadas por muitos avanços em educação em direitos humanos, mas ainda cabe avançar mais para que ela se torne uma política pública com abrangência e efetividade.[418] Para que isso ocorra, há que se estudar experiências interessantes que constituem exemplos de sua implementação como uma efetiva política de Estado. Passa-se, então, a analisá-las, a fim de que seus êxitos sejam replicados Brasil afora.

4.4.2 A experiência das escolas municipais de São Paulo

O Município de São Paulo é apontado como o pioneiro no país na implantação da educação em direitos humanos em sua rede de ensino.[419] A idealização do projeto começou no início da década de 1990, com proposta apresentada pela Comissão de Justiça e Paz de São Paulo (CJP–SP).[420] Trata-se de uma entidade da sociedade civil, ligada

---

[417] LAPA, Fernanda. O advocacy na ONU sobre a educação em direitos humanos no Brasil. *Cadernos da Defensoria Pública do Estado de São Paulo*, a. 3, v. 3, n. 8, 2016. São Paulo: EDEPE, 2018. p. 86-91.

[418] No mesmo sentido: BITTAR, Eduardo C. B. *O Plano Nacional de Educação em Direitos Humanos no Brasil:* um cenário obscuro de implementação. Latin American Human Rights Studies, v. 1 (2021). p. 15.

[419] ASSOCIAÇÃO CIDADE ESCOLA APRENDIZ. *Centros de Educação em Direitos Humanos da Cidade de São Paulo:* territórios, educação e cidadania. São Paulo: Associação Cidade Escola Aprendiz, 2016. p. 159. Disponível em: https://www.cidadeescolaaprendiz.org.br/wp-content/uploads/2016/04/CEDH-da-cidade-de-S%C3%A3o-Paulo.pdf. Acesso em: 16 nov. 2022.

[420] MENEZES, Caroline Grassi Franco de. *Educação em direitos humanos:* mudança de concepção entre participantes de uma política no município de São Paulo. Dissertação (Mestrado em Educação) – Universidade de São Paulo (USP), São Paulo, 2020. 127 f. p. 23-29.

à Arquidiocese de São Paulo, que cumpriu um papel importante nas experiências até então desenvolvidas na educação informal, enquanto resistência à ditadura militar. Com o fim do período autoritário e a promulgação da Carta de 1988, a entidade passou a lutar pela institucionalização da educação em direitos humanos na rede municipal de São Paulo.

À época, a pasta era chefiada por Paulo Freire, Secretário Municipal de Educação da prefeitura de Luiza Erundina (1989-1992), e a tônica da gestão era instituir uma educação como prática da liberdade, caracterizada por uma metodologia participativa, que colocava os educandos como sujeitos ativos no processo de aprendizagem. Assim, após a proposta da Comissão de Justiça e Paz, a educação em direitos humanos foi integrada a esse projeto de Freire em agosto de 1990.[421] Desde o princípio, havia a percepção de que os direitos humanos deveriam ser ensinados por meio da vivência prática, sob a lógica da transversalidade e alcançando o projeto pedagógico como um todo, inclusive nas relações entre a comunidade escolar.[422] Para que isso fosse concretizado, a Secretaria Municipal de Educação e a Comissão de Justiça e Paz iniciaram um trabalho de formação permanente para multiplicar educadores em direitos humanos.

Todavia, após o final do mandato de Erundina, durante as décadas de 1990 e 2000, as gestões municipais posteriores não deram continuidade aos avanços.[423] Nada obstante, no plano estadual, houve a criação do Comitê Paulista de Educação em Direitos Humanos em 2007. À época, a instituição de tais fóruns era incentivada pelo governo federal e pelo Comitê Nacional de Educação em Direitos Humanos, a fim de formular e implementar tais políticas nos estados. Assim, apesar de não contar com apoio da gestão, a educação em direitos humanos continuou a ser realizada no cotidiano da rede municipal, sob o engajamento da sociedade civil organizada, dos movimentos sociais e de muitos profissionais da educação.

---

[421] MENEZES, Caroline Grassi Franco de. *Educação em direitos humanos*: mudança de concepção entre participantes de uma política no município de São Paulo. Dissertação (Mestrado em Educação) – Universidade de São Paulo (USP), São Paulo, 2020. 127 f. p. 23-29.

[422] MENEZES, Caroline Grassi Franco de. *Educação em direitos humanos*: mudança de concepção entre participantes de uma política no município de São Paulo. Dissertação (Mestrado em Educação) – Universidade de São Paulo (USP), São Paulo, 2020. 127 f. p. 29-30.

[423] MENEZES, Caroline Grassi Franco de. *Educação em direitos humanos*: mudança de concepção entre participantes de uma política no município de São Paulo. Dissertação (Mestrado em Educação) – Universidade de São Paulo (USP), São Paulo, 2020. 127 f. p. 23-29.

Alguns anos depois, nos anos de 2013 a 2016, a educação em direitos humanos voltou a ser uma prioridade da gestão municipal durante o mandato de Fernando Haddad.[424] O prefeito, Paulo Vannuchi e Rogerio Sottili tiveram papel relevante para inserir o tema como prioritário na agenda política de São Paulo.[425] Os três traziam as experiências do Ministério da Educação (2005–2012) na elaboração do PNEDH. Vannuchi, especificamente, ainda trazia uma trajetória pessoal que o aproximava dos direitos humanos: foi um opositor atuante do regime militar, tendo sido preso e torturado em 1971. Assim, a eleição de um prefeito sensível à pauta e com proximidade com o tema constituiu o fluxo político necessário para que a educação em direitos humanos entrasse no plano de governo.

Em seguida, a sua implementação só foi possível em razão do papel desempenhado por Vannuchi e Sottili. Isso, em primeiro lugar, por um aspecto político: eles tinham confiança e fácil acesso ao prefeito e, ainda, dotavam da influência necessária para gerar uma mobilização intersetorial. Em segundo lugar, ambos entendiam que o Estado deveria promover direitos humanos por meio de políticas públicas, e não só defendê-los em caso de violações. Tal convicção foi fundamental para que houvesse a extinção da Comissão Municipal de Direitos Humanos, que se limitava a receber denúncias, e a instituição da Secretaria Municipal de Direitos Humanos e Cidadania de São Paulo (SMDHC-SP) em 2013.

Na sua estrutura, foi criada a Coordenação de Educação em Direitos Humanos (CEDH). Esse órgão dedicou-se a instituir uma política permanente de educação em direitos humanos na rede paulistana, cuja construção dava-se, necessariamente, em conjunto com a comunidade escolar, mediante participação e troca permanente com os atores envolvidos nos territórios.[426] Para tanto, houve a

---

[424] Cf.: CORTEZ, Ana Claudia Salgado. *A educação em direitos humanos no Município de São Paulo:* uma análise sobre a entrada na agenda e formulação da política pública. Dissertação (Mestrado em Direitos Humanos e Cidadania) – Universidade de Brasília (UnB), Brasília, 2018. 176 f.

[425] CORTEZ, Ana Claudia; LOTTA, Gabriela. Empreendedores na construção de uma agenda intersetorial: a política de Educação em Direitos Humanos na cidade de São Paulo entre 2013-2016. *Agenda Política*, v. 7, n. 2, p. 214-244, 2019.

[426] BITTAR, Eduardo C. B. Educación en derechos humanos como política pública: la experiencia de la Coordinación de Educación en Derechos Humanos de la Secretaría Municipal de Derechos Humanos y Ciudadania de la Ciudad de São Paulo. *In: Anuario de Derechos Humanos*, Facultad de Derecho, Universidad de Chile, Chile, n. 13, p. 97-109, 2017.

institucionalização de espaços coletivos de construção e participação, como o Conselho de Educação em Direitos Humanos, o Comitê de Educação em Direitos Humanos, o Núcleo de Educação em Direitos Humanos e diversos grupos de trabalho. Para que a política fosse, de fato, implementada e executada, ela foi inserida no Programa de Metas da Prefeitura, o que contribuiu para gerar o engajamento intersetorial e a mobilização de outras secretarias. No ano de 2016, foi aprovado o Plano Municipal de Educação em Direitos Humanos e a Lei nº 16.493, que inseriu o conteúdo obrigatório de direitos humanos nas disciplinas de história e geografia.

Um dos principais objetivos da política era transformar pessoas dentro da própria SMDHC, educando-as em direitos humanos para que, depois, pudessem replicá-los para fora. Para tanto, foram realizadas parcerias com a Escola de Governo e organizações da sociedade civil, as quais eram responsáveis pela formação de professores e servidores públicos respectivamente.[427] Assim, o tema passou a estar presente em materiais pedagógios, cursos de formação e formações continuadas destinadas aos servidores públicos, os quais, depois, deveriam ser multiplicadores daquele conhecimento, levando-o aos seus territórios.

A fim de incrementar esse processo, foram criados quatro Centros de Educação em Direitos Humanos, que eram polos regionalizados destinados a disseminar a cultura de direitos humanos nas suas respectivas áreas de abrangência (Norte, Sul, Leste e Oeste). Tais centros foram fundamentais para que a política ganhasse capilaridade, deixando de ser um projeto presente somente em algumas unidades, a depender da boa vontade de um ou outro/a educador/a. Trata-se de aspecto essencial em uma metrópole do tamanho e complexidade de São Paulo. Para além disso, os centros também cumpriram um papel importante na articulação entre escola-território e na integração do conhecimento à realidade vivenciada em cada uma das localidades.[428] Afinal, cada uma delas conta com especificidades, decorrentes do seu modo de organização e relações sociais, que devem ser consideradas quando da disseminação, compreensão e prática dos direitos humanos.

---

[427] CORTEZ, Ana Claudia; LOTTA, Gabriela. Arranjos institucionais e capacidades estatais em nível subnacional: A política de educação em direitos humanos de São Paulo. *Cadernos Gestão Pública e Cidadania* – FGV EAESP – CGPC, v. 27, n. 86, jan-abr 2022. p. 9.

[428] MENEZES, Caroline Grassi Franco de. *Educação em direitos humanos:* mudança de concepção entre participantes de uma política no município de São Paulo. Dissertação (Mestrado em Educação) – Universidade de São Paulo (USP), São Paulo, 2020. 127 f. p. 36.

Nesse aspecto, os centros contavam com articuladores oriundos da comunidade local, que faziam a intermediação entre o território e o governo.[429]

Assim, os Centros de Educação em Direitos Humanos ficavam incumbidos de (i) fomentar a cultura de participação e discussão de direitos humanos nos territórios, fortalecendo os espaços democráticos nas escolas e fora das escolas; (ii) promover a articulação no território, a mobilização de diferentes atores e a integração entre escola-território; (iii) elaborar materiais pedagógicos e formar educadores; (iv) disponibilizar um acervo público com conteúdo de direitos humanos; e (v) promover um calendário de atividades culturais e educativas.[430]

Nesse sentido, Caroline de Menezes realizou pesquisa para avaliar os resultados produzidos pelo Centro de Educação em Direitos Humanos Norte.[431] Baseada em entrevistas e leitura de documentos emitidos pelo Município, a pesquisadora constatou que a instituição dos centros foi relevante para espraiar a educação em direitos humanos por toda a rede paulistana. Ademais, o fato de os centros terem sido instituídos para promover articulação nos territórios fez com que eles evitassem a implementação de uma política "de cima para baixo" e buscassem construí-la de forma dialógica com os diferentes atores sociais envolvidos. Outro ponto positivo é que a política contribuiu para incorporação não só de conhecimento, mas também de valores humanistas pelos profissionais da educação e alunos. Daí a importância de que a educação em direitos humanos não se limite a transmitir o conteúdo, mas implique alteração da prática pedagógica como um todo, a fim de possibilitar a vivência de valores de ética republicana e democrática. Todavia, a própria pesquisadora reconhece que, embora a inclusão nos centros fosse obrigatória, algumas unidades educacionais recusaram-se a adotar a educação em direitos humanos na prática. Isso evidencia que, apesar dos esforços, as formações não conquistaram todos os profissionais da educação da mesma maneira.

---

[429] CORTEZ, Ana Claudia; LOTTA, Gabriela. Arranjos institucionais e capacidades estatais em nível subnacional: A política de educação em direitos humanos de São Paulo. *Cadernos Gestão Pública e Cidadania* – FGV EAESP – CGPC, v. 27, n. 86, jan-abr 2022. p. 9.

[430] ASSOCIAÇÃO CIDADE ESCOLA APRENDIZ. *Centros de Educação em Direitos Humanos da Cidade de São Paulo*: territórios, educação e cidadania. São Paulo: Associação Cidade Escola Aprendiz, 2016. 159 p. Disponível em: https://www.cidadeescolaaprendiz.org.br/wp-content/uploads/2016/04/CEDH-da-cidade-de-S%C3%A3o-Paulo.pdf. Acesso em: 16 nov. 2022. p. 41.

[431] MENEZES, Caroline Grassi Franco de. *Educação em direitos humanos*: mudança de concepção entre participantes de uma política no município de São Paulo. Dissertação (Mestrado em Educação) – Universidade de São Paulo (USP), São Paulo, 2020. 127 f.

Ainda na gestão de Haddad, houve também a criação de prêmios que buscavam reconhecer práticas em direitos humanos de unidades escolares, professores, estudantes, grêmios, pessoas físicas e jurídicas. Tais premiações são relevantes para a efetividade da política, pois incentivam a comunidade escolar a realizar tais práticas, promovem reconhecimento àqueles que se destacam e divulgam ideias para serem multiplicadas. A propósito, o diferencial dos prêmios instituídos pelo Município de São Paulo é que eles também alcançavam práticas realizadas por alunos e grêmios, estimulando o engajamento e a prática democrática pelo corpo discente.

Nesse sentido, Marcelo Elias de Oliveira analisou os projetos inscritos em quatro edições do Prêmio Municipal de Educação em Direitos Humanos e apresentados por unidades escolares, professores, estudantes e grêmios.[432] A maioria deles envolvia temas sobre diversidade, tais como étnico-racial, cultural e de gênero. Havia, ainda, muitos projetos sobre cultura, desenvolvimento de habilidades artísticas e comunicacionais, cultura de paz, protagonismo infanto-juvenil, meio ambiente e instituições. Com efeito, com base na pesquisa elaborada, o autor constatou que 49% dos projetos abordavam direitos civis; 33%, direitos econômicos, sociais, culturais e ambientais; e apenas 16%, direitos políticos.

Assim, tal cenário demonstra que há certa desproporcionalidade na abordagem dos direitos humanos, dando-se prevalência a assuntos sobre igualdade, erradicação da violência e resolução pacífica de conflitos, em detrimento de outras questões importantes, como o meio ambiente, autoritarismo, instituições e engajamento cívico. Isso parece indicar que parte dos profissionais ainda têm conhecimento sobre direitos humanos baseado no senso comum, tal como se eles se restringissem aos direitos civis, e têm dificuldades de transpor tal conteúdo para a prática docente. Ademais, com o estudo, pôde-se notar que o foco dos projetos está mais na sensibilização sobre condutas pessoais inadequadas ao convívio social, e menos no estímulo à reflexão sobre problemas maiores existentes na sociedade e que poderiam contar com a participação dos estudantes para solucioná-los.

Ao se analisar os trabalhos premiados, verifica-se que eles apresentam ações variadas. Elas podem ser divididas em cinco categorias:

---

[432] OLIVEIRA, Marcelo Elias de. *Percepções docentes sobre direitos humanos:* um estudo a partir dos projetos inscritos no Prêmio Municipal de Educação em Direitos Humanos na cidade de São Paulo entre 2013 e 2016. Dissertação (Mestrado em Educação) – Universidade de São Paulo (USP), São Paulo, 2018. 122 f.

(i) aquisição, compartilhamento e produção de conehcimentos (*e.g.*, grupos de estudo, pesquisas, vídeos, atividades culturais, aulas); (ii) práticas democráticas (*e.g.*, assembleias com alunos e pais, justiça restaurativa, grêmios estudantis, Conselho das crianças); (iii) comunicação e disseminação de informações (*e.g.*, jornal e rádio escolar, cartazes, livros, peças); (iv) meio ambiente e melhorias das condições físicas e materiais da escola (*e.g.*, bicicletário, revitalização de terreno para esportes, trabalho para acessibilidade, combate ao mosquito da dengue); e (v) solidariedade (*e.g.*, assessoria pedagógia e econômica a indígenas).[433]

Logo, verifica-se que o Município de São Paulo foi pioneiro na implantação da educação em direitos humanos na sua rede, transformando-a em uma política pública com abrangência e capilaridade. Isso só foi possível em razão do empenho da gestão municipal, da formação dos profissionais da educação, da criação de centros regionalizados e da participação social. Nesse aspecto, as organizações da sociedade civil atuaram na articulação com os territórios e, ainda, no desempenho de atividades que o poder público não poderia desempenhar, diante da ausência de recursos humanos e de pessoal.

Apesar dos sucessos, uma análise atenta da política paulistana evidencia que é preciso mais investimentos em uma formação que considere a indivisibilidade dos direitos humanos e vá além dos direitos civis; que incentive a transmudação do simples conhecimento para efetiva prática docente; e que possibilite a reflexão sobre problemas sociais complexos, e não só sobre comportamentos individuais do cotidiano. Ao mesmo tempo, a experiência de São Paulo demonstra que a educação em direitos humanos é mais uma das tantas políticas educacionais de difícil permanência, sujeitando-se a soluções de continuidade quando da troca dos chefes do Poder Executivo.

4.4.3 A experiência das escolas estaduais de Pernambuco

A experiência das escolas públicas estaduais pernambucanas é o exemplo mais conhecido de educação em direitos humanos em nosso país. No ano de 2009, ela conquistou o 1º lugar no Prêmio de Educação

---

[433] KLEIN, Ana Maria; SANTOS, Paula; OLIVEIRA, Flaviana. Educação em direitos humanos como política educacional: análise de projetos premiados na cidade de São Paulo. *Revista Interfaces Científicas-Educação*, v. 10, n. 3, p. 263-274, 2021.

em Direitos Humanos, criado pela Organização dos Estados Íbero-Americanos para a Educação, a Ciência e a Cultura (OEI), em parceria com o MEC e a Secretaria Especial dos Direitos Humanos (SEDH). Ao mesmo tempo, a importância de se analisar tal modelo também decorre das peculiaridades do contexto histórico, social e econômico do Nordeste, marcado por uma grande desigualdade no acesso a direitos básicos e por um passado clientelista. As ações governamentais ainda bebem na fonte do poder e influência de grupos privados, sendo, muitas vezes, executadas mais a serviço de interesses privados do que da população.[434] Essa falta de compreensão sobre o papel do Estado gerou reflexos sobre diversas políticas públicas e impactou os Planos Estaduais de Educação dos períodos de 1976 – 1979, 1980 – 1983 e 1984 – 1987.[435]

Tal cenário começou a se alterar a partir do segundo governo de Miguel Arraes, durante os anos de 1987 a 1990. Daí em diante, a política educacional passou a ser norteada por três diretrizes: (i) universalização da educação fundamental e qualidade e progressiva extensão do ensino médio; (ii) valorização do professorado; e (iii) democratização da gestão.[436] Isso desencadeou uma nova perspectiva de ensino, aprendizagem e avaliação, que deixou de se preocupar somente com a assimilação do conteúdo para passar a investir na problematização, reflexão e crítica. Com isso, possibilitou-se aos alunos o contato com assuntos sobre cultura local, educação ambiental, sexualidade, AIDS, consumo, neoliberalismo, direitos humanos, drogas.[437]

Durante os anos de 1995 a 1998, tal iniciativa foi ampliada pelo Projeto Escola Legal. A ideia era fazer com que a escola fosse um espaço de proteção e defesa dos direitos dos alunos, razão pela qual tais direitos passaram a ser tematizados por meio da literatura, artes plásticas, artes cênicas e música.[438] Entre os objetivos específicos, estava a (i) discussão

---

[434] SILVA, Aida Maria Monteiro. *Escola pública e a formação da cidadania*: possibilidades e limites. Tese (Doutorado em Educação) – Universidade de São Paulo (USP), São Paulo, 2000. 222 f. p. 89.

[435] SILVA, Aida Maria Monteiro. *Escola pública e a formação da cidadania*: possibilidades e limites. Tese (Doutorado em Educação) – Universidade de São Paulo (USP), São Paulo, 2000. 222 f. p. 97.

[436] SILVA, Aida Maria Monteiro. *Escola pública e a formação da cidadania*: possibilidades e limites. Tese (Doutorado em Educação) – Universidade de São Paulo (USP), São Paulo, 2000. 222 f. p. 100.

[437] SILVA, Aida Maria Monteiro. *Escola pública e a formação da cidadania*: possibilidades e limites. Tese (Doutorado em Educação) – Universidade de São Paulo (USP), São Paulo, 2000. 222 f. p. 106.

[438] SILVA, Aida Maria Monteiro. *Escola pública e a formação da cidadania*: possibilidades e limites. Tese (Doutorado em Educação) – Universidade de São Paulo (USP), São Paulo, 2000. 222 f. p. 108.

sobre a concepção do aluno enquanto cidadão de direitos, a educação escolar enquanto direito social constitucional e a dimensão legal, lúdica e prazerosa da escola enquanto instituição social; (ii) realização de atividades sobre os direitos dos alunos; (iii) elaboração e divulgação de materiais e instrumentos normativos sobre os direitos dos alunos; (iv) estímulo à criação dos grêmios estudantis; (v) estímulo à reflexão sobre direitos humanos e o Estatuto da Criança e do Adolescente. Com isso, o projeto almejava transmitir conhecimento sobre tais direitos e, ainda, estimular o engajamento dos alunos, alçando-o ao patamar de protagonista na escola e sociedade. Tratava-se, portanto, do início de uma educação voltada para a cidadania.

Nada obstante, foi em 2007 que se iniciou a implementação da educação em direitos humanos de forma sistemática na rede estadual de Pernambuco. A partir de então, ela deixou de se resumir a ações pontuais para ser dotada de generalidade e permanência, transmudando-se em efetiva política pública. Isso porque a educação em direitos humanos passou a ser gerida por uma estrutura oficial na Secretaria estadual de Educação e alcançar toda a rede de ensino, abrangendo a região metropolitana do Recife, a Zona da Mata, o Agreste e o Sertão.

Tal caminho pode ser dividido em duas fases.[439] A primeira ocorreu durante os anos de 2007 a 2010 e caracterizou-se pela inclusão da educação em direitos humanos em toda a rede de ensino por meio da combinação entre disciplinaridade, mediante a oferta de uma disciplina optativa de direitos humanos, e transversalidade, com sua incidência nos projetos político-pedagógicos das escolas. Durante esses primeiros anos, o foco foi a institucionalização da política. Assim, em 2007, houve a criação da Gerência de Políticas Educacionais em Direitos Humanos, Diversidade e Cidadania (GEDH), com competência para "elaborar, implementar e acompanhar a política de educação em direitos humanos, diversidade e cidadania da Secretaria de Educação do Estado, bem como coordenar as ações do Programa Escola Aberta".[440] Com essa estrutura, em 2008, foi realizada a implantação da matriz curricular unificada para os níveis e modalidades de ensino por meio da Instrução Normativa nº 3/2008. Nessa atualização, o conteúdo dos direitos humanos foi inserido mediante quatro componentes curriculares optativos: direitos humanos e cidadania; educação ambiental; educação e trabalho; história

---

[439] TAVARES, Celma. *Educação em direitos humanos em Pernambuco:* as práticas vivenciadas nas escolas estaduais, Bauru, v. 5, n. 1, p. 225-244, jan./jun. 2017 (8). p. 233.
[440] PERNAMBUCO, Decreto nº 30.362, de 17 de abril de 2007, art. 7º, inc. XXIV.

da cultura pernambucana. Especificamente no componente de educação e cidadania, constam temas como fundamentos históricos dos direitos humanos; direitos civis, políticos, econômicos e sociais; direitos de idosos, mulheres, crianças e adolescentes, pessoas com deficiência; movimentos sociais, mídia, racismo, história dos povos indígena e negro, gênero, entre outros.[441] Assim, dos quatro componentes referidos, as escolas deveriam escolher dois e ofertá-los no contraturno. Ainda em 2008, o tema também foi inserido no projeto político-pedagógico das escolas e foi referido na Base Curricular Comum (BCC).

Daí em diante, nos anos de 2008, 2009 e 2010, iniciou-se o processo de formação continuada de professores em direitos humanos de forma geral e também em áreas temáticas, como educação indígena, ambiental, fiscal, étnico-racial.[442] Em seguida, a Secretaria de Educação passou a realizar uma formação continuada específica sobre práticas pedagógicas em direitos humanos. A ideia era ensinar instrumentos teórico-metodólogicos para que a educação em direitos humanos fosse ministrada, baseando-se na interdisciplinaridade, contextualização e problematização do conteúdo, com base nas vivências das salas de aula. Ademais, os editais de seleções e concursos para profissionais da educação passaram a exigir conteúdos obrigatórios sobre direitos humanos, como a Constituição, o Plano Nacional de Educação, o Plano Nacional de Educação em Direitos Humanos e o Estatuto da Criança e do Adolescente. Ao mesmo tempo, foi criado o "Prêmio Educação Cidadã: direito de todos", cujo objetivo era estimular a produção científica e o conhecimento entre direitos humanos entre docentes e dicentes; e foram realizadas edições da "Mostra Pedagógica de Experiências Bem-sucedidas" da rede pública estadual.

Com efeito, percebe-se que os anos de 2007 a 2010 foram determinantes para implementação da política de direitos humanos na rede estadual de Pernambuco. Durante essa primeira fase, houve a institucionalização da política, por meio da edição de normas, criação de órgão gerenciador, elaboração de planos, alteração do currículo e do projeto político-pedagógico. Ademais, o governo estadual investiu na formação continuada de professores em direitos humanos em geral e

---

[441] TAVARES, Celma. A política de educação em direitos humanos na rede pública estadual de Pernambuco: Um processo em construção. *In*: SIMPÓSIO BRASILEIRO DE POLÍTICA E ADMINISTRAÇÃO DA EDUCAÇÃO, XXVI, 2013, Recife. p. 8.

[442] TAVARES, Celma. A política de educação em direitos humanos na rede pública estadual de Pernambuco: Um processo em construção. *In*: SIMPÓSIO BRASILEIRO DE POLÍTICA E ADMINISTRAÇÃO DA EDUCAÇÃO, XXVI, 2013, Recife. p. 10-11.

em temas setoriais importantes para proteção de minorias, bem como passou a exigir tais conteúdos nos processos de seleção de novos profissionais. Tais ações permitiram que a política saísse do papel e chegasse às salas de aula, ganhando capilaridade. Ao mesmo tempo, a criação de prêmios para aqueles profissionais que se destacam foi fundamental para incentivar a adesão à política, gerando engajamento, reconhecimento e a disseminação de boas práticas.

A partir de 2011, iniciou-se uma segunda fase da educação em direitos humanos na rede estadual de Pernambuco.[443] Nesse ano, por meio da Instrução Normativa nº 02/2011, a Secretaria de Educação retirou a disciplina optativa de direitos humanos do currículo e orientou que o conteúdo passasse a ser trabalhado de forma transversal. Todavia, em 2012, a disciplina foi retomada como obrigatória nas escolas integrais e de educação profissional. Assim, nessa segunda fase, a educação em direitos humanos passou a ser regida pela transversalidade nas escolas de ensino fundamental e médio da rede regular; e pela disciplinaridade nas escolas integrais de ensino médio e na educação profissional. No mais, as ações centraram-se em dar continuidade ao processo formativo de professores, mas dando-se preferência a formações temáticas, como tópicos sobre indígenas, relações étnico-raciais, meio ambiente. Houve, ainda, a elaboração de materiais e diretrizes pedagógicas para orientar os profissionais da educação sobre como implementar a política no seu cotidiano. Entre eles, destacam-se as Orientações Curriculares de Educação em Direitos Humanos, editadas em 2012. Na mesma época, ainda, estavam sendo divulgadas as Orientações Teórico-Metodológicas (OTIM) para os componentes do Ensino Fundamental e Médio, as quais transmitem práticas pedagógicas nas áreas de humanas e incentivam a articulação do conteúdo com os direitos humanos.

Dessa forma, a partir de 2011, iniciou-se uma nova fase no modelo de educação em direitos humanos adotado pela rede estadual de Pernambuco, sendo marcada pelos investimentos em formação dos profissionais da educação e edição de orientações específicas para guiá-los. Essas últimas revestem-se de enorme importância para que a política seja, de fato, implementada, pois promove uma instrução baseada em ações concretas, roteirizando os principais passos e contribuindo para que os professores saiam do piloto automático. Em um cenário em que

---

[443] TAVARES, Celma. A política de educação em direitos humanos na rede pública estadual de Pernambuco: Um processo em construção. *In*: SIMPÓSIO BRASILEIRO DE POLÍTICA E ADMINISTRAÇÃO DA EDUCAÇÃO, XXVI, 2013, Recife. p. 11-14.

os professores estão sobrecarregados e carecem de maior valorização, a efetividade de qualquer política educacional depende de formações continuadas que lhes deem instruções claras e específicas sobre como implementá-la. Ademais, essa segunda fase também foi caracterizada pela alteração do modelo de educação em direitos humanos até então adotado, passando a se concretizar mediante a transversalidade nas escolas regulares e disciplinaridade nas escolas integrais. Tal mudança trouxe pontos positivos, à medida que exigiu que o conteúdo passasse a ser ministrado em todas as disciplinas, incentivando a capilaridade; mas também trouxe outros pontos negativos, uma vez que dificultou o engajamento dos profissionais e o monitoramento pelos gestores.

Diante da notoriedade do modelo de Pernambuco, Celma Tavares elaborou pesquisa com objetivo de analisar as práticas e contribuições da educação em direitos humanos nas escolas públicas estaduais daquele estado.[444] Após a aplicação de questionários e entrevistas, a autora constatou que, mesmo dentro de uma mesma rede estadual, há diferentes modos de abordar o conteúdo dos direitos humanos, havendo boas práticas e outras que merecem ser aperfeiçoadas.

Nessa linha, verificou que havia, por exemplo, formação em direitos humanos para os profissionais da educação, por meio de seminários, oficinas e grupos de estudo. Todavia, a frequência de sua realização não era contínua, sobretudo a partir de 2011. Constatou-se ainda que, de modo geral, as escolas tinham instâncias de participação da comunidade. A maioria delas era composta de conselhos escolares, que eram dotados de um perfil mais administrativo, mas se envolviam com a implementação da educação em direitos humanos mediante participação em reuniões e discussões. Por outro lado, poucas as escolas tinham grêmios institucionalizados e, mesmo naquelas que os tinham, a participação na política era pequena. As agremiações, contudo, são indispensáveis na educação em direitos humanos, pois constituem um dos primeiros espaços de participação política de crianças e adolescentes, incentivando o engajamento dos alunos. Ademais, havia outros espaços destinados à participação da comunidade, como reuniões e palestras; no entanto, o convite era restrito às famílias dos estudantes.

De modo geral, as escolas encaravam o projeto político-pedagógico e o currículo como elementos centrais para a educação

---

[444] TAVARES, Celma. *Educação em direitos humanos em Pernambuco*: as práticas vivenciadas nas escolas estaduais, Bauru, v. 5, n. 1, p. 225-244, jan./jun., 2017 (8).

em direitos humanos. A propósito, 73% das unidades tinham o projeto político-pedagógico articulado com a educação em direitos humanos. Todavia, as Gerências Regionais de Educação (GRE), apesar de serem os órgãos responsáveis, não monitoram como se dá a aplicação desse documento no cotidiano, o que dificulta a efetividade da política. Ademais, no que toca ao currículo, constatou-se que a maior parte dos conteúdos envolviam criança e adolescente, violência, história dos direitos humanos, direitos civis e políticos, movimentos sociais, gênero e meios de comunicação. Também foram mencionados os temas de cidadania, ética, raça, *bullying*, meio ambiente, paz, diversidade sexual, intolerância religiosa, mas em menor proporção.

Com base na pesquisa, foi possível notar que há diferentes opiniões dos profissionais sobre a adoção do modelo disciplinar ou transversal na educação em direitos humanos. Muito embora, atualmente, as escolas adotem a transversalidade como regra e a disciplinaridade somente nas escolas integrais de ensino médio, a maioria dos entrevistados salientou a importância de combinar ambos os modelos para conferir efetividade à educação em direitos humanos. Todavia, verificou-se que, nas escolas que têm a matéria de direitos humanos obrigatória, quase não há projetos realizados de forma transversal; e, nas escolas que trabalham na perspectiva transversal, esta tem se limitado a incidir sobre áreas de humanas e, em regra, na forma de projetos pontuais ou eventos em datas comemorativas. Assim, a adoção do modelo da transversalidade isoladamente não é garantia de que os direitos humanos serão, de fato, transmitidos. Como apontado pelos profissionais entrevistados, "o que acontece é que às vezes não é de ninguém" e "ficar só transversalizando deixa a desejar sem o envolvimento de todos".[445]

No que toca, por sua vez, à metodologia, a pesquisa de Celma Tavares evidenciou que as mais frequentes envolvem aulas expositivas, exposições dialogadas, trabalhos em grupo e pesquisas, bem como produção de vídeos, seminários, estudos de caso e atividades extraclasse. Foram noticiadas, ainda, escolas que investem em protagonismo juvenil e abordam os direitos humanos em feiras de ciências. Há, também, eventos em datas comemorativas, palestras e discussões.

De modo geral, a autora constatou que a educação em direitos humanos tem promovido impactos positivos na rede estadual de

---

[445] TAVARES, Celma. *Educação em direitos humanos em Pernambuco*: as práticas vivenciadas nas escolas estaduais, Bauru, v. 5, n. 1, p. 225-244, jan./jun., 2017 (8). p. 238.

Pernambuco, tais como mudança de comportamento dos alunos; melhoria na aprendizagem; respeito aos outros e às diferenças; participação mais ativa; compreensão dos direitos e deveres; e conscientização sobre o papel de cada um na sociedade.[446] Nada obstante, é possível notar alguns pontos de maior preocupação, tais como a deficiência na formação de profissionais, carência de materiais e falta de monitoramento.

Verifica-se, portanto, que, embora a experiência pernambucana de educação em direitos humanos seja exitosa e mereça ser replicada, é necessário investir em formação continuada com base em fundamentação teórico-metodológica específica de direitos humanos, promover o levantamento da situação dos projetos político-pedagógicos e regimentos internos; criar e fortalecer instâncias de participação, como conselhos e grêmios, e processos de gestão democrática na escola; produzir materiais didático-pedagógicos na área; e realizar o monitoramento da política.[447]

4.5 O quarto ciclo: Retrocessos e impactos da crise da democracia

> *"Creio, porém, que o obstáculo maior que enfrentamos e temos que enfrentar para realizar a mudança da cara da escola é ideológico. Não é fácil remover de nós o gosto das posturas autoritárias."*
>
> (Paulo Freire)

Mais recentemente, o movimento de implementação da educação em direitos humanos vem sofrendo retrocessos, diante da crise da democracia constitucional. Como já visto, esta teve início no Brasil a partir de 2013, com as manifestações que tomaram as ruas do país contra tudo e todos, contra as notícias de corrupção e contra a prestação deficiente de políticas públicas. De lá para cá, o debate público foi

---

[446] TAVARES, Celma. *Educação em direitos humanos em Pernambuco*: as práticas vivenciadas nas escolas estaduais. Bauru, v. 5, n. 1, p. 225-244, jan./jun., 2017 (8). p. 240-241.

[447] TAVARES, Celma. *Educação em direitos humanos em Pernambuco*: as práticas vivenciadas nas escolas estaduais. Bauru, v. 5, n. 1, p. 225-244, jan./jun., 2017 (8). p. 242.

tomado por uma agenda contrária os direitos humanos: fortaleceram-se discursos e práticas contrários a políticas de reconhecimento, a qualquer aparato de proteção social e a garantias para pessoas processadas por crimes. Isso culminou com a eleição de líderes que rechaçam valores igualitários e, por óbvio, não têm interesse em implementar uma educação que os fortaleça. Especificamente no campo da educação, tal crise promove impactos de duas ordens: há duros ataques às políticas educacionais e, ao mesmo tempo, elas são encaradas como um instrumento para propagação de valores autoritários.

4.5.1 Os ataques às políticas educacionais

Uma educação de qualidade não interessa a líderes autoritários que pretendem criar suas próprias realidades e limitar o debate público a um único ponto de vista. Por isso, a educação é comumente um dos alvos preferenciais dos autocratas contemporâneos.[448] Isso se manifesta, com ainda maior força, em políticas educacionais que busquem formar cidadãos com espírito crítico e autonomia para tomar suas próprias decisões, como é o caso da educação em direitos humanos.

No Brasil, tais ataques foram evidentes nos últimos anos. Lembre-se, a propósito, dos cortes de recursos destinados à educação, após a Emenda Constitucional nº 95/2016, que congela os gastos públicos nas áreas de educação e saúde por um prazo de vinte anos. Muito embora seja necessário prezar pela responsabilidade fiscal, a emenda afeta duas áreas que deveriam, ao contrário, ser priorizadas na destinação de recursos públicos, diante do seu papel para assegurar dignidade à população. Ademais, o suposto congelamento equivale, na prática, a uma redução dos recursos públicos destinados a tais áreas, uma vez que as despesas obrigatórias e permanentes continuam crescendo. Trata-se, portanto, de um desserviço à efetividade desses dois direitos fundamentais, em que pese o país não esteja nem perto de alcançar suas próprias metas.

Para além da falta de financiamento público, os ataques também podem ser constatados no desgoverno ocorrido nos últimos anos no campo da educação.[449] Isso ficou evidente durante a condução da

---

[448] STANLEY, Jason. *Como funciona o fascismo*: a política do "nós" e "eles". Porto Alegre [RS]: L&PM, 2020. p. 48-65.
[449] Cf.: O APAGÃO. *Revista Piauí*. Disponível em: https://piaui.folha.uol.com.br/materia/o-apagao/. Acesso em: 29 out. 2022.

pasta na pandemia da covid-19. O governo poderia ter promovido treinamento dos professores para ministrar as aulas de forma remota, oferecido livros didáticos digitais, disseminado o acesso à internet entre os alunos e realizado avaliação para medir o impacto da pandemia na vida escolar. Nada disso, no entanto, foi feito. Para além da omissão na oferta dessas prestações, o MEC sequer realizou a coordenação dos sistemas de educação, sob o pretexto da decisão do STF que afirmou a autonomia dos Estados e Municípios para adotarem medidas de combate à pandemia.[450] A decisão, contudo, não dava um salvo-conduto para que o governo federal permanecesse inerte durante o período emergencial. Em verdade, a atuação da União era obrigatória ante a sua competência de coordenar a política nacional de educação, articulando os diferentes níveis e sistemas (art. 8º, *caput* e §1º, da LDB); e, ainda, indispensável para direcionar os gestores estaduais e municipais na condução da crise.

O cenário, ainda, foi agravado por outros fatores. Houve nomeação de pessoas sem qualquer experiência em educação para integrar cargos importantes na pasta e, também, sucessivas trocas de ministros, o que dificultou a continuidade de qualquer projeto que se pretendia implementar. O apagão dos dados também foi um problema que obstaculizou o desenho e o monitoramento das políticas educacionais.[451] Ele decorreu do atraso na realização do censo demográfico, de interpretações precipitadas da Lei Geral de Proteção de Dados (LGPD – Lei nº 13.709/2018)[452] e do empacotamento do Inep,[453] autarquia responsável pela produção de indicadores da educação brasileira.

Tais ataques prejudicaram o desenvolvimento de uma educação em direitos humanos por diversos aspectos. De plano, nota-se que a vigência de um projeto de poder que tem a educação como alvo dificulta a implementação de qualquer política educacional, notadamente aquelas que tem por objetivo formar cidadãos emancipados, com

---

[450] STF, ADI 6.343, Plenário, rel. min. Marco Aurélio, red. do acórdão min. Alexandre de Moraes, j. 6/5/2020, *DJe* 17/11/2020.

[451] GOIS, Antônio. Apagão de dados educacionais é preocupante. *O Globo*. Disponível em: https://oglobo.globo.com/brasil/antonio-gois/coluna/2022/08/apagao-de-dados-educacionais-e-preocupante.ghtml. Acesso em: 29 out. 2022.

[452] A EDUCAÇÃO sem bússola. *Revista Piauí*. Disponível em: https://piaui.folha.uol.com.br/educacao-sem-bussola/. Acesso em: 29 out. 2022.

[453] Cf.: O APAGÃO. *Revista Piauí*. Disponível em: https://piaui.folha.uol.com.br/materia/o-apagao/. Acesso em: 29 out. 2022; O ENEM em voo cego. *Revista Piauí*. Disponível em: https://piaui.folha.uol.com.br/o-enem-em-voo-cego/. Acesso em: 29 out. 2022.

consciência crítica e autonomia. A redução do financiamento público dificulta ainda mais uma educação em direitos humanos, pois, quando há poucos recursos, estes passam a ser direcionados para o custeio do básico, e não para uma política transversal, ainda vista como acessória no Brasil. Torna-se mais difícil, por exemplo, a elaboração de materiais didáticos, o treinamento de professores e a instituição de novos modelos pedagógicos. Ao mesmo tempo, a falta de uma coordenação nacional faz com que a educação em direitos humanos não seja encarada como um projeto institucional, sendo implementada de forma esparsa pelo país, a depender de iniciativa e boa vontade dos gestores locais. Por fim, o apagão dos dados é um problema para qualquer política pública, pois obstaculiza o monitoramento não só pela sociedade, mas pelo próprio governo, em prejuízo ao seu aprimoramento.[454] No que diz respeito a uma política relativamente recente, como é o caso da educação em direitos humanos, os danos são ainda maiores, diante da importância dos dados para identificação de êxitos que merecem ser replicados e problemas que devem ser sanados. Logo, tais ataques inevitavelmente promoveram retrocessos na educação em direitos humanos no Brasil.

4.5.2 A instrumentalização da educação para propagação do autoritarismo

Sob uma segunda perspectiva, para além dos ataques, a crise da democracia se vale da instrumentalização da educação para propagação de valores autoritários, como submissão, intolerância e desigualdade. Trata-se de um campo estratégico para autocratas que pretendem perpetuar seu projeto de poder, injetando seus valores nas próximas gerações e incidindo sobre o futuro do país. Comumente, essa intenção vem disfarçada por discursos com forte apelo social, como a proteção das crianças, da família e das liberdades de expressão, religião e aprendizado.

É o que se vê, por exemplo, nos recentes ataques dirigidos a Paulo Freire.[455] O educador é autor de um método pioneiro que alfabetiza e, ao mesmo tempo, incentiva a reflexão crítica sobre a realidade com

---

[454] BARCELLOS, Ana Paula de. Políticas públicas e o dever de monitoramento: "levando os direitos a sério". *Revista Brasileira de Políticas Públicas*, Brasília. v. 8, n. 2, p. 251-265, 2018.

[455] Cf.: LIMA, Maria Jocelma; COSTA NETO, Francisco Alves; SILVA, Cicero. Ataques à educação: um olhar sobre as críticas que o educador Paulo Freire vem sofrendo do atual governo Bolsonaro. *Educação em Debate*, Fortaleza, ano 43, n. 85, p. 58-74, maio/ago. 2021.

objetivo de transformá-la. Ao tempo da ditadura militar, Freire já havia sido acusado de propagar o comunismo e precisou viver exilado por quinze anos. Agora, tempos depois, a crise da democracia reacendeu a prática desses ataques por grupos conservadores e, ainda, pela cúpula do governo federal. Tal ofensiva não é à toa, mas decorre das visões do autor sobre a concepção libertadora de educação; sobre a comunicação; e a sua rejeição ao fatalismo.[456] Assim, para Freire, a educação deveria contribuir para a problematização da realidade e o rompimento das relações de opressão. Ao mesmo tempo, ele ensinava os alunos a questionar as informações que chegavam até eles, incentivando uma leitura crítica da mídia e uma comunicação baseada na troca com os oprimidos, e não no seu silenciamento. Tais reflexões deveriam servir para que os educandos não se acomodassem ao mundo, mas se reconhecessem como aptos a modificá-lo e se engajassem nessa transformação.

Por isso, tal pedagogia libertadora não interessa a líderes autoritários. Em verdade, ela os assusta, na medida em que incentiva a reflexão sobre o mundo e o desenvolvimento de espíritos críticos que depois podem se voltar contra a opressão perpetrada pelo regime. Na visão deles, a educação deve se restringir à lógica bancária, na qual o conhecimento é depositado nos alunos, a fim de que se tornem aptos a produzir e trabalhar. Ademais, as críticas a Freire baseiam-se na acusação de que a sua proposta pedagógica não é neutra, mas é impregnada por uma ideologia de esquerda utilizada para "doutrinação" dos alunos.[457] Todavia, embora o autor reconheça o caráter político e a ausência de neutralidade da educação, ele defende que a escola não pode ser um local para imposição de saberes, mas há de ser dialógica e democrática, permitindo que os educandos tenham suas próprias opiniões. Logo, de modo geral, constata-se que Paulo Freire representa um dos alvos político-ideológicos da extrema direita, tendo sido eleito como um inimigo a ser combatido e culpabilizado pelos eventuais fracassos da educação.

Essa ofensiva contra as ideias de Paulo Freire é o pano de fundo para outros ataques praticados contra a discussão de determinados

---

[456] PASTI, André; PORTUGAL, Alfredo Luiz. Por que trabalho e legado de Paulo Freire são alvos de tanta desinformação?. *Carta Capital*, 2021. Disponível em: https://www.cartacapital.com.br/blogs/intervozes/por-que-trabalho-e-legado-de-paulo-freire-sao-alvos-de-tanta-desinformacao/. Acesso em: 22 nov. 2022.

[457] MILITÃO, Andréia; GIORGI, Cristiano. Paulo Freire: o educador proibido de educar. *Revista Retratos da Escola*, Brasília, v. 14, n. 29, p. 279-299, maio/ago. 2020.

temas setoriais em sala de aula. Nesse sentido, a instrumentalização da educação para perpetuação de valores autoritários também pode ser observada nos recentes movimentos contrários a estudos de gênero nas universidades e escolas, sob o pretexto de resguardar a família tradicional e a inocência das crianças. A estratégia já chegou ao ponto de proibir discussões sobre o tema em universidades públicas, como na Carolina do Norte nos Estados Unidos da América;[458] revogar o credenciamento e o financiamento de programas em universidades, como na Hungria;[459] e fechar universidades que tinham currículos que incluíam a temática, como a Universidade Europeia de São Petesburgo na Rússia.[460] Especificamente no Brasil, os ataques aos assuntos de gênero ganharam notoriedade a partir de 2015, por meio do movimento Escola Sem Partido. Na época, foram aprovados diversos projetos de lei que pretendiam combater a "doutrinação" de esquerda nas escolas, valendo-se da proibição de discussões políticas, religiosas, ideológicas, de gênero. Valendo-se de termos vagos e genéricos, os seus defensores usam o discurso de defesa dos direitos à liberdade de opinião política, liberdade religiosa, laicidade do Estado e proteção integral das crianças para violar a liberdade acadêmica, o pluralismo de concepções pedagógicas e a igualdade. Não à toa, o STF declarou, em sede de controle concentrado, a inconstitucionalidade dessas leis aprovadas.[461]

Ao mesmo tempo, vê-se um movimento semelhante nos ataques perpetrados contra o ensino de teoria crítica da raça[462] nas escolas e universidades norte-americanas. Em síntese, conservadores radicais têm se insurgido contra quaisquer ideias que examinam a raça sob uma perspectiva histórica, que a reconhecem como produto de uma

---

[458] STANLEY, Jason. *Como funciona o fascismo*: a política do "nós" e "eles". Porto Alegre [RS]: L&PM, 2020. p. 57.

[459] HUNGARY'S PM bans gender study at colleges saying 'people are born either male or female'. *CNN*. Disponível em: https://edition.cnn.com/2018/10/19/europe/hungary-bans-gender-study-at-colleges-trnd/index.html. Acesso em: 25 ago. 2021.

[460] THE CHRISTIAN SCIENCE MONITOR. *Why is someone trying to shutter one of Russia's top private universities?* Disponível em: https://www.csmonitor.com/World/Europe/2017/0328/Why-is-someone-trying-to-shutter-one-of-Russia-s-top-private-universities. Acesso em: 25 ago. 2021.

[461] STF, ADI 5.537, Plenário, rel. min. Roberto Barroso, j. 24/8/2020, *DJe* 17/9/2020; ADPF 460, Plenário, rel. min. Luiz Fux, j. 29/6/2020, *DJe* de 13/8/2020; ADPF 467, Plenário, rel. min. Gilmar Mendes, j. 29/5/2020, *DJe* 7/7/2020; ADPF 457, Plenário, rel. min. Alexandre de Moraes, j. 27/4/2020, *DJe* 3/6/2020.

[462] Cf.: LYNN, Marvin; DIXSON, Adrienne D. (ed.). *Handbook of critical race theory in education*. 2. ed. New York: Routledge, 2022.

construção social e que defendem medidas de reparação. Para tanto, eles alegam que tal teoria constitui uma "doutrinação", advoga um "marxismo identitário" e incentiva a divisão do país. Sob essa premissa, adota-se uma série de estratégias para impedir a sua propagação, como a aprovação de leis para penalizar escolas ou professores que a ensinam e, ainda, para obrigar faculdades a pesquisar ideias concorrentes, sob pena de sofrerem corte de recursos públicos. Assim, tal movimento institui uma espécie de censura, pois proíbe determinadas discussões em sala de aula e silencia os profissionais da educação. Trata-se, em verdade, de uma estratégia para impedir a plena participação de grupos marginalizados na vida cívica[463] e para atenuar o desconforto sofrido por determinadas pessoas quando são confrontadas com seus privilégios.[464]

Para evitar os debates sobre gênero, raça e limitá-los a um único ponto de vista, governos autoritários investem no cerceamento do direito à liberdade acadêmica. Nesse cenário, professores são censurados no seu discurso ou perseguidos, caso optem por não se curvar à ideologia dominante, e estudantes são impedidos de fazer manifestações, de se associar e reivindicar seus direitos. As violações podem ocorrer em diversos níveis, envolvendo vigilância em salas de aula, transferência de unidade, assédio e autocensura. Durante a época do movimento Escola Sem Partido, os alunos da educação básica eram encorajados a filmar ou gravar áudios de professores em salas de aula, instituindo-se uma espécie de censura velada. Mais recentemente, tais violações passaram a ocorrer em número ainda mais significativo nas instituições de ensino superior.[465]

Lembre-se, a propósito, do relatório sigiloso elaborado pelo Ministério da Justiça e Segurança Pública contra servidores federais e estaduais identificados como integrantes do "movimento antifascismo". Entre os investigados, constavam três professores universitários. Como resposta, o STF declarou a inconstitucionalidade de tais atos, diante do desvio de finalidade e da violação aos direitos de liberdade de

---

[463] LÓPEZ, F.; MOLNAR, A.; JOHNSON, R.; PATTERSON, A.; WARD, L.; KUMASHIRO, K. *Understanding the attacks on Critical Race Theory*. Boulder, CO: National Education Policy Center. Disponível em: http://nepc.colorado.edu/publication/crt. Acesso em: 20 nov. 2022.

[464] HUQ, Aziz. *The conservative case against Banning Critical Race Theory*. Disponível em: https://time.com/6079716/conservative-case-against-banning-critical-race-theory/. Acesso em: 21 fev. 2022.

[465] CENTRO DE ANÁLISE DA LIBERDADE E DO AUTORITARISMO (LAUT). *Violações à liberdade acadêmica no Brasil*: caminhos para uma metodologia. São Paulo, 2022. Disponível em: https://laut.org.br/wp-content/uploads/2022/09/Pensar-sem-medo_4_V6.pdf. Acesso em: 22 nov. 2022.

expressão, privacidade, reunião e associação.[466] Em outro episódio, durante as eleições de 2018, a Justiça Eleitoral apreendeu panfletos e faixas em defesa da democracia em universidades por todo o país, sob o pretexto de que o local não poderia ser utilizado para campanha partidária, mesmo quando não faziam qualquer referência a candidatos. No ano de 2020, o STF também declarou a inconstitucionalidade de tais atos, tendo ressaltado que o pluralismo de ideias está na base da autonomia universitária.[467]

Ademais, a instrumentalização da educação para propagação de valores conservadores também se dá pela tentativa de implantação do ensino domiciliar (*homeschooling*). A ideia deste é que a escolarização formal não seja realizada nas instituições oficiais de ensino, mas na própria casa do/a educando/a pelos pais ou por terceiros por eles escolhidos. Como visto, para além dos prejuízos à sociabilidade e ao desenvolvimento da pessoa, o ensino domiciliar atribui à família um papel proeminente na definição do conhecimento que chegará ao/à educando/a, visando a incutir nele/a a visão de mundo de seus pais. Com isso, viola-se o pluralismo de concepções pedagógicas e a concepção de criança como sujeito de direitos.

Na mesma linha, tem-se o projeto político de militarização de escolas públicas. No ano de 2019, uma das principais políticas educacionais anunciadas pelo então novo governo foi o Programa Nacional das Escolas Cívico-Militares.[468] Sob a justificativa de alçar as escolas a um nível de excelência, o programa busca adotar um modelo caracterizado pela atuação de militares na gestão educacional, didático-pedagógica e administrativa das escolas civis.[469] De fato, a proposta, à

---

[466] STF, ADPF 722, Plenário, rel. min. Cármen Lúcia, j. 16/5/2022, *DJe* 9/6/2022.

[467] STF, ADPF 548, Plenário, rel. min. Cármen Lúcia, j.15/5/2020, *DJe* 9/6/2020.

[468] BRASIL. Decreto nº 10.004, de 5 de setembro de 2019. Institui o Programa Nacional das Escolas Cívico-Militares. *Diário Oficial da União* de 6/9/2019.

[469] Sobre a distinção entre escolas militares e escolas civis: "É importante registrar, no entanto, que as escolas propriamente militares fazem parte de um sistema específico que não é regulado pela Lei de Diretrizes e Bases da Educação Nacional (LDB), uma vez que o seu Artigo 83 dispõe que o ensino militar é regulado em lei específica. Portanto, a comparação da dinâmica escolar de unidades pertencentes a sistemas diferentes, regidos por legislação e normas diferentes nem sempre pode ser eficaz, já que as normativas aplicadas a uma não são necessariamente adequadas à outra. As escolas militares organizam-se com base em rígida hierarquia, férrea disciplina, obediência incontestável aos superiores, proibição de determinados comportamentos socialmente normais em outros ambientes como demonstração de afeto, uso de adereços, cortes personalizados de cabelo, entre outros elementos que marcam a identidade das pessoas, particularmente em uma fase como a adolescência. O ensino escolar civil, por sua vez, tem seus princípios insculpidos no Artigo 206 da Constituição Federal de 1988 que inclui, entre outros, igualdade de condições para

primeira vista, parece ser convidativa para pais que pretendem ver seus filhos disciplinados e afastados da criminalidade. Para muitas famílias vulneráveis, o fato de um/a filho/a estudar em uma escola militar representa sinal de excelência e retidão, além de trazer a esperança de que dias melhores podem vir após a formação.

Trata-se, todavia, de uma falsa expectativa. De início, porque inexiste qualquer comprovação de que o modelo militar tem maior excelência do que o modelo regular.[470] Em verdade, as unidades militares aplicam provas e fazem uma pré-seleção dos melhores alunos como etapa preparatória à matrícula; e, ainda, são destinatárias de um maior volume de recursos em termos proporcionais ao número de alunos matriculados, quando comparadas às unidades regulares. Ademais, alguns vídeos que têm circulado nas redes sociais demonstram que as escolas cívico-militares não estão tão longe assim da criminalidade. Neles, pode-se ver alunos entoando cantos dos quartéis dos anos 70, encorajando a violência e a tortura;[471] policiais ameaçando agredir estudantes;[472] uma jovem com deficiência física ser morta a tiros;[473] e crianças marchando com réplicas de fuzis.[474]

Há problemas, ainda, que envolvem a contratação de profissionais que não são da educação para atuarem em escolas, em razão do simples fato de serem militares. Para além do desvio de função e da falta de expertise, a Constituição de 1988 prevê que o ensino deve ser ministrado

---

o acesso e a permanência na escola, gratuidade do ensino em estabelecimentos oficiais, liberdade de divulgar o pensamento, pluralismo de ideias e, especialmente, gestão democrática". (MENDONÇA, Erasto Fortes. Militarização de escolas públicas no DF: a gestão democrática sob ameaça. *Revista Brasileira de Política e Administração da Educação*, v. 35, n. 3, p. 595-596, 2019.).

[470] ESCOLAS militares e colégios civis com mesmo perfil têm desempenho similar. *Folha de São Paulo*. Disponível em: https://www1.folha.uol.com.br/educacao/2019/02/escolas-militares-e-colegios-civis-com-mesmo-perfil-tem-desempenho-similar.shtml . Acesso em: 21 nov. 2022.

[471] ALUNOS de escola pré-militar entoam cantos fascistas que exaltam violência. *Mídia Ninja*. Disponível em: https://midianinja.org/news/video-alunos-de-escola-pre-militar-entoam-cantos-fascistas-que-exaltam-violencia/. Acesso em: 21 nov. 2022.

[472] 'TE arrebento': PMs ameaçam alunos escolas cívico-militar do DF. *Yahoo*. Disponível em: https://br.noticias.yahoo.com/te-arrebento-p-ms-ameacam-alunos-de-escola-civico-militar-do-df-133245867.html. Acesso em: 21 nov. 2022.

[473] ALUNOS fogem em meio ataque a escola na Bahia. *Estado de Minas*. Disponível em: https://www.em.com.br/app/noticia/nacional/2022/09/26/interna_nacional,1398215/video-alunos-fogem-em-meio-ataque-a-escola-na-bahia.shtml. Acesso em: 21 nov. 2022.

[474] MILITARIZAÇÃO das escolas: sob o comando de militar, crianças marcham e treinam com réplicas de fuzis em escolas. *Esquerda Diário*. Disponível em: https://www.esquerdadiario.com.br/VIDEO-Sob-o-comando-de-militar-criancas-marcham-e-treinam-com-replicas-de-fuzis-em-escola. Acesso em: 21 nov. 2022.

com a valorização dos profissionais da educação escolar (art. 206, V). Além disso, o modelo de escolas cívico-militares é incompatível com o princípio da gestão democrática do ensino público (art. 206, VI, da CRFB), por ser regido pela lógica da hierarquia e disciplina.[475] De todo modo, mesmo que assim não fosse, o fato de os investimentos em novas unidades de educação se limitarem, basicamente, à criação de escolas cívico-militares ocasiona violação ao pluralismo de concepções pedagógicas (art. 206, III, da CRFB). Há que se permitir à população eleger o modelo que lhe aprouver, mas, para que tal escolha seja verdadeiramente livre, é preciso que haja opções diversas e que todas sejam igualmente dotadas de qualidade.

Com efeito, o movimento de instrumentalização da educação para perpetuação de valores conservadores e autoritários dificulta ainda mais a implementação da educação em direitos humanos. Em primeiro lugar, ele pretende acabar com qualquer possibilidade de a educação instigar a reflexão e a transformação da realidade, resumindo-a ao ato de depositar conhecimento nos alunos e prepará-los para o trabalho. Entretanto, a finalidade da educação em direitos humanos não se limita à transmissão do conteúdo, mas também pretende instigar a formação de valores democráticos e o engajamento na luta por transformação. Para que isso se operacionalize, o primeiro passo é reconhecer o caráter político da educação e o seu compromisso com a redução de desigualdades.

Em segundo lugar, tais retrocessos rompem com a lógica da pluralidade de concepções pedagógicas e pretendem limitar a transmissão do conhecimento a um único ponto de vista – aquele que se compatibiliza com os padrões de gênero, raça e religião dominantes ou com os valores da família. Isso é, ainda, agravado pelas violações e resfriamentos à liberdade de expressão da comunidade escolar, como a proibição de determinados discursos, perseguição de professores e fechamento de cursos. Trata-se, então, de uma guinada incompatível com uma educação que pretenda transmitir diferentes perspectivas para que os estudantes se emancipem e façam suas próprias escolhas com autonomia. Ao mesmo tempo, a educação para democracia deve considerar o pluralismo existente na sociedade para que sejam formadas gerações engajadas na luta pela igualdade e não discriminação. Ignorar

---

[475] MENDONÇA, Erasto Fortes. Escolas cívico-militares: cidadãos ou soldadinhos de chumbo? *Revista Retratos da Escola*, Brasília, v. 13, n. 27, p. 621-636, set./dez. 2019.

a diversidade de raça, gênero, religião e opiniões políticas em nada contribui para esse processo.

Em terceiro lugar, o modelo político-pedagógico incentivado por governantes autoritários também vai na contramão da educação para democracia. Afinal, para que ela se operacionalize, há que se estimular um espaço de trocas recíprocas entre alunos e professores, onde aqueles não sejam submissos a uma autoridade adulta e estes não sejam vistos como soberanos absolutos. Todavia, tanto as propostas de educação domiciliar quanto de escolas cívico-militares contrariam isso. A primeira baseia-se em um relacionamento exclusivo entre aluno e professor, calcado na submissão daquele à autoridade deste; ao passo que a segunda funda-se em um regime de rígida hierarquia e obediência, instituindo constrangimentos morais e inibindo a formação de espíritos contestadores. No que toca à educação domiciliar, a falta de convivência com outros alunos também contribui negativamente para a educação para democracia, uma vez que empobrece os relacionamentos sociais, reduz os estímulos e não desenvolve a habilidade de respeitar os direitos de terceiros. Logo, o fortalecimento do conservadorismo e de uma agenda contrária aos direitos humanos impacta negativamente políticas que pretendam instituir uma educação emancipadora.

4.5.3 A educação em direitos humanos na crise da democracia

O impacto da crise da democracia sobre a educação em direitos humanos não se restringiu somente ao campo do discurso ou da guerra cultural, mas implicou a completa descontinuidade da política que vinha sendo implementada nos últimos anos.[476]

No ano de 2019, a Secretaria de Educação Continuada, Alfabetização, Diversidade e Inclusão (SECADI), órgão até então responsável pela política, e o Pacto Universitário para Educação em Direitos Humanos tiveram suas atividades encerradas. A partir daí, a educação em direitos humanos deixou de ser uma das atribuições do

---

[476] Cf.: INSTITUTO AURORA. *Panorama Educação em Direitos Humanos no Brasil*: o biênio 2019-2020 e a perspectiva futura. 2021. Disponível em: https://institutoaurora.org/wp-content/uploads/2021/04/Relato%CC%81rio-EDH-pt-br-compactado.pdf. Acesso em: 25 nov. 2022; GRUPO DE TRABALHO DA SOCIEDADE CIVIL PARA A AGENDA 2030. *IV Relatório Luz da Sociedade Civil da Agenda 2030 de Desenvolvimento Sustentável Brasil*. 2020. Disponível em: https://brasilnaagenda2030.files.wordpress.com/2020/08/por_rl_2020_web-1.pdf. Acesso em: 25 nov. 2022. p. 26.

MEC para passar a integrar o Ministério da Mulher, da Família e dos Direitos Humanos (MMFDH). Mesmo que continuasse existindo uma Coordenação-Geral de Educação em Direitos Humanos no MMFDH, ela era composta por pouquíssimas pessoas, não possuía proposições e se restringia a dar continuidade ao Programa Nacional de Educação Continuada (PNEC), disponibilizando conteúdos na plataforma *on-line* da Escola Nacional de Administração Pública (ENAP).[477]

Ainda em 2019, houve a extinção do Comitê Nacional de Educação em Direitos Humanos (CNEDH) por meio do Decreto nº 9.759, de 11 de abril de 2019, que deu fim a uma série de colegiados na Administração Pública federal. Embora o STF tenha suspendido liminarmente parte do decreto, tal medida não alcançou o CNEDH, na medida em que ela apenas restabeleceu os conselhos previstos em lei.[478] A decisão, contudo, poderia ter ido além, deixando de se ater somente aos aspectos formais para reconhecer que o ato normativo impugnado também era inconstitucional sob o prisma material. Afinal, sob o pretexto de regulamentar órgãos integrantes da Administração Pública federal, o decreto extinguiu espaços destinados à participação da sociedade civil, maculando o princípio democrático e o mandamento de participação popular na formulação e controle de políticas públicas (arts. 1º e 204, I). A propósito, no que se refere aos direitos de crianças e adolescentes, a Carta de 1988 prevê expressamente a necessidade de que as ações governamentais sejam realizadas com base na participação da população (art. 227, §7º).

Tais retrocessos também se espraiaram pelos estados. Nesse sentido, o Instituto Aurora realizou pesquisa para apurar o panorama da educação em direitos humanos no Brasil no biênio 2019-2020.[479] O estudo debruçou-se sobre três pontos principais: existência de um documento orientador para a política no âmbito dos estados; presença

---

[477] INSTITUTO AURORA. *Panorama Educação em Direitos Humanos no Brasil:* o biênio 2019-2020 e a perspectiva futura. 2021. Disponível em: https://institutoaurora.org/wp-content/uploads/2021/04/Relato%CC%81rio-EDH-pt-br-compactado.pdf. Acesso em: 25 nov. 2022. p. 30-33.

[478] A medida cautelar foi deferida em 2019 pelo Ministro Marco Aurélio. Após a sua aposentadoria, os autos foram redistribuídos para o Ministro André Mendonça, mas até hoje não foi julgado definitivamente. Com a alteração do governo em 2023, há a expectativa de que esse seja um dos decretos revogados e o feito perca o seu objeto. (STF, ADI 6.121-MC, Plenário, rel. min. Marco Aurélio, j. 13/6/2019, *DJe* 28/11/2019.).

[479] INSTITUTO AURORA. *Panorama Educação em Direitos Humanos no Brasil:* o biênio 2019-2020 e a perspectiva futura. 2021. Disponível em: https://institutoaurora.org/wp-content/uploads/2021/04/Relato%CC%81rio-EDH-pt-br-compactado.pdf. Acesso em: 25 nov.2022.

de um órgão colegiado ativo de educação em direitos humanos; e existência de um órgão público responsável pela sua implementação. Diante disso, os estados foram pontuados de acordo com esse grau de institucionalização: aqueles que preencheram os três pontos, tiveram tal grau avaliado como "alto"; aqueles que preencheram dois pontos, como "médio"; aqueles que só preencheram um ponto, como "baixo"; e aqueles que não preencheram nenhum deles, como "nenhum". Nesse padrão, "apenas 1 estado tem nível alto (ES); 8 estados têm nível médio (PR, SP, MG, RJ, MS, TO, MA, PI); 8 estados têm nível baixo (RS, MT, DF, AC, BA, SE, PE, CE), 3 estados não têm nenhum nível de institucionalização (SC, GO, PB) e em 7 estados não foi possível constatar por falta de dados (RO, AM, RR, PA, AP, RN, AL)".[480] Note-se que Pernambuco, por exemplo, que já foi uma referência na educação em direitos humanos em nosso país, hoje tem grau baixo de institucionalização da política.

Logo, tais dados demonstram que os retrocessos provocados pela crise da democracia não se restringiram ao campo do discurso ou da guerra cultural, mas afetaram a própria institucionalidade da política de educação em direitos humanos. Ainda que o PNEDH tenha permanecido em vigor, a prática revela a completa descontinuidade da política. Isso ocorreu não só em razão do desgoverno no campo da educação, mas também de uma ausência de vontade política, enquanto produto do distanciamento ideológico da cúpula com os direitos humanos. Ao mesmo tempo, a extinção do CNEDH também contribuiu para tal descontinuidade. Como dito, tratava-se de instância colegiada destinada a deliberar sobre educação em direitos humanos, o que conferia permanência à política em razão da periodicidade das reuniões. Ademais, o CNEDH, com o tempo, deixou de ser mero órgão consultivo para também assumir o papel de monitoramento. Assim, sendo extinto, a política perdeu um dos importantes fatores que lhe garantiam continuidade, controle e aprimoramento. Para além disso, a extinção do CNEDH tem um papel simbólico, no sentido de dar o recado de que aquela política não é mais uma prioridade para o governo. Nesse contexto, em um cenário de escassez de recursos, desvalorização de professores e pandemia da covid-19, é natural que a educação em

---

[480] INSTITUTO AURORA. *Panorama Educação em Direitos Humanos no Brasil:* o biênio 2019-2020 e a perspectiva futura. 2021. Disponível em: https://institutoaurora.org/wp-content/uploads/2021/04/Relato%CC%81rio-EDH-pt-br-compactado.pdf. Acesso em: 25 nov. 2022. p. 38.

direitos humanos também tenha deixado de ser uma prioridade para gestores e comunidade escolar nos estados e municípios.

Destarte, a crise da democracia impactou a educação em direitos humanos e trouxe novos desafios para a sua efetividade. Eduardo Bittar, a propósito, apontou alguns desses desafios: (i) criação de condições para sua implementação, incluindo incentivos, investimentos, institucionalidade e oficialidade a esse processo; (ii) monitoramento dessa implementação; (iii) recuperação do *éthos* democrático, dando fim à crise vigente; (iv) enfrentamento das intolerâncias, descrença, desconfiança e estilhaçamento das interações sociais, retomando a possibilidade do diálogo; (v) atuação ante o crescimento da violência no Brasil; (vi) combate às violações à autonomia profissional de educadores; (vii) atuação diante da penúria do país; (viii) sobrevivência da educação em direitos humanos, diante do enfraquecimento dos movimentos sociais, que contribuem para a educação informal em direitos humanos; (ix) produção de materiais de qualidade, didáticos e pedagógicos, que subsidiem a educação em direitos humanos; (x) alcance de metas sociais concretas e finalísticas; (xi) reconexão com experiências semelhantes na América Latina; (xii) rearticulação da representatividade e capacidade de promover políticas públicas pelo CNEDH; e (xiii) atualização e melhorias para fazer frente aos desafios atuais do país.[481]

4.5.4 A educação em direitos humanos no governo Lula 3

Embora seus efeitos ainda possam ser sentidos especialmente nos estados e municípios, os retrocessos provocados pela crise da democracia se arrefeceram em janeiro de 2023, com o início do governo Lula 3. Na estrutura do Ministério da Educação, foi recriada a Secretaria de Educação Continuada, Alfabetização, Diversidade e Inclusão (SECADI), incumbida de planejar, orientar e coordenar a implementação da educação em direitos humanos; e a Coordenação-Geral de Políticas Educacionais em Direitos Humanos, responsável pela condução da política. Ao final de 2023, foi criada a Comissão Nacional de Políticas Educacionais em Direitos Humanos, composta por

---

[481] BITTAR, Eduardo C. B. *O Plano Nacional de Educação em Direitos Humanos no Brasil:* um cenário obscuro de implementação. Latin American Human Rights Studies, v. 1 (2021). p. 16-20.

representantes do MEC, do Inep e da sociedade civil, e incumbida do assessoramento à elaboração, implementação e avaliação da educação em direitos humanos.

Já na estrutura do Ministério de Direitos Humanos e da Cidadania, no final de 2023, foi instituído o Comitê Nacional de Educação e Cultura em Direitos Humanos, composto por representantes de diversos Ministérios, docentes, movimentos sociais, especialistas e gestores municipais e estaduais. Além de assessorar a formulação e implementação da política, o órgão tem a importante missão de subsidiar o monitoramento e a avaliação do PNEDH. Até meados de 2024, o Comitê ainda estava em fase de instalação, mas há expectativa de que a atualização do PNEDH seja um dos primeiros projetos a ser executado pelo órgão. Além da criação do Comitê, as atuações do Ministério de Direitos Humanos e da Cidadania para retomada da política envolveram a execução da Mostra Cinema e Direitos Humanos, destinada à formação de multiplicadores; o oferecimento de cursos virtuais pela Escola Nacional de Administração Pública; e a realização de seminários sobre o tema.[482]

Logo, uma análise das atuações do Ministério da Educação e do Ministério de Direitos Humanos e da Cidadania revela que a política de educação em direitos humanos foi retomada no governo Lula 3. Tal constatação não surpreende, considerando que grande parte do desenvolvimento da política ocorreu nos dois primeiros mandatos do atual Presidente. Apesar disso, os avanços de 2023 para cá ainda são bastante incipientes. Por ora, nota-se que houve preocupação em reinstituir os arranjos do passado, responsáveis pelo planejamento, execução e monitoramento da educação em direitos humanos. Embora esse seja um primeiro passo importante, as ações para retomada da execução da política foram poucas e esparsas. Ao que parece, tampouco houve reformulações nem aprimoramentos. Apenas o transcurso do mandato indicará se esses parcos resultados decorrem do pouco tempo de governo, da falta de priorização ou de uma decisão política de não avançar uma política passível de desagradar parte da população. Por isso, ainda não há como se dizer que o governo Lula 3 iniciou um quinto ciclo na educação em direitos humanos no Brasil.

---

[482] Tais dados foram obtidos mediante resposta, de agosto de 2024, do Ministério dos Direitos Humanos a pedido de acesso à informação.

4.6 Conclusões parciais

Neste capítulo, viu-se que a história da educação em direitos humanos no Brasil sempre esteve atrelada ao movimento pendular da nossa democracia, oscilando entre avanços e retrocessos. As primeiras iniciativas surgiram durante a ditadura militar, enquanto instrumento de resistência e denúncia contra a opressão praticada pelo regime. Com a redemocratização, a educação em direitos humanos foi institucionalizada, adentrando na educação formal, como forma de evitar que aquelas violações de direitos se repetissem. A sua implementação como efetiva política pública, contudo, só começou a ocorrer a partir dos anos 2000. Nesse cenário, o fluxo político era favorável para inserir a educação em direitos humanos na agenda política nacional e, por consequência, disseminá-la pelas redes estaduais e municipais. Mais recentemente, seguindo o movimento pendular de nossa história, a política passou a sofrer retrocessos em razão da superveniência da crise da democracia constitucional, acompanhada pelo fortalecimento do conservadorismo e de uma agenda contrária aos direitos humanos.

Tal panorama, portanto, escancara os principais obstáculos e êxitos do passado e contribui para que sejam evitados ou replicados no futuro. Para além disso, a análise do contexto político pretérito ajuda a identificar janelas de oportunidade para sua implementação e fortalecimento, como aquela que se abre a partir de 2023 no governo federal. Logo, a história, as experiências e os percalços enfrentados até aqui devem ser considerados por quaisquer propostas de educação para democracia daqui em diante.

CAPÍTULO 5

PROPOSTAS INSTITUCIONAIS

5.1 Introdução

O capítulo anterior permitiu constatar que propostas similares à educação para democracia já vêm sendo implementadas no país desde antes da redemocratização. É o caso da política pública de educação em direitos humanos. De lá para cá, houve muitos avanços: ela deixou de ser um projeto pontual desenvolvido pela sociedade civil para ser institucionalizada e adotada em diversas redes estaduais e municipais pelo país. No entanto, é inegável que subsistem muitos desafios. Eles decorrem, em parte, da disparidade na implementação da política Brasil afora: há Estados e Municípios que aderiram e se engajaram no projeto, mas há também aqueles que se limitaram a editar planos que não saíram do papel. Ao mesmo tempo, uma análise da trajetória dessa política pública demonstra que ela oscilou ao longo da história: no início, foram anos de prosperidade, disseminação, monitoramento e premiações; mas, recentemente, muitas dessas ações foram descontinuadas, como fruto da superveniência de uma agenda política e social contrária aos direitos humanos.

Essa descontinuidade tem causas de diferentes naturezas. Elas abrangem *fatores políticos*, como a eleição de governantes descompromissados com a democracia e com uma educação que pretende fortalecê-la; *fatores sociais*, como a ausência de cultura constitucional e o ressentimento de privilegiados com as políticas identitárias; e *fatores econômicos*, como a crise vivenciada e as consequentes políticas de austeridade fiscal. No entanto, há, ainda, *fatores jurídicos* que contribuíram com esse processo. Nesse ponto, a dificuldade da implementação da educação em direitos humanos não decorreu da falta de normas, mas de gargalos existentes na sua operação. Daí por que a implementação da educação para democracia pressupõe a análise dessas experiências para que, em seguida, os arranjos sejam instituídos e remodelados, de forma a resgatar a finalidade emancipadora da educação.

Nesse ponto, o direito precisa se ocupar de formular e propor soluções que contribuam para planejamento, execução e aperfeiçoamento de políticas públicas. Embora o tema ainda seja negligenciado, ele precisa ser apropriado pela academia e faculdades de direito. De um lado, o direito possibilita a definição dos objetivos, arranjos institucionais, ferramentas e canais de participação social das políticas públicas, incidindo durante todo o ciclo destas.[483] De outro, o direito almeja a efetividade dos direitos fundamentais e, por isso, precisa se preocupar se as políticas públicas estão servindo ao seu propósito de transformar a realidade.[484] Daí por que, nas palavras de Diogo Coutinho, o direito deve ser encarado como uma "tecnologia de construção e operação de políticas públicas".[485]

Nesse contexto, após sucessivos retrocessos na educação em direitos humanos, a pretensão de adoção da educação para democracia pressupõe a análise do contexto político-institucional em que ela será operada.[486] Para tanto, é fundamental refletir sobre os arranjos jurídico-institucionais. Eles compreendem "as normas e processos que definem e classificam os elementos estruturantes da política pública, bem como delimitam responsabilidades, funções e competências de entes e agentes públicos e privados, atribuem consequências e punições, criam incentivos, indicam outras fontes normativas".[487] Mediante essa análise,

---

[483] COUTINHO, Diogo R. O direito nas políticas públicas. *In*: MARQUES, Eduardo; FARIA, Carlos Aurélio Pimenta (org.). São Paulo: Editora Unesp; Rio de Janeiro: Fiocruz, 2013. p. 181-200.

[484] BARCELLOS, Ana Paula de. Políticas públicas e o dever de monitoramento: "levando os direitos a sério". *Revista Brasileira de Políticas Públicas*, Brasília, v. 8, nº 2, p.251-265, 2018.

[485] COUTINHO, Diogo R. O direito nas políticas públicas. *In*: MARQUES, Eduardo; FARIA, Carlos Aurélio Pimenta (org.). São Paulo: Editora Unesp; Rio de Janeiro: Fiocruz, 2013. p. 193.

[486] BUCCI, Maria Paula Dallari; COUTINHO, Diogo R. Arranjos jurídico-institucionais da política de inovação tecnológica: uma análise baseada na abordagem de direito e políticas públicas. *In*: COUTINHO, Diogo R.; FOSS, Maria Carolina; MOUALLEM, Pedro Salomon B. (orgs.). *Inovação no Brasil:* avanços e desafios jurídicos e institucionais. São Paulo: Blucher, 2017. p. 318.

[487] BUCCI, Maria Paula Dallari; COUTINHO, Diogo R. Arranjos jurídico-institucionais da política de inovação tecnológica: uma análise baseada na abordagem de direito e políticas públicas. *In*: COUTINHO, Diogo R.; FOSS, Maria Carolina; MOUALLEM, Pedro Salomon

é possível identificar gargalos e propor soluções para equacioná-los, transformando as engrenagens para que a execução da política pública seja incentivada, efetivada e monitorada.

5.2 Reinserção do tema na agenda nacional

Partindo dessa premissa, ao se analisar o tema objeto deste trabalho, constata-se que a retomada da educação para democracia em nosso país depende da sua reinserção na agenda política nacional. Sobre o tema, a literatura, com frequência, aborda a formação da agenda como uma etapa preparatória à instituição da política pública.[488] De fato, em princípio, pensa-se que, após a identificação do problema, leva-se ele ao governo para que avalie as alternativas existentes e implemente a solução. Todavia, essa sequência não dá conta de situações reais em que a agenda já existiu, a política já foi implementada, mas foi, na prática, descontinuada, sem que tenham sido revogadas as normas que a instituíram. Em contextos como esse, a sequência teórica se inverte e o tema precisa ser reinserido na agenda política nacional, a fim de mobilizar a retomada dos trabalhos.

No que se refere à educação para democracia, o contexto atual é favorável a isso. Em primeiro lugar, o problema que a política almeja solucionar já está pautado no debate público. Um dos efeitos positivos da crise contemporânea foi promover a mobilização de diversos atores em uma frente ampla de apoio à democracia. Para além dos partidos políticos, a aliança ocorreu, sobretudo, nos movimentos sociais, entidades da sociedade civil, academia e imprensa. Nesse contexto, minorias mobilizaram-se para reivindicar seus direitos em Brasília, universidades criaram laboratórios de pesquisa sobre autoritarismo, organizações intensificaram o *advocacy* pela defesa de direitos fundamentais e o maior jornal televisivo do país fez uma série de reportagens sobre a Constituição. O problema, então, está pautado, favorecendo que a educação para democracia seja vista como uma prioridade.

Em segundo lugar, a partir de 2023, o país voltou a ser chefiado por um governo que valoriza a democracia, a diversidade e a proteção

---

B. (org.). *Inovação no Brasil:* avanços e desafios jurídicos e institucionais. São Paulo: Blucher, 2017. p. 324.

[488] SECCHI, Leonardo. *Políticas Públicas:* Conceitos, esquemas de análise, casos práticos. São Paulo: Cengage Learning, 2012. p. 33-60.

de minorias. Para além do alinhamento ideológico, trata-se do mesmo governo que elaborou o Plano Nacional de Educação em Direitos Humanos (PNEDH) em 2003 e incentivou a sua estadualização e municipalização pelo Brasil. Àquela época, alguns integrantes do MEC já tinham sua trajetória pessoal marcada pela opressão do regime militar; hoje, essa história também incorpora o *impeachment* de 2016, a operação Lava Jato e a crise da democracia do século XXI. O fluxo político, portanto, é favorável para a retomada de políticas educacionais que busquem disseminar valores democráticos e republicanos.

Isso não significa, contudo, que devamos nos acomodar e aguardar o restabelecimento da política pelo governo. É preciso que a sociedade civil, as instituições e a imprensa contribuam com esse processo, mantenham o tema aceso no debate público e instiguem o governo a agir. Afinal, a história nos mostra que a conquista de direitos não é uma dádiva concedida por aqueles que se encontram no topo em favor dos mais vulneráveis; ela é produto de muita luta e tensionamento. E mesmo quando a vitória já aparenta estar estabelecida e se avista o "fim da história", é necessário permanecer de prontidão para coibir eventuais retrocessos. Foi isso, aliás, o que se aprendeu com a trajetória brasileira: a euforia dos anos subsequentes à redemocratização deu lugar a uma inimaginável crise sobre o futuro da Constituição de 1988.

No cenário atual, essa mobilização é ainda mais relevante. Isso porque a chegada de um governo com apreço pela educação para democracia, infelizmente, não resolve todos os problemas. É que, se já tínhamos um histórico do presidencialismo de coalizão, a tendência é que ele seja intensificado nos próximos anos. A formação da frente ampla democrática foi indispensável para sairmos de onde estávamos, mas gera, por consequência, a necessidade de mais negociações e concessões durante o mandato. Para além do espectro político, não se pode esquecer que qualquer movimento de retomada da educação para democracia conviverá com contramovimentos que busquem freiá-la. Afinal, ainda existe parte significativa da população que não compartilha dos valores da Constituição de 1988 ou que se seduz com o discurso de proteção às crianças, entendendo que não cabe a elas terem contato com alguns conteúdos. Tais atos se manifestarão, por exemplo, em grupos de aplicativos de mensageria, em campanhas para vigiar e filmar professores dentro de salas de aula, em reclamações de familiares às direções. Esses episódios são prejudiciais, pois, além de não serem isolados, instalam um cenário de medo e autocensura, que impacta a efetividade da política pública no cotidiano. Assim, a mobilização pela educação para democracia é fundamental para conquistar corações e mentes sobre a sua importância, fortalecer os profissionais da educação empenhados em adotá-la e evitar novos retrocessos.

Nesse sentido, o Estado pode – e deve – criar incentivos para que essa mobilização ocorra e o tema também seja inserido na agenda daqueles que não integram o governo. Uma das estratégias para isso é a ampliação de espaços voltados à participação da sociedade civil na educação e, de forma mais específica, na política de educação para democracia. Isso pressupõe logicamente o restabelecimento das atividades do Comitê Nacional de Educação em Direitos Humanos (CNEDH), mas deve ir além. Há que se instituir outros espaços de participação, como conselhos, comissões, conferências, fóruns, ouvidorias externas, consultas e audiências públicas.

Para que a mobilização seja efetiva, é importante que haja preocupação com a criação de uma agenda política que vá além do governo federal e se espraie pelos Estados e Municípios, que têm maior proximidade com a comunidade escolar e conhecem as peculiaridades daquele território. Isso pode se dar pela realização de uma campanha nacional pela criação dessas arenas nos demais entes federativos. Inclusive, prática semelhante foi adotada nos anos 2000, quando se buscava disseminar o PNEDH pelo país e promover a sua estadualização e municipalização. À época, a Secretaria Especial dos Direitos Humanos (SEDH) realizou uma série de seminários, eventos e reuniões para que Estados e Municípios instituíssem Comitês Estaduais de Educação em Direitos Humanos. Esse foi um fator importante para criar agendas regionais e locais, e fazer com que o PNEDH passasse a ser traduzido em práticas educativas nessas redes. Na mesma linha, a experiência de São Paulo demonstrou a importância dos Centros de Educação em Direitos Humanos para promover a articulação da educação em direitos humanos nos territórios. Para além de terem proporcionado maior capilaridade e aprimoramento à política pública, eles foram fundamentais para engajar a comunidade na sua implementação, transformando-a em uma questão importante para a população local.

Outra ferramenta colocada à disposição do governo para criação de agenda sobre educação para democracia é a elaboração de campanhas de comunicação. Nesse ponto, sabe-se que, no passado, as assessorias de comunicação dos órgãos públicos limitavam-se a atuar para divulgar a agenda do chefe institucional ou para recepcionar demandas da imprensa. Atualmente, contudo, elas têm servido como apoio para que sejam pautados temas importantes no debate público.

Com isso, criam-se narrativas e contranarrativas que contribuem para a formação de opiniões e atuação estratégica. Os instrumentos para tanto são inúmeros: proatividade na articulação com a imprensa, publicações em redes sociais, divulgação de atividades, elaboração de cartilhas, relatórios e pesquisas. Com efeito, uma campanha de comunicação sobre educação para democracia pode servir para chamar atenção para a importância do tema no debate público e divulgar a política pública que estiver sendo desenvolvida. Isso ajudará na sua disseminação pelo Brasil, alcançando gestores públicos, professores, pais e alunos; auxiliará na sua capilarização nas redes de ensino e engajará a sociedade no seu monitoramento. O ano de 2023 é até mesmo propício para a campanha, diante da comemoração dos vinte anos do PNEDH.

Logo, a retomada da educação para democracia depende da sua reinserção na agenda nacional, alcançando os governos federal, estadual e municipal, a sociedade civil e a comunidade escolar, a fim de que tal política volte a ser encarada como uma prioridade para o país. E uma das formas de manter o tema aceso no debate público é a edição de atos novos que revisitem arranjos institucionais antigos.

5.3 Rumo à permanência: previsão e regulamentação em lei

A retomada da educação para democracia em nosso país depende da atualização e aprimoramento dos arranjos institucionais já existentes. Como visto, a proposta similar da educação em direitos humanos começou a ser planejada no início dos anos 2000, de modo que a primeira versão do PNEDH é de 2003 e a sua versão definitiva, de 2006. Transcorridos vinte anos desde então, há que se fazer uma avaliação crítica da política pública para coibir eventuais insucessos, incorporar práticas exitosas e adequá-la a um mundo em constante transformação.

Nesse sentido, há que se refletir sobre os fatores que levaram à descontinuidade da educação em direitos humanos no Brasil e adotar medidas institucionais para lhe conferir maior permanência. Nesse sentido, a retrospectiva dessa política pública demonstra que a sua implementação e continuidade dependeram muito da eleição de governantes empenhados em executá-la. Muito embora a vontade política seja bastante relevante na implementação de ações governamentais, é possível instituir arranjos que atenuem os efeitos nocivos da sua ausência. Adotando-os, há maior probabilidade de se dar continuidade a programas que efetivam direitos fundamentais para além do término dos mandatos, insulando-os das maiorias de ocasião. É isso que permitirá a instalação de uma cultura social de apreço à democracia.

No Brasil, existem alguns exemplos de políticas públicas com abrangência nacional que conseguiram se tornar permanentes, resistindo a sucessivas trocas de governos. O maior deles envolve as ações e serviços de saúde, que integram uma rede regionalizada e constituem um sistema único – o Sistema Único de Saúde (SUS). Ele é regulamentado pelo art. 198 da CRFB e pela Lei nº 8.080/1990. Até a sua criação pela Constituição de 1988, apenas os segurados da previdência faziam jus às prestações de saúde, as ações centravam-se em serviços hospitalares e as decisões eram tomadas de forma centralizada, sem qualquer participação popular. O SUS, diferentemente, foi instituído com base nas diretrizes de descentralização, atendimento integral e participação da comunidade, e é financiado com recursos de aplicação obrigatória.

Esses, inclusive, foram alguns dos fatores que contribuíram para a sua permanência ao longo do tempo. O SUS está presente em todas as esferas de governo do país, o que promove uma aproximação com a comunidade local. Pode-se dizer, até mesmo, que hoje existe uma cultura sobre o direito à saúde no Brasil: mesmo as pessoas mais vulneráveis têm conhecimento de que fazem jus a ele. Ao mesmo tempo, o SUS é marcado, desde o seu nascedouro, pela participação popular[489] e conta com espaços voltados a oportunizá-la, como as conferências e conselhos de saúde. Para além dos ganhos em legitimidade democrática, a participação fomenta o controle social e a continuidade da política. Sob outra ótica, o fato de parte dos recursos orçamentários ser vinculada a tal política e de a Constituição tornar a sua aplicação obrigatória evita que eles sejam destinados para outras eventuais prioridades daquele ente federativo.

No campo da educação, um exemplo de política pública de âmbito nacional que se logrou permanente é o Programa Nacional de Alimentação Escolar (PNAE). Ele tem assento no art. 208, VII, da CRFB

---

[489] Sobre a participação nas políticas públicas de saúde, confira: GRYNBERG, Ciro. *Democracia sanitária*: o papel da participação na construção do conceito jurídico de saúde. Dissertação (Mestrado em Direito) – Universidade do Estado do Rio de Janeiro (UERJ), Rio de Janeiro, 2015. 273 f.

e é regulamentado pela Lei nº 11.947/2009. Por meio do PNAE, a União transfere, mensalmente, recursos para os Estados, Distrito Federal, Municípios e escolas federais para que seja assegurada alimentação aos alunos durante o período letivo. Ainda que haja pontos a serem melhorados, os recursos são, de fato, transferidos e as refeições são ofertadas nas unidades educacionais.[490] Tal política conta com um sistema de monitoramento bastante diversificado, sendo composto pelo Fundo Nacional de Desenvolvimento da Educação (FNDE), Centros Colaboradores em Alimentação e Nutrição do Escolar (CECANE) e Conselhos de Alimentação Escolar (CAE). Esses últimos são órgãos colegiados de estruturação obrigatória nos entes federativos, cuja atribuição é acompanhar a aplicação dos recursos, zelar pela qualidade da alimentação escolar, receber relatório anual do programa e emitir pareceres, opinando pela sua aprovação ou rejeição. O Tribunal de Contas da União (TCU) tem, até mesmo, jurisprudência no sentido de que a ausência de parecer do CAE aprovando a prestação de contas impossibilita a comprovação da lisura na gestão dos recursos e gera presunção relativa de dano ao erário.[491]

Dessa forma, tanto no SUS como no PNAE, a regulamentação legal, a descentralização, a destinação de recursos e a participação social contribuem para a permanência dessas políticas públicas. É bem verdade que ambas se sujeitam aos influxos políticos, como todas as demais ações governamentais. Isso foi visto com a condução da pandemia da covid-19 pelo governo federal, com a desatualização do valor dos recursos destinados à merenda escolar e com as frequentes notícias de corrupção. No entanto, é inegável que, apesar dos retrocessos e gargalos, elas permaneceram sendo executadas por diferentes gestões e resistiram a sucessivas trocas de governo. Elas são, portanto, políticas públicas cujos arranjos institucionais podem servir de exemplo para a educação para democracia.

Para que esta seja aprimorada, pode-se propor algumas medidas institucionais que auxiliarão na sua continuidade e permanência. Em primeiro lugar, é importante que a educação para democracia seja

---

[490] CUNHA, Beatriz. Programa Nacional de Alimentação Escolar sob Monitoramento: Uma análise da sua efetividade. *Revista Eletrônica da Procuradoria Geral do Estado do Rio de Janeiro*, Rio de Janeiro, v. 4, n. 3, set./dez. 2021.

[491] TCU, Acórdão 3.871/2019, Segunda Câmara, rel. Marcos Bemquerer, Processo 010.222/2016-2, 11/06/2019, 19/2019; Acórdão 3.688/2014, Segunda Câmara, rel. Marcos Bemquerer, Processo 031.085/2013-0, 22/07/2014, 25/2014; Acórdão 662/2020, Plenário, relatora Ana Arraes, Processo 016.242/2017-3, 25/03/2020, 9/2020.

uma política pública prevista em lei. Nesse diploma, deverá constar que se trata de dever do Estado, a ser prestado por todas as esferas federativas nas suas respectivas redes de ensino, e de direito subjetivo dos alunos. É importante que a lei estabeleça, também, as diretrizes, objetivos, atribuições e ações governamentais, financiamento, recursos humanos, órgãos de monitoramento e espaços destinados à participação social. Assim, a política pública gozará de maior robustez, dificultando que seja ignorada por governos futuros, e de elementos concretos que facilitam a sua exigibilidade pelos órgãos de controle.

Lembre-se, a propósito, que atualmente o PNEDH não se encontra previsto sequer em decreto[492] e as disposições normativas que o subsidiam são dotadas de alta dose de abstração.[493] Além disso, o CNEDH só permaneceu extinto por quatro anos, porque não estava previsto em lei. O decreto que o extinguiu foi parcialmente restabelecido por decisão do STF, mas apenas alcançou os conselhos que estavam previstos em lei em sentido formal.[494] No que toca aos demais, o ministro relator entendeu que o ato foi praticado no exercício da competência do Presidente da República de dispor, mediante decreto, sobre a organização da Administração Pública federal (art. 84, IV, "a", da CRFB). Assim, a previsão legal da política pública é um dos fatores importantes para lhe proporcionar continuidade com o passar do tempo.[495]

---

[492] O plano foi aprovado por ato do Comitê Nacional de Educação em Direitos Humanos. O único ato normativo que regulamenta a política de educação em direitos humanos é uma resolução do Conselho Nacional de Educação (BRASIL. Ministério da Educação. Conselho Nacional de Educação. Resolução nº 1, de 30 de maio de 2012.).

[493] Veja-se, por exemplo, o art. 26, §9º, da LDB: "Art. 26 [...] §9º Conteúdos relativos aos direitos humanos e à prevenção de todas as formas de violência contra a criança, o adolescente e a mulher serão incluídos, como temas transversais, nos currículos de que trata o caput deste artigo, observadas as diretrizes da legislação correspondente e a produção e distribuição de material didático adequado a cada nível de ensino."

[494] O CNEDH foi extinto no início do governo de Jair Bolsonaro por meio do Decreto n.º 9.759/2019, que encerrou diversos espaços de participação popular. Após a propositura de ADI, o STF deferiu medida liminar para restabelecer os conselhos que estavam previstos em lei em sentido formal. Diante da falta de previsão legal, o CNEDH permaneceu extinto. Com a posse de um novo governo em janeiro de 2023, o referido Decreto n.º 9.759/2019 foi revogado. Torna-se, portanto, possível a instalação do CNEDH novamente, mas, até a entrega deste trabalho, ainda não havia notícia do restabelecimento das suas atividades. Cf.: STF, ADI 6.121-MC, Plenário, rel. min. Marco Aurélio, j. 13/6/2019, DJe 28/11/2019.

[495] De todo modo, não se ignora que a apresentação de eventual projeto de lei destinado a regulamentar a educação para democracia precisará passar por uma prévia avaliação política. A depender da composição parlamentar, pode ser que o projeto até seja aprovado, mas com intuito de alcançar objetivos opostos aos inicialmente pretendidos. Assim, a depender da conjuntura, é preferível aguardar ou instituir a política pública por meio de decreto.

5.4 Atualização: incorporação das transformações sociais, alterações normativas e experiências dos últimos 20 anos

A educação para democracia pressupõe também a atualização, no plano material, do PNEDH. A sua primeira edição data de 2003 e a última, de 2006. De lá para cá, foram muitas as transformações sociais: a revolução tecnológica alterou modelos de negócio, demandas profissionais e relacionamentos; a crise da democracia revelou uma nova faceta do autoritarismo e a perversidade daqueles que não compartilham de valores igualitários; e as mudanças climáticas batem à porta e exigem ações imediatas para proteção das futuras gerações.[496] Mais recentemente, a pandemia da covid-19 desencadeou uma crise humanitária de grandes proporções, cujos efeitos transbordam o elevado número de mortes e incluem prejuízos ao desenvolvimento das crianças, o aprofundamento da desigualdade social e a aceleração da digitalização. Especificamente no Brasil, verifica-se ainda o aumento progressivo da influência da religião nos costumes, na política e no direito, incrementando os desafios para sopesar a liberdade de crença, a laicidade do Estado e a proteção de minorias.

Tais transformações já seriam o bastante para justificar a atualização da política pública, mas ainda convivem com anos de alterações normativas que precisam ser incorporadas à educação para democracia. Nesse período, foram ratificadas a Convenção sobre os Direitos das Pessoas com Deficiência (Decreto nº 6.949/2009) e a Convenção Interamericana contra o Racismo, Discriminação Racial e formas correlatas de intolerância (Decreto nº 10.932/2022). Em âmbito interno, houve a aprovação da Lei Maria da Penha (Lei nº 11.340/2006), do Estatuto da Igualdade Racial (Lei nº 12.288/2010) e do Estatuto da Pessoa com Deficiência (Lei nº 13.146/2015). Houve também a edição da lei que estabeleceu a obrigatoriedade do estudo da história e cultura indígena na educação básica (Lei nº 11.645/2008), da lei que vedou castigos físicos em crianças e adolescentes (Lei nº 13.010/2014) e da lei que institui o Sistema Nacional de Atendimento Socioeducativo (SINASE) (Lei nº 12.594/2012).

---

[496] BARROSO, Luís Roberto. Revolução tecnológica, crise da democracia e mudança climática: limites do direito num mundo em transformação. *Revista Estudos Institucionais*, v. 5, n. 3, p. 1262-1313, set./dez. 2019.

Ao mesmo tempo, passados vinte anos desde o início da institucionalização da educação para democracia, é preciso que o PNEDH incorpore o que se aprendeu com o exercício da prática pedagógica nesse período. Assim, a retomada da política pressupõe uma análise retrospectiva para considerar as experiências passadas e avaliar o que deu certo, o que deu errado e o que precisa melhorar. Nesse ponto, é importante levantar boas práticas desenvolvidas por educadores nos estados e municípios, a fim de que sejam divulgadas e replicadas pelo país. Logo, a atuação do PNEDH deverá considerar as transformações sociais, as alterações normativas e as experiências dos últimos anos, as quais serão avaliadas mais detidamente quando da apresentação das propostas curriculares.

5.5 Criação de órgãos de coordenação: planejamento, articulação e engajamento

A criação de órgãos de coordenação da política de educação para democracia em todas as esferas de governo também se mostra relevante. Nesse ponto, viu-se que, no início dos anos 2000, a Coordenação de Educação em Direitos Humanos (CEDH), situada na estrutura da Secretaria Especial dos Direitos Humanos (SEDH), cumpriu importante papel para coordenar e disseminar essa política pública pelo país. Naquela época, o órgão articulou-se com os demais entes federativos para incentivar a implementação da educação para democracia nas suas respectivas redes de ensino e engajá-los na criação de Comitês de Educação em Direitos Humanos. De forma semelhante, as experiências do Estado de Pernambuco e do Município de São Paulo também contaram com a criação de órgãos específicos para coordenar a política pública: a Gerência de Políticas Educacionais em Direitos Humanos, Diversidade e Cidadania (GEDH) e a Coordenação de Educação em Direitos Humanos (CEDH) respectivamente.

Com efeito, a instituição desses órgãos é fundamental por diversas razões. De início, eles servem para planejar, implementar e coordenar a política de educação para democracia. Para que esta seja implantada nas diversas unidades da rede educacional e adquira capilaridade, é primordial que haja uma coordenação incumbida de ditar orientações e promover a articulação entre todas elas. Ao mesmo tempo, para que uma política pública seja efetiva, é imprescindível que haja órgãos e pessoas responsáveis por retirá-la do papel. O fato de se criar uma estrutura especificamente voltada à educação para democracia contribui no seu processo de implementação, pois evita que ela seja apenas mais uma entre as tantas atribuições imputadas a outros órgãos já existentes. Ademais, a instituição de um órgão específico tem o papel simbólico de demonstrar a importância do projeto para os profissionais da educação, comunidade escolar e sociedade, o que muito ajuda no engajamento. Não à toa, a existência de um órgão público responsável foi um dos critérios utilizados pelo Instituto Aurora para verificar o grau de institucionalização da educação em direitos humanos nos estados.[497]

Analisando a trajetória da educação em direitos humanos no Brasil e as experiências das redes de Pernambuco e do Município de São Paulo, verifica-se que a estrutura dentro da qual tal órgão foi inserido oscilou: ora estava na pasta de educação, ora na pasta de direitos humanos. No âmbito federal, por exemplo, a CEDH já pertenceu à estrutura do Ministério da Educação e também do Ministério da Mulher, da Família e dos Direitos Humanos (MMFDH); no Estado de Pernambuco, a GEDH integra a Secretaria Estadual de Educação; e no Município de São Paulo, a CEDH pertence à Secretaria Municipal de Direitos Humanos e Cidadania (SMDHC). A dificuldade de escolha por uma das pastas fica ainda mais evidente, ao se lembrar que, sob uma perspectiva macro, a educação em direitos humanos não deve ser implementada apenas nas unidades educacionais, mas deve também alcançar a educação informal, os meios de comunicação e profissionais do sistema de justiça e segurança pública.[498] Isso, aliás, traz maior complexidade à política pública, pois a sua execução demanda ações integradas e intersetoriais.

Nada obstante, é preferível que a coordenação respectiva seja situada na estrutura da pasta de educação. Afinal, trata-se de uma política educacional, por abranger a transmissão, reflexão e desenvolvimento do conhecimento, e o fato de o conteúdo versar sobre direitos humanos não afasta essa natureza. Sem prejuízo, por mais complexo

---

[497] INSTITUTO AURORA. *Panorama Educação em Direitos Humanos no Brasil*: o biênio 2019-2020 e a perspectiva futura. 2021. Disponível em: https://institutoaurora.org/wp-content/uploads/2021/04/Relato%CC%81rio-EDH-pt-br-compactado.pdf. Acesso em: 25 nov. 2022.

[498] BRASIL. Ministério dos Direitos Humanos. Comitê Nacional de Educação em Direitos Humanos. Plano Nacional de Educação em Direitos Humanos. Brasília, 2018. 3ª reimpressão, simplificada.

que seja, as diferentes partes da estrutura administrativa precisam trabalhar de forma articulada.[499] É fundamental que os problemas sejam analisados e tratados em sua integralidade, e não com base em uma lógica fragmentária, que muitas vezes inexiste na realidade. Essa abordagem intersetorial pode ser realizada, por exemplo, institucionalizando-se formalmente o apoio da pasta de direitos humanos na elaboração do currículo, na confecção dos materiais e na formação dos profissionais. Ademais, a pasta de direitos humanos precisa integrar eventuais instâncias colegiadas que se destinem a planejar, debater e aprimorar a política de educação para democracia, tais como comitês e conselhos.

Para além da criação do órgão responsável por coordenar a política, é preciso dotá-lo dos recursos necessários para desempenhar suas funções. A propósito, a falta de recursos humanos suficientes na CEDH do governo federal foi um dos fatores apontados como causa dos retrocessos durante o biênio de 2019-2020.[500] Sob outra perspectiva, o levantamento dos planos de educação em direitos humanos nos Estados e Distrito Federal revelou que a maioria deles não contava com um item prevendo recursos orçamentários.[501] Todavia, a destinação de recursos é fundamental para que o órgão seja capaz de exercer suas atribuições com qualidade e, por consequência, alcance os objetivos pretendidos. Isso é ainda mais importante quando se está diante de uma estrutura de coordenação, que precisará dialogar com diversos atores, como as unidades educacionais, os profissionais de educação, a comunidade escolar e a sociedade civil.

Nesse ponto, não se desconhece a heterogeneidade da Administração Pública brasileira. Sabe-se que os entes federativos têm disparidades em suas estruturas, orçamento e pessoal, mesmo quando

---

[499] A falta de uma integração entre as diferentes secretarias foi apontada, pelo Instituto Aurora, como um dos motivos para que a educação em direitos humanos não tenha avançado no estado do Paraná (INSTITUTO AURORA. *Panorama Educação em Direitos Humanos no Brasil*: o biênio 2019-2020 e a perspectiva futura. 2021. Disponível em: https://institutoaurora.org/wp-content/uploads/2021/04/Relato%CC%81rio-EDH-pt-br-compactado.pdf. Acesso em: 25 nov. 2022. p. 46.)

[500] INSTITUTO AURORA. *Panorama Educação em Direitos Humanos no Brasil*: o biênio 2019-2020 e a perspectiva futura. 2021. Disponível em: https://institutoaurora.org/wp-content/uploads/2021/04/Relato%CC%81rio-EDH-pt-br-compactado.pdf. Acesso em: 25 nov. 2022. p. 30.

[501] SILVA, Aida Maria Monteiro; TAVARES, Celma. Educação em direitos humanos no Brasil: contexto, processo de desenvolvimento, conquistas e limites. *Educação*, Porto Alegre, v. 36, n. 1, p. 50-58, jan./abr. 2013.

pertencentes a uma mesma categoria. Isso significa que, em alguns locais, será mais fácil a criação de uma coordenação especificamente voltada à educação para democracia, a alocação de profissionais e a destinação de recursos; mas, em outros, tais providências serão extremamente custosas, sobretudo no caso de Municípios pequenos e de Estados assolados pelo regime de recuperação fiscal. Nada obstante, com uma dose de criatividade e inovação, há estratégias que ajudam a implementação da política pública mesmo em cenários difíceis.

Entre elas, está a realização de parcerias com universidades, entidades da sociedade civil e outros entes federativos para que auxiliem na elaboração de materiais didáticos e formação de profissionais. Isso foi feito pelo governo federal no ano de 2009, tendo destinado recursos a instituições de ensino superior para que oferecessem formação continuada em direitos humanos e produzissem materiais didáticos, com objetivo de atender a demandas locais.[502] Do mesmo modo, o Município de São Paulo também contou com apoio da Escola de Governo federal e organizações sociais para desempenhar algumas atividades, tais como coordenação pedagógica, monitoramento, formação estruturada, elaboração de material pedagógico e assessoria às escolas participantes.[503] Outra estratégia, ainda, é a criação do órgão de coordenação e a designação de servidores para atuar sem exclusividade, isto é, em acumulação com outras funções. De todo modo, em qualquer situação, o protagonismo do governo federal é imprescindível para auxiliar outros entes federativos na implementação da educação para democracia nas suas respectivas redes. Nesse ponto, a coordenação nacional precisa ter capacidade de articulação, criar incentivos, expedir orientações específicas e realizar seminários, encontros e treinamentos, a fim de que tal política pública seja implementada em todo o país.

---

[502] MINISTÉRIO DA EDUCAÇÃO. *Programa Educação em Direitos Humanos – apresentação*. Disponível em: http://portal.mec.gov.br/programa-educacao-em-direitos-humanos. Acesso em: 27 nov. 2022.

[503] CORTEZ, Ana Claudia; LOTTA, Gabriela. Arranjos institucionais e capacidades estatais em nível subnacional: a política de educação em direitos humanos de São Paulo. *Cadernos Gestão Pública e Cidadania* – FGV EAESP – CGPC, v. 27, n. 86, jan-abr 2022. p. 9; ASSOCIAÇÃO CIDADE ESCOLA APRENDIZ. *Centros de educação em direitos humanos da cidade de São Paulo*: territórios, educação e cidadania. São Paulo: Associação Cidade Escola Aprendiz, 2016. 159 p. Disponível em: https://www.cidadeescolaaprendiz.org.br/wp-content/uploads/2016/04/CEDH-da-cidade-de-S%C3%A3o-Paulo.pdf. Acesso em: 16 nov. 2022. p. 28-30.

5.6 Democratização da educação para democracia: participação social e protagonismo da infância

A retomada da educação para democracia também pressupõe a participação permanente da sociedade, incluindo crianças e adolescentes. A participação social deve ultrapassar a etapa de criação de agenda e se espraiar por todas as fases da política pública, alcançando o seu planejamento, execução e monitoramento. Assim, há que se oportunizar – e incentivar – que as pessoas contribuam com a definição das diretrizes, objetivos, ações, prioridades e aprimoramentos da educação para democracia.

Uma das estratégias para isso é a ampliação de espaços voltados à participação da sociedade civil. Isso pressupõe logicamente o restabelecimento das atividades do Comitê Nacional de Educação em Direitos Humanos (CNEDH), mas também a criação de outros espaços, como conselhos, comissões, conferências, fóruns, ouvidorias externas, consultas e audiências públicas. Instâncias como essas deverão ser instituídas em todas as esferas de governo, a fim de que haja a participação pelas comunidades regionais e locais, possibilitando maior capilaridade, engajamento e resolução de demandas específicas dos diferentes territórios. Em grandes metrópoles, por exemplo, é interessante que sejam criados centros regionalizados, a fim de que promovam a articulação entre escola-território e integrem o conhecimento à realidade local. Lembre-se, por exemplo, que uma das boas práticas da rede municipal de São Paulo foi a criação de quatro polos regionalizados de educação em direitos humanos, que contavam com articuladores oriundos da própria comunidade local.

Ainda assim, por vezes, tais espaços são criados, mas não são efetivamente acessados pela parcela mais vulnerável da população, por desconhecimento, ausência de recursos ou eventuais burocracias que dificultam, na prática, a participação. Por exemplo, muitos órgãos e instituições públicas têm aberto consultas públicas em seus sítios eletrônicos como etapa preparatória à edição de atos normativos. Muito embora seja uma iniciativa importante, tais ferramentas não chegam ao conhecimento de pessoas pobres e, quando chegam, faltam recursos econômicos, técnicos e informacionais para acessá-las. Por isso, mesmo após a abertura desses canais, o Estado deve permanecer atento para que tais arenas sejam efetivamente abertas a toda a sociedade, incluindo os grupos vulneráveis. De forma complementar – e não substitutiva –, é preciso que entidades que representem os seus interesses sejam chamadas a participar, tais como Defensorias Públicas, movimentos sociais, associações de moradores, sindicatos de professores, associações estudantis, entre outros.

Com efeito, a participação permanente da sociedade na política pública de educação para democracia é importante por diversas razões. De início, já se viu que atualmente a representação política tradicional mostra-se insuficiente para refletir os interesses do povo, diante da sua heterogeneidade e da influência exercida pelo poder político-econômico. Assim, é preciso "democratizar a democracia",[504] romper com o elitismo democrático e instituir uma nova gramática social que proporcione a participação popular para além das eleições. Com isso, as decisões incorporam interesses de atores ignorados pelo sistema político tradicional[505] e passam a gozar de maior legitimidade social.[506] Sob outra perspectiva, tal participação é ainda mais importante nas políticas educacionais, diante do princípio da gestão democrática do ensino público (art. 206, VI, da CRFB; art. 3º, VIII, da LDB). Entre outras medidas, ele impõe a participação da comunidade escolar e local, bem como a articulação permanente entre a escola, família e comunidade (arts. 12, VI, 14, II, da LDB). Verifica-se, portanto, que a participação social na educação é um princípio pedagógico com assento constitucional, cuja observância é primordial para melhoria da qualidade das políticas educacionais.[507]

Tal participação justifica-se, com ainda maior razão, na política pública de educação para democracia. Logicamente, uma educação que pretenda fortalecer o regime democrático precisa ser democrática nos processos de tomada de suas decisões, o que exige, como visto, a possibilidade de participação dos interessados. Nesse ponto, a participação é *condição* para que a educação para democracia seja possível. Mas, para além disso, a observância da participação social nas políticas educacionais pressupõe a instalação de espaços nos quais os educandos poderão se inserir nas discussões da sua comunidade.

---

[504] SANTOS, Boaventura de Sousa (org.). *Democratizar a democracia*: os caminhos da democracia participativa. Rio de Janeiro: Civilização Brasileira, 2002.

[505] SANTOS, Boaventura de Sousa. Para ampliar o cânone democrático. *In*: SANTOS, Boaventura de Sousa (org.). *Democratizar a democracia*: os caminhos da democracia participativa. Rio de Janeiro: Civilização Brasileira, 2002. p. 39-82.

[506] BARCELLOS, Ana Paula de. *Curso de direito constitucional*. 2. ed. Rio de Janeiro: Forense, 2019. p. 127.

[507] GADOTTI, Moacir. *Gestão democrática com participação popular no planejamento e na organização da educação nacional*. Brasília: Conae, 2013. Disponível em: https://www.jaciara.mt.gov.br/arquivos/anexos/05062013105125.pdf. Acesso em: 27 nov.2022.

É que essas instâncias de deliberação coletiva também deverão ser abertas aos próprios alunos e isso lhes proporcionará as primeiras experiências de engajamento político, tornando-os cidadãos ativos, aptos a questionar, participar e controlar. Com efeito, nesse aspecto, a participação é *instrumento* para educação para democracia.

Nessa ótica, a formulação, execução e monitoramento dessa política pública deverão contar com a participação ativa dos estudantes, inclusive de crianças e adolescentes. A eles, deve ser assegurado protagonismo na tomada das decisões que lhes afetam. Isso pressupõe que eles sejam ouvidos e tenham seus pontos de vista colocados no centro do debate.

Trata-se, contudo, de um desafio. Afinal, ainda convivemos com a invisibilização política da infância[508] e com uma cultura que a enxerga como objeto de intervenção da família, da sociedade e das instituições. Sob essa ótica, as crianças não precisam ser chamadas a participar das deliberações da sua comunidade, pois suas opiniões, demandas e interesses já são vocalizados pelos adultos, que são preparados para definir o que é melhor para elas. Todavia, as políticas públicas têm impactos geracionais diferenciados e é preciso levá-los em consideração. Assim, a participação dos estudantes possibilita a oitiva de quem está na ponta do serviço prestado, trazendo ganhos para o seu aprimoramento. Ao mesmo tempo, ela representa a concretização da concepção de criança como sujeito de direitos, titular de voz, expressão e opinião.

Daí por que a Convenção dos Direitos da Criança garante o direito delas de se manifestarem em relação aos assuntos que lhes digam respeito e terem a sua opinião devidamente considerada.[509] De forma semelhante, o Estatuto da Criança e do Adolescente assegura os direitos à opinião, expressão e participação na vida comunitária e política (art. 16, II, V e VI, da Lei nº 8.069/1990). Tal direito aplica-se mesmo em relação àqueles que estão nos primeiros anos de vida, pois

---

[508] SARMENTO, Manuel Jacinto; FERNANDES, Natália; TOMÁS, Catarina. Políticas públicas e participação infantil. *Educação, Sociedade & Culturas*, nº 25, p. 183-206, 2007.
[509] Artigo 12 da Convenção dos Direitos da Criança (Decreto nº 99.710/1990)
"1. Os Estados Partes assegurarão à criança que estiver capacitada a formular seus próprios juízos o direito de expressar suas opiniões livremente sobre todos os assuntos relacionados com a criança, levando-se devidamente em consideração essas opiniões, em função da idade e maturidade da criança.
2. Com tal propósito, se proporcionará à criança, em particular, a oportunidade de ser ouvida em todo processo judicial ou administrativo que afete a mesma, quer diretamente quer por intermédio de um representante ou órgão apropriado, em conformidade com as regras processuais da legislação nacional."

o Marco Legal da Primeira Infância prevê que as políticas públicas devem "garantir a participação da criança na definição das ações que lhe digam respeito, em conformidade com suas características etárias e de desenvolvimento", de acordo com "a especificidade de sua idade, devendo ser realizada por profissionais qualificados em processos de escuta adequados às diferentes formas de expressão infantil" (art. 4º, II e par. único, da Lei nº 13.257/2016).

Note-se que, para que esse direito seja exercido com efetividade, deve-se criar espaços de participação que respeitem a condição peculiar de desenvolvimento em que se encontram crianças e adolescentes. Há, então, que se ter cuidado para não pretender ouvi-los como se fossem adultos, sob pena de colonização da infância. Para evitar esse mal, deve-se desconstruir o modelo atual de conhecimento, calcado na lógica, na razão e no pensamento linear, para escutar as crianças a partir das suas próprias perspectivas, linguagens e afetos.[510] Isso pressupõe um ambiente seguro, acessível e amigável, de modo que sejam respeitadas as condições cognitivas e emocionais de cada fase de desenvolvimento. Durante a infância, a participação pode ser exercitada de maneira lúdica e progressiva, valendo-se, por exemplo, de brincadeiras, desenhos e depoimentos; ao passo que, na adolescência, torna-se possível instigar a inventividade, criatividade e visão crítica.[511] O Comitê dos Direitos da Criança da ONU já recomendou, aliás, que o ambiente digital seja utilizado para envolver crianças, ouvir suas necessidades e dar importância aos seus pontos de vista quando do desenvolvimento de legislação, políticas, programas, serviços e treinamentos.[512] Sem prejuízo, é fundamental que tais espaços sejam inclusivos às diferentes infâncias, considerando as peculiaridades de raça, gênero, deficiência e condição social.

---

[510] LEITE, Ana Cláudia Leite; PIORSKI, Gandhy. *Por um método de escuta sensível das crianças*: sumário executivo da pesquisa de escuta de crianças realizada por Ana Cláudia Leite e Gandhy Piorski em São Paulo (SP), Porto Alegre (RS), Brasília (DF), Recife (PE) e Boa Vista (RO) de 2018 a 2020. Disponível em: https://alana.org.br/wp-content/uploads/2022/10/SUMARIO_EXECUTIVO_METODO_ESCUTA_CRIANCAS.pdf. Acesso em: 28 nov. 2022.
[511] UNICEF. *Promoção do direito à participação*. Disponível em: https://www.unicef.org/brazil/promocao-do-direito-a-participacao#:~:text=Na%20inf%C3%A2ncia%2C%20o%20direito%20%C3%A0,adolescente%20traz%20para%20a%20sociedade.. Acesso em: 28 nov. 2022.
[512] COMITÊ DOS DIREITOS DA CRIANÇA. *Comentário geral nº 25 (2021) sobre os direitos das crianças em relação ao ambiente digital*. Tradução não oficial do Instituto Alana do inglês para o português (abril/2021). Disponível em: https://criancaeconsumo.org.br/wp-content/uploads/2022/01/comentario-geral-n-25-2021.pdf. Acesso em: 20 fev. 2022. §§17 e 18.

5.7 Recursos: financiamento, materiais didáticos e formação de profissionais

A disponibilização de recursos é condição indispensável para que qualquer política pública saia do papel. No que se refere à educação para democracia, os insumos imprescindíveis para o seu êxito envolvem recursos financeiros, materiais e humanos.

No Brasil, o financiamento da educação é dividido entre as três esferas de governo: os Municípios destinam recursos para o ensino médio e infantil; os Estados, para o ensino médio e fundamental; e a União é a principal responsável pelo ensino pós-secundário e superior, embora também transfira uma pequena porcentagem de verbas aos outros níveis. A Constituição institui, até mesmo, um percentual mínimo de aplicação de recursos resultantes de impostos para a manutenção e desenvolvimento da educação (art. 212): os Estados, Distrito Federal e Municípios devem aplicar 25% das receitas; e a União, 18%.[513] Tais regras têm feito com que o governo brasileiro despenda grande parte da sua renda com educação (5,1% do PIB), quantitativo superior ao percentual dos países da América Latina (4,3%) e da OCDE (4%).[514] Não obstante, o aumento dos gastos não tem sido acompanhado por melhores resultados de aprendizagem, sugerindo que pode estar havendo ineficiência na alocação de recursos.[515] É preciso, então, que as verbas sejam investidas após escolhas baseadas em evidências e comprometidas com a melhoria da qualidade.

De forma mais específica, no que toca à educação para democracia, a sua retomada depende da indicação das fontes de financiamento e da disponibilização de recursos financeiros para a sua implementação.

---

[513] Diante dessa regra, o Fundo de Manutenção e Desenvolvimento da Educação Básica e de Valorização dos Profissionais da Educação (Fundeb) tem importância central para coibir grandes disparidades de investimento entre os diferentes Estados e Municípios pelo Brasil. Por meio do Fundeb, a União complementa os recursos para aqueles que não alcançaram um nível mínimo estabelecido e os redistribui a depender do quantitativo de alunos por rede.

[514] ORGANIZAÇÃO PARA COOPERAÇÃO E O DESENVOLVIMENTO ECONÔMICO (OCDE). *A educação no Brasil*: uma perspectiva internacional. Tradução de Todos pela Educação. Disponível em: https://todospelaeducacao.org.br/wordpress/wp-content/uploads/2021/06/A-Educacao-no-Brasil_uma-perspectiva-internacional.pdf. Acesso em: 4 dez.2022. p. 168.

[515] ORGANIZAÇÃO PARA COOPERAÇÃO E O DESENVOLVIMENTO ECONÔMICO (OCDE). *A educação no Brasil*: uma perspectiva internacional. Tradução de Todos pela Educação. Disponível em: https://todospelaeducacao.org.br/wordpress/wp-content/uploads/2021/06/A-Educacao-no-Brasil_uma-perspectiva-internacional.pdf. Acesso em: 4 dez. 2022. p. 173.

Trata-se de um ponto que merece ser objeto de atenção, uma vez que a análise documental dos planos de educação em direitos humanos dos Estados e Distrito Federal revelou que a maioria deles não tem um item prevendo recursos orçamentários.[516] Sem estes, a tendência é que até gestores bem-intencionados fiquem de mãos atadas e não consigam implementar as ações governamentais. Ao mesmo tempo, a destinação específica de recursos para determinada finalidade induz a sua realização, pois atrai a responsabilidade em caso de não execução e demanda prestação de contas. Daí por que a disponibilização dos recursos, além de proporcionar a sua materialização, incentiva a implementação e a permanência da política pública, inclusive quando ausente a vontade política.

Nesse sentido, é preciso considerá-los durante todo o ciclo de vida da política pública, incluindo as fases de planejamento, execução e monitoramento. Durante a etapa preliminar, essa análise permitirá o gerenciamento de recursos e de expectativas, fazendo com que as metas sejam fixadas de acordo com as reais possibilidades de execução. Trata-se de aspecto importante, porque evita que a política pública pretendida se transmude em mera norma programática, despida de qualquer efetividade, ou mero projeto, sujeito a uma implementação pontual em favor de apenas alguns. Esse, aliás, é um gargalo de diversas políticas públicas no Brasil, fazendo com que a sua execução seja bastante desigual entre as diferentes regiões e alcance somente parte dos destinatários originais. É preciso, pois, que a concepção da política pública dimensione os recursos necessários para resolver o problema como um todo, evitando que ela seja mais um instrumento de perpetuação de desigualdades.[517]

---

[516] SILVA, Aida Maria Monteiro; TAVARES, Celma. Educação em direitos humanos no Brasil: contexto, processo de desenvolvimento, conquistas e limites. *Educação*, Porto Alegre, v. 36, n. 1, p. 55, jan./abr. 2013.

[517] Segundo Ana Paula de Barcellos: "Em primeiro lugar, a informação é necessária para que seja possível dimensionar os recursos necessários para enfrentar o problema o que, possivelmente, repercutirá na própria concepção da política e nas decisões a serem tomadas. Imagine-se, em um exemplo esquemático, que o problema a ser enfrentado é o tratamento de câncer de mama no âmbito do SUS, e que existam 5 opções terapêuticas possíveis, de custo variado. Avaliar a quantidade estimada de pacientes que fará uso do tratamento nos anos subsequentes, por exemplo, será essencial para que se possa quantificar o custo global da política e assim fazer uma escolha que permita, ao menos tem tese, que todas as mulheres com a doença tenham acesso ao tratamento, e não apenas algumas delas.

Caso as decisões acerca de uma política pública não considerem informações sobre a dimensão do problema que ela pretende enfrentar, há um risco alto de violação da igualdade na fase da execução, já que a política não será capaz de atingir todos aqueles que deveriam

Para além dessas preocupações com a efetividade e igualdade de acesso às ações governamentais, é certo que um bom planejamento dos recursos serve para eleger prioridades e corrigir desigualdades previamente existentes. Nesse ponto, as políticas educacionais são um campo importante para adoção de ações afirmativas: para além da reserva de vagas para minorias, há que se adotar medidas diferenciadas com vistas a equiparar os níveis de aprendizagem. É que as desigualdades na educação não se restringem à falta de acesso, mas também decorrem de fatores externos que impactam negativamente o desenvolvimento das habilidades. Assim, o fato de estarem em situação de pobreza, residirem em territórios violentos, viverem em insegurança alimentar, terem responsáveis com baixo nível de escolaridade e serem negras já coloca milhares de crianças em situação de desvantagem. É preciso, então, que os gestores considerem essas desigualdades, elejam prioridades de atuação para reduzi-las e destinem recursos diferenciados a depender de tais necessidades.

Sob outra perspectiva, o gerenciamento dos recursos financeiros também tem papel imprescindível durante as fases de execução e monitoramento. Afinal, ainda que haja notáveis esforços na elaboração da política pública, é possível que o andamento do trabalho revele efeitos e impactos antes inimagináveis, que demandam ajustes e eleição de novas prioridades. Por isso, é importante indicar a forma de financiamento e disponibilizar os recursos, mas também possibilitar aos gestores a maleabilidade necessária para fazer frente a constatações supervenientes, desde que haja intuito de aprimorar a política e promover direitos.

Ainda sob a perspectiva dos recursos, cabe destacar que a retomada da educação para democracia pressupõe a disponibilização de materiais didáticos que apoiem esse processo pedagógico. Eles incluem quaisquer recursos que poderão ser utilizados nas atividades, como livros, revistas, jogos, brinquedos, filmes e músicas, desde que tenham compromisso com um projeto de nação democrático e inclusivo. Há que se ofertar, então, três gêneros de materiais: (i) materiais aptos a ensinar o conteúdo do currículo da educação para democracia (*e.g.*, princípios e direitos fundamentais da Constituição; memória e história de combate ao autoritarismo); (ii) materiais aptos a disseminar os valores

---

ser por ela alcançados." (BARCELLOS, Ana Paula de. Políticas públicas e o dever de monitoramento: "levando os direitos a sério". *Rev. Bras. Polít. Públicas*, Brasília, v. 8, n.º 2, p. 257, 2018.)

da educação para democracia (*e.g.*, resolução pacífica de conflitos, engajamento cívico); e (iii) materiais aptos a apresentar as contribuições de minorias estigmatizadas, pluralizando o debate e desconstruindo estereótipos (*e.g.*, obras de autoria de mulheres, indígenas e pessoas negras; brincadeiras e esportes que valorizem a herança africana; músicas que sejam parte da cultura das favelas).

Para tanto, o poder público precisa não só comprar, mas também fomentar a elaboração desses materiais e a sua aquisição pelas diferentes unidades de ensino. A propósito, entre as ações programáticas do PNEDH, consta que se deve estimular as instituições de ensino superior e firmar parcerias com a sociedade civil para produção de materiais sobre educação em direitos humanos.[518] Em 2009, por exemplo, o FNDE incentivou as instituições de ensino superior e educação profissional a elaborarem propostas de materiais didáticos e paradidáticos para promoção da educação em direitos humanos no contexto escolar, oferecendo contrapartida financeira para os projetos selecionados.[519]

Note-se que, para cumprir o objetivo, não basta que tais materiais sejam comprados e disponibilizados; é preciso que o seu uso seja estimulado pela comunidade escolar. Assim, é necessário que eles sejam utilizados pelos professores em salas de aula, circulados pelo espaço da escola e divulgados. Lembre-se, nesse ponto, que o PNEDH recomenda a criação de uma área específica de direitos humanos nas bibliotecas públicas.[520] Isso, aliás, foi feito nos Centros de Educação em Direitos Humanos na rede municipal de São Paulo. Neles, foi instalada uma espécie de "biblioteca viva e itinerante", na qual as pessoas poderiam se encontrar para ler e dialogar sobre direitos humanos, e foi colocado um módulo móvel que possibilitava a circulação das obras entre as unidades vinculadas àquele polo regional.[521] Trata-se, portanto, de uma prática interessante, na medida em que buscou instituir um espaço

---

[518] BRASIL. Ministério dos Direitos Humanos. Comitê Nacional de Educação em Direitos Humanos. *Plano Nacional de Educação em Direitos Humanos*. Brasília, 2018. 3ª reimpressão, simplificada.

[519] BRASIL. Fundo Nacional de Desenvolvimento da Educação – FNDE. Conselho Deliberativo. *Resolução nº 15*, de 8 de abril de 2009.

[520] BRASIL. Ministério dos Direitos Humanos. Comitê Nacional de Educação em Direitos Humanos. *Plano Nacional de Educação em Direitos Humanos*. Brasília, 2018. 3ª reimpressão, simplificada.

[521] ASSOCIAÇÃO CIDADE ESCOLA APRENDIZ. *Centros de educação em direitos humanos da Cidade de São Paulo*: territórios, educação e cidadania. São Paulo: Associação Cidade Escola Aprendiz, 2016. 159 p. Disponível em: https://www.cidadeescolaaprendiz.org.br/wp-content/uploads/2016/04/CEDH-da-cidade-de-S%C3%A3o-Paulo.pdf. Acesso em: 16 nov. 2022. p. 110-125.

confortável para discutir direitos humanos naquele território e, ao mesmo tempo, permitiu a circulação do acervo, facilitando o acesso por um maior número de pessoas.

Ademais, a implementação da educação para democracia não depende apenas da disponibilização de novos materiais didáticos sobre o tema, mas também que sejam revisitados os antigos para avaliar a sua compatibilidade com esse novo modelo. Desse modo, é preciso analisar criticamente os livros, revistas, músicas e brincadeiras que já são adotadas pelas escolas, a fim de extirpar aqueles que adotam abertamente ou naturalizam concepções antidemocráticas. Entre eles, há obras que ensinam a história e cultura com base em uma perspectiva colonial, invisibilizam a luta de pessoas vulneráveis, não questionam as relações de poder, adotam estereótipos de gênero, raça e classe social. Deve-se ter, portanto, um cuidado redobrado com os materiais empregados nas unidades de ensino, sob pena de confirmar visões de mundo que, embora dominantes, reforçam opressões e desigualdades no tecido social.

Ademais, a educação para democracia também depende da existência de recursos humanos qualificados para concretizá-la. Nesse aspecto, é fundamental que haja um número suficiente de profissionais; sejam expedidas orientações concretas sobre como implementá-la; sejam realizadas formações iniciais e continuadas de modo sistemático; e sejam desenvolvidas ações voltadas ao engajamento para que a política pública seja cumprida no dia a dia.

Nesse sentido, para sua operacionalização, a educação para democracia precisa que as pastas de educação e as escolas sejam dotadas de profissionais em número suficiente para desempenhar suas atividades com qualidade. Como visto, a implementação dessa política pública exige a criação de órgãos de coordenação nas esferas de governo e que neles sejam alocados profissionais aptos a dialogar com outros órgãos governamentais, unidades de ensino, sociedade civil e comunidade escolar, com vistas a promover articulação, capacitação e treinamento. Assim, só é possível exercer essas atividades se houver recursos humanos em número compatível com a abrangência dessa política pública. A falta deles na CEDH do governo federal foi apontada como uma das causas dos retrocessos recentes na educação em direitos humanos.[522]

---

[522] INSTITUTO AURORA. *Panorama Educação em Direitos Humanos no Brasil*: o biênio 2019-2020 e a perspectiva futura. 2021. Disponível em: https://institutoaurora.org/wp-content/uploads/2021/04/Relato%CC%81rio-EDH-pt-br-compactado.pdf. Acesso em: 25 nov. 2022. p. 30.

Para além dos órgãos de coordenação, é ainda mais importante que as escolas contem com um número de profissionais de educação qualificados, pois estes executarão a educação para democracia no cotidiano. Entre eles, tem-se os gestores escolares e os professores. Os primeiros são essenciais para impulsionar os avanços no âmbito escolar, pois têm potencial para atuar como administradores da escola e, também, como líderes pedagógicos, incentivando a implementação de novas práticas e o desenvolvimento dos profissionais.[523] No entanto, na prática brasileira, a maioria dos gestores têm nível baixo de qualificação, são selecionados por conveniência política, sem qualquer tipo de processo seletivo, e não recebem treinamentos em administração ou liderança escolar.[524] A consequência é que eles se limitam a exercer funções administrativas, ficam sujeitos a uma autoridade limitada, sem grande poder de decisão, e têm seu potencial desperdiçado.

Os professores, por sua vez, são o principal recurso para que haja uma aprendizagem de qualidade. Os números são, à primeira vista, animadores. No Brasil, a proporção de alunos de 15 anos por professor em escolas públicas é de 29,5, o que é mais que o dobro do índice de países da OCDE (13) e bem acima da média da América Latina (20).[525] Nos últimos anos, tais índices têm aumentado, especialmente na educação infantil e ensino médio.[526] De todo modo, os números não têm sido suficientes para que o Brasil tenha uma educação satisfatória, à luz dos padrões internacionais. Verificam-se enormes disparidades em relação a escolas urbanas e rurais; federais, estaduais e municipais;

---

[523] ORGANIZAÇÃO PARA COOPERAÇÃO E O DESENVOLVIMENTO ECONÔMICO (OCDE). *A educação no Brasil:* uma perspectiva internacional. Tradução de Todos pela Educação. Disponível em: https://todospelaeducacao.org.br/wordpress/wp-content/uploads/2021/06/A-Educacao-no-Brasil_uma-perspectiva-internacional.pdf. Acesso em: 4 dez. 2022. p. 240.

[524] ORGANIZAÇÃO PARA COOPERAÇÃO E O DESENVOLVIMENTO ECONÔMICO (OCDE). *A educação no Brasil:* uma perspectiva internacional. Tradução de Todos pela Educação. Disponível em: https://todospelaeducacao.org.br/wordpress/wp-content/uploads/2021/06/A-Educacao-no-Brasil_uma-perspectiva-internacional.pdf. Acesso em: 4 dez. 2022. p. 240-245.

[525] ORGANIZAÇÃO PARA COOPERAÇÃO E O DESENVOLVIMENTO ECONÔMICO (OCDE). *A educação no Brasil:* uma perspectiva internacional. Tradução de Todos pela Educação. Disponível em: https://todospelaeducacao.org.br/wordpress/wp-content/uploads/2021/06/A-Educacao-no-Brasil_uma-perspectiva-internacional.pdf. Acesso em: 4 dez. 2022. p. 180.

[526] ORGANIZAÇÃO PARA COOPERAÇÃO E O DESENVOLVIMENTO ECONÔMICO (OCDE). *A educação no Brasil:* uma perspectiva internacional. Tradução de Todos pela Educação. Disponível em: https://todospelaeducacao.org.br/wordpress/wp-content/uploads/2021/06/A-Educacao-no-Brasil_uma-perspectiva-internacional.pdf. Acesso em: 4 dez. 2022. p. 199.

do eixo sul-sudeste e eixo norte-nordeste do país, de forma que os dados devem ser analisados de forma desagregada. Ademais, ainda enfrentamos obstáculos para que essa força de trabalho seja qualificada: os salários são baixos; há pouca valorização social da profissão; muitos professores, na prática, não têm diploma de nível superior; nem todos passam por concurso público; a formação inicial é deficitária e carente de experiência prática, muito menos em ambientes desafiadores.[527]

Por isso, a adoção de políticas de desenvolvimento profissional é fundamental para que o país incremente a qualidade da sua educação. No que se refere à educação para democracia, isso é ainda mais importante. Trata-se de uma política relativamente nova, cuja implementação depende da reformulação do currículo escolar e das práticas pedagógicas. Para além de ser uma política recente, ela ainda não se consolidou no país e tem oscilado a depender dos fluxos políticos, o que demanda a adoção de medidas concretas para que ela penetre nas estruturas educacionais de forma permanente. Ao mesmo tempo, nos últimos anos, as ideias de democracia e direitos humanos têm se revelado em disputa. Tais expressões ora têm sido utilizadas para defender posições diametralmente opostas; ora têm sido associadas ao comunismo, esquerdismo ou defesa de bandidos. Por isso, a efetividade da educação para democracia depende da expedição de instruções claras e da realização de formações com sistematicidade.

Nesse contexto, é fundamental que o Estado elabore materiais contendo orientações concretas sobre como os profissionais da educação podem implementar a educação para democracia no seu dia a dia. Note-se que não basta que sejam indicadas as normas que a subsidiam, transcritos os tratados internacionais ou contados os movimentos que levaram ao surgimento dos direitos humanos. É preciso que tais materiais também indiquem, de forma específica e concreta, as ações que devem ser adotadas no cotidiano escolar para executar a educação para democracia. As orientações, portanto, devem ultrapassar a transmissão de conteúdo e abarcar a prática pedagógica, considerando também a realidade de contextos nos quais o ensino é ainda mais desafiador. Após a elaboração dos materiais, eles devem ser divulgados para os gestores, professores e demais profissionais da educação, a fim de que

---

[527] ORGANIZAÇÃO PARA COOPERAÇÃO E O DESENVOLVIMENTO ECONÔMICO (OCDE). *A educação no Brasil:* uma perspectiva internacional. Tradução de Todos pela Educação. Disponível em: https://todospelaeducacao.org.br/wordpress/wp-content/uploads/2021/06/A-Educacao-no-Brasil_uma-perspectiva-internacional.pdf. Acesso em: 4 dez. 2022. p. 202-219.

implementem os trabalhos no seu dia a dia. Para tanto, é interessante que a divulgação seja feita de forma regionalizada em seminários, simpósios e reuniões, valendo-se, se necessário, de pessoas que atuarão como multiplicadoras do conhecimento.

Tais materiais servirão como guias e pontos de apoio aos profissionais da educação, mas não substituem a realização de formações iniciais e continuadas. É fundamental, então, que o tema seja inserido nos programas dos cursos de graduação e pós-graduação; no conteúdo cobrado nos concursos públicos; nos cursos de formação inicial, após a nomeação e posse; e, ainda, em formações continuadas. Nesse último ponto, é pertinente que sejam elaborados programas de capacitação, a fim de que as ações desenvolvidas não sejam pontuais, mas sejam dotadas de sistematicidade. Ao mesmo tempo, há que se buscar o efetivo comparecimento dos profissionais, viabilizando a sua participação e criando incentivos para tanto. Lembre-se, a propósito, que, durante o biênio 2019-2020, a única ação desenvolvida para implementar a educação em direitos humanos no governo federal foi dar continuidade à oferta de conteúdos sobre o tema na plataforma *on-line* da ENAP.[528] Trata-se, contudo, de medida insuficiente, pois há profissionais que sequer sabem dessa disponibilização ou, ainda, não têm tempo, interesse ou recursos tecnológicos para assistir às aulas. Assim, as políticas de formação devem ser comprometidas com o resultado, o que pressupõe que sejam consideradas para fins de progressão de carreira e realizadas em canais aos quais os destinatários tenham acesso e em horários em que a participação seja viável.

Ademais, a disponibilização de conteúdos em plataforma *on-line* de forma predominantemente assíncrona parece incompatível com os propósitos de uma formação de educadores em direitos humanos. Segundo Vera Candau e Susana Sacavino, há que se realizar processos formativos, isto é, uma série de atividades articuladas com duração de 90 a 100 horas de trabalho, nas quais seja possibilitado o papel ativo de todos os participantes.[529] Daí por que as pedagogas recomendam que eles sejam agrupados em núcleos de, no máximo, 35 a 40 pessoas e que a

---

[528] INSTITUTO AURORA. *Panorama Educação em Direitos Humanos no Brasil:* o biênio 2019-2020 e a perspectiva futura. 2021. Disponível em: https://institutoaurora.org/wp-content/uploads/2021/04/Relato%CC%81rio-EDH-pt-br-compactado.pdf. Acesso em: 25 nov. 2022. p. 30-33.

[529] CANDAU, Vera; SACAVINO, Susana Beatriz. Educação em direitos humanos e formação de educadores. *Educação*, Porto Alegre, v. 36, n. 1, p. 64, jan./abr. 2013.

definição dos temas a serem trabalhados ocorra com base nos interesses desse grupo, ainda que devam ser abordados em um contexto mais amplo. Por isso, a adoção dessa metodologia participativa demanda que tais formações sejam realizadas com interação em tempo real. As aulas assíncronas, portanto, até podem ser realizadas, mas devem ter um papel complementar.

O conteúdo também não pode se limitar à transmissão de conhecimentos teóricos sobre direitos humanos; ao revés, eles devem ser, a todo momento, combinados com a prática que os profissionais enfrentarão em salas de aula. O conhecimento não é um fim em si mesmo, mas deve estar a serviço da adoção de uma pedagogia problematizadora em salas de aula, calcada no diálogo, na experiência e no empoderamento dos excluídos. Lembre-se, a propósito, que a educação para democracia tem a pretensão de formar sujeitos de direito e engajá-los na transformação social. Por isso, o objetivo dessas formações deve ser incentivar os docentes a abandonarem estratégias centradas no ensino frontal, que se limitam a apresentar unilateralmente as informações e podem, no máximo, gerar uma sensibilização.[530] Em seu lugar, deve-se instigá-los a adotar uma pedagogia dialógica, que leve em consideração a experiência dos participantes e as violações de direitos humanos por eles sofridas, possibilitando verdadeiras mudanças de atitudes, comportamentos e mentalidades. Logo, as formações são imprescindíveis para essa mudança de perspectiva.

Ao lado delas, é fundamental que a educação para democracia seja acompanhada de medidas destinadas a engajar os profissionais na sua implementação. Afinal, é comum que as políticas públicas sejam lançadas, as pessoas sejam treinadas, as ações comecem a ser realizadas e, com o tempo, sejam naturalmente descontinuadas. Em tais situações, não há revogação das normas que subsidiam a política e os profissionais até sabem o que fazer, mas simplesmente deixam de implementá-la na prática. Foi o que aconteceu com a educação em direitos humanos em nosso país nos últimos anos. Para evitar esse cenário e fazer com que a mudança se torne permanente, é preciso criar emoções e incentivos.

Nesse sentido, a experiência demonstra que, muitas vezes, as grandes mudanças acontecem não a partir de avaliações analíticas, mas em razão de emoções que fazem com que as pessoas se sintam

---

[530] CANDAU, Vera; SACAVINO, Susana Beatriz. Educação em direitos humanos e formação de educadores. *Educação*, Porto Alegre, v. 36, n. 1, p. 64, jan./abr. 2013.

energizadas, esperançosas, orgulhosas.[531] Assim, para além de saberem como implementar a educação para democracia, os profissionais da educação precisam estar motivados a agir. Para que isso aconteça, as emoções positivas cumprem um papel fundamental, pois geram maior interesse, envolvimento e criatividade. É pertinente, ainda, estimular a criação de um senso de identidade entre os gestores e professores em prol da democracia. Com isso, a tendência é que eles se sintam entusiasmados por implementar um modelo pedagógico que a fortaleça, enxergando que, assim, estarão praticando os seus próprios valores. Ao mesmo tempo, tais profissionais deverão confiar no seu potencial para implementar tal política pública, acreditando que poderão fazê-lo em meio aos percalços que enfrentam no cotidiano. Para tanto, é importante que as orientações levem em consideração a realidade concreta por eles vivenciada, a fim de que possam ser efetivamente cumpridas; e que sejam divulgadas práticas de sucesso realizadas por outros profissionais que se encontrem na mesma situação.

Para além das emoções, há incentivos que podem ser adotados pelo Estado para que a política pública torne-se permanente. A ideia é que as ações continuem a ser praticadas, apesar do transcurso do tempo, das dificuldades diárias e das disputas que enfrentarão acerca do melhor modelo de educação. Entre as estratégias possíveis, é interessante que as formações continuadas e as ações recomendadas sejam consideradas para fins de progressão de carreira. Além disso, a trajetória da educação em direitos humanos em nosso país demonstrou a relevância das premiações e mostras pedagógicas. Elas instigam a comunidade escolar a adotar práticas inovadoras, promovem reconhecimento àqueles que se destacam e divulgam ideias para serem multiplicadas. Assim, um governo comprometido com a educação para democracia precisa se preocupar com o engajamento permanente dos gestores e professores, que são os maiores responsáveis pela execução da política e consequente transformação da realidade.

Verifica-se, portanto, que os recursos financeiros, materiais e humanos são indispensáveis para implementação dessa política pública. Há que se indicar as fontes de financiamento, disponibilizar os recursos e, especialmente, gerenciá-los de forma eficiente. É preciso elaborar, fomentar e disponibilizar materiais didáticos que apoiem esse

---

[531] HEATH, Chip; HEATH, Dan. *Switch:* como mudar as coisas quando a mudança é difícil. Tradução de Luciana Natale Abdalla Ferraz. Rio de Janeiro: Alta Books, 2019. p. 99-176.

processo pedagógico e, ainda, revisitar os antigos, extirpando aqueles que perpetuem valores antidemocráticos. Os gestores e professores, por sua vez, constituem a principal engrenagem da política pública. Por isso, eles precisam estar em quantitativo suficiente, receber formações com sistematicidade e permanecer engajados para que a educação para democracia seja cumprida no dia a dia. Não à toa, tamanha é a sua relevância que esses recursos precisam estar em constante monitoramento, a fim de avaliar se eles estão sendo efetivamente disponibilizados, empregados e se estão produzindo os resultados previstos.

5.8 Monitoramento permanente: criação de órgãos, proatividade das instituições e fixação de indicadores

A retomada da educação para democracia pressupõe a criação de arranjos que possibilitem o monitoramento dessa política pública. Assim, pretende-se que a sua execução seja acompanhada de uma avaliação permanente, com objetivo de apurar se as ações estão produzindo os resultados almejados, identificar boas práticas e diagnosticar gargalos, tendo como fim último o seu aprimoramento. No que diz respeito à educação para democracia, é preciso instituir órgãos responsáveis e, ainda, indicadores que possibilitem o monitoramento dessa política pública.

O tema está na ordem do dia por diversas razões. O advento de uma dogmática que buscou conferir efetividade às normas constitucionais[532] fez com que o direito passasse a se preocupar a verificar se as políticas públicas estão servindo ao propósito de transformar a realidade. Nesse sentido, Ana Paula de Barcellos defende a existência de um dever jurídico-constitucional de monitoramento,[533] enquanto forma de retirar os direitos fundamentais do papel. Nesse aspecto, tal atividade busca avaliar se os resultados estão sendo produzidos e se eles estão alcançando igualmente todos os seus destinatários, evitando que minorias sejam deixadas para trás. Para além disso, ela também permite apurar se tais resultados estão causando efeitos desproporcionais

---

[532] BARROSO, Luís Roberto. *O direito constitucional e a efetividade de suas normas* – limites e possibilidades da Constituição brasileira. 8. ed. Rio de Janeiro: Renovar, 2006.

[533] BARCELLOS, Ana Paula de. Políticas públicas e o dever de monitoramento: "levando os direitos a sério". *Revista Brasileira de Políticas Públicas*, Brasília, v. 8, n. 2, 2018. p. 251-265.

sobre grupos vulneráveis no plano da realidade.[534] Nesse ponto, o monitoramento possibilita o combate a discriminações indiretas, que, muitas vezes, eram inimagináveis quando do planejamento inicial.

Sob outra perspectiva, o direito administrativo vem passando por uma releitura no sentido de valorizar as consequências práticas de suas decisões, conceitos e teoria. Trata-se, na expressão de Gustavo Binenbojm, de um *giro pragmático*, que impõe uma análise dos resultados com base no contexto e experiência, sopesando os custos, benefícios e efeitos colaterais.[535] Mais recentemente, essa tendência foi consolidada pela promulgação da Lei nº 13.655/2018, que alterou a Lei de Introdução às Normas do Direito Brasileiro (LINDB – Decreto-Lei nº 4.657/1942) e previu, entre outras disposições, que "nas esferas administrativa, controladora e judicial, não se decidirá com base em valores jurídicos abstratos sem que sejam consideradas as consequências práticas da decisão" (art. 20 da LINDB). Assim, no que se referem às políticas públicas, essa inclinação pragmática deve ser manejada para avaliar se os arranjos escolhidos estão produzindo os resultados previstos e se é possível redefini-los para incrementar a proteção de direitos.[536]

Desse modo, o comprometimento com a efetividade da educação para democracia pressupõe órgãos responsáveis pelo seu monitoramento. Em princípio, o objetivo primordial destes é promover a avaliação da política pública durante o processo de implementação, a fim de que sejam procedidos eventuais ajustes com vistas ao alcance de suas metas de forma mais efetiva e eficiente. Para além disso, uma análise realista revela a importância desses órgãos para a perenidade da política pública, fazendo com que ela seja debatida periodicamente e sejam coibidas eventuais descontinuidades. Nesse ponto, tais espaços também servem ao propósito de fazer pressão política sobre

---

[534] CORBO, Wallace. *Discriminação indireta*: conceito, fundamentos e uma proposta de enfrentamento à luz da Constituição de 1988. Rio de Janeiro: Lumen Juris, 2017.

[535] BINENBOJM, Gustavo. *Poder de polícia, ordenação, regulação*: transformações político-jurídicas, econômicas e institucionais do direito administrativo ordenador. 3. ed. Belo Horizonte: Fórum, 2020. p. 52-65.

[536] Nesse sentido, Jane Reis Gonçalves Pereira sublinhou que uma das formas legítimas de se valer do pragmatismo é conferir maior eficácia e normatividade aos direitos fundamentais. Todavia, como pontuado pela autora, tais argumentos não podem ser levantados para enfraquecer garantias constitucionais e subjugá-las a metas coletivas, sob pena de desvirtuar a normatividade da supremacia da Constituição e a separação de poderes (PEREIRA, Jane Reis Gonçalves. As garantias constitucionais entre utilidade e substância: uma crítica ao uso de argumentos pragmatistas em desfavor dos direitos fundamentais. *Direitos Fundamentais & Justiça*, Belo Horizonte, ano 10, n. 35, p. 345-373, jul./dez. 2016.).

eventuais gestores pouco interessados em implementar a educação para democracia, constrangendo a sua não atuação.

Nesse sentido, alguns dos órgãos cuja criação já foi sugerida também cumprirão papel importante no monitoramento, tais como comitês, conselhos, comissões e ouvidorias externas. Como visto, muito embora não tenha sido originalmente instituído para isso, o Comitê Nacional de Educação em Direitos Humanos (CNEDH) cumpriu essa função. É preciso, então, restabelecer suas atividades e criar instâncias análogas nas demais esferas de poder. Tais espaços deverão contar com a participação do governo, professores, estudantes, sociedade civil e instituições do sistema de justiça, a fim de unir esforços em busca da realização e aprimoramento da política.

Para além da criação desses órgãos, é interessante que as unidades de ensino sejam estimuladas a fazer uma autoavaliação sobre a implementação da educação para democracia nas suas estruturas. Isso permitirá que a comunidade escolar reflita sobre as ações que foram feitas até ali e planejem a adoção de outras que ainda estão pendentes. Nesse sentido, a Ação Educativa, em parceria com o MEC e UNICEF, tem lançado publicações com indicadores para aferir a qualidade na educação, sugerindo que eles sejam avaliados por um grupo composto de estudantes, direção, equipe pedagógica, profissionais da educação, familiares, conselho escolar e grêmio estudantil.[537] Trata-se de uma iniciativa que tem diversos pontos positivos: ela é de fácil implementação, pois permite que o diagnóstico seja feito pela própria escola; e tem a participação dos alunos como um dos seus eixos centrais, estimulando o seu engajamento cívico. É importante que o projeto seja liderado pelo governo federal, a fim de coordenar, incentivar a realização pelas escolas e compilar o material.

Sem prejuízo dessas ações, as instituições de controle já existentes devem colocar a educação para democracia no centro da sua atuação. Nesse ponto, as instituições do sistema de justiça têm grande potencial e podem agir em duas frentes principais: (i) promover a

---

[537] Um deles, inclusive, tem pertinência com a educação para democracia, pois traz indicadores da qualidade na educação sob a perspectiva das relações raciais na escola. Cf.: CARREIRA, Denise. *Indicadores da qualidade na educação*: relações raciais na escola. São Paulo: Ação Educativa, 2013; MINISTÉRIO DA EDUCAÇÃO/SECRETARIA DA EDUCAÇÃO BÁSICA. *Indicadores da qualidade na educação infantil*. Brasília: MEC/SEB, 2009; AÇÃO EDUCATIVA, UNICEF (coord.). *Indicadores da qualidade no ensino médio*. São Paulo: Ação Educativa, 2018; AÇÃO EDUCATIVA, UNICEF, PNUD, INEP, SEB/MEC (coord.). *Indicadores da qualidade na educação*. São Paulo: Ação Educativa, 2013.

difusão e a conscientização de direitos; e (ii) instigar outras entidades para que os façam. Na primeira, a própria instituição reconhece o seu papel transformador e adota medidas educativas para que a população passe a conhecer os seus direitos. A Defensoria Pública, por exemplo, é instituição constitucionalmente incumbida da promoção dos direitos humanos (art. 134, *caput*) e tem essa como uma de suas funções institucionais.[538] O exercício dessa atividade difere-se da orientação jurídica destinada a solucionar uma demanda específica, mas pressupõe a disseminação de direitos de forma generalista,[539] por meio da realização de campanhas informativas, cartilhas e cursos para a população vulnerável. Desse modo, adota-se uma concepção ampla de acesso à justiça, reconhecendo que as pessoas precisam conhecer minimamente os seus direitos para reivindicá-los. Por se tratar de uma função institucional, o seu exercício não pode se resumir a benevolências ou voluntarismos, mas depende da criação de estruturas administrativas incumbidas dessa prática.[540]

Sob uma segunda ótica, as instituições do sistema de justiça têm potencial para cumprirem o relevante papel de monitoramento das ações adotadas por outros atores para implementar a educação para democracia. Apesar de essa pauta ainda não ter sido devidamente apropriada,[541] há diversas possibilidades de atuação. Além de integrar os espaços de deliberação criados especificamente para isso (*e.g.*, conselhos, comitês, comissões), as Defensorias e Ministérios Públicos podem se valer de medidas extrajudiciais e judiciais para que os entes federativos prestem uma educação comprometida com uma sociedade democrática e plural. Para tanto, pode-se expedir ofícios indagando sobre ações concretas que vêm sendo realizadas, instaurar procedimentos administrativos para apurar eventuais lesões a interesses coletivos e expedir recomendações administrativas. Se necessário, é

---

[538] LC nº 80/1994, art. 4: "São funções institucionais da Defensoria Pública, entre outras: [...]
III – promover a difusão e a conscientização dos direitos humanos, da cidadania e do ordenamento jurídico;"

[539] ALVES, Cléber Francisco. Defensoria Pública e educação em direitos humanos. *In*: SOUSA, José Augusto Garcia de. *Uma nova Defensoria Pública pede passagem*. Rio de Janeiro: Lumen Juris, 2011. p. 213.

[540] ROGER, Franklyn; ESTEVES, Diogo. *Princípios institucionais da Defensoria Pública*. 2. ed. rev., atual. e ampl. Rio de Janeiro: Forense, 2017. p. 378.

[541] Nesse sentido: FISCALIZAÇÃO do ensino de história africana nas escolas é relegada à sociedade civil. *Jornal da USP*. Disponível em: https://jornal.usp.br/diversidade/fiscalizacao-do-ensino-de-historia-africana-nas-escolas-e-relegada-a-sociedade-civil/. Acesso em: 28 nov. 2022.

possível, até mesmo, propor ações judiciais. Apesar das críticas à judicialização de políticas públicas,[542] trata-se de providência necessária nos casos em que há omissão do Estado em assegurar direitos fundamentais[543] e/ou quando é preciso evitar a repetição de suas violações.[544] A judicialização, a propósito, é capaz de influenciar positivamente o ciclo de políticas públicas[545] e pode contribuir, por exemplo, com o diagnóstico do problema, a formação da agenda e a tomada de decisão pelos próprios gestores. Logo, ferramentas não faltam para que as instituições do sistema de justiça invistam nesse campo e atuem nas políticas educacionais para além da busca por mais acesso. É preciso, portanto, que elas também se engajem na luta por uma educação de qualidade, comprometida com a formação de cidadãos democráticos e de uma sociedade cada vez mais inclusiva.

Ao lado das instituições do sistema de justiça, os tribunais de contas também têm enorme potencial para alavancarem a educação para democracia em nosso país. Vê-se que, nos últimos tempos, o controle externo por eles exercido deixou de se restringir à avaliação das contas públicas para passar a alcançar o resultado das ações governamentais. Trata-se de uma abordagem nova, decorrente da constatação de que a aplicação eficiente de recursos públicos é indispensável para efetivação de direitos fundamentais. Essa perspectiva possibilita que as cortes de contas fiscalizem políticas públicas[546] e exerçam as suas

---

[542] Cf.: BRANDÃO, Rodrigo. *Supremacia judicial versus diálogos constitucionais*: a quem cabe a última palavra sobre o sentido da Constituição. 2. ed. Rio de Janeiro: Lumen Juris, 2017. p. 225-240.

[543] BARBOZA, Estefânia; KOZICKI, Katya. Judicialização da política e controle judicial de políticas públicas. *Revista de Direito GV*, São Paulo, v. 8, n. 1, p. 59-86, jan./jun., 2012.

[544] A Corte Interamericana de Direitos Humanos tem sido uma indutora de políticas públicas de educação em direitos humanos. Em casos de violações massivas e generalizadas de direitos, a Corte tem proferido sentenças estruturantes e determinado a implementação interna de tais políticas, enquanto medida de não repetição. Isso ocorreu, por exemplo, nos casos Ximenes Lopes e Gomes Lund. Todavia, tais determinações dificilmente têm sido implementadas pelos Estados-parte. Sobre isso, confira: LEAL, Mônica; ALVES, Felipe. A Corte Interamericana de Direitos Humanos como indutora de políticas públicas estruturantes: o exemplo da educação em direitos humanos – uma análise dos casos Ximenes Lopes e Gomes Lund versus Brasil – perspectivas e desafios ao cumprimento das decisões. *Revista do Instituto Brasileiro de Direitos Humanos*, n. 15. p. 287-300, dez. 2015.

[545] BARREIRO, Guilherme; FURTADO, Renata. Inserindo a judicialização no ciclo de políticas públicas. *Revista de Administração Pública*, Rio de Janeiro, v. 49, n. 2, p. 293-314, mar./abr. 2015.

[546] A propósito, o Tribunal de Contas da União tem acompanhado outras políticas públicas de educação, tais como as metas do Plano Nacional de Educação 2014-2024; o Programa Nacional de Alimentação Escolar (PNAE); o Programa Nacional de Transporte Escolar; a Política de Inovação Educação Conectada (Lei nº 14.180/2021). Para analisá-las, confira:

atividades com uma pretensão pedagógica, visando a orientar, engajar e apoiar os gestores a atingirem as metas constitucionais. Para tanto, elas têm se valido, especialmente, das auditorias operacionais, cujo objetivo é a "avaliação, de forma sistemática, de programas, projetos, atividades ou ações administrativas por órgãos e entidades públicas, quanto às dimensões da economicidade, da eficiência, da eficácia, da efetividade e da equidade de maneira a tutelar o direito fundamental à boa administração pública".[547] Há ainda outros instrumentos, como as audiências públicas e termos de ajustamento de gestão.

Com efeito, os tribunais de contas podem exercer um papel indutor sobre a educação para democracia em nosso país.[548] Isso pode ser feito com uma auditoria operacional na União, Estados, Distrito Federal e Municípios para indagá-los, por exemplo, sobre quais ações têm sido feitas para implementar essa política pública; como vem sendo dado cumprimento ao PNEDH; se houve a criação de órgãos responsáveis pela sua coordenação e implementação; se houve a criação de um comitê, conselho ou outra instância colegiada para deliberar e monitorar; se foi realizada a formação dos profissionais da educação.[549]

TRIBUNAL DE CONTAS DA UNIÃO. *Biblioteca Digital*. Disponível em: https://portal.tcu.gov.br/biblioteca-digital/?temaRI=Educa%C3%A7%C3%A3o. Acesso em: 3 dez. 2022.

[547] CUNDA, Daniela Zago Gonçalves. Controle de políticas públicas pelos tribunais de contas: tutela da efetividade dos direitos e deveres fundamentais. *Revista Brasileira de Políticas Públicas*, v. 1, n. 2, p. 111-147, 2011, p. 137.

[548] Nesse sentido, o Tribunal de Contas do Estado do Rio Grande do Sul (TCE/RS) elaborou um diagnóstico sobre a aplicação do art. 26-A nos municípios daquele Estado. As ações envolveram a expedição de ofícios a todos os Prefeitos e unidades de controle interno em 2015, informando que, a partir do ano seguinte, o TCE/RS passaria a analisar o cumprimento do art. 26-A em suas fiscalizações. Em seguida, todos receberam um questionário para avaliar se o tema foi inserido nos planos pedagógicos, nos recursos orçamentários e na formação dos profissionais de educação. Por fim, foram realizadas fiscalizações *in loco*. Confira: TRIBUNAL DE CONTAS DO ESTADO DO RIO GRANDE DO SUL. *Cumprimento do art. 26-A da LDB nas escolas municipais do RS*: obrigatoriedade do ensino de história e cultura afro-brasileira e indígena. Disponível em: https://cloud.tce.rs.gov.br/s/YHTrnmRmcYb72Bk. Acesso em: 3 dez. 2022.

[549] De forma semelhante, o Tribunal de Contas da União fez auditoria para avaliar as ações governamentais e os riscos à proteção de dados pessoais nas organizações públicas federais. O questionário enviado continha uma série de perguntas que possibilitaram aos gestores públicos uma lista das principais medidas que deveriam ser adotadas; a elaboração de um diagnóstico sobre o nível de adequação à Lei Geral de Proteção de Dados (LGPD – Lei nº 13.709/2018) no país; e a expedição de recomendações específicas às entidades auditadas para contribuir no processo de implementação desse novo direito fundamental (TCU, TC 039.606/2020-1, Acórdão 1384/2022, Plenário, j. 15/6/2022.). Posteriormente, a auditoria foi replicada por diversos Tribunais de Contas nos estados.

Assim, tal auditoria permitiria demonstrar a importância da educação para democracia aos diferentes entes federativos, direcionar gestores públicos sobre como implementá-la; elaborar um mapeamento sobre a sua situação em âmbito nacional; diagnosticar pontos que devem ser objeto de maior atenção; identificar boas práticas que podem ser replicadas; e expedir recomendações específicas para tais entes federativos, a depender das respostas apresentadas.

Para além da criação de órgãos de monitoramento e da atuação das instituições de controle já existentes, é preciso estabelecer indicadores para avaliação das ações governamentais. Indicadores são artifícios criados para medir os recursos utilizados (*inputs* – *e.g.*, financeiros, humanos materiais); a produtividade de serviços e/ou produtos (*outputs* – *e.g.*, número de alunos atendidos); e os resultados sobre os destinatários e/ou o problema (*outcomes* – *e.g.*, qualidade do serviço prestado, grau de engajamento democrático, conhecimento sobre democracia).[550] Assim, eles são medidores que servem de referência para que a prestação da política pública seja avaliada de forma global, com base nos seus processos e resultados. Verifica-se, portanto, que a existência dos indicadores é condição para que o monitoramento seja realizado com qualidade.

Isso não significa, contudo, que se trata de tarefa fácil. Ao revés, há uma série de dificuldades na fixação de indicadores, tais como quando não há informações sobre o problema, planejamento prévio nem metas a serem atingidas. Ao mesmo tempo, há situações de multicausalidade:[551] uma pluralidade de fatores pode ter desencadeado um determinado resultado e não é possível precisar se ele decorreu da política pública ou de causas concorrentes. Desse modo, os recursos (*inputs*) e os produtos/serviços (*outputs*) até podem ser mensurados, mas é difícil aferir uma relação exata de causalidade entre ambos e os resultados (*outcomes*). Apesar disso, nessas situações, é possível ainda assim conceber indicadores que permitam uma aproximação entre os *inputs* e *outputs* com os *outcomes*.

Isso ocorre, por exemplo, nas políticas educacionais. Mesmo após concluída a educação básica, não há como aferir se os objetivos

---

[550] SECCHI, Leonardo. *Políticas públicas:* conceitos, esquemas de análise, casos práticos. São Paulo: Cengage Learning, 2012. p. 50-51.
[551] SECCHI, Leonardo. *Políticas públicas:* conceitos, esquemas de análise, casos práticos. São Paulo: Cengage Learning, 2012. p. 50-52.

constitucionais foram alcançados e a pessoa está desenvolvida, apta para a cidadania e qualificada para o trabalho.[552] Não obstante, o país já conta com as experiências na elaboração e acompanhamento do Plano Nacional de Educação (PNE). Trata-se de documento que deve ser elaborado decenalmente, por força da Emenda Constitucional nº 59/2009, e fixa metas a serem cumpridas pelos diferentes entes federativos, com vistas à melhoria da educação. Entre elas, tem-se a universalização da educação infantil, do ensino fundamental, do atendimento escolar, do acesso à educação básica e atendimento educacional especializado para pessoas com deficiência, da alfabetização, entre outras.[553] Para cada uma das metas, são previstos percentuais de cumprimento e estratégias para alcançá-los durante os dez anos de vigência do PNE.

O mesmo há de ser feito no PNEDH. Este, diferentemente, limita-se a prever objetivos, princípios e ações programáticas, sem que sejam fixadas metas e prazos de cumprimento. O Instituto de Desenvolvimento e Direitos Humanos (IDDH) já havia, até mesmo, denunciado o Brasil ao ACNUDH no ano de 2016, em razão da falta de indicadores para monitoramento da educação em direitos humanos.[554] O mesmo foi constatado pelo Instituto Aurora quando analisava o biênio 2019-2020.[555] Com efeito, é premente a fixação de indicadores que possibilitem o monitoramento da educação para democracia, e a solução pode ser exatamente seguir o modelo adotado no PNE: fixar metas, percentuais, estratégias e um prazo de cumprimento.

Nesse ponto, na política ora analisada, os indicadores podem abranger, por exemplo, a criação de um órgão coordenador da política, a criação de um órgão de monitoramento da política, a elaboração de um plano regional ou local de educação em direitos humanos, a participação da sociedade civil e dos estudantes, a alteração do programa político-pedagógico e do currículo, o volume de recursos orçamentários investidos, a formação de profissionais da educação, a elaboração

---

[552] BARCELLOS, Ana Paula de. Políticas públicas e o dever de monitoramento: "levando os direitos a sério". *Rev. Bras. Polít. Públicas*, Brasília, v. 8, n.º 2, p. 259, 2018.

[553] BRASIL. Lei nº 13.005, de 25 de junho de 2014. Aprova o Plano Nacional de Educação – PNE e dá outras providências. *Diário Oficial da União* de 26/6/2014.

[554] LAPA, Fernanda. *O advocacy na ONU sobre a educação em direitos humanos no Brasil*. Cadernos da Defensoria Pública do Estado de São Paulo, a. 3, v. 3, n. 8, 2016. São Paulo: EDEPE, 2018. p. 86-91.

[555] INSTITUTO AURORA. *Panorama Educação em Direitos Humanos no Brasil*: o biênio 2019-2020 e a perspectiva futura. 2021. Disponível em: https://institutoaurora.org/wp-content/uploads/2021/04/Relato%CC%81rio-EDH-pt-br-compactado.pdf. Acesso em: 25 nov. 2022. p. 32.

de materiais didáticos, a gestão democrática, a resolução pacífica de conflitos, a valorização de diferentes identidades, o combate a discriminações, a existência de grêmios estudantis, as mudanças nos relacionamentos e atitudes na escola, a avaliação dos alunos, entre outros.

Logo, para que a educação para democracia seja efetiva, é imprescindível que haja um monitoramento constante da sua implementação, a fim de que ela se torne uma política pública permanente e seja constantemente aprimorada. Para tanto, é fundamental a criação de órgãos especificamente dedicados a isso, o engajamento da sociedade civil, a atuação proativa das instituições de controle e a fixação de indicadores que possibilitem esse monitoramento.

CAPÍTULO 6

PROPOSTAS CURRICULARES

6.1 Introdução

Como visto, a educação para democracia tem por objetivo formar gerações que compartilhem um conjunto de premissas sobre os valores democráticos, como liberdade, igualdade e justiça. A ideia é que, com isso, as pessoas conheçam a Constituição, internalizem seus princípios e se engajem na luta pelo seu fortalecimento. O surgimento dessa cultura constitucional é importante por diversas razões. Ela contribui para formação de um elo comum em sociedades plurais, criando uma unidade em um contexto de diversidade. Ainda, ela coíbe futuras crises da democracia e, caso estas sobrevenham, facilita que se saia delas. Ao mesmo tempo, esse engajamento em torno dos valores democráticos incentiva que as normas da Carta de 1988 sejam respeitadas no cotidiano e afasta a naturalização de eventuais violações.

Para que isso seja possível, é fundamental que, além das medidas institucionais, sejam promovidas alterações no currículo escolar. Com efeito, este capítulo objetiva apresentar algumas propostas para subsidiar essa reforma, de modo que os alunos aprendam conteúdos e desenvolvam valores aptos a fortalecer um sentimento de apreço à democracia. Isso pressupõe a criação de disciplina própria de direito constitucional na educação básica e, ainda, a transmissão desse conhecimento de forma transversal ao longo de toda a prática pedagógica. Essa combinação da disciplinaridade com a transversalidade é fundamental para fins simbólicos, demonstrando a importância do tema; para fins de efetividade, contribuindo para que os profissionais se sintam responsáveis por ministrar esse conteúdo e adquiram a formação necessária para tanto; e para fins de monitoramento, facilitando que os órgãos de controle fiscalizem a sua implementação.

Ao longo desse processo, propõe-se o ensino de temas que, de forma geral, contribuam para a apreensão de valores democráticos pelos alunos. Isso abrange direito constitucional, mas também inclui outros conteúdos que podem ajudar a desenvolver um sentimento de apreço à democracia. Nesse sentido, considerando a natureza analítica da Constituição, são sugeridos alguns tópicos para serem abordados e que podem contribuir nesse processo: noções sobre o regime democrático e organização do Estado. Sugere-se ainda que haja o ensino de conhecimentos sobre movimentos autoritários ao redor do mundo, o incentivo ao engajamento cívico e a incorporação da educação midiática. Para além disso, considerando a concepção substancial de democracia adotada, a educação básica também deverá contemplar conteúdos sobre igualdade e direitos fundamentais. Nesse ponto, há que se disseminar a ideia de dignidade humana enquanto valor intrínseco, estimular o desenvolvimento de uma visão crítica de mundo, ensinar sobre os processos históricos que culminaram na cultura de dominação e demonstrar como eles impactam nos dias de hoje. Ao mesmo tempo, é necessário promover a renovação dos currículos, recursos e práticas pedagógicas para se adequarem a uma sociedade multicultural, abarcando a perspectiva, história e cultura de grupos marginalizados. Ao final, o objetivo é que os alunos não só apreendam tais conteúdos, mas se engajem na prática transformativa, de modo a combater as desigualdades no seu cotidiano.

Para se chegar a tais propostas, o capítulo parte de uma metodologia calcada em revisão de bibliografia proveniente das áreas do direito e educação. Afinal, o tema de estudo é, por essência, interdisciplinar. Assim, para fazer frente a essa complexidade, é inevitável recorrer a outras áreas do saber, sob pena de superficialidade. Não se desconhece, contudo, que a lente de análise desta obra é eminentemente jurídica. Por isso, há que se ter humildade e reconhecer que o objetivo não é apresentar uma solução pronta e acabada para ser implementada nas escolas; a ideia, ao revés, é sugerir algumas propostas preliminares para contribuir com a discussão. Estas, inevitavelmente, precisarão ser submetidas aos educadores do país antes de se pensar em implementá-las.

6.2 Transversalidade e disciplinaridade: a disseminação dos valores democráticos pela prática pedagógica e o ensino do direito constitucional na educação básica

A implementação da educação para democracia depende de um currículo escolar que contemple conteúdos sobre democracia.

No plano especulativo, pode-se imaginar diversas maneiras para isso: é possível que tais conhecimentos sejam transmitidos de maneira transversal, tratando-os de forma interdisciplinar; como um conteúdo específico de disciplinas já existentes no currículo escolar; por meio da inserção de uma nova disciplina específica para tratar sobre o tema; ou pela combinação de mais de uma dessas opções. Conforme será exposto, o melhor caminho é a adoção dessa última possibilidade, de modo que a democracia seja ensinada transversalmente em todas as disciplinas e, ainda, por meio da criação de uma nova que a contemple especificamente.

A aplicação da transversalidade isoladamente significa que a democracia deve permear toda a prática educativa e ser abordada ao longo das disciplinas do currículo escolar, de modo integrado aos seus diferentes conteúdos. Dessa forma, o conhecimento não é tratado fragmentariamente, mas é encarado de forma integrada e atenta à complexidade da vida. Seguindo essa lógica, a democracia deve ser ensinada não só em história e geografia, mas também em disciplinas menos óbvias, que não tem costume de abordá-la. Nas aulas de educação física e artes, por exemplo, pode-se estimular o desenvolvimento de valores democráticos, como tolerância, respeito e consideração; nas aulas de informática, por sua vez, é possível instigar as habilidades de reflexão e leitura crítica.

Assim, o ensino da democracia por meio da transversalidade tem pontos positivos. Afinal, uma escola que pretenda preparar os alunos para a vida precisa partir da premissa que a realidade é complexa e os temas repercutem uns sobre os outros. A interdisciplinaridade é, então, consentânea com esse cenário e permite que o aprendizado ocorra com base na integração entre diferentes assuntos, tal como eles aparecerão no cotidiano. Essa, aliás, tem sido a grande tendência da educação do século XXI: o objetivo é flexibilizar os currículos, combater a fragmentação das áreas do conhecimento, desenvolver competências socioemocionais, fortalecer o pensamento crítico e instigar a resolução colaborativa de problemas.[556] Não à toa, como visto, a transversalidade foi a opção adotada pela grande maioria dos entes federativos que implementaram a educação em direitos humanos na sua rede. Ademais, a recente Base Nacional Comum Curricular (BNCC) instituiu a necessidade de que a educação básica contemple competências socioemocionais de modo

---

[556] COSTIN, Cláudia. Educar para um futuro mais sustentável e inclusivo. *Estudos Avançados*, v. 34, n. 100, p. 47, 2020.

transversal, tais como aprendizagem ao longo da vida, pensamento crítico, comunicação, alfabetização digital, empatia, cidadania e ética.[557] Logo, é inegável que a implementação da educação para democracia transversalmente proporciona maior capilaridade ao tema, atenção à complexidade da realidade e compatibilidade com as tendências da pedagogia do século XXI.

Por outro lado, essa opção também traz alguns desafios. Como visto, a principal ideia da transversalidade é que a educação para democracia adentre no projeto político-pedagógico das escolas e permeie toda a prática educativa. Isso pressupõe que todos os profissionais da educação estejam engajados na sua implementação, no que se incluem os diretores, os professores, os inspetores, as merendeiras. É preciso, então, que os valores democráticos ultrapassem o mero ensino do conteúdo e se espraiem pelas relações existentes na comunidade escolar. Muito embora a ideia seja boa, ela é de difícil implementação na prática. Quando todos são responsáveis por determinada atribuição, há enorme risco de que ninguém se sinta, de fato, responsável e a política não saia do papel. A transversalidade, ainda, gera dificuldades para formação de professores e emissão de orientações específicas. Eventualmente, os profissionais podem até estar interessados em executá-la, mas não sabem ao certo como. Na melhor das hipóteses, a proposta é implementada na forma de projetos pontuais, em datas comemorativas ou apenas nas disciplinas de humanas.[558] Ao mesmo tempo, o monitoramento também se torna mais difícil, diante da vagueza das orientações expedidas e da dificuldade de elaborar indicadores.

Tais desafios, contudo, não deverão inibir a implementação da transversalidade, em razão da sua importância para proporcionar maior capilaridade e desenvolver as competências exigidas pelo mundo atual. Há que se pensar, então, em ferramentas para atenuá-los. Algumas delas, por exemplo, foram referidas quando da apresentação das propostas institucionais, como a criação de órgãos responsáveis pela coordenação da política pública e monitoramento da mesma. Para além disso, é interessante que a transversalidade seja combinada com a disciplinaridade, por meio da criação de uma disciplina específica

---

[557] COSTIN, Claudia; PONTUAL, Teresa. Curriculum reform in Brazil to develop skills for the twenty-first century. In: REIMERS, Fernando M. (ed.). *Audacious education purposes*: how government transform the goals of education systems. Cham, Switzerland: Springer Nature Switzerland AG, 2020. p. 47-64.

[558] TAVARES, Celma. *Educação em direitos humanos em Pernambuco*: as práticas vivenciadas nas escolas estaduais, Bauru, v. 5, n. 1, p. 225-244, jan./jun., 2017 (8).

para ensinar direito constitucional na educação básica. Medida semelhante, aliás, foi tomada na rede estadual de Pernambuco, como já adiantado. Durante os anos de 2007 a 2010, os direitos humanos foram inseridos transversalmente nos projetos político-pedagógicos e, ao mesmo tempo, foram ensinados em uma disciplina optativa. A partir de 2011, em uma segunda fase, a disciplina optativa foi retirada do currículo, mas veio a ser retomada como obrigatória em 2012 nas escolas integrais e de educação profissional. Como visto, a maioria dos professores entrevistados por Celma Tavares apoiava a combinação da transversalidade com a disciplinaridade,[559] a fim de que haja maior envolvimento de todos.

Tomando tais experiências como base, a educação para democracia pode ser implementada por meio da inserção de competências democráticas no projeto político-pedagógico e pela criação de uma disciplina específica de direito constitucional no currículo escolar. Dessa forma, a prática pedagógica por inteiro deverá ser permeada de valores democráticos, como diálogo, tolerância, engajamento e respeito às diferenças; mas haverá uma disciplina destinada a ensinar conhecimentos indispensáveis para se compreender a ideia de democracia, como noções sobre o regime democrático, separação de poderes, atribuições das instituições, igualdade, discriminações, racismo. Para além da busca por maior efetividade, tal providência tem o papel de fazer com que a aprendizagem não se limite aos valores, mas também abarque os conceitos necessários para compreender o que é democracia. Ao mesmo tempo, a criação de uma disciplina específica tem um papel simbólico de demonstrar a importância do tema, o que pode incentivar o comprometimento dos profissionais da educação. Dessa forma, a proposta revela-se uma opção equilibrada diante dos riscos de inefetividade da transversalidade e dos receios de um ensino do direito sem aptidão para gerar o sentimento constitucional pretendido.

Vale dizer, a propósito, que a estabilidade de um projeto político também depende de valores, virtudes e emoções. Essa tese foi desenvolvida por Martha Nussbaum, para quem o Estado deve cultivar emoções políticas para alcançar a justiça e se manter estável.[560] Para

---

[559] TAVARES, Celma. *Educação em direitos humanos em Pernambuco*: as práticas vivenciadas nas escolas estaduais. Bauru, v. 5, n. 1, p. 225-244, jan./jun., 2017 (8). p. 237-238.
[560] NUSSBAUM, Martha C. *Political emotions*: why love matters for justice. Cambridge, MA: The Belknap Press of Harvard University Press, 2013.

tanto, é preciso afastar forças negativas, como o egoísmo, o medo e a discriminação, e substituí-los por positivas, como o patriotismo e a compaixão. Para alcançar esse objetivo, o Estado tem diversas ferramentas ao seu dispor, como produções artísticas, discursos públicos, arquitetura e, ainda, a educação. Nesse ponto, as escolas constituem-se espaços aptos a gerar apreço pelo projeto de democracia e tornar os educandos comprometidos com seus valores.

Partindo dessa premissa, a autora propôs cinco diretrizes para que as escolas incentivem a formação de um patriotismo amoroso e crítico: (i) instigar o amor pela nação e sua história, desde que relacionado com bons valores que possibilitem a autonomia necessária para criticar valores negativos; (ii) introduzir e cultivar o pensamento crítico desde cedo e durante toda a prática pedagógica; (iii) usar a imaginação positiva para incluir as diferenças e possibilitar que os alunos se coloquem no lugar das minorias; (iv) apresentar as razões de guerras passadas sem demonizá-las e as dores geradas; e (v) ensinar a história com base na verdade e em evidências, desenvolvendo a possibilidade de interpretar as narrativas criticamente.[561] A educação, portanto, deve estimular o surgimento dessas emoções, a fim de incrementar a estabilidade política do país.

Em sentido similar, sob as premissas do liberalismo político e da Constituição de 1988, Fábio Portela Lopes de Almeida defende que o sistema educacional brasileiro deve formar crianças portadoras das virtudes políticas de autonomia e tolerância.[562] Por serem indispensáveis para que os cidadãos se reconheçam como livres e iguais, tais virtudes devem ser incentivadas pela educação para que haja o fortalecimento da democracia constitucional. Na visão do autor, a autonomia possibilita que os cidadãos sejam efetivamente livres e iguais, escolham a sua concepção de bem, reconheçam a concepção pública de justiça que regula a sua sociedade e exerçam os direitos decorrentes da cidadania. Para que o desenvolvimento dessa virtude não incorra em paternalismo, há que se reconhecer que todos têm liberdade de decidir sobre as suas próprias vidas e que não se pode adotar um ideal perfeccionista de submeter as pessoas a ditames morais. A tolerância, por sua vez, torna possível que todos se reconheçam como livres e iguais em uma

---

[561] NUSSBAUM, Martha C. *Political emotions:* why love matters for justice. Cambridge, MA: The Belknap Press of Harvard University Press, 2013. p. 249-255.

[562] ALMEIDA, Fábio. *Liberalismo político, constitucionalismo e democracia:* a questão do ensino religioso nas escolas públicas. Belo Horizonte, MG: Argvmentvm, 2008. p. 147-165.

democracia constitucional. Para tanto, o autor destaca a importância de que as crianças sejam educadas em um espaço diversificado, no qual percebam que a concepção de bem defendida por seus pais é apenas uma entre as tantas outras legítimas.

Para além dos valores, a busca de uma educação que fortaleça a democracia depende de um currículo escolar que contemple o direito constitucional. Afinal, o primeiro passo para que as pessoas internalizem os princípios da Constituição e os apliquem no cotidiano é conhecê-los. Nesse ponto, a ideia não é que crianças e adolescentes saibam dispositivos da Carta de 1988 em detalhes nem todas as correntes doutrinárias que perpassam determinado tema controvertido. Em vez de se tornarem mini bacharéis em direito, o objetivo é que eles comecem, desde cedo, a se apropriar da pauta constitucional e que as escolas sejam espaços destinados à aprendizagem de tal conteúdo. Assim, a educação servirá ao propósito de fazer com que a Constituição seja um documento acessível ao povo, cuja interpretação não exija a intermediação dos juristas,[563] o que é essencial para fins de legitimidade democrática.

A ideia de que a interpretação constitucional não é atividade privativa dos agentes públicos tem ganhado cada vez mais força.[564] Tal tese foi sistematizada por Peter Häberle, para quem a Constituição é "um vestido que muitos bordam, não somente o jurista constitucional".[565] Na visão dele, a interpretação não é necessariamente uma atividade intencional e consciente, restrita aos operadores do direito; ao revés, todos aqueles que vivem no contexto regulado pela norma são intérpretes do seu texto.[566] A hermenêutica constitucional revela-se, pois, um processo aberto, no qual diversos agentes atuam em regime de concorrência. Partindo dessa premissa, nota-se que o ensino do direito constitucional nas escolas não é condição para que a interpretação

---

[563] TUSHNET, Mark. *Taking the Constitution away from the courts*. New Jersey: Princeton University Press, 1999; KRAMER, Larry D. *The people themselves* – popular constitutionalism and judicial review. Oxford University Press: Oxford, 2004.

[564] Sobre os diferentes intérpretes da Constituição, confira: PEREIRA, Jane Reis Gonçalves. *Interpretação constitucional e direitos fundamentais*. 2. ed. São Paulo: Saraiva Educação, 2018. p. 79-88.

[565] HÄBERLE, Peter. La sociedad abierta de los intérpretes constitucionales: una contribución para la interpretación pluralista y "procesal" de la constitución. In: *Retos actuales del estado constitucional*. Oñati: IVAP, 1996. p. 30.

[566] HÄBERLE, Peter. *Hermenêutica constitucional*: a sociedade aberta dos intérpretes da constituição: contribuição para interpretação pluralista e "procedimental" da constituição. Porto Alegre: Sérgio Antônio Fabris, 1997. p. 15.

constitucional seja um processo aberto – afinal, isso já ocorre na simples vivência cotidiana –; mas é um fator de estímulo para que isso aconteça cada vez mais cedo e de forma mais qualificada.

Essa natureza aberta da interpretação constitucional traz dois impactos sobre a forma como deve se dar a transmissão do conteúdo: a pedagogia há de ser dialógica e a aprendizagem não pode se restringir à literalidade do texto normativo. No que toca ao primeiro ponto, é certo que, ao reconhecer que há uma multiplicidade de intérpretes constitucionais, isso implica assumir que os próprios estudantes também têm esse papel. Nesse sentido, torna-se ainda mais importante que a metodologia da educação seja calcada em um diálogo entre educadores e educandos, sem que os primeiros pretendam depositar ou impor suas ideias sobre os segundos.[567] Há que se rejeitar, portanto, a concepção de que o educador é quem educa, sabe o conteúdo e é a autoridade, pois isso significaria invisibilizar o educando no seu processo de interpretação constitucional, tal como se ele também não vivesse a incidência da norma no seu cotidiano e não pudesse ditar o seu sentido, com base em suas próprias perspectivas. Como ambos são sujeitos da hermenêutica constitucional, ambos também devem ser sujeitos no processo educacional que pretende a compreensão dessas normas.

Para que tal perspectiva se operacionalize, é interessante que os professores instiguem os próprios alunos a refletirem e dizerem qual é o sentido que eles próprios atribuem ao texto constitucional. Assim, antes de apresentarem a sua versão, os educadores deverão ouvir os educandos sobre o que eles entendem por determinado direito, o que eles conhecem sobre determinada instituição e os impactos que esses temas têm na sua vida. Desse modo, a educação estará estimulando um pensar autêntico dos estudantes sobre a própria Constituição e incentivando que exerçam o papel na hermenêutica constitucional. Para além disso, essa abordagem permitirá que os próprios professores aprendam com os alunos, desconstruam algumas pré-concepções e enxerguem como o tópico impacta naquela comunidade. Ultrapassando as fronteiras da interpretação da Constituição, tal prática também ajudará o desenvolvimento de pensamento crítico de modo geral, instigando a reflexão, a criação e a problematização das relações com o mundo.

---

[567] FREIRE, Paulo. *Pedagogia do oprimido*. Rio de Janeiro: Paz e Terra, 2021. p. 158-243.

Quanto ao segundo ponto, o ato de se reconhecer a natureza aberta do processo de interpretação da Constituição exige que os debates em sala de aula não se restrinjam ao que diz o texto das normas da Constituição. É que a incidência da norma na realidade – incluindo as expectativas geradas, seus impactos concretos e pressões sociais – tem importância central para definir o percurso e o resultado do processo de interpretação. Por essa razão, o ensino deve abarcar a trajetória percorrida para conquista dos direitos, os processos que disputam o seu sentido e as suas materializações no plano da realidade. Com isso, estar-se-á ensinando sobre a história do país, os movimentos de luta por direitos e as implicações concretas disso no dia a dia da comunidade, contribuindo para que os alunos percebam a importância do engajamento para a emancipação social.

Não obstante, apesar da sua importância, é inegável que o ensino de direito constitucional nas escolas traz alguns desafios. O primeiro deles decorre da constatação de que ainda existe certa insinceridade normativa no texto da Carta de 1988.[568] Vê-se que, apesar dos anos de luta em prol da sua efetividade, há milhares de brasileiros que continuam a viver à margem do Estado de Direito e sem acesso a direitos básicos. Isso torna, no mínimo, desconcertante que professores ensinem, por exemplo, sobre o direito à vida quando os alunos convivem com a violência policial; sobre igualdade quando salta aos olhos o racismo estrutural; e sobre os direitos sociais quando há milhares de pessoas em situação de extrema pobreza. Desse modo, frequentemente, a realidade fora das salas de aula contrastará com o teor do texto constitucional, demandando habilidade para ensiná-lo de forma que os alunos reconheçam a sua legitimidade e permaneçam interessados.

O segundo desafio, por sua vez, envolve a extensão da Carta de 1988. Trata-se de uma Constituição analítica, com mais de 250 artigos, sendo certo que alguns deles têm vasta densidade normativa e outros trazem disposições que têm pouco potencial para conquistar corações e mentes. As sucessivas emendas constitucionais, ainda, incrementam a dificuldade, pois aumentam a extensão do diploma como um todo e acrescentam, em curta periodicidade, novas normas para serem conhecidas. Esse cenário demanda cautela para que o ensino de direito constitucional nas escolas não implique a inserção de conteúdo jurídico em excesso no currículo escolar. Caso contrário, estar-se-ia

---

[568] BARROSO, Luís Roberto. *O direito constitucional e a efetividade de suas normas*: limites e possibilidades da Constituição brasileira. 8. ed. Rio de Janeiro: Renovar, 2006. p. 59-65.

transformando a educação básica em uma espécie de graduação em direito e diminuindo a importância de outras áreas do saber.

Tais dificuldades, contudo, podem ser superadas mediante adoção de algumas estratégias. Para atenuar os efeitos da insinceridade normativa, o ensino do direito constitucional deve se pautar por uma pedagogia que encare a desigualdade sob uma perspectiva crítica, e não conformista. Assim, o abismo existente entre o texto constitucional e a realidade da população deverá ser abordado de modo a servir como fator de engajamento na luta em busca da efetividade da Carta de 1988. Nesse processo, a Constituição deverá ser ensinada para que passe a ser encarada como mais uma ferramenta de luta das camadas mais vulneráveis, a fim de que seus direitos saiam do papel. Somente assim a educação alcançará a práxis referida por Paulo Freire, servindo ao propósito de instigar a reflexão e a ação sobre o mundo para transformá-lo.[569]

Além disso, ainda que se trate de uma Constituição analítica, não há necessidade de que os estudantes tenham conhecimento do seu inteiro teor. Afinal, eventual pretensão em sentido contrário seria pouco efetiva por abarcar normas que pouco interessam para alcançar o objetivo final, como aquelas cuja natureza constitucional é apenas formal. Nesse sentido, para que se construa uma unidade em torno dos valores constitucionais, propõe-se a adoção de dois filtros: seleção das normas (i) de hierarquia material superior, e (ii) com pertinência pragmática com a história, os fatos cotidianos ou as grandes questões nacionais vivenciadas pela sociedade.

No que toca ao primeiro, é certo que, em que pese não haja hierarquia formal entre normas da Constituição, a doutrina sobre interpretação constitucional admite a existência de hierarquia material entre elas.[570] Isso porque se reconhece que as normas constitucionais são dotadas de pesos abstratos diferentes, sendo possível estabelecer um sistema de prioridades em favor daquelas dotadas de maior relevância axiológica. De certa forma, a própria Carta de 1988 reconheceu a existência desse peso diferenciado quando previu os princípios constitucionais sensíveis e as cláusulas pétreas (art. 34, VII, e 60, §4º,

---

[569] FREIRE, Paulo. *Pedagogia do oprimido*. Rio de Janeiro: Paz e Terra, 2021. p. 133.
[570] Cf.: PEREIRA, Jane Reis Gonçalves. *Interpretação constitucional e direitos fundamentais*. 2. ed. São Paulo: Saraiva Educação, 2018. p. 286-295.; SOUZA NETO, Cláudio Pereira de; SARMENTO, Daniel. *Direito constitucional*: teoria, história e métodos de trabalho. 2. ed. Belo Horizonte: Fórum, 2014. p. 505-508.

VI, da CRFB): os primeiros, se violados, admitem intervenção federal nos estados; ao passo que as segundas são impassíveis de abolição por emenda. Na mesma linha, a eleição dos temas constitucionais que ingressarão no currículo escolar deve se pautar pelas normas materialmente superiores, incluindo noções sobre democracia, organização do Estado, igualdade e direitos fundamentais.

Com efeito, a ideia é fazer com que cidadãos comuns tenham conhecimento sobre a Constituição, apropriem-se das suas normas, sejam sujeitos ativos na sua interpretação e se engajem na luta pela sua preservação. Tal proposta lembra um pouco a teoria de Mark Tushnet sobre a interpretação das normas constitucionais para além das Cortes.[571] Na visão do autor, o povo deve se apropriar da pauta constitucional, apresentar o seu sentido sobre as normas e resolver eventuais desacordos daí decorrentes. Para construir a sua tese, Tushnet apresenta as noções de Constituição grossa e Constituição fina. A primeira abrange normas que, embora relevantes, são indiferentes à população e não engajam corações. É o caso, por exemplo, das diversas previsões detalhadas sobre a organização do Estado. A segunda, por sua vez, caracteriza-se pela visão dos cidadãos comuns acerca dos direitos fundamentais à igualdade, liberdade de expressão e liberdade. Ela não abarca, portanto, decisões da Suprema Corte sobre esses direitos, na medida em que o autor atribui protagonismo ao povo e rejeita a concepção de supremacia judicial.

Essa teoria é relevante para ajudar a eleger os temas constitucionais que devem compor o currículo escolar, mas há de servir apenas como um ponto de partida. De fato, diante da extensão da Carta de 1988, é preciso selecionar as normas constitucionais que integrarão o currículo escolar e isso demanda que sejam priorizadas aquelas capazes de despertar o interesse de pessoas leigas, sobretudo em tenra idade. No entanto, a ideia de Constituição fina é insuficiente nesse processo por duas razões. Em primeiro lugar, trata-se de uma concepção bastante restritiva, pois exclui tópicos que são importantes de serem conhecidos desde a infância, como noções básicas de organização do Estado e outros direitos fundamentais. Afinal, para que se tenha efetiva cidadania, é essencial que haja uma mínima compreensão sobre as instituições e os direitos que estão no dia a dia da população e vão além da igualdade, liberdade de expressão e liberdade. Em segundo lugar, a ideia de

---

[571] TUSHNET, Mark. *Taking the constitution away from the courts.* Princeton, New Jersey: Princeton University Press, 1999. p. 9-14.

Constituição fina, ao rejeitar a supremacia judicial e pretender atribuir protagonismo ao povo, nega a importância das decisões judiciais no processo de interpretação das normas constitucionais. Isso faz com que a teoria seja insuficiente para dar conta da seleção dos temas que deverão ser estudados na educação básica, especialmente diante da pretensão pragmática da proposta e da "judicialização da vida"[572] ocorrida nos últimos anos.

Daí por que, muito embora não se possa conferir protagonismo a elas, as decisões do Poder Judiciário devem ser debatidas em salas de aula, já que contribuem para o próprio entendimento do tópico que estiver sendo estudado e, ainda, têm potencial para gerar maior interesse por parte dos alunos naquele assunto. De fato, como alerta Tushnet, a interpretação do povo sobre o sentido da Constituição deve ser valorizada, até para fins de legitimação democrática; no entanto, isso não deve servir para rechaçar em absoluto a importância da interpretação judicial. Apesar de não se poder atribuir a última palavra a um só poder[573], é certo que o Judiciário tem papel fundamental nesses diálogos institucionais sobre o sentido da Constituição, em razão das condições políticas, institucionais e interpretativas que desencadearam a sua expansão no pós-1988.[574] Muitas vezes, é uma decisão judicial que empurrará a história na direção do progresso social.[575] Não há sentido, assim, que, quando do estudo da igualdade entre as diferentes modalidades de família, não haja sequer menção à decisão proferida pelo STF, com força vinculante, declarando a constitucionalidade de uniões homoafetivas.[576] Ademais, o fato de se abordar as decisões judiciais de maior relevância durante as aulas também é capaz de gerar maior interesse dos alunos, permitindo que eles consigam reconhecer situações cotidianas que já vivenciaram e compreender como aquela

---

[572] Cf.: BARROSO, Luís Roberto. *A judicialização da vida e o papel do Supremo Tribunal Federal*. Belo Horizonte: Fórum, 2018; BRANDÃO, Rodrigo. A judicialização da política: teorias, condições e o caso brasileiro. *Revista de Direito Administrativo*, Rio de Janeiro, v. 263, p. 175-220, maio/ago. 2013.

[573] BRANDÃO, Rodrigo. *Supremacia judicial versus diálogos constitucionais*: a quem cabe a última palavra sobre o sentido da Constituição. 2. ed. Rio de Janeiro: Lumen Juris, 2017.

[574] BRANDÃO, Rodrigo. *Supremacia judicial versus diálogos constitucionais*: a quem cabe a última palavra sobre o sentido da Constituição. 2. ed. Rio de Janeiro: Lumen Juris, 2017. p. 148-177.

[575] BARROSO, Luís Roberto. Contramajoritário, representativo e iluminista: os papeis dos tribunais constitucionais nas democracias contemporâneas. *Revista Direito & Práxis*, v. 9, n. 4, p. 2171-2226, 2018.

[576] STF, ADPF 132, Tribunal Pleno, rel. min. Ayres Britto, j. 5/5/2011, *DJe* 14/10/2011; e ADI 4.277, Tribunal Pleno, rel. min. Ayres Britto, j. 5/5/2011, *DJe* 14/10/2011.

teoria se materializa no plano dos fatos. No final, a interpretação judicial pode servir como um incentivo à participação política e engajamento pelo povo,[577] que é justamente o objetivo da educação para democracia. Em síntese, a teoria de Tushnet não deve ser utilizada para estabelecer um rol taxativo de direitos constitucionais que precisam ser ensinados nas escolas, tampouco para rechaçar em absoluto a possibilidade de professores abordarem a interpretação dos tribunais acerca dos mesmos. Nada obstante, as ideias do autor podem ser apropriadas para que a metodologia do ensino do direito constitucional na educação básica considere a importância do sentido que o povo atribui às normas da Constituição. Isso pode se manifestar de duas formas: de um lado, os direitos devem ser ensinados de modo a abarcar a interpretação popular sobre os mesmos, incluindo a visão do povo sobre o que eles são e indo além do que dizem as decisões judiciais; de outro, as escolas devem estimular os alunos a refletirem sobre qual é o sentido que eles próprios atribuem às normas constitucionais, emancipando-os e atribuindo-lhes, desde a infância, relevante papel na interpretação da Constituição. Dessa forma, os estudantes serão contemplados com diferentes visões, e não uma única perspectiva proveniente da interpretação judicial, e serão instigados a pensar sobre a que melhor lhes agrada, o que contribui para o seu desenvolvimento e formação de espírito crítico.

Não obstante, é inegável que os tópicos decorrentes das normas hierquicamente superiores são bastante extensos. Somente os direitos fundamentais, por exemplo, estão listados nos 79 incisos do art. 5º, nos arts. 6º a 15 e, ainda, em uma série de outros dispositivos ao longo da Constituição. A organização do Estado, por sua vez, é contemplada em dois títulos inteiros da Carta, nos quais muitos artigos trazem especificidades cujo conhecimento pode não ser relevante para os cidadãos comuns (arts. 18 a 135). Assim, caso todas essas normas sejam ensinadas na educação básica, haveria a transformação desta quase que em uma espécie de graduação em Direito, a transmissão de conteúdos difíceis de serem apreendidos durante a infância e, ainda, o risco de desinteresse pelos estudantes. O envolvimento dos alunos, contudo, é fundamental para que a educação para democracia seja efetiva, pois facilita a apreensão do conteúdo, contribui para gerar o engajamento cívico e afasta males que devem ser combatidos, como a evasão escolar e a reprovação.

---

[577] POST, Robert C.; SIEGEL, Reva B. Roe rage: democratic constitucionalism and backlash. *Harvard Civil Rights-Civil Liberties Law Review*, v. 42, p. 373-433, 2007.

Nesse contexto, é preciso adotar um segundo filtro. Propõe-se, então, que este contemple tópicos que auxiliarão na compreensão da história, de grandes questões nacionais e de fatos cotidianos vivenciados pela comunidade escolar. Assim, o estudo da Constituição servirá de ferramenta para permitir que os estudantes entendam a história, a fim de que ela não mais se repita; engajem-se e participem dos debates públicos; e emancipem-se para reivindicar seus direitos no dia a dia. Dessa forma, será inevitável se debruçar sobre o princípio da dignidade humana, o princípio da igualdade, os direitos à vida, à liberdade de expressão, à vedação à tortura, à liberdade de crença, à privacidade e proteção de dados pessoais, à liberdade de associação, à presunção de inocência, a não autoincriminação, ao silêncio, à inviolabilidade de domicílio, entre outros. Vários deles têm importância central para compreensão de fatos históricos, como aqueles ocorridos em períodos autoritários. Alguns ajudam a explicar grandes debates nacionais, como o racismo estrutural, a igualdade entre famílias homoafetivas e o direito ao aborto. Outros ainda se relacionam a situações cotidianas, a exemplo de como se comportar nas redes sociais, da possibilidade de permanecer em silêncio quando abordado por uma autoridade policial e do direito de não ter a casa invadida sem que haja ordem judicial.

Com efeito, a seleção dos tópicos de direito constitucional que serão estudados na educação básica jamais poderá ser rígida ou imutável. Ao revés, ela deverá ser flexível, adaptando-se conforme os desafios da atualidade, a superveniência de novas normas e os acontecimentos cotidianos da comunidade. Isso faz com que a educação para democracia seja, por essência, uma política em constante transformação. Daí decorrem novos desafios. De um lado, é preciso que a sua condução esteja permanentemente atenta a essas mudanças, incorporando-as à prática pedagógica; de outro, é necessário assegurar um núcleo mínimo imune a elas, cujo conteúdo deverá ser transmitido com perenidade. Assim, há que se permanecer alerta para que a adaptabilidade da educação para democracia não incremente o risco da sua captura para propagação de valores antidemocráticos e refratários a uma sociedade plural.

Para além das mudanças ocorridas na sociedade e no direito, a seleção dos tópicos a serem estudados também deverá considerar a opinião e a experiência existencial dos próprios educandos. No que toca ao primeiro ponto, a oitiva dos estudantes é indispensável para lhes garantir a oportunidade de participar da condução da política pública, alçando-os à condição de sujeito de direitos. Como visto, tal participação deve ser condição para todas as ações governamentais que gerem efeitos sobre a infância, pois permite ouvir as suas necessidades e buscar soluções diferenciadas para atendê-las. Mas, no que se refere especificamente às políticas educacionais, isso é ainda mais importante. Afinal, a escuta da opinião dos alunos possibilita que tenham maior interesse no processo educacional, coibindo a evasão escolar; abre espaço para o seu protagonismo, incentivando o engajamento cívico; e ainda gera uma corresponsabilidade sobre o que acontece entre as paredes da escola, instigando-os a tomarem decisões e ponderarem as consequências. A participação dos estudantes, portanto, maximiza os resultados da educação para democracia.

Sob outra perspectiva, é preciso considerar as suas experiências existenciais quando da seleção dos tópicos de direito constitucional. Dessa forma, eles serão colocados preferencialmente em contato com os temas de maior impacto no dia a dia da sua comunidade. Para além dessa triagem, essas experiências também deverão incidir sobre a forma de ensinar o conteúdo. Há que se partir de exemplos concretos de aplicação ou violação dessas normas no mundo real, permitindo que os alunos percebam a sua implicação prática. Com isso, o direito passará a ser enxergado de forma conectada com a realidade, e não como algo abstrato ou alheio à vivência pessoal dos estudantes. Somente assim a educação para democracia cumprirá o seu objetivo de ensinar o direito para formar pessoas dotadas de pensamento crítico e ímpeto de transformação.

Essa necessidade de considerar a experiência existencial dos educandos tem lastro na pedagogia de Paulo Freire. Segundo o autor, a educação deve possibilitar uma reflexão que permita às pessoas se enxergarem nas suas relações com o mundo.[578] Para tanto, a educação há de ser problematizadora, implicando um constante desvelamento da realidade e, por consequência, o engajamento para transformá-la. Isso pressupõe que a aprendizagem ocorra com base em reflexões sobre situações-problema que os educandos vivenciam em seu cotidiano e que sejam desafiados a se envolver nesse processo de mudança. Para que isso seja possível, a educação também deverá demonstrar que essa mesma realidade é moldada por pessoas, as quais cabe a condução da história.[579] Desse modo, ao se considerar as experiências existenciais dos estudantes, eles são instigados a se engajarem na resolução dos

---

[578] FREIRE, Paulo. *Pedagogia do oprimido*. Rio de Janeiro: Paz e Terra, 2021. p. 158-185.
[579] FREIRE, Paulo. *Pedagogia do oprimido*. Rio de Janeiro: Paz e Terra, 2021. p. 178-183.

problemas da sua comunidade e, ainda, são alçados à condição de sujeitos do processo educativo, concretizando a dialogicidade da educação.

Esse diálogo, para Freire, começa justamente na eleição do conteúdo programático, na qual se deve levar em conta a posição daqueles a quem o programa se dirige.[580] Por isso, é preciso que os educadores conheçam as condições em que o pensar e a linguagem do povo se constituem, isto é, investiguem o seu "universo temático" para identificar os "temas geradores".[581] O conteúdo, portanto, jamais poderá ser considerado uma doação ou imposição, sob pena de incorrer em invasão cultural e comunicação ineficiente. Nessa linha, Freire sugere que ele seja organizado com base em problemas atuais, situações concretas e aspirações do povo, instigando respostas nos planos de reflexão e ação. Isso significa que haverá temas de caráter universal, abarcando todos os continentes, países e regiões de determinada época; ao passo que haverá temas e situações características de determinadas sociedades, a depender das suas similitudes históricas.[582]

Note-se, a propósito, que essa necessidade de considerar a experiência dos educandos não significa que esse deve ser o único elemento a ser levado em consideração nem que os alunos só devem ter contato com os assuntos que digam respeito diretamente a eles ou à sua vizinhança. Caso contrário, uma escola cuja comunidade não convive com a pobreza não precisaria enfrentar a questão da desigualdade econômica; uma escola cujos alunos sejam predominantemente brancos não precisaria se debruçar sobre o racismo; e uma escola de uma grande metrópole não precisaria ensinar sobre a cultura indígena. As mudanças climáticas, por sua vez, dificilmente seriam consideradas como um tema relevante, pois a grande maioria das pessoas ainda não percebe seus impactos no seu dia a dia. Assim, o fato de determinados indivíduos não captarem um problema ou captarem-no de forma distorcida não significa que ele não existe ou que não deva ser objeto de estudo. Em verdade, em muitas dessas situações, essa não percepção é justamente o que evidenciará um contexto de opressão que deve ser transformado.[583] Nesses cenários, a educação libertadora deverá servir ao propósito de levantar o véu para

---

[580] FREIRE, Paulo. *Pedagogia do oprimido*. Rio de Janeiro: Paz e Terra, 2021. p. 195-210.
[581] FREIRE, Paulo. *Pedagogia do oprimido*. Rio de Janeiro: Paz e Terra, 2021. p. 200-201.
[582] FREIRE, Paulo. *Pedagogia do oprimido*. Rio de Janeiro: Paz e Terra, 2021. p. 210-211.
[583] FREIRE, Paulo. *Pedagogia do oprimido*. Rio de Janeiro: Paz e Terra, 2021. p. 211.

que os educandos passem a enxergar a realidade em sua totalidade, percebendo-se enquanto opressores ou oprimidos.

Ao mesmo tempo, a proposta também tem por objetivo formar "cidadãos do mundo",[584] capazes de compreender e se engajar em problemas que ultrapassam o âmbito local; e que tenham capacidade de se colocar no lugar do outro, sensibilizando-se com dores sentidas por outras pessoas. Nesse sentido, a educação para democracia também deve desenvolver pessoas voltadas para uma cidadania global. Segundo Martha Nussbaum, tal pretensão tem um duplo objetivo: promover o desenvolvimento humano dos alunos; e instigá-los a compreender que isso também deve ser assegurado a todos.[585] Daí se extrai que o alicerce desse modelo pedagógico é a ideia de igual respeito e consideração, na esteira de que todas as pessoas, pelo simples fato de serem humanas, têm direito ao desenvolvimento em igualdade de condições. Essa, portanto, é mais uma razão pela qual o currículo da educação para democracia não pode se pautar somente em problemas locais existentes naquela comunidade; há problemas que transbordam a localidade e revelam um déficit de civilidade que precisa ser enfrentado.

Em síntese, a experiência dos alunos precisa ser considerada como mais um elemento na eleição dos temas geradores, mas não pode servir para acentuar as desigualdades já existentes, criando uma espécie de bolha na qual os alunos apenas têm contato com os assuntos que lhe digam respeito de forma mais imediata. Isso significa que a seleção dos tópicos de estudo deve ser realizada sob uma perspectiva holística, considerando problemas que precisam ser objeto de preocupação daquela comunidade escolar, mas que eventualmente ainda não tenham sido percebidos como tal. É o caso, por exemplo, dos objetivos fundamentais da República, estampados no art. 3º. A construção de uma sociedade livre, justa e solidária; a garantia do desenvolvimento nacional; a erradicação da pobreza e a redução das desigualdades; e a promoção do bem de todos, sem discriminação são problemas que devem importar a todos e é papel da educação proporcionar essa conscientização. Dessa forma, para eleição dos tópicos, há que se

---

[584] NUSSBAUM, Martha C. Educação para o lucro, educação para a liberdade. *Revista Redescrições* – Revista on-line do GT de Pragmatismo e Filosofia Norte-americana, ano I, número 1, 2009. p. 4.
[585] NUSSBAUM, Martha C. Educação para o lucro, educação para a liberdade. *Revista Redescrições* – Revista on-line do GT de Pragmatismo e Filosofia Norte-americana, ano I, número 1, 2009. p. 13.

considerar a experiência da sociedade sob o prisma global, sem prejuízo de serem materializados com exemplos da localidade.

Logo, a educação para democracia pode ser implementada por meio da inserção de competências democráticas no projeto político-pedagógico e pela criação de uma disciplina específica de direito constitucional no currículo escolar. Dessa forma, incentiva-se a formação de um sentimento de apreço à democracia e uma unidade social em torno dos valores constitucionais. Não se pode negar que há desafios para tanto, como a insinceridade normativa e a extensão da Carta de 1988; no entanto, é possível superá-los, com a adoção de uma perspectiva crítica e da eleição de alguns temas estratégicos para estudo. Nessa linha, embora seja uma política em constante transformação, propõe-se que sejam selecionadas as normas de hierarquia material superior que tenham alguma pertinência pragmática com a história, os fatos cotidianos ou as grandes questões nacionais. Daí inevitavelmente decorre um currículo no qual estejam presentes noções sobre democracia, organização do Estado, igualdade e direitos fundamentais.

6.3 Conteúdo curricular: propostas preliminares

A apresentação de propostas curriculares para uma educação que busque o fortalecimento da democracia é, no mínimo, audaciosa. Como se viu, não se ignora a extensão da Carta de 1988, a sua vasta densidade normativa, a necessidade de que o ensino seja atrativo para alunos em tenra idade e a importância de que não haja a ocupação do relevante espaço destinado a outras áreas do saber. Ademais, reconhece-se que a seleção dos tópicos jamais poderá ser rígida ou imutável, mas precisará se adaptar aos desafios da atualidade, à superveniência de novas normas e aos acontecimentos cotidianos da comunidade. A educação para democracia é, por essência, uma política em constante transformação. Para além disso, a lente de análise deste trabalho é eminentemente jurídica. Ainda que as propostas também sejam embasadas em farta revisão bibliográfica da área de educação, isso não é capaz de substituir a expertise dos educadores do país.

Daí por que, como já se destacou, este trabalho não tem a pretensão de apresentar uma solução pronta e acabada para ser implementada nas escolas; a ideia, ao revés, é sugerir propostas preliminares para contribuir com a discussão. Com efeito, nos próximos itens, são sugeridos alguns tópicos para serem enfrentados nas salas de aula da educação básica e que podem ajudar na formação de gerações comprometidas com a democracia. Diante da referida fluidez de um currículo educacional para democracia, não se trata, evidentemente, de um rol exaustivo, mas apenas de algumas sugestões iniciais que se revelam pertinentes no cenário contemporâneo.

6.3.1 Organização do Estado e engajamento cívico: conhecendo, participando e defendendo as instituições

Já se viu que a democracia é tradicionalmente associada às ideias de soberania popular e governo da maioria, cabendo ao povo tomar as decisões de forma direta ou por intermédio dos seus representantes eleitos. É preciso também que as deliberações sejam realizadas em um processo racional, no qual seja oportunizada igualdade de participação a todos. As decisões da maioria devem observar esses arranjos formais e ainda um núcleo mínimo de valores fundamentais, como igualdade, liberdade e justiça. Esses são, portanto, os postulados que devem ser fortalecidos pela educação para democracia.

Para que isso se operacionalize, a educação precisa ensinar sobre organização do Estado e estimular o engajamento cívico. A ideia é que os estudantes aprendam sobre as instituições, saibam distinguir minimamente as suas atribuições e conheçam os canais para exercício de direitos. Dessa forma, transmite-se conhecimento sobre as regras do jogo democrático, incentiva-se o sentimento de respeito pelas instituições e habilita-se para a cidadania.

Nesse sentido, há diversas razões que justificam a importância de um currículo escolar que contemple organização do Estado para fortalecimento da democracia. Como a premissa do regime democrático é que o povo é titular do poder, é fundamental que os cidadãos conheçam minimamente a máquina pública e a divisão de funções entre as instituições. Esse é o primeiro passo para proporcionar legitimidade democrática às decisões, maior transparência na gestão da coisa pública e real possibilidade de controle social. Assim, os estudantes devem sair da escola sabendo o que fazem os Poderes Executivo, Legislativo e Judiciário; entendendo as diferenças entre a União, Estados, Distrito Federal e Municípios, algumas das suas competências e a autonomia assegurada a cada ente federativo; e conhecendo ferramentas como a Lei de Acesso à Informação (Lei nº 12.527/2011).

Sob outra perspectiva, mesmo quando as decisões são tomadas pelo povo diretamente, essa prerrogativa só será exercida quando os indivíduos conhecerem os canais de participação popular. Desse modo, o currículo precisa contemplar noções sobre organização do Estado para que as pessoas saiam da escola compreendendo as diferenças entre referendo e plebiscito; sabendo que têm direito à iniciativa de lei e participação em órgãos colegiados; conhecendo quais são esses órgãos colegiados e as ouvidorias. Nesse ponto, a educação básica deve contemplar tais conteúdos para democratizar a democracia, de modo que as suas ferramentas não sejam abertas somente aos juristas ou àqueles integrantes das camadas mais privilegiadas da sociedade.

Ao mesmo tempo, a transmissão de conhecimentos sobre organização do Estado na educação básica é uma forma de ampliar o acesso a direitos. Sobretudo para a população mais vulnerável, tais direitos não costumam cair do céu, mas são fruto de conquistas alcançadas a partir de reivindicações. Estas podem se dar de forma simples, como uma mera ida à Defensoria Pública, à delegacia ou ao conselho tutelar; ou por meio de intensos processos de luta, como as mobilizações populares e associações da sociedade civil. Em todos esses casos, o primeiro passo para que ocorra essa reivindicação é que o titular saiba da existência desse direito, perceba a sua violação e conheça os canais para reivindicá-lo. Esse último ponto, então, revela a importância de que as escolas disseminem conhecimento sobre as instituições, a fim de os cidadãos compreendam perante qual delas podem cobrar seus direitos quando eles estiverem sendo violados. É fundamental, por exemplo, que as pessoas saibam qual é o ente federativo responsável por determinado serviço deficiente antes de votar; qual é o órgão em que se pode pleitear um benefício assistencial ou pedir ajuda em caso de violência doméstica; e qual é a diferença entre os papeis de defensores, promotores e juízes. Logo, o ensino de noções básicas sobre as instituições permite que se formem pessoas capazes de reivindicar, efetivar e ampliar seus direitos.

Ademais, o fato de se aprender desde cedo sobre a organização do Estado tende a incentivar o desenvolvimento de um sentimento de respeito às instituições e às regras do jogo democrático. Em tempos de crise da democracia, em que proliferam ataques a elas, isso soa bastante pertinente. Tais ataques, em alguma medida, decorrem de um desconhecimento de parte da população sobre o papel das instituições, o que faz com que encarem eventuais atuações como excessivas, ilegítimas e até antidemocráticas. Há pessoas, por exemplo, que pedem o fechamento do STF, por não compreenderem que ele tem legitimidade para invalidar decisões tomadas pelos poderes representativos. Ainda, há aqueles que, de fato, acreditam que as Forças Armadas devem exercer uma espécie de poder moderador. Nesse cenário, a educação pode servir para clarear o papel das instituições na democracia constitucional, de modo a instalar um sentimento de respeito por elas, dissuadir pessoas de boa-fé da prática de atos golpistas e fortalecer o Estado de Direito.

Para além de transmitir conhecimento sobre organização do Estado, a prática pedagógica na educação básica deve estimular o engajamento cívico, encorajando a participação popular e o controle social, seja nos espaços aos quais os educandos já têm acesso, seja mais tarde na vida adulta. Afinal, não basta que os alunos tenham conhecimento teórico sobre a democracia. Isso, por si só, poderia dar origem a indivíduos intelectualmente preparados, mas passivos e apáticos, o que não se pretende. Conforme ensinou Konrad Hesse, a democracia é "um assunto de cidadãos emancipados, informados, não de uma massa de ignorantes, apática, dirigida apenas por emoções e desejos irracionais que, por governantes bem intencionados ou mal intencionados, sobre a questão do seu próprio destino, é deixada na obscuridade".[586] Assim, para que haja efetivo preparo para a cidadania, é preciso que a escola também seja um espaço de encorajamento democrático e tenha a pretensão de formar cidadãos ativos, capazes de questionar, participar e controlar.

Nessa perspectiva, o incentivo ao engajamento cívico na educação básica tem relevância central para a consolidação da autonomia pública, possibilitando que os cidadãos se insiram nas deliberações da sua comunidade política. Segundo Daniel Sarmento, a autonomia pública tem importância instrumental e constitutiva da dignidade humana.[587] Sob a primeira vertente, a inclusão política favorece a criação de canais de acesso à agenda das instituições, permitindo que suas demandas sejam levadas às autoridades e, consequentemente, sejam atendidas com maior frequência. Mas não é só. Para além da sua função instrumental, a autonomia pública também constitui a própria dignidade humana.

---

[586] HESSE, Konrad. *Elementos de direito constitucional da República Federal da Alemanha.* Tradução de Luís Afonso Reck. Porto Alegre: Fabris, 1998. p. 133.

[587] SARMENTO, Daniel. *Dignidade da pessoa humana:* conteúdo, trajetórias e metodologia. 2. ed. Belo Horizonte: Fórum, 2016. p. 147-151.

Nesse ponto, a pessoa é concebida como um *agente* e como coautora das escolhas políticas, o que se dá por meio do voto e da participação direta.[588] A democracia, portanto, funda-se na premissa de que cada um tem a faculdade de participar dos processos de deliberação social. Para que isso tenha efetividade, é preciso que as pessoas se enxerguem como tal, engajem-se politicamente e tenham conhecimento sobre os canais de participação popular. Nesse campo, a educação cumpre mais uma função fundamental, na medida em que tem potencial para formar gerações conscientes do seu papel político e aptas a participar do autogoverno da sociedade.

Com efeito, nessa empreitada, a educação pode cumprir três funções: habilitar, incentivar e emancipar para o engajamento cívico. Em primeiro lugar, ela deve habilitar os estudantes para que exerçam esse direito à participação política e façam parte das deliberações da sua comunidade. Como visto, isso pressupõe que a escola ensine sobre quais são os canais abertos para tanto durante a fase da infância e mais tarde na vida. Entre eles, tem-se, por exemplo, os conselhos de direitos da criança e do adolescente; os conselhos de educação; os conselhos de alimentação escolar; as agremiações estudantis; as associações estudantis; as ouvidorias; e os movimentos sociais. É importante, ainda, que os alunos aprendam sobre organização do Estado e entendam minimamente quais são os entes federativos, os poderes e as instituições autônomas e as suas respectivas atribuições principais. Nos dias de hoje, ainda, a habilitação para o engajamento cívico também pressupõe o desenvolvimento de competências para que a participação se dê pelas novas tecnologias,[589] o que será tratado por "educação midiática" mais à frente. Por fim, essa primeira função ainda demanda que os estudantes sejam colocados em contato com os principais temas que estão sendo debatidos em sua comunidade e sejam habilitados para que participem das deliberações.

---

[588] SARMENTO, Daniel. *Dignidade da pessoa humana*: conteúdo, trajetórias e metodologia. 2. ed. Belo Horizonte: Fórum, 2016. p. 148-151.

[589] O Comitê dos Direitos da Criança da ONU reconheceu que o "ambiente digital permite que crianças, incluindo crianças defensoras de direitos humanos, bem como crianças em situações de vulnerabilidade, se comuniquem umas com as outras, defendam seus direitos e formem associações. Estados Partes devem apoiá-las, inclusive facilitando a criação de espaços digitais específicos, e assegurar sua segurança" (COMITÊ DOS DIREITOS DA CRIANÇA. *Comentário geral nº 25 (2021) sobre os Direitos das Crianças em relação ao ambiente digital*. Tradução não oficial do Instituto Alana do inglês para o português (abril/2021). Disponível em: https://criancaeconsumo.org.br/wp-content/uploads/2022/01/comentario-geral-n-25-2021.pdf. Acesso em: 20 fev. 2022. p. 13.)

Em segundo lugar, a educação deve incentivar o engajamento cívico, instigando os alunos a exercer esse direito à participação. Para tanto, o primeiro passo é instituir a já referida educação dialógica, que abre oportunidades para que os educandos também sejam sujeitos no processo educativo, tendo direito à voz e expressão nas salas de aula. Nesse ponto, quando estiverem aprendendo sobre problemas debatidos na comunidade e no cenário global, os estudantes precisam ser instigados a apresentarem soluções. Isso permitirá o estímulo não só ao raciocínio e ao pensamento crítico, mas também ao equacionamento das grandes questões que estão postas no debate público. Sob outra perspectiva, para incentivar o engajamento cívico, as escolas precisam criar espaços propícios a essa participação dentro da própria escola, como as agremiações estudantis e assembleias de alunos. É preciso, nesse ponto, criar oportunidades para que os educandos possam influir na tomada de decisões, nos projetos político-pedagógicos e no currículo escolar. Há ainda outros exemplos interessantes, como as simulações de júris e simulações de assembleias da ONU.

Em terceiro lugar, a educação pode emancipar para promover o engajamento cívico. Trata-se de ponto importante, considerando que a sociedade brasileira é marcada por fatores de opressão que fazem com que algumas pessoas não se sintam aptas a estar em determinados espaços. É comum, então, que haja indivíduos habilitados e mobilizados para o engajamento cívico, mas que sofrem com constantes abalos à sua autoestima que os fazem dar um passo para trás. Nesse ponto, a educação pode servir para resgatar a confiança e a identidade de minorias subalternizadas, a fim de que passem a se enxergar como capazes de contribuir com as deliberações públicas. Para que isso se operacionalize, a educação precisa combater as desigualdades e os múltiplos fatores de opressão, tema que será retomado mais à frente.

Dessa forma, para fortalecer a democracia, a educação básica precisa transmitir conhecimentos sobre organização do Estado e estimular a virtude do engajamento cívico. Com isso, os alunos conhecerão as instituições, saberão distingui-las, conhecerão os canais para exercício dos seus direitos e para participação social. Além disso, os estudantes passarão a ser habilitados, incentivados e emancipados para o engajamento cívico, contribuindo para os debates, trazendo novas soluções e aprimorando a gestão pública.

6.3.2 Movimentos autoritários pelo mundo: educar para nunca mais

Ainda em busca do fortalecimento da democracia pela educação, o currículo precisa contemplar a história sobre movimentos autoritários ao redor do mundo. Há alguns anos, isso já vem sendo feito no país. O movimento "educar para o nunca mais" surgiu na América Latina como forma de romper o silêncio em relação às violações de direitos ocorridas durante as ditaduras militares. Embora tenha surgido nesse contexto, ele, mais recentemente, se desenvolveu e também passou a rememorar opressões ocorridas em outros momentos do passado latino-americano. É o caso, por exemplo, dos processos de subalternização de grupos vulneráveis, que ainda reverberam e dão causa à exclusão existente até os dias de hoje.[590] Assim, a proposta do "educar para o nunca mais" é denunciar o passado e exigir memória, verdade e justiça.[591]

Tal movimento relaciona-se com a ideia de pedagogia da memória, cujo berço remonta ao século XX, após as violações de direitos praticadas no Holocausto. Ela busca o desenvolvimento de valores, calcados em emoções, e a aprendizagem do conteúdo curricular propriamente dito. Os seus eixos pedagógicos são: (i) promover um vínculo entre o passado e o presente; (ii) desenvolver uma memória crítica; (iii) construir um pensamento reflexivo; e (iv) promover uma cultura de direitos humanos.[592] Assim, para que ela se operacionalize, é preciso reconhecer as vítimas como sujeitos de direitos, apropriar-se de iniciativas para manter viva a memória, construir uma postura crítica, devolver a palavra àqueles que foram silenciados, respeitar a integridade das vítimas e conter os impactos emocionais decorrentes das violações praticadas.[593]

---

[590] Diante da relevância desses processos de opressão de identidades para a democracia, o tema será analisado em tópico em apartado.

[591] SACAVINO, Susana. Pedagogia de la memoria y educación para el "nunca más" para la construcción de la democracia. *FOLIOS*, Segunda época, n. 41, p. 69-85, primer semestre de 2015; TAVARES, Celma. Educar para o nunca mais: experiências educativas em lugares de memória na Argentina, Brasil e Chile. *Revista Momento – diálogos em educação*, v. 31, n. 1, p. 95-115, jan./abr., 2022.

[592] SACAVINO, Susana. *Pedagogia de la memoria y educación para el "nunca más" para la construcción de la democracia*. FOLIOS, Segunda época, n. 41, primer semestre de 2015, p. 69-85.

[593] TAVARES, Celma. Educar para o nunca mais: experiências educativas em lugares de memória na Argentina, Brasil e Chile. *Revista Momento – diálogos em educação*, v. 31, n. 1, p. 95-115, jan./abr. 2022. p. 102.

Com efeito, o "educar para o nunca mais" é capaz de qualificar os processos democráticos por diversas razões.[594] Ele busca promover uma reflexão crítica sobre as violações de direitos humanos ocorridas durante a ditadura, sendo capaz de criar uma consciência coletiva sobre o valor da democracia, dignidade humana, liberdade e justiça, a fim de que aquelas práticas não mais se repitam. Ademais, ele possibilita que as pessoas conheçam as formas de resistência popular da época, a história das instituições, os instrumentos manejados pelo Estado e as demandas por verdade, justiça e reparação. Ao mesmo tempo, o movimento é capaz de promover um diálogo entre gerações – aquelas que viveram o período autoritário e as seguintes –, permitindo que a memória alcance até mesmo aqueles que nasceram posteriormente. Ele ainda contribui para empoderamento das identidades de diferentes grupos sociais, inclusive os discriminados, e o enfrentamento das práticas atuais de violações de direitos pelo Estado.

Dessa forma, é possível perceber que a premissa do "educar para o nunca mais" é que o direito à memória vai além do direito individual das vítimas e também tem uma dimensão coletiva, que busca assegurar a informação e a lembrança sobre o que ocorreu no passado. Isso impõe ao Estado que atue para disseminar esse conhecimento, garantindo que ele chegue efetivamente às pessoas, e, ainda, promova a recordação, evitando o negacionismo.[595] Todavia, daí decorre um grande desafio: de um lado, o conhecimento está em constante evolução e sujeita-se a revisionismos que contribuem para o desvelamento de um passado fidedigno; de outro, a história é uma narrativa em constante disputa e convive com o surgimento de versões que procuram ocultar fatos históricos.

Nesse sentido, a história é mediada por saberes em diálogo e em conflito, de modo que pode ser contada sob múltiplas perspectivas.[596] Entre estas, é possível surgirem novas narrativas que pretendam incorporar outros pontos de vista à narrativa então predominante. Foi esse

---

[594] SACAVINO, Susana. *Pedagogia de la memoria y educación para el "nunca más" para la construcción de la democracia*. FOLIOS, Segunda época, n. 41, primer semestre de 2015, p. 69-85.

[595] TAVARES, Celma. Educar para o nunca mais: experiências educativas em lugares de memória na Argentina, Brasil e Chile. *Revista Momento – diálogos em educação*, v. 31, n. 1, p. 95-115, jan./abr. 2022. p. 99.

[596] O exemplo foi retirado do artigo: REDE BRASILEIRA DE HISTÓRIA PÚBLICA. Muito além da escola: as disputas em torno do passado no debate público. *In*: CÁSSIO, Fernando (org.). *Educação contra barbárie*: por escolas democráticas e pela liberdade de ensinar. São Paulo: Boitempo, 2019. Recurso digital.

ato de revisitar a história que permitiu a grupos subalternizados, como negros, indígenas e mulheres, apresentarem as suas perspectivas sobre um passado de dominação. Em tais situações, o revisionismo é legítimo e contribui para democratização da história do país.

É preciso, contudo, ficar alerta para que esse revisionismo não dê lugar a um negacionismo histórico. Não se pode admitir como legítimas "versões" que negam fatos ocorridos no passado e relativizam o que fora vivido. Tais desafios aumentam conforme o tempo passa, fazendo com que o ocorrido caia no esquecimento ou seja naturalizado. Esse processo é ainda incrementado na contemporaneidade, pois o passado convive com um presente marcado pelo surgimento avassalador de novas informações. Recentemente, por exemplo, houve o fortalecimento de discursos que negam a ocorrência da ditadura militar ou que a representam como um tempo de prosperidade.[597] Isso justifica, com ainda maior razão, que o Estado atue para que a memória coletiva se mantenha acesa e não haja perspectivas ambivalentes sobre passados autoritários.

Nessa esteira, os estudantes devem conhecer esses episódios, o contexto do seu surgimento, a forma de operacionalização, as violações de direitos e, ainda, como eles impactam no cenário atual. É preciso, então, compreender os fatores políticos, econômicos e sociais que deram ensejo às ditaduras, ao fascismo e ao imperialismo; conhecer como eles se desenrolavam, abrangendo os assassinatos, torturas, desaparecimentos forçados, prisões e restrições às liberdades; e compreender a forma como esse passado reverbera nos dias de hoje, no que se incluem os entulhos autoritários sobre as instituições, legislações e cultura.[598] Nessa esteira, o estudo do passado servirá para compreender criticamente o presente e construir um futuro mais justo.

Nesse sentido, o passado também deverá ser analisado e contrastado com as novas formas de autoritarismo. Como visto, anteriormente,

---

[597] ZAROTTI MOREIRA, Pedro. *"Tuas ideias não correspondem aos fatos"*: o ensino de História e o revisionismo ideológico em difusão na atualidade. Dissertação (Mestrado profissional) – Universidade Estadual de Campinas, Campinas, SP, 2022.

[598] A propósito, em pesquisa comparativa sobre as ditaduras militares ocorridas na América Latina, Anthony Pereira concluiu que as características do regime brasileiro dificultaram a realização de uma justiça de transição. Entre elas, tem-se a cumplicidade que existia, à época, entre as elites militares e judiciais, o consenso que se formou sobre a suposta benevolência das cortes militares e o número relativamente baixo de pessoas vítimas de violência letal. (PEREIRA, Anthony W. *Political (in)justice*: authoritarianism and the rule of law in Brazil, Chile, and Argentina. Pittsburgh: University of Pittsburgh Press, 2005. p. 159-164.

as democracias colapsavam em um momento único, por meio de golpes de Estado ou uso indevido de poderes de emergência; hoje, contudo, essas características são insuficientes para explicar situações em que a degradação da democracia se dá pelas mãos de governantes eleitos que adotam gradualmente um conjunto de medidas que abala as regras do jogo e os direitos fundamentais. Tal conjuntura difere-se da anterior, na medida em que as novas práticas autoritárias ocorrem sob o manto da legalidade,[599] dificultando a percepção da crise, a resistência pelas instituições e a mobilização popular. Ao mesmo tempo, a revolução tecnológica propiciou novas engrenagens ao retrocesso democrático, tais como as bolhas de identidade nas redes sociais, o envio de mensagens em dinâmica viral, a disseminação de *fake news* e *deep fakes*. Esses elementos contribuem para aumentar a polarização, dificultar a percepção da realidade e degradar o espaço cívico. Logo, uma educação que pretenda fortalecer a democracia precisa contrastar o passado autoritário com essas novas formas de autoritarismo, a fim de formar pessoas com consciência crítica para identificá-las e desnaturalizá-las, caso elas sobrevenham.

Para que esse processo seja ainda mais efetivo, é pertinente que tais ensinamentos sejam combinados com exemplos concretos de práticas autoritárias que estão no cotidiano da comunidade escolar. Na linha da pedagogia freireana, as experiências dos educandos precisam ser trazidas para o centro das deliberações em sala de aula, a fim de que haja verdadeiro diálogo e de que a reflexão transforme-se em ação para transformar o mundo. Trata-se ainda, de uma forma de facilitar a materialização do conhecimento abstrato e incentivar o interesse do corpo discente. Nesse sentido, as aulas deverão contar com exemplos atuais de práticas autoritárias, como a criminalização do desacato, as condenações baseadas exclusivamente na palavra dos policiais, a naturalização da tortura quando de prisões em flagrante, os altos índices de letalidade policial acobertados por "autos de resistência" e a complacência das instituições em investigá-los. Para além do âmbito criminal, há exemplos interessantes no campo das liberdades civis, nos quais se incluem repressões a manifestações pacíficas, fechamento de exposições artísticas, apreensões de livros considerados impróprios, "toques de recolher" impostos a crianças e adolescentes, entre outros.

---

[599] MENDES, Conrado Hübner. *O entulho autoritário era estoque.* Disponível em: https://quatrocincoum.folha.uol.com.br/br/artigos/direito/o-entulho-autoritario-era-estoque. Acesso em: 18 dez. 2022.

Nessa linha, Susana Sacavino propôs algumas atividades pedagógicas para o "educar para o nunca mais".[600] Entre elas, está a realização de um diálogo sobre o conceito de memória: mediante discussões em grupo sobre histórias de vida pessoal e coletiva e visitas a museus e centros de memória, busca-se demonstrar a importância das dimensões individual e coletiva da memória. Outra atividade proposta envolve a relação entre memória, história e direitos humanos: por meio de debates, leituras coletivas de livros e entrevistas, busca-se levantar as memórias sobre violações de direitos ocorridas na ditadura militar. A autora sugeriu ainda a realização de uma atividade com vistas a desconstruir a cultura do silêncio sobre a ditadura e opressões sobre a identidade de grupos subalternizados. Para tanto, a ideia é que sejam debatidos exemplos históricos de graves violações de direitos humanos, como a escravidão, genocídio de indígenas, holocausto e ditaduras; exemplos de pessoas que lutaram pela defesa desses direitos, como Nelson Mandela, Martin Luther King, Abdias do Nascimento, as mães de Acari e o grupo Tortura Nunca Mais; e exemplos de instrumentos legais e institucionais que possibilitam a defesa desses direitos.

Logo, para que a educação fortaleça a democracia, a prática pedagógica deverá abordar os movimentos autoritários ocorridos no Brasil e no mundo, incluindo os seus entulhos, novas feições e implicações cotidianas. Trata-se de um eixo prioritário para assegurar a consolidação da memória coletiva, o combate ao negacionismo histórico e a formação de uma identidade em torno dos valores de democracia, liberdade e justiça.

6.3.3 Educação midiática

Nos últimos anos, a doutrina de direito público tem se debruçado sobre como o Estado pode regular as novas tecnologias.[601] De um lado, é preciso proteger a democracia, o espaço cívico, a liberdade de

---

[600] SACAVINO, Susana. *Pedagogia de la memoria y educación para el "nunca más" para la construcción de la democracia.* FOLIOS, Segunda época, n. 41, primer semestre de 2015, p. 69-85.

[601] Cf.: BAPTISTA, Patrícia; KELLER, Clara Iglesias. Por que, quando e como regular as novas tecnologias? Os desafios trazidos pelas inovações disruptivas. *Revista de direito administrativo*, v. 273, p. 123-163, set./dez. 2016.; BINENBOJM, Gustavo. Novas tecnologias e mutações regulatórias nos transportes públicos municipais de passageiros: um estudo a partir do caso UBER. *Revista de direito da cidade*, v. 8, n. 4, p. 1690-1706, nov. 2016; BARROSO, Luna van Brussel. *Liberdade de expressão e democracia na era digital:* o impacto das mídias sociais no mundo contemporâneo. Belo Horizonte: Fórum, 2022.

expressão, o direito à informação e a dignidade humana; de outro, há riscos de que a regulação dê origem a novas formas de censura, coíba a inovação, abale a livre concorrência ou resvale em inefetividade. O debate é, portanto, extremamente complexo e precisa ser enfrentado. No entanto, há outro campo de atuação que tem passado ao largo dos publicistas e que pode contribuir muito para a proteção dos interesses em jogo: a educação midiática.

Trata-se de um novo jeito de ensinar voltado a fomentar o desenvolvimento de um "conjunto de habilidades para acessar, analisar, criar e participar de maneira crítica do ambiente informacional em todos os seus formatos, dos impressos aos digitais".[602] Por meio da educação midiática, a atuação estatal deixa de estar centrada no direito de acesso e navegação no ambiente digital para também abarcar a qualidade do seu uso. Por isso, os estudantes precisam ser ensinados sobre como buscar e filtrar informações, analisá-las criticamente, aferir a sua qualidade, veracidade e credibilidade, gerar conteúdo e compartilhar conhecimento. É isso que a difere do letramento (ou alfabetização) digital: enquanto este se limita a ensinar a fluência necessária para manejo das ferramentas e consumo da informação, a educação midiática vai além e pretende que os estudantes aprendam a filtrar, refletir e interrogar as informações que chegam até eles.[603] Sendo assim, a educação midiática tem potencial para atenuar os dilemas enfrentados para regulação das novas tecnologias: as pessoas permanecem livres para expressar suas opiniões no ambiente digital, mas a sociedade passa a ser dotada de habilidades para se prevenir da violência, desinformação e vigilância.

Para se constatar a necessidade de implementar a educação midiática, há que se abraçar algumas premissas. Em primeiro lugar, é preciso reconhecer que, nos dias de hoje, o uso da tecnologia é inevitável e indispensável para que as pessoas, inclusive as crianças, exerçam seus direitos fundamentais. O ambiente digital tem se revelado como um campo de novas oportunidades para acesso à informação, expressão de opiniões, participação política, serviços públicos, convivência familiar e comunitária. Apesar disso, é evidente que ele também traz novos riscos, tais como contato com conteúdos violentos, discursos

---

[602] FERRARI, Ana Claudia; OCHS, Mariana; MACHADO, Daniela. *Guia da educação midiática*. São Paulo: Instituto Palavra Aberta, 2020. p. 50.

[603] FERRARI, Ana Claudia; OCHS, Mariana; MACHADO, Daniela. *Guia da educação midiática*. São Paulo: Instituto Palavra Aberta, 2020. p. 26.

de ódio, abuso sexual, discriminações, desinformação, perfilamento e vigilância. Com efeito, as potencialidades exigem que as crianças não sejam proibidas de usar a tecnologia, mas os riscos impõem a adoção de medidas para protegê-las ante possíveis violações de direitos no ambiente digital.[604] Nesse ponto, a educação midiática revela-se como uma das ferramentas para tanto, a fim de que as escolas ensinem sobre como os recursos tecnológicos podem ser utilizados com segurança, como pode ser aferida a confiabilidade das informações e como podem ser identificados conteúdos violentos, tendenciosos ou falsos.

A segunda premissa é que as crianças, adolescentes e jovens já estão no ambiente digital. Esse, aliás, é um caminho sem volta. Embora ainda haja desigualdades de acesso e qualidade, a esmagadora maioria deles já se vale da internet para se comunicar, brincar e usufruir de serviços públicos. Segundo a pesquisa TIC Kids Online Brasil referente ao ano de 2021, 93% dos brasileiros com 9 a 17 anos são usuários de internet, e o telefone celular é o principal – e, em mais da metade dos casos, o único – meio de conexão.[605] Em grande medida, tal cenário foi acelerado pela pandemia da covid-19: a necessidade de permanecer em casa fez com que a tecnologia se tornasse indispensável para interagir com amigos, assistir às aulas, exercer direito de visitação familiar e obter assistência jurídica. Todavia, apesar do amplo acesso, pesquisas revelam que mesmo as gerações mais novas, que já cresceram durante a revolução tecnológica, têm dificuldade de processar informações encontradas nas redes sociais. Em 2016, uma pesquisa elaborada pelo Stanford History Education Group constatou que 80% dos estudantes participantes não foram capazes de distinguir um conteúdo patrocinado (publicidade) de uma reportagem jornalística e apenas 20% deles questionaram a fonte de uma informação.[606] Tais números revelam que, embora as novas gerações sejam mais familiarizadas com a tecnologia,

---

[604] COMITÊ DOS DIREITOS DA CRIANÇA. *Comentário geral nº 25 sobre os Direitos das Crianças em relação ao ambiente digital*, 2021.

[605] PESQUISA sobre o uso da Internet por crianças e adolescentes no Brasil: TIC Kids Online Brasil 2021 = Survey on Internet use by children in Brazil: ICT Kids Online Brazil 2021/ [editor] Núcleo de Informação e Coordenação do Ponto BR. São Paulo: Comitê Gestor da Internet no Brasil, 2022.

[606] A pesquisa foi referida em: FERRARI, Ana Claudia; OCHS, Mariana; MACHADO, Daniela. *Guia da educação midiática*. São Paulo: Instituto Palavra Aberta, 2020. p. 23-24. O sumário executivo pode ser consultado em: WINEBURG, Sam; MCGREW, Sarah; BREAKSTONE Joel; ORTEGA, Teresa. *Evaluating information:* the cornerstone of civic online reasoning. Stanford Digital Repository, 2016. Disponível em: https://purl.stanford.edu/fv751yt5934. Acesso em: 22 dez. 2022.

isso não significa que elas são capazes de avaliar criticamente o conteúdo, podendo ser facilmente enganadas.

Daí decorre a terceira premissa: é preciso ampliar as noções clássicas de letramento e alfabetização para que o ensino também passe a incorporar conteúdos digitais e forme pessoas hábeis a questioná-los.[607] Nesse sentido, a educação básica não pode mais se contentar em ensinar os alunos a lerem textos em papel, mas deve fazer com que sejam capazes de interpretar e analisar criticamente as mídias, incluindo mensagens, publicações, tuítes, memes, áudios, *podcasts* e notícias. A ideia é que eles sejam preparados para ler, entender e participar de um mundo adequado ao seu tempo.

Com efeito, a educação midiática tem por objetivo fazer com que os alunos adquiram competências para consumir e produzir mídias de forma reflexiva e, ainda, prepará-los para a plena participação na sociedade. Segundo o Instituto Palavra Aberta, as habilidades pretendidas podem ser divididas em três grandes eixos: ler, escrever e participar.[608] Desse modo, os estudantes devem aprender a fazer uma leitura crítica do conteúdo com o qual se deparam, mas não podem se limitar a isso; é preciso que eles deixem a posição de espectadores e passem a ser produtores de conteúdo, participando das deliberações da sua comunidade. Para tanto, a educação básica deve ensinar a utilizar operadores de busca, avaliar criticamente as informações, adaptar os textos a cada formato de mídia, combater a desinformação, o *bullying* e o discurso de ódio, solucionar problemas e promover campanhas de engajamento.

Daí decorre a estreita relação entre educação midiática e democracia: a primeira é um instrumento para fortalecimento da segunda. De um lado, a educação midiática ajuda a prevenir danos que abalam a democracia, como a desinformação e discursos contrários a minorias. Nesse ponto, a proposta ajuda que os indivíduos se conscientizem e identifiquem tais males, evitando a sua ocorrência e disseminação. Isso é ainda mais importante diante das características contemporâneas do debate público. Anteriormente, quem publicava a informação –

---

[607] FERRARI, Ana Claudia; OCHS, Mariana; MACHADO, Daniela. *Guia da educação midiática*. São Paulo: Instituto Palavra Aberta, 2020. p. 13-16; COMITÊ DOS DIREITOS DA CRIANÇA. *Comentário geral nº 25 sobre os Direitos das Crianças em relação ao ambiente digital.* 2021. §104-105.
[608] FERRARI, Ana Claudia; OCHS, Mariana; MACHADO, Daniela. *Guia da educação midiática*. São Paulo: Instituto Palavra Aberta, 2020. p. 53-54.

imprensa, agências de comunicação, editoras – era incumbido de avaliar a sua veracidade; hoje, tal responsabilidade também é compartilhada com quem publica e lê o conteúdo, diante da proliferação avassaladora de informações, da multiplicidade de mídias e da dificuldade de identificar a autoria. Por essa razão, as escolas precisam formar pessoas capazes de fazer uma leitura inquisidora, a fim de que, quando receberem uma mensagem, se questionem sobre quem a criou, qual é a sua intenção (*e.g.*, informar, vender, convencer, entreter), quando foi criada, quando foi disseminada e quem pode ser beneficiado ou prejudicado por seu conteúdo.[609]

De outro lado, além de atenuar riscos, a educação midiática tem potencial para empoderar e transformar indivíduos em cidadãos engajados, capazes de contribuir para a sociedade e aptos a participar de debates qualificados, distanciando-os do ódio e da polarização. Isso porque a proposta visa a fazer com que os alunos não sejam meros espectadores, mas coloquem suas contribuições no mundo e ainda se envolvam com pautas atuais, como discriminações estruturais, mudanças climáticas e direitos humanos. Ao mesmo tempo, a educação midiática possibilita o desenvolvimento de habilidades de comunicação, criatividade e aprendizado, incentivando a investigação, curadoria de informações e pensamento crítico.[610] Isso possibilita que os alunos trilhem o seu próprio caminho rumo ao conhecimento. Tais competências são ainda mais importantes nos tempos atuais, em que parte dos postos de trabalho está sendo progressivamente substituída pela automação e as pessoas precisam ter capacidade de raciocínio e adaptabilidade para que não sejam trocadas por máquinas. Ela pode incrementar, portanto, a democracia mesmo para além do espaço digital.

De fato, tal impacto positivo da educação midiática ultrapassa as paredes da escola. Além de alcançar as infâncias do país, seus efeitos transbordam essa fase e alcançam o futuro daqueles alunos. Com isso, possibilita-se que os adultos de amanhã tenham as habilidades técnicas, sociais e emocionais para usufruir, interagir e trabalhar no ambiente digital. Ademais, a educação midiática pode produzir efeitos para além dos próprios sujeitos em formação, alcançando as suas famílias. Nesse

---

[609] FERRARI, Ana Claudia; OCHS, Mariana; MACHADO, Daniela. *Guia da educação midiática*. São Paulo: Instituto Palavra Aberta, 2020. p. 44.

[610] FERRARI, Ana Claudia; OCHS, Mariana; MACHADO, Daniela. *Guia da educação midiática*. São Paulo: Instituto Palavra Aberta, 2020. p. 37.

ponto, ela consegue impactar as gerações adultas de hoje, fazendo com que o conhecimento chegue à casa dos educandos mediante a elaboração das tarefas e as discussões com seus responsáveis. A propósito, a referida pesquisa sobre o uso da internet por crianças e adolescentes no Brasil constatou que um terço desses jovens ajuda os seus responsáveis a usar a internet no dia a dia.[611]

Para que a educação midiática se operacionalize, essa metodologia deve permear todo o conteúdo curricular, sendo integrada a todas as disciplinas, e deve ser acompanhada de intencionalidade em efetivá-la, o que pressupõe planejamento, a eleição de objetivos midiáticos e a sua inclusão no plano de ensino. Note-se que tal proposta pode começar a ser implementada na educação infantil e na fase de alfabetização. Embora, nesse estágio, as crianças ainda estejam em tenra idade, já é possível lhes fazer perguntas sobre as mídias com as quais interagem, a fim de que se inicie um processo de reflexão e questionamento sobre confiabilidade e discriminação. Pode-se, por exemplo, perguntá-las sobre o que elas veem, quem são os personagens, questionar estereótipos, quem criou aquele conteúdo e se se trata de ficção ou realidade.[612]

Com efeito, o Instituto Palavra Aberta elaborou um guia prático sobre como implementar a educação midiática na rede básica, no qual são dados exemplos de segmentos em que ela pode ser trabalhada, habilidades que devem ser incentivadas, objetivos curriculares, objetivos midiáticos e ideias de atividades.[613] Alguns deles merecem destaque. Foram sugeridos, por exemplo, alguns temas estratégicos para desconstruir notícias fraudulentas e teorias da conspiração que tomaram o debate públicos nos últimos tempos: quando do estudo do sistema solar, pode-se debater a importância da ciência e rechaçar noções de terraplanismo; quando do estudo de doenças infecciosas e pandemias, pode-se abordar a relevância da imunização para saúde pública; quando do estudo do desmatamento e aquecimento global, pode-se afastar teorias que negam a ocorrência das mudanças climáticas.

---

[611] *Pesquisa sobre o uso da internet por crianças e adolescentes no Brasil*: TIC Kids Online Brasil 2021 = Survey on Internet use by children in Brazil: ICT Kids Online Brazil 2021/ [editor] Núcleo de Informação e Coordenação do Ponto BR. São Paulo: Comitê Gestor da Internet no Brasil, 2022. p. 106.
[612] FERRARI, Ana Claudia; OCHS, Mariana; MACHADO, Daniela. *Guia da educação midiática*. São Paulo: Instituto Palavra Aberta, 2020. p. 55-56.
[613] FERRARI, Ana Claudia; OCHS, Mariana; MACHADO, Daniela. *Guia da educação midiática*. São Paulo: Instituto Palavra Aberta, 2020. p. 65-148.

Para além de desconstruir a veracidade dessas notícias fraudulentas e teorias da conspiração, a ideia é que a prática pedagógica também aborde o conceito de desinformação, ensine os estudantes a identificá-la no seu dia a dia e demonstre o impacto que a sua disseminação tem para a democracia. Entre as sugestões interessantes, o Instituto propôs, por exemplo, a análise de um tuíte de Donald Trump – "Onde está o aquecimento global?" –, com a intenção de questionar os alunos sobre a intenção do ex-presidente, sobre se a mensagem reflete a situação real, relacioná-la com a postura do governo norte-americano em relação ao clima e sobre os impactos das mudanças climáticas.

O mesmo guia sugere também que a educação midiática instigue os alunos a refletirem sobre os estereótipos presentes nas séries, histórias em quadrinhos, filmes e jogos que mais consomem, procurando analisar se existe um padrão ou algum grupo sub-representado. O Instituto propôs, ainda, que sejam trabalhados temas como a escravidão e o racismo estrutural, por meio da história, de fatos cotidianos, como o assassinato de George Floyd, e da perspectiva do movimento negro. Ademais, foi sugerido que, quando do estudo da conquista das Américas pelos europeus, sejam discutidas questões com autoria, pontos de vista e representatividade de grupos subalternizados. Em todas essas atividades, portanto, o objetivo é trabalhar as noções de diversidade e a importância dela para justiça social.

Para trabalhar tais temas, o Instituto Palavra Aberta propôs algumas práticas e atividades pedagógicas. Em síntese, todas têm como ponto em comum fazer com que a educação se dê na forma de diálogo, abrindo espaço para que os estudantes apresentem suas perspectivas e considerações. A ideia é que eles não sejam encarados como meros repositórios de conteúdo e ainda se envolvam no processo de reflexão. Ao mesmo tempo, para além das salas de aula, as práticas pretendem que os estudantes abandonem a posição de espectadores sobre o que acontece no mundo para que se tornem produtores de conhecimento com vistas a transformá-lo. Sob essa ótica, para trabalhar esse conteúdo, o guia sugere que os alunos sejam incentivados a elaborarem artigos de opinião, desenhos, murais colaborativos, infográficos, perfis e publicações fictícias em redes sociais, tuítes, *hashtags*, memes, *podcasts* e selos para desinformação. Logo, a educação midiática busca oportunizar a eles o conhecimento necessário para produção e compartilhamento de conhecimento, permitindo que se expressem e contribuam com as deliberações da sua comunidade.

6.3.4 Igualdade: transgredindo as fronteiras de classe social, gênero e raça

A luta por igualdade deve ser o principal compromisso da educação para democracia no Brasil. Como se viu, a igualdade é um pressuposto do regime democrático: para que haja efetiva soberania popular, é preciso que as opiniões tenham o mesmo peso no debate público e, ainda, que todos tenham possibilidades reais de reflexão, decisão e manifestação. Ao mesmo tempo, a democracia tem um componente substancial, que impõe a proteção de um núcleo mínimo de valores fundamentais, entre os quais se encontra a igualdade. Assim, para que haja efetiva democracia, é preciso que todos sejam tratados como iguais, tendo o mesmo respeito e consideração.

A propósito, uma educação que fortaleça a igualdade faz ainda mais sentido em um país como o Brasil. Como apontou Jessé de Souza, a desigualdade é o nosso maior problema civilizacional.[614] Ela alcança diversas dimensões, abrangendo a elevada concentração de renda, a falta de acesso a liberdades e serviços públicos, o tratamento diferenciado por agentes públicos, a estamentalidade das relações sociais e a estigmatização de grupos vulneráveis.[615] Diferentemente da crise política, econômica e moral que vivemos, a desigualdade é um problema crônico, cujo berço remonta a um passado escravocrata e aos percalços para efetivação da ideia de cidadania no Brasil.[616] Nesse contexto, embora tenham sido muitos os avanços para sedimentar a concepção de igualdade formal, haja um farto arcabouço normativo de proteção aos direitos fundamentais e instituições independentes que buscam assegurá-los, a realidade ainda convive com práticas que dificultam a universalização da dignidade humana para além do papel.

Ocorre que esse cenário afeta a própria integridade do Estado de Direito. Como pontuou Oscar Vilhena Vieira, a desigualdade brasileira causa "a invisibilidade daqueles submetidos à pobreza extrema, a demonização daqueles que desafiam o sistema e a imunidade dos privilegiados, minando a imparcialidade da lei".[617] Assim, os invisíveis

---

[614] Cf.: SOUZA, Jessé de. *A tolice da inteligência brasileira*: ou como o país se deixa manipular pela elite. São Paulo: Leya, 2015; SOUZA, Jessé de. *A ralé brasileira*: quem é e como vive. 3. ed. São Paulo: Contracorrente, 2018. p. 13-140.

[615] SARMENTO, Daniel. *Dignidade da pessoa humana*: conteúdo, trajetórias e metodologia. 2. ed. Belo Horizonte: Fórum, 2016. p. 59-68.

[616] CARVALHO, José Murilo de. *A cidadania no Brasil*: um longo caminho. 16. ed. Rio de Janeiro: Civilização Brasileira, 2013.

[617] VIEIRA, Oscar Vilhena. A desigualdade e a subversão do Estado de Direito. *SUR – Revista Internacional de Direitos Humanos*, n. 6, ano 4, p. 28-51, 2007.

são aqueles cuja violação aos seus direitos não causa qualquer reação moral nem desperta uma resposta adequada pelos agentes públicos. É o que se vê, por exemplo, em relação à população das favelas, que convive com a letalidade policial e a descontinuidade de serviços públicos, tal como se o fato de residirem em um território conflagrado justificasse a negação de seus direitos fundamentais. Tal invisibilidade também paira sobre mulheres negras, cujos corpos parecem aguentar as dores da violência obstétrica perpetrada durante o pré-natal, o parto e o aborto. Os demonizados, por sua vez, são os "inimigos" do Estado, cuja eliminação é enxergada como socialmente legítima, sob a lógica utilitária de que "os fins justificam os meios". No Brasil, as pessoas acusadas da prática de crime e privadas de liberdade sempre foram o exemplo concreto de demonizados: contra elas, admite-se o uso arbitrário da força, a tortura e a violação das garantias penais em prol do "bem maior" da segurança pública. Mais recentemente, vê-se, ainda, o surgimento de novos demonizados, com base na pretensão de combate ao "inimigo"[618] e na política contemporânea do "nós" e "eles",[619] como os imigrantes, refugiados, esquerdistas e defensores dos direitos humanos. Por fim, ainda na classificação do autor, os imunizados são os privilegiados, que estão acima das leis e são isentos de obrigações. Eles integram as elites políticas e econômicas do país. Mesmo que tenha havido avanços em matéria de corrupção no Brasil, é inegável que ainda existe uma seletividade penal que dificulta o alcance da classe média-alta, dos poderosos vinculados ao governo de ocasião, dos traficantes residentes em áreas abastadas e dos autores de crimes praticados no campo.

Essa desigualdade subverte a integridade do Estado de Direito, na medida em que arruína os laços de reciprocidade entre as pessoas integrantes de uma mesma comunidade. Para além de fragilizar esse aspecto imaterial que consubstancia a democracia, as hierarquias geram um desincentivo geral ao cumprimento da lei: os privilegiados não são submetidos a qualquer constrangimento social para cumpri-la; ao passo que os vulneráveis são alvo da sua aplicação seletiva e parcial pelas instituições. Nesse cenário, o "resultado é que o Estado se torna negligente com os invisíveis, violento e arbitrário com os

---

[618] LEVITSKY, Steven. ZIBLATT, Daniel. *Como as democracias morrem*. Tradução de Renato Aguiar. Rio de Janeiro: Zahar, 2018. p. 103 e ss.

[619] STANLEY, Jason. *Como funciona o fascismo*: a política do "nós" e "eles". Tradução de Bruno Alexander. Porto Alegre: L&P, 2020.

moralmente excluídos e dócil e amigável com os privilegiados que estão posicionados acima da lei".[620] Ao final, tem-se a perda de confiança no direito e nas instituições, fazendo com que sejam enxergados como trunfos para poderosos e como mais um instrumento de dominação dos oprimidos. Trata-se, pois, de um ambiente hostil ao florescimento do Estado de Direito.

Além de abalar os elementos constitutivos do Estado de Direito, a desigualdade sistêmica fomenta a ocorrência de ameaças à democracia. Como se viu, a reversão autoritária e o retrocesso constitucional têm como ponto em comum o fato de serem cronologicamente antecedidos por fatores que acentuaram as hierarquias existentes na sociedade. Nesse sentido, como apontaram Ginsburg e Huq, a reversão autoritária é mais provável em países com menor desenvolvimento econômico, com grande disparidade na distribuição dos recursos ou fortemente divididos sob o prisma étnico, religioso ou social.[621] Já o retrocesso constitucional, embora não tenha relação necessária com a riqueza do país,[622] tem como causas a superveniência de crises econômicas, o aumento da desigualdade social, a perda de confiança nos governantes e um ressentimento de parte da população com políticas identitárias.[623] Com efeito, em ambos os casos, as ameaças ao regime democrático têm a desigualdade como seu pano de fundo.

Por essa razão, o fortalecimento da democracia pressupõe o enfrentamento das desigualdades e a busca incessante por uma sociedade mais inclusiva, na qual não haja pobreza nem preconceitos e todos sejam dotados de igual respeito e consideração. A questão é que não se trata de um problema pontual; ao revés, a desigualdade está fortemente

---

[620] VIEIRA, Oscar Vilhena. A desigualdade e a subversão do Estado de Direito. *SUR – Revista Internacional de Direitos Humanos*, n. 6, ano 4, p. 28-51, 2007. p. 47.

[621] GINSBURG, Tom; HUQ, Aziz Z. *How to save a constitutional democracy*. Chicago; London: The University of Chicago Press, 2018. p. 49-57.

[622] GINSBURG, Tom; HUQ, Aziz Z. *How to save a constitutional democracy*. Chicago; London: The University of Chicago Press, 2018. p. 73-76.

[623] Cf.: BALKIN, Jack. Constitutional crisis and constitutional rot. *Maryland Law Review*, v. 77, issue 1, p. 147-160, 2017; PRZEWORSKI, Adam. *Crises da democracia*. Tradução de Berilo Vargas. Rio de Janeiro: Zahar, 2020. p. 131-149; MCCLAIN, Linda C.; FLEMING, James E. Civic education in circumstances of constitutional rot and strong polarization. *Boston University Law Review*, Boston, v. 101, n. 5, p. 1775, outubro, 2021. Disponível em: https://www.bu.edu/bulawreview/files/2021/10/McCLAIN-FLEMING.pdf. Acesso em: 26 jul.2022; BARROSO, Luís Roberto. Revolução tecnológica, crise da democracia e mudança climática: limites do direito num mundo em transformação. *Revista Estudos Institucionais*, v. 5, n. 3, p. 1280-1282 e 1289-1293, set./dez. 2019; SOUZA NETO, Cláudio Pereira de. *Democracia em crise no Brasil*: valores constitucionais, antagonismo político e dinâmica institucional. São Paulo: Contracorrente, 2020. p. 45-144.

enraizada em nossa história e cultura. Tal cenário faz com que as pessoas, desde a mais tenra idade, sejam socializadas para perceber as relações sociais como desiguais,[624] contribuindo para que reproduzam e naturalizem tais práticas. Desde cedo, elas se acostumam a ver pobres em posições de subserviência, negros privados de liberdade, brancos em espaços de poder e mulheres assoberbadas com as tarefas domésticas. O resultado é que a desigualdade confunde-se com a própria concepção de mundo dos brasileiros, pautando seus comportamentos espontâneos mesmo antes de fazerem qualquer reflexão racional.

Daí por que a educação pode cumprir um papel relevante. Ela é capaz de incidir desde os primórdios, romper com esse processo de dominação e formar subjetividades com base em valores inclusivos e igualitários. Sob essa ótica, nos termos da classificação de Nancy Fraser,[625] as políticas educacionais podem ser um remédio transformativo, uma vez que são capazes de incidir na estrutura cultural da sociedade, desestabilizar discriminações estruturais e valorizar identidades subalternizadas. Por isso, como pontuaram Freire e Dewey, a educação é capaz de proporcionar o crescimento da sociedade como um todo[626] e engajar os estudantes na sua transformação, fazendo-os enxergar o futuro como produto da sua ação.[627] Com efeito, uma educação de qualidade pode frear práticas sociais de exclusão, promovendo a sua descontinuidade; pode ajudar a romper com a sua naturalização, instigando espíritos críticos aptos a percebê-las; e pode contribuir para o empoderamento dos excluídos, resgatando a sua autoestima.

Tal potencialidade já foi abraçada por autores importantes no campo da filosofia. Martha Nussbaum, por exemplo, reconheceu o papel da educação para assegurar o desenvolvimento humano das pessoas e, ainda, para universalizar a compreensão de que tal desenvolvimento deve ser assegurado a todos.[628] Segundo a autora,

---

[624] SARMENTO, Daniel. *Dignidade da pessoa humana*: conteúdo, trajetórias e metodologia. 2. ed. Belo Horizonte: Fórum, 2016. p. 59-63.

[625] FRASER, Nancy. From redistribution to recognition? Dilemmas of justice in a "postsocialist" age. *In*: FRASER, Nancy. *Justice interruptus*: critical reflections on the "postsocialist" condition. New York & London: Routledge, 1997. p. 21-26.

[626] DEWEY, John. *Democracia e educação*. Tradução de Antônio Pinto de Carvalho, revista por Anísio Teixeira. São Paulo: Companhia Editora Nacional, 1979. p. 86.

[627] FREIRE, Paulo. *Pedagogia do oprimido*. Rio de Janeiro: Paz e Terra, 2021. p. 111-117.

[628] NUSSBAUM, Martha C. Educação para o lucro, educação para a liberdade. *Revista Redescrições* – Revista on-line do GT de Pragmatismo e Filosofia Norte-americana. ano I, número 1, 2009. p. 5-17.

isso demanda que as práticas pedagógicas cultivem três valores: a capacidade de pensar criticamente as próprias tradições; a capacidade de se enxergar como membro de uma sociedade plural; e a capacidade de se colocar no lugar do outro.[629] No mesmo sentido, Jean Piaget reconheceu que, para que a educação assegure o desenvolvimento da pessoa, ela precisa formar indivíduos com autonomia e respeitadores dessa mesma autonomia em outrem.[630] Nesse segundo aspecto, trata-se do postulado da reciprocidade, que tem estreita relação com a ideia de igualdade, na medida em que se baseia na noção de alteridade, empatia e reconhecimento do outro enquanto ser humano.

Há algumas estratégias que podem ser adotadas para que a educação sirva ao propósito de fortalecer a igualdade e, por consequência, a própria democracia. Em primeiro lugar, a prática pedagógica deve buscar promover uma revolução de valores. Nesse aspecto, os alunos devem ser educados para que internalizem a ideia de que a dignidade é um valor intrínseco de todos os seres humanos, independentemente do seu *status*, cor da pele, gênero, orientação sexual ou qualquer outra condição.[631] Assim, desde a infância, as pessoas precisam perceber que a dignidade é uma condição ontológica atribuída a todos. Isso implica que todas as pessoas sejam enxergadas enquanto fins em si, e nunca como meio para realização de outros fins ou alcance de metas coletivas.

Tais ensinamentos poderão ser materializados com alguns exemplos concretos. Entre eles, tem-se a regra da impossibilidade da pena de morte e da prisão perpétua, bem como a vedação à prática de tortura e outros tratamentos cruéis, desumanos e degradantes, ainda que motivada pelo propósito de investigação penal. Ademais, eles permitem que os estudantes compreendam os debates sobre a criminalização do aborto e o argumento pela não instrumentalização da vida das mulheres, que não podem ser enxergadas como um mero meio para procriação. A noção de valor intrínseco da pessoa possibilita, ainda, uma visão crítica sobre propagandas políticas que defendam a castração

---

[629] NUSSBAUM, Martha C. *Educação para o lucro, educação para a liberdade*. Revista Redescrições – Revista on-line do GT de Pragmatismo e Filosofia Norte-americana. ano I, número 1, 2009. p. 17-23.
[630] PIAGET, Jean. *Para onde vai a educação?* Tradução de Ivette Braga. 3. ed. Rio de Janeiro: Livraria José Olympio, 1975. p. 59-60.
[631] Cf.: KANT, Immanuel. *Fundamentação da metafísica dos costumes*. Tradução de Pedro Quintela. Lisboa: Edições 70, 2011; SARMENTO, Daniel. *Dignidade da pessoa humana: conteúdo, trajetórias e metodologia*. 2. ed. Belo Horizonte: Fórum, 2016. p. 101-134.

química de estupradores e sobre a habitual suspensão de serviços públicos nas favelas, fundadas em pretextos organicistas de combate à criminalidade. Ao mesmo tempo, ela permite entender a necessidade de proteção das minorias ante as maiorias de ocasião, o que é essencial para uma democracia substancial, que enxerga os direitos como trunfos. Torna-se possível, então, compreender que eventual apoio popular não era uma justificativa válida para legitimar a segregação racial nas escolas norte-americanas, o Holocausto na Alemanha nazista e a ditadura militar no Brasil, diante da indispensabilidade de que a democracia garanta valores básicos, como igualdade, liberdade e justiça.

Para além disso, a noção do valor intrínseco da pessoa pode ser trabalhada de modo a realçar as semelhanças existentes entre indivíduos de diferentes origens, raça, classes sociais e gênero. A ideia é que, em meio a um contexto de diversidade, seja criada uma identificação entre essas pessoas, desenvolvendo valores de respeito ao próximo, alteridade e empatia. É o que foi feito na Escola Estadual de Educação Basica Dr. Jorge Lacerda, localizada em Joinville.[632] Trata-se de uma unidade situada em um bairro tradicional, onde a maioria da população se declara branca e com descendência europeia. A partir de 2012, a escola e a comunidade local passaram a receber haitianos em situação de refúgio humanitário, o que provocou episódios de racismo e xenofobia. Daí em diante, os profissionais da referida unidade tiveram a sensibilidade de conectar a situação com reflexões sobre as diferenças, o histórico de Joinville receber imigrantes e a história do Haiti, país marcado pelo colonialismo francês. Valendo-se de uma atividade que instigava os estudantes a pesquisarem sobre seus antepassados, os professores buscaram questionar a hegemonia europeia e demonstrar que a maioria da população local já era composta por imigrantes, o que serviu para promover a referida identificação. Logo, a aproximação entre os alunos ajudou a compreender diferentes realidades, criar empatia e combater o racismo estrutural.

Para instigar esse reconhecimento do outro como sujeito, bell hooks apontou a indispensabilidade de que a sala de aula seja um local em que os participantes sejam genuinamente interessados uns pelos outros, em ouvir a voz uns dos outros e na presença uns dos

---

[632] INSTITUTO ALANA. *Recriar a escola sob a perspectiva das relações étnico-raciais*. São Paulo: Instituto Alana, 2022. Disponível em: https://alana.org.br/wp-content/uploads/2022/03/RecriarAEscola.pdf?utm_source=news&utm_medium=social&utm_campaign=ia-educacao. Acesso em: 26 dez. 2022. p. 29-35.

outros.⁶³³ Essa visão tem lastro na educação dialógica de Paulo Freire, sendo necessário desconstruir a noção tradicional de que o professor é o único titular do conhecimento e responsável pela condução da aula. O diferencial da autora é que ela salienta a importância de que os professores atentem-se para que todos se sintam à vontade para participar, e não somente alunos brancos e homens, que, em regra, são os que mais falam.⁶³⁴ É fundamental, então, que os educadores se preocupem com a questão da voz, perguntando-se quem está falando, quem está ouvindo e por quê. Desse modo, haverá o reconhecimento do valor individual de cada um e a criação de um ambiente de respeito às diferentes identidades, no qual os alunos se sentem, de fato, livres para falar. Para além do reconhecimento, trata-se de evitar que haja alunos invisíveis na sala e que a escola seja mais um espaço de dominação.

Nessa esteira, a autora atenta para a importância de que as diferenças de classe social não sejam ignoradas em sala de aula.⁶³⁵ É que as práticas pedagógicas e a etiqueta social esperada nesses espaços tendem a ser moldadas com base em preconceitos de classe burguesa. Nesse contexto, o silêncio e a obediência à autoridade tendem a ser estimulados; ao passo que falar alto, demonstrar raiva, expressar emoções são considerados perturbações da ordem. Uma primeira consequência disso é que "os valores burgueses na sala erguem uma barreira que bloqueia a possibilidade de confrontação e conflito e afasta a dissensão".⁶³⁶ Afasta-se, pois, o intercâmbio democrático de ideias e instaura-se um ambiente em que alunos de classes mais abastadas não se sentem à vontade para se expressar. Por outro lado, uma segunda consequência é que os estudantes que não foram educados com base naquela etiqueta social tendem a mudar o seu jeito de falar, suas referências e seus hábitos, de forma a se encaixar naquele padrão. Apaga-se, então, a sua própria cultura popular e as práticas provenientes da sua origem.

Ciente disso e com objetivo de impedir essa invisibilização, bell hooks buscava criar comunidades de aprendizado dentro das

---

⁶³³ HOOKS, bell. *Ensinando a transgredir*: a educação como prática da liberdade. Tradução de Marcelo Brandão Cipolla. 2. ed. São Paulo: WMF Martins Fontes, 2017. p. 16-18.
⁶³⁴ HOOKS, bell. *Ensinando a transgredir*: a educação como prática da liberdade. Tradução de Marcelo Brandão Cipolla. 2. ed. São Paulo: WMF Martins Fontes, 2017. p. 56-60.
⁶³⁵ HOOKS, bell. *Ensinando a transgredir*: a educação como prática da liberdade. Tradução de Marcelo Brandão Cipolla. 2. ed. São Paulo: WMF Martins Fontes, 2017. p. 235-251.
⁶³⁶ HOOKS, bell. *Ensinando a transgredir*: a educação como prática da liberdade. Tradução de Marcelo Brandão Cipolla. 2. ed. São Paulo: WMF Martins Fontes, 2017. p. 237.

salas de aula, instigando os alunos a escreverem parágrafos curtos e depois lerem em voz alta.[637] Com essa metodologia, todos passam a ter a oportunidade de falar pelo mesmo tempo e a ouvir uns aos outros, subvertendo a tendência de que falem apenas os materialmente privilegiados. Assim, a presença, a palavra e a experiência de cada um são reconhecidas e valorizadas, proporcionando que o espaço seja mais plural e acolhedor às diferenças.

Ademais, o fortalecimento da igualdade por meio da educação também impõe que as escolas estimulem os estudantes a desenvolverem uma visão crítica do mundo. Para tanto, é necessário que percebam que, muito embora todos sejam iguais nos planos filosófico e constitucional, isso ainda está longe de ser verdade no plano da realidade. É preciso, então, que a educação básica estimule esse processo de desvelamento dentro e fora da escola, fazendo com que as hierarquias sejam enxergadas mesmo nos casos mais nebulosos, quando se encontram penetradas nas entranhas do tecido social. Dessa forma, a pedagogia deve ser crítica, anticolonialista, feminista e antirracista, reconhecendo as diferenças determinadas por classe social, raça, gênero, nacionalidade, deficiência e levando ao questionamento das parcialidades que reforçam o sistema de dominação.[638] Trata-se de um processo de libertação, por meio do qual os educandos passam a adquirir consciência de si e da sua realidade.

Não se desconhece, contudo, que o abandono das velhas formas de pensar implicará certa dor.[639] Não se pode negar, afinal, que os alunos também se encontram imersos na realidade opressora. Assim, as aulas passarão a revelar como opressivos modos de ser e de pensar que já haviam sido internalizados por eles, que são habitualmente praticados por suas famílias e que poderão vir a criar um distanciamento onde não havia. É esperado, portanto, que haja esse "medo da liberdade"[640] e que exista uma dualidade entre querer, mas temer ser. Para os menos privilegiados, esse desconforto poderá vir acompanhado de uma desesperança sobre o futuro que lhes resta e incentivar a adoção de uma postura fatalista, na contramão do que pretende a educação para democracia. Por isso, essas angústias deverão ser compreendidas

---

[637] HOOKS, bell. *Ensinando a transgredir*: a educação como prática da liberdade. Tradução de Marcelo Brandão Cipolla. 2. ed. São Paulo: WMF Martins Fontes, 2017. p. 245-247.

[638] HOOKS, bell. *Ensinando a transgredir*: a educação como prática da liberdade. Tradução de Marcelo Brandão Cipolla. 2. ed. São Paulo: WMF Martins Fontes, 2017. p. 11-12.

[639] HOOKS, bell. *Ensinando a transgredir*: a educação como prática da liberdade. Tradução de Marcelo Brandão Cipolla. 2. ed. São Paulo: WMF Martins Fontes, 2017. p. 61.

[640] FREIRE, Paulo. *Pedagogia do oprimido*. Rio de Janeiro: Paz e Terra, 2021. p. 128.

e debatidas na escola, oportunizando espaço para que os educandos digam como se sentem e como essas ideias impactam a sua experiência fora da sala de aula.[641]

Sob outra perspectiva, o enfrentamento da desigualdade pela educação depende da compreensão dos processos históricos que levaram a essa cultura de dominação e, ainda, da expulsão de mitos criados pela estrutura opressora. Para tanto, é fundamental que as antigas epistemologias sejam questionadas. Historicamente, os processos de dominação fizeram com que o conhecimento fosse construído com base no ponto de vista dos grupos dominantes, levando-nos a crer que se tratava de uma perspectiva universal. Esse foi, a propósito, o ponto central levantado no samba-enredo "História para ninar gente grande" da Estação Primeira de Mangueira, que se logrou campeã no Carnaval carioca de 2019.[642] O enredo se propôs a "contar a história que a história não conta", fazendo referência à invasão do Brasil em 1500, à escravidão, ao racismo, à invisibilização de mulheres, à ditadura militar e ao assassinato de Marielle Franco. Logo, uma escola que se pretenda democrática e inclusiva precisa incorporar pontos de vistas plurais sobre a experiência humana no tempo.[643] Em algumas situações, isso implicará se afastar do que usualmente se atribui como ciência, que tende a hierarquizar o saber universitário europeu e desconsiderar outras experiências sociais que também constituem o conhecimento, como aquelas vivenciadas pelos povos negro e indígena.

Nessa esteira, para combater a dominação de classe, há que se estudar o processo histórico que deu origem à profunda desigualdade social brasileira. Ela pode ser atribuída ao colonialismo, ao longo passado escravocrata, ao processo de modernização implantado a partir do século XIX e a uma série de políticas públicas, ciclos políticos e crises econômicas posteriores que não conseguiram erradicar a elevada concentração de renda do nosso país.[644] Embora tenha havido avanços

---

[641] HOOKS, bell. *Ensinando a transgredir*: a educação como prática da liberdade. Tradução de Marcelo Brandão Cipolla. 2. ed. São Paulo: WMF Martins Fontes, 2017. p. 61.

[642] O exemplo foi retirado do artigo: REDE BRASILEIRA DE HISTÓRIA PÚBLICA. Muito além da escola: as disputas em torno do passado no debate público. *In*: CÁSSIO, Fernando (org.). *Educação contra barbárie*: por escolas democráticas e pela liberdade de ensinar. São Paulo: Boitempo, 2019. Recurso digital.

[643] REDE BRASILEIRA DE HISTÓRIA PÚBLICA. Muito além da escola: as disputas em torno do passado no debate público. *In*: CÁSSIO, Fernando (org.). *Educação contra barbárie*: por escolas democráticas e pela liberdade de ensinar. São Paulo: Boitempo, 2019. Recurso digital.

[644] SOUZA, Pedro H. G. Ferreira de. *Uma história de desigualdade*: A concentração de renda entre os ricos no Brasil 1926-2013. São Paulo: Hucitec, Anpocs, 2018. p. 283-366.

no início do século XXI, as intervenções estatais nas áreas tributária, salarial e previdenciária deixaram a desejar, facilitando a perpetuação da desigualdade. O problema é que isso gera diferenças de classe que não se manifestam apenas sob o prisma material, ao ditar quem tem uma casa para morar, dinheiro para comer e um carro para viajar; tais diferenças também se manifestam nas relações e práticas sociais, nos comportamentos e preconceitos e até no modo como o conhecimento é transmitido e recebido.[645] Trata-se da lógica do "você sabe com quem está falando?",[646] que demarca a posição de quem fala e a de quem é perguntado, e retrata a verticalização das relações sociais no Brasil. Mesmo quando tais hierarquias não se revelam de modo tão evidente, elas subsistem de modo oculto, produzem "subcidadãos" de forma naturalizada e dificultam a inclusão necessária para uma plena democracia.[647]

É pertinente, então, que o ensino desse longo processo histórico de dominação seja acompanhado de exemplos concretos que marcam as diferenças de classe nos dias de hoje. Entre os mais evidentes, tem-se a falta de acesso a direitos básicos, como moradia, alimentação, água e educação. Durante a pandemia da covid-19, a propósito, parte significativa da população não tinha como cumprir as orientações sanitárias, por não terem casa ou água para lavar as mãos. Ainda nesse período, a desigualdade foi evidente no campo da educação: os alunos mais favorecidos permaneceram assistindo a aulas remotas, pois estavam matriculados na rede privada, tinham acesso à internet e contavam com familiares para lhes apoiar; enquanto os mais pobres ficaram quase dois anos sem qualquer contato com a escola, sujeitando-se a prejuízos inestimáveis ao seu desenvolvimento, socialização e aprendizagem. Há, ainda, exemplos menos óbvios de como a desigualdade econômica se manifesta. É o caso da remota possibilidade de mobilidade social e da tirania do mérito. Nesse ponto, há uma crença de que o trabalho árduo possibilita a qualquer um ascender socialmente e ela separa vencedores de perdedores, enxergando aqueles como dignos

---

[645] HOOKS, bell. *Ensinando a transgredir:* a educação como prática da liberdade. Tradução de Marcelo Brandão Cipolla. 2. ed. São Paulo: WMF Martins Fontes, 2017. p. 236.

[646] DAMATTA, Roberto. Sabe com quem está falando?: ensaio sobre a distinção entre indivíduo e pessoa no Brasil. *In: Carnavais, malandros e heróis:* para uma sociologia do dilema brasileiro. 6. ed. Rio de Janeiro: Rocco, 1996. p. 181-248.

[647] SOUZA, Jessé de. A gramática social da desigualdade brasileira. *Revista Brasileira de Ciências Sociais*, v. 19, n. 54, p. 79-96, fev. 2004.

de maior estima social e estes como preguiçosos.⁶⁴⁸ Ocorre que se trata de uma crença infundada e perigosa: além de os degraus da escada da vida estarem cada vez mais distantes uns dos outros, essa falsa percepção da realidade aflora sentimentos de arrogância, humilhação e ressentimento. Acentua-se, então, a divisão entre as classes e alimenta-se o surgimento de populistas autoritários.

Além disso, a educação básica também precisa se debruçar sobre os processos históricos que deram causa à desigualdade de gênero. Ela remonta a séculos de submissão da mulher em relação ao homem nos espaços privado e público. À mulher foi relegado o papel de cuidar da casa e dos filhos, sem que lhe fosse concedida autonomia nem sequer sobre o próprio corpo; ao homem, o papel de trabalhar fora, participar da vida pública e tomar decisões. A consequência disso é que, por anos da história, as mulheres foram submetidas à dependência econômica e à restrição de oportunidades. O cenário começou a se alterar a partir dos movimentos feministas e da intensa mobilização popular. Daí em diante, elas passaram a ter espaço na vida pública: conquistaram o direito ao voto, ingressaram no mercado de trabalho e, mais recentemente, puderam se divorciar.

Esse longo processo precisa ser ensinado na educação básica para que os alunos conheçam a história e os movimentos que levaram à desigualdade de gênero no mundo. Isso, aliás, permitirá que os estudantes compreendam que gênero não é um conceito biológico, mas é fruto de uma construção social que se desenrolou pela civilização. Nos termos da célebre frase de Simone Beauvoir, "ninguém nasce mulher: torna-se mulher".⁶⁴⁹ Trata-se, pois, de um conceito criado e ensinado pela sociedade, que estabelece e espera padrões de comportamento diferentes para homens e mulheres. Desde cedo, esses estereótipos são ensinados, ainda que inconscientemente, para as crianças, fazendo com que elas os assimilem e reproduzam mais tarde na vida. Por essa razão, o fato de o currículo escolar contemplar tais processos históricos permite que os alunos despertem, percebam a realidade criticamente, identifiquem e combatam esses padrões com maior facilidade.

A análise dessa história revela-se ainda mais importante no cenário atual, em que proliferam teorias que negam a existência de discriminações estruturais em nossa sociedade. Atualmente, apesar

---

[648] SANDEL, Michael J. *A tirania do mérito*: o que aconteceu com o bem comum? Tradução de Bhuvi Libanio. Rio de Janeiro: Civilização Brasileira, 2020.
[649] BEAUVOIR, Simone. *O segundo sexo*. Rio de Janeiro: Nova Fronteira, 1980.

de os dados evidenciarem o oposto,[650] há quem diga que não existe machismo no Brasil. Esse negacionismo, a propósito, é mais uma decorrência do *backlash* cultural e do ressentimento do homem branco, heterossexual e de classe média com os direitos reconhecidos em favor das minorias identitárias, inclusive mulheres. Ele tem lastro, ainda, no fato de a igualdade ser assegurada no texto constitucional e de ter havido a conquista de uma série de direitos em prol das mulheres nos últimos anos. Nesse ponto, apesar de os avanços serem positivos, eles também provocam um risco real de acomodação. Por isso, o estudo da história pela educação serve para demonstrar que as conquistas são apenas um ponto de partida e que a luta pela igualdade de gênero deve continuar.

Ainda nesse campo, uma educação que pretende fortalecer a democracia também precisa ensinar sobre os movimentos feministas no Brasil e no mundo. Isso já se revelaria imprescindível para que os alunos aprendam sobre engajamento cívico, enxerguem o impacto da mobilização popular na história e se mobilizem para participar da vida pública. Mas, no que diz respeito ao movimento feminista, existem duas razões adicionais que justificam a relevância da sua presença no currículo escolar. A primeira é que o seu estudo tem enorme potencial para combater estereótipos de que mulheres não participam das deliberações públicas e para inspirar meninas a exercerem seu direito à participação política. Assim, ensinar e aprender sobre o movimento feminista na educação básica pode ser uma ferramenta para atenuar o déficit de representação feminina na política, o que é essencial para a democracia. A segunda razão é que a sua análise permite constatar o processo de invisibilização das mulheres negras e o fato de que a desigualdade de gênero tem um impacto diferente a depender da cor da pele da vítima. Lembre-se, a propósito, que o movimento feminista se iniciou no século XIX, com a reivindicação das mulheres brancas e de classe média pelo direito de votar e trabalhar fora do lar. Todavia, especialmente a partir da década de 1980, ele começou a sofrer críticas de mulheres negras,[651] que não se sentiam representadas pelas

---

[650] Segundo pesquisa do Programa das Nações Unidas para o Desenvolvimento (PNUD) da ONU, 84,5% da população brasileira tem alguma espécie de preconceito contra as mulheres: UNITED NATIONS DEVELOPMENT PROGRAMME (UNPD). *2023 Gender Social Norms Index (GSNI):* Breaking down gender biases: Shifting social norms towards gender equality. New York, 2023.

[651] Confira-se, a propósito, o relato de bell hooks: "Significativamente, descobri que, quando se falava das 'mulheres', a experiência das brancas era universalizada como representação

demandas até então reivindicadas.⁶⁵² Afinal, elas sempre trabalharam fora de casa, nunca foram encaradas como frágeis e sofriam o sexismo de modo entrecortado com outros fatores de opressão. A partir de então, as questões de gênero passaram a ser encaradas dentro de um contexto racial. Daí se extrai a indispensabilidade de um currículo escolar que contemple os movimentos feministas: ele possibilita o primeiro contato dos alunos com a necessidade de analisar a vida mediante uma perspectiva interseccional, que considere raça, gênero, classe social e orientação sexual. Trata-se, portanto, de condição para que a educação cumpra o seu propósito de formar espíritos verdadeiramente críticos.

Ademais, o estudo dos processos históricos que levaram à desigualdade de gênero também deve incluir a forma como ela deu origem à opressão contra a comunidade LGBTQIA+. A construção social da ideia de gênero não só provocou a distinção entre os papéis de homens e mulheres, mas também instalou a "heterossexualidade compulsória"⁶⁵³ e uma lógica binária de se compreender os sujeitos.⁶⁵⁴ Trata-se, contudo, de uma simplificação da complexidade humana. Afinal, a sexualidade não se resume ao afeto entre pessoas do mesmo gênero, tampouco as diferentes identidades se encaixam nos rótulos de masculino e feminino. Dessa forma, o currículo e a prática pedagógica podem contribuir nesse processo de desconstrução.

Tal como em relação à desigualdade de classe, a análise desses processos históricos que culminaram na desigualdade de gênero deverá ser combinada com exemplos concretos de como ela se manifesta no cotidiano. No que toca às mulheres, pode-se apresentar e problematizar dados que demonstram a persistência da opressão: elas permanecem sujeitas à desigualdade para acesso a vagas de emprego e postos de chefia, ao recebimento de salários menores, à divisão sexual do trabalho e à dupla jornada. É interessante, ainda, abordar as formas

---

da experiência de todo o sexo feminino; e que, quando se mencionavam os 'negros', o ponto de referência eram os negros do sexo masculino." (HOOKS, bell. *Ensinando a transgredir*: a educação como prática da liberdade. Tradução de Marcelo Brandão Cipolla. 2. ed. São Paulo: WMF Martins Fontes, 2017. p. 163.)

⁶⁵² CRENSHAW, Kimberle. *Demarginalizing the intersection of race and sex*: a black feminist critique of antidiscrimination doctrine, feminist theory and antiracist politics. University of Chicago Legal Forum, v. 1989, issue 1, article 8.

⁶⁵³ RICH, Adrienne. Compulsory heterosexuality and lesbian existence. *Signs*: journal of women in culture and society, v. 5, n. 4, p. 631-660, diciembre 1980.

⁶⁵⁴ BORRILLO, Daniel. O sexo e o direito: a lógica binária dos gêneros e a matriz heterossexual da lei. *Meritum*: Revista de Direito da Universidade FUMEC, Universidade FUMEC, 2010, v. 5, n. 2, p. 289-321, jul./dez. 2010.

como a violência doméstica se operacionaliza, os riscos de que ela se torne um feminicídio e os canais em que se pode pedir ajuda. Nesse ponto, muito se fala sobre como as escolas são um espaço de proteção contra a violência de meninas, por ser capaz de prevenir e diagnosticar tais violações. Mas, para além disso, o fato de ensiná-las sobre igualdade de gênero possibilita a proteção das mulheres de suas famílias, diante da possibilidade de que transmitam esse conhecimento em casa, contribuam para o empoderamento feminino e auxiliem suas mães, irmãs, tias e avós a pedir ajuda quando necessário. Ademais, os professores também poderão trabalhar a questão da baixa representatividade feminina na política, dialogando sobre as suas causas e instigando os alunos a proporem soluções. Para ajudar na desconstrução de estereótipos e gerar inspiração, pode-se, ainda, apresentar exemplos de mulheres que fugiram à regra, mobilizaram-se e conseguiram promover transformação nas suas comunidades.

Ao mesmo tempo, acolhendo as críticas do feminismo negro, os exemplos também devem contemplar a realidade vivenciada por mulheres negras e periféricas. Entre os mais representativos, está a precarização do trabalho doméstico, que se manifesta pelos poucos direitos trabalhistas, pela estrutura arquitetônica dos quartinhos de empregada e pela subalternidade do tratamento que lhes é dispensado entre as paredes da casa. Durante a pandemia da covid-19, dois casos chamaram atenção. No estado do Rio de Janeiro, a primeira vítima do vírus foi uma empregada doméstica residente em Miguel Pereira, mas que fora infectada em um apartamento no Alto Leblon, após sua patroa ter acabado de retornar da Itália. No estado de Pernambuco, um menino de cinco anos morreu ao cair de um prédio de luxo no Recife, após ter sido deixado aos cuidados da patroa de sua mãe, que trabalhava como empregada doméstica no local. Para além da precarização do trabalho, as mulheres negras sujeitam-se à maternidade solo com maior frequência. É comum que os seus filhos não tenham pais na certidão de nascimento e que tenham que criá-los sozinhas. Isso lhes acarreta maior dificuldade para pleitear pensões alimentícias, maiores prejuízos se faltam vagas em creches e constantes ameaças à perda do seu poder familiar nas varas de infância e juventude. As mulheres negras, ainda, sofrem com a hipersexualização, os riscos do aborto inseguro, as revistas vexatórias e a seletividade do sistema penal.

As pessoas LGBTQIA+, por sua vez, também são vítimas de práticas que podem ajudar os alunos a compreenderem o que é a desigualdade de gênero. Até pouco tempo atrás, homossexuais não tinham suas relações afetivas reconhecidas enquanto entidade familiar. Daí decorria uma série de violações a outros direitos: a eles, eram negados os direitos a se casar, a adotar e a serem reconhecidos como dependentes para fins previdenciários. Embora a decisão do STF na ADPF nº 132 tenha produzido avanços civilizatórios,[655] subsistem outros tantos desafios para alcançar a plena inclusão da comunidade LGBTQIA+. Seus integrantes permanecem sujeitos a toda sorte de violência física e psicológica: eles têm maiores chances de serem agredidos, assassinados e de se suicidarem. No campo da educação, eles são vítimas de *bullying* e faltam aulas com maior frequência; no campo da saúde, têm maior dificuldade de doar sangue;[656] e na vida social, são constrangidos por demonstrarem afeto publicamente ou quererem usar o banheiro compatível com a forma como se identificam. Logo, tais situações podem ser trazidas em sala de aula para possibilitar a identificação desse contexto de opressão na atualidade.

Para além da história da desigualdade de gênero, a educação para democracia pressupõe o ensino dos processos de dominação racial. Para tanto, é fundamental romper com a epistemologia tradicional e com o modelo de conhecimento baseado na superioridade racial branca, que é fruto do colonialismo e dos anos de violências praticadas contra povos negros e indígenas. Tradicionalmente, a história do nosso país foi ensinada com base na ideia do mito da democracia racial, retratando o povo brasileiro como naturalmente miscigenado, tal como se essa diversidade fosse produto de uma convivência harmoniosa e sem qualquer discriminação. Ocorre que, até os dias de hoje, esse processo dá origem à negação do racismo e à invisibilização dos modos de ser e estar no mundo próprios dos povos negro e indígena. Por isso, uma educação que pretenda fortalecer a democracia precisa analisar, mediante diferentes perspectivas epistemológicas, os processos históricos que constituíram o racismo; compreendê-lo em sua complexidade, reconhecendo a sua natureza estrutural e as suas manifestações contemporâneas; e valorizar os povos e culturas africanas e indígenas.

---

[655] STF, ADPF 132, Plenário, rel. min. Ayres Britto, j. 5/5/2011, *DJe* 14/10/2011.

[656] O STF declarou a inconstitucionalidade de normas do Ministério da Saúde e da Agência Nacional de Vigilância Sanitária que proibiam a doação de sangue por homens que tiveram relações sexuais com outros homens (STF, Plenário, ADI 5.543, rel. min. Edson Fachin, j. 11/5/2020, *DJe* 26/8/2020.). No entanto, na prática, ainda existem negativas com base na pressuposição de que há maior risco de infecção por doença sexualmente transmissível.

Essa análise retrospectiva mostra-se fundamental para compreender que o racismo é um elemento integrante da organização econômica e política da sociedade. Isso, aliás, o torna um problema estrutural: ele decorre da estrutura social e das suas relações políticas, econômicas, jurídicas e familiares.[657] Daí por que, segundo Silvio Almeida, o racismo estrutural desdobra-se em *processo político* e processo histórico. O primeiro decorre do fato de que o racismo, enquanto processo sistêmico de discriminação, depende de poder político. Este se concretiza por meio de uma dimensão institucional, calcada na atuação do Estado para criar os meios regulatórios para incorporação do racismo às práticas cotidianas; e por meio de uma dimensão ideológica, caracterizada pela produção de uma narrativa que acentue a unidade social, apesar do racismo. Quanto ao segundo, enquanto *processo histórico*, o racismo é enxergado como produto da formação social, sobretudo com o peso político dado às classificações raciais. Estas foram determinantes na definição de hierarquias sociais, na legitimidade na condução do poder estatal e nas estratégias econômicas de desenvolvimento.

Assim, o fato de ser fruto de processos políticos e históricos permite constatar que eventuais comportamentos individuais e processos institucionais racistas são mera consequência de um contexto que lhes é anterior. Nesse sentido, o racismo não é um problema ético ou psicológico atribuído a indivíduos ou a grupos isolados, que, por isso, devem ser sancionados.[658] Essa concepção individualista rejeita a natureza política do racismo e o restringe a aspectos comportamentais, tal como se apenas existissem indivíduos racistas, e não sociedades e instituições. Tampouco o racismo pode ser compreendido como resultado do funcionamento das instituições, cuja dinâmica de atuação confere privilégios e desvantagens com base na raça.[659] Em que pese seja mais sofisticada do que a concepção individualista, a concepção institucional também é limitada, porque ignora que as instituições, de um lado, resultam das lutas pelo poder, servindo para manter a hegemonia do grupo racial dominante; e, de outro, absorvem os conflitos existentes na sociedade, sendo atravessadas por antagonismos

---

[657] ALMEIDA, Silvio Luiz de. *Racismo estrutural*. São Paulo: Sueli Carneiro; Editora Jandaíra, 2020. p. 46-58.

[658] ALMEIDA, Silvio Luiz de. *Racismo estrutural*. São Paulo: Sueli Carneiro; Editora Jandaíra, 2020. p. 36-37.

[659] ALMEIDA, Silvio Luiz de. *Racismo estrutural*. São Paulo: Sueli Carneiro; Editora Jandaíra, 2020. p. 37-46.

que disputam o seu controle. Por isso, a análise dos processos políticos e históricos que levaram ao racismo é fundamental para compreender a sua natureza estrutural.

Com esse objetivo, foi editada a Lei nº 10.639/2003, que estabeleceu a obrigatoriedade do ensino de história e cultura africanas e afro-brasileiras no currículo escolar. Ela trouxe alguns avanços, pois alçou o ensino das relações étnico-raciais a um plano institucional; estimulou o progressivo abandono do mito da democracia racial; e incentivou a reformulação dos materiais didáticos. Não obstante, a realidade revela que o diploma ainda encontra obstáculos para alcançar sua plena efetividade e permanece sendo cumprido por meio de meras ações pontuais, como a comemoração anual do dia da consciência negra.[660] Esse cenário decorre de múltiplos fatores: faltam investimentos na formação de professores, há pouca disseminação de orientações concretas sobre como implementar a norma, inexistem indicadores oficiais que possibilitam o seu monitoramento e ainda há profissionais da educação pouco comprometidos em efetivá-la, enquanto produto do próprio racismo estrutural. Para além disso, é inegável que o cumprimento da lei tornou-se mais difícil em um cenário de crise da democracia, *backlash* cultural e ascensão de governantes desinteressados em valorizar grupos subalternizados. A sua edição é, portanto, um importante ponto de partida, mas é preciso avançar ainda mais para que a norma alcance seu pleno potencial.

Nesse sentido, tal como em relação aos processos históricos que culminaram na desigualdade de classe e gênero, há que se combinar exemplos práticos atuais para demonstrar como a opressão racial impacta na vida contemporânea. É o caso de intolerância contra religiões de matizes africanas, do uso do humor para expressar desprezo por minorias raciais e de xingamentos contra jogadores negros no futebol. Nos últimos tempos, a propósito, casos de discriminações interpessoais

---

[660] Nos termos de auditoria realizada pelo Tribunal de Contas do Estado do Rio Grande do Sul: "Questionados sobre a forma de tratamento da matéria nos projetos políticos pedagógicos e nos planos de ensino, grande parte dos Municípios mencionaram que o tema foi abordado de forma pontual ao longo do ano letivo da rede municipal de ensino, tendo sido elencados como prática de inserção do assunto nas disciplinas o "dia da consciência negra", o "mês do índio", entre outros. Dessa forma, observa-se que, não obstante o alto índice de declarações no sentido de obediência ao disposto no artigo 26-A da LDB, deve-se questionar se a forma de abordagem da história e da cultura africana, afro-brasileira e indígena efetivamente atende ao espírito da norma." (TCE-RS, *Cumprimento do art. 26-A da LDB nas escolas municipais do RS*: obrigatoriedade do ensino da história e cultura afro-brasileira e indígena. Disponível em: https://cloud.tce.rs.gov.br/s/YHTrnmRmcYb72Bk. Acesso em: 29 dez. 2022. p. 39.)

contra pessoas negras têm vindo à tona no debate público com maior facilidade, em razão da digitalização da vida. Vê-se que atualmente grande parte dessas manifestações ocorrem nas próprias redes sociais ou são, ao menos, noticiadas por elas, mediante depoimentos ou mensagens virais. Mesmo quando acontece fora das redes, é comum que a manifestação racista seja prontamente gravada por câmeras de celular ou segurança, o que facilita a disseminação. Com efeito, quando tais casos vierem à tona no debate público, cabe abordá-los em sala de aula por meio de ensinamentos sobre racismo e problematizações acerca do seu impacto na comunidade.

É relevante, ainda, que sejam trazidos exemplos menos óbvios de opressões à população negra. Afinal, o fato de ser um fenômeno estrutural faz com que o racismo não se resuma a comportamentos individuais e intencionais de pessoas brancas contra pessoas negras. Na maioria das vezes, ele transcende o âmbito da ação individual e decorre das tradições sociais, o que o torna dissimulado, sutil e de difícil identificação. Daí por que é relevante que sejam problematizados exemplos sobre a naturalização da ausência de pessoas negras em espaços de poder e em profissões intelectualizadas, mas a sua ampla maioria em trabalhos insalubres, presídios e calçadas; e sobre a normalização de que pessoas tenham suas casas invadidas nas favelas, vivam sob a mira de um fuzil e convivam com o desaparecimento de amigos. Há casos notórios, ainda, de violência praticada contra homens negros, como o enforcamento de George Floyd na rua em Minneapolis e o espancamento de Alberto Silveira Freitas em um supermercado em Porto Alegre, que levaram às suas mortes. Tais opressões têm um impacto diferenciado sobre mulheres negras: elas são as maiores vítimas de feminicídio, violência obstétrica e aborto inseguro; sujeitam-se à redução de oportunidades profissionais, invisibilização de suas ideias e precarização do trabalho doméstico; convivem com a ditadura da beleza eurocêntrica e julgamentos sobre seus corpos, cabelos e vestimentas. A análise desses casos, então, é fundamental para que os alunos enxerguem a opressão em situações em que, muitas vezes, ela está invisibilizada, possibilitando a compreensão do caráter estrutural do racismo e a formação de pensamento crítico.[661]

---

[661] Isso foi reconhecido pelo Comitê dos Direitos da Criança da ONU quando se debruçou sobre os objetivos da educação: "11. O Comitê pretende igualmente sublinhar as relações que existem entre o número 1 do artigo 29.º e a luta contra o racismo, discriminação racial, xenofobia e outras atitudes e comportamentos intolerantes deste tipo. [O racismo e fenómenos relacionados florescem onde existem ignorância e receios infundados

Com efeito, uma análise dos processos históricos que levaram à desigualdade de classe, gênero e raça e os exemplos que evidenciam a sua persistência nos dias de hoje têm potencial para romper com a invisibilização das hierarquias existentes em nossa sociedade. Trata-se do ponto de partida para que os estudantes tenham uma compreensão do mundo atenta a essas opressões, possam evitá-las e contribuir para transformação.

Para além disso, a educação para democracia precisa promover a renovação dos currículos, recursos e práticas pedagógicas para se adequarem a uma sociedade multicultural. Eles precisam abarcar a perspectiva, história e cultura de grupos marginalizados e, ainda, combater estereótipos que perpetuam as desigualdades, a fim de evitar que as crianças formem suas subjetividades com base neles. É comum, por exemplo, que as obras não incluam pessoas negras em posições de liderança; ou que os professores tenham expectativas diferentes em relação ao resultado e ao comportamento de meninas e meninos.

Nesse ponto, a educação precisa se dedicar a combater a desigualdade de gênero desde cedo.[662] As crianças, afinal, já começam a

---

relacionados com diferenças raciais, étnicas, religiosas, culturais e linguísticas ou outras formas de diferença, exploração de preconceitos, ou o ensino ou disseminação de valores distorcidos. Um antídoto fiável e duradouro para todos estes fenómenos negativos é a disponibilização de educação que promova o entendimento e apreciação dos valores que estão reflectidos no nº 1 do artigo 29, incluindo o respeito pelas diferenças e a crítica a todos os tipos de discriminação e preconceito. À educação deve, por isso, ser atribuída uma prioridade muito elevada em todas as campanhas contra os males do racismo e fenómenos relacionados. A ênfase deve também ser colocada na importância de ensinar o modo como o racismo tem sido historicamente praticado e, em particular, o modo como se manifesta ou manifestou em comunidades específicas. Os comportamentos racistas não são algo em que se envolvem apenas "os outros". Ao ensinar os direitos humanos e das crianças e o princípio da não-discriminação, é pois importante concentrar a atenção sobre a comunidade da própria criança. Esses ensinamentos podem contribuir efectivamente para a prevenção e eliminação do racismo, discriminação racial, xenofobia e outras manifestações análogas de intolerância." (COMITÊ DOS DIREITOS DA CRIANÇA. *Comentário Geral nº 01:* os objetivos da educação. Vigésima-sexta sessão, 2001.). No mesmo sentido, tem-se resolução do Conselho de Direitos Humanos da ONU: "7. Também insta os Estados a introduzir e, conforme aplicável, a reforçar os componentes anti-discriminação e anti-racismo nos programas de direitos humanos nos currículos escolares, para desenvolver e melhorar o material educacional relevante, incluindo história e outros livros didáticos, e garantir que todos os professores são treinados de forma eficaz e devidamente motivados para moldar atitudes e padrões de comportamento com base nos princípios de não discriminação, respeito mútuo e tolerância." (CONSELHO DE DIREITOS HUMANOS. *Education as a tool to prevent racism, racial discrimination, xenophobia and related intolerance* (A/HRC/RES/22/34). Twenty-second session, 15 April 2013.) (tradução livre)

[662] ORGANIZAÇÃO DAS NAÇÕES UNIDAS PARA A EDUCAÇÃO, A CIÊNCIA E CULTURA (UNESCO). *Do acesso ao empoderamento:* Estratégia da Unesco para a igualdade de gênero na e por meio da educação para 2019-2025. Paris: Unesco, 2020.

perceber o conceito de gênero na faixa de 3 a 7 anos, passando a ser influenciadas pelos estereótipos existentes na sociedade.[663] Além disso, quando entram na adolescência, elas passam a sofrer pressões sociais para se encaixar no padrão binário e, caso não se encaixem, são alvo de *bullying* e discriminação.[664] Esse é um problema ainda maior na educação, porque tais vítimas encontram-se em fase de desenvolvimento e sofrem as pressões com maior intensidade, podendo vir a se reprimir ou se anular. Em qualquer um dos casos, em consequência, a sala de aula torna-se um espaço no qual são aflorados sentimentos ruins, que impactam negativamente o processo de aprendizagem e a relação entre aluno e escola. Por essa razão, o combate à desigualdade de gênero durante toda a educação básica revela-se crucial, a fim de que as crianças não internalizem estereótipos.

Esse processo pode ser iniciado desde a educação infantil. Nesse sentido, para combater a desigualdade de gênero contra a população LGBTQIA+, Mila Silva e Tânia Lima, educadoras no Ceará, propuseram uma prática pedagógica voltada para a pré-escola, com o objetivo de explorar a questão da diversidade sexual e desconstruir os papéis de gênero.[665] Para tanto, elas sugerem atividades lúdicas, de modo que os alunos apresentem as suas respectivas composições familiares e sejam realizadas brincadeiras. Em seguida, deve-se instalar uma roda de conversa com a participação das crianças para leitura de um livro que aborda diferentes tipos de famílias, como aquelas que têm só a mãe ou o pai, duas mães ou dois pais, pais biológicos ou adotivos. Ao final, a ideia é demonstrar que todas elas são dignas de igual valor e consideração.

Verifica-se, portanto, que a renovação do currículo, dos recursos e das práticas pedagógicas para contemplar a experiência dos grupos subalternizados e combater estereótipos é importante por diversas razões. Em primeiro lugar, ela ajuda a combater a discriminação, fazendo com que os alunos aprendam sobre outras identidades e desenvolvam empatia por elas. Em segundo lugar, a providência contribui

---

[663] RUBLE, Diane; TAYLOR, Lisa; CYPHERS, Lisa; GREULICH, Faith; LURYE, Leah; SHOUT, Patrick. The role of gender constancy in early gender development. *Child development*, v. 78, issue 4, p. 1121-1136, 2007.

[664] BIAN, L.; LESLIE, S. J.; CIMPIAN, A. Gender stereotypes about intellectual ability emerge early and influence children's interests. *Science*, v. 355, p. 389-391, 2017.

[665] SILVA, Mila Nayane; LIMA, Tânia Maria. *Desenhando a diversidade e igualdade na educação infantil*. Disponível em: https://generoeeducacao.org.br/mude-sua-escola-tipo/materiais-educativos/plano-de-aula/desenhando-a-diversidade-e-igualdade-na-educacao-infantil/. Acesso em: 29 dez. 2022.

para ampliar e diversificar o conteúdo que chega até os alunos, proporcionando-lhes um ensino baseado no pluralismo de ideias e de concepções pedagógicas, como prevê a Constituição (art. 206, III). Em terceiro lugar, o contato com diferentes identidades faz com que os estudantes, desde a infância, se enxerguem como pertencentes a uma sociedade heterogênea, tornando-lhes mais propensos a dialogar e debater com pessoas que pensam de forma distinta. Cria-se, pois, um ambiente em que eventuais discordâncias são encaradas como naturais, e não como aptas a gerar inimizade e polarização. Por fim, em quarto lugar, o fato de a educação considerar perspectivas de grupos subalternizados faz com que as pessoas integrantes desses grupos tenham suas identidades valorizadas no espaço escolar, conheçam a cultura de seu povo e sintam-se aptas a alterar o rumo da sua própria história. No final das contas, representatividade importa, inspira e empodera, desenvolvendo um componente subjetivo importante para elevação da autoestima dos oprimidos.

Essa representatividade pode, até mesmo, contribuir para aumentar o sentimento de pertencimento dos alunos em relação à escola, o seu engajamento durante as atividades e a obtenção de melhores resultados. Esse é um ponto que merece atenção, pois, segundo os dados do Pisa, esse sentimento de pertencimento à escola é baixo no Brasil (-0,19) e ainda menor nas escolas rurais (-0,42) e públicas (-0,24). Trata-se de uma média inferior à dos demais países da OCDE (0,0) e da América Latina (-0,09).[666] A consequência disso é que os alunos tendem a não se sentir aceitos nem apoiados pela escola, o que aumenta o risco de evasão escolar, infrequência, indisciplina e *bullying*. Tal cenário revela, ainda, impactos na aprendizagem: segundo a OCDE, o aumento de uma unidade no índice de pertencimento à escola foi associado a um aumento de onze pontos em leitura, mesmo após considerar o perfil socioeconômico dos alunos e das escolas.[667]

---

[666] ORGANIZAÇÃO PARA COOPERAÇÃO E O DESENVOLVIMENTO ECONÔMICO (OCDE). *A educação no Brasil:* uma perspectiva internacional. Tradução de Todos pela Educação. Disponível em: https://todospelaeducacao.org.br/wordpress/wp-content/uploads/2021/06/A-Educacao-no-Brasil_uma-perspectiva-internacional.pdf. Acesso em: 4 dez. 2022. p. 268.
[667] ORGANIZAÇÃO PARA COOPERAÇÃO E O DESENVOLVIMENTO ECONÔMICO (OCDE). *A educação no Brasil:* uma perspectiva internacional. Tradução de Todos pela Educação. Disponível em: https://todospelaeducacao.org.br/wordpress/wp-content/uploads/2021/06/A-Educacao-no-Brasil_uma-perspectiva-internacional.pdf. Acesso em: 4 dez. 2022. p. 268-269.

Ciente disso, a escola pública municipal Bernardo de Vasconcellos, situada na Penha no Rio de Janeiro, adotou uma série de estratégias para incrementar esse sentimento de pertencimento.[668] Tratava-se de uma das piores escolas do Município, o prédio situa-se em uma área conflagrada e era repleto de grades, trincos e portas de ferro. A aparência de uma prisão repercutia no comportamento dos estudantes, que se enxergavam em um espaço de opressão e adotavam uma postura de enfrentamento. A partir do projeto "Ser e Pertencer", buscou-se criar um ambiente educacional mais acolhedor e inclusivo, com objetivo de resgatar a memória do bairro e fazer com que os alunos se sentissem representados. Para tanto, houve a construção colaborativa de uma quadra de esportes, com a participação dos professores, alunos e moradores da região; as portas de ferro foram trocadas por madeira; e a escola se transformou em uma espécie de galeria de arte, com suas paredes pintadas de modo a representar a história e cultura do povo negro. Além das mudanças arquitetônicas, houve mudanças nas práticas pedagógicas: como forma de valorizar a cultura local, foram criadas paródias de *funks* para ensinar o conteúdo, um dicionário com gírias próprias da comunidade e um projeto para incentivar o turismo na própria região. A iniciativa, portanto, promoveu a valorização da comunidade local e fez com que os estudantes se sentissem representados em sua escola, aumentando o seu envolvimento e autoestima.

Esse sentimento de pertencimento deve ser instigado com ainda maior razão nas unidades socioeducativas, nas quais jovens cumprem medidas em decorrência da prática de atos infracionais. Verifica-se que a manutenção de alojamentos superlotados e em condições insalubres promove impactos nos projetos de vida dessa parcela da população, fazendo com que lhes sejam negadas oportunidades e a autoestima necessária para que se encarem como aptos a ter um futuro melhor. Assim, a fim de que haja uma socioeducação para democracia, é fundamental que tais unidades não reforcem a dominação de raça e classe existentes em nossa sociedade. Isso pressupõe que tais jovens tenham seus direitos básicos assegurados, enxerguem-se como protagonistas desse processo educativo e se engajem no cumprimento

---

[668] MULTIRIO. *Projeto fortalece sentimento de pertencimento dos alunos à E.M. Bernardo de Vasconcellos*. Disponível em: http://www.multirio.rj.gov.br/index.php/reportagens/13383-projeto-fortalece-sentimento-de-pertencimento-dos-alunos-%C3%A0-e-m-bernardo-de-vasconcellos. Acesso em: 25 dez. 2022; PREFEITURA DO RIO DE JANEIRO. *Futuro em construção na Vila Cruzeiro*. Disponível em: http://www.pcrj.rj.gov.br/web/sme/exibeconteudo?id=7317107. Acesso em: 25 dez. 2022.

das metas do seu Plano Individual de Atendimento (PIA).[669] No Rio de Janeiro, a propósito, a redução da superlotação a partir de 2019 proporcionou o aprimoramento da finalidade pedagógia da medida:[670] na Escola João Luiz Alves (EJLA), após anos sem atividades externas, os jovens foram levados à Bienal do Livro e ao Museu do Flamengo; passaram a ser chamados todos os dias para a escola, dando fim ao "sorteio" que até então ocorria; a realizar as refeições no refeitório; a ser atendidos pela equipe psicossocial; e a ter produtos de higiene, cama e colchão.[671] Nos termos do relatório, tais avanços proporcionaram ganhos não só em matéria de civilidade, mas também no desenvolvimento dos socioeducandos, possibilitando que se enxergassem como sujeitos de direitos e, por via reflexa, se tornassem mais propensos ao cumprimento de seus deveres. O fato de se perceberem como parte do processo educativo proporcionou o pertencimento fundamental para a socioeducação.

Para que a transformação social seja, de fato, possível, não basta inserir pontualmente materiais que contemplem as minorias nem adotar uma perspectiva contemplativa sobre as desigualdades; é preciso abraçar a mudança e alterar o estilo de ensinar, fazendo com que a pedagogia crítica perdure toda a prática educativa e o aprendizado se torne uma experiência de inclusão. Nesse ponto, é comum que a intenção de incluir perspectivas subalternizadas se materialize por meio da inserção de obras de autoria de mulheres, negros ou indígenas no final do semestre ou apenas quando do estudo da diversidade.[672] Trata-se, contudo, de uma modificação pró-forma

---

[669] O Plano Individual de Atendimento (PIA) é o documento elaborado pela equipe técnica dos programas de atendimento, com participação do jovem e de sua família, no qual deverão constar as atividades desenvolvidas com o socioeducando durante o cumprimento da sua medida, incluindo os resultados das avaliações, as metas e objetivos da medida, as atividades de integração social e capacitação profissional, as atividades de integração e apoio à família, as formas de participação da família, as medidas específicas de atenção à sua saúde, entre outras (arts. 52 e ss. da Lei nº 12.594/2012).

[670] No HC Coletivo 143.988, a Segunda Turma do STF determinou que as unidades de execução de medidas socioeducativas de internação não podem ultrapassar a capacidade projetada de vagas. Cf.: CUNHA, Beatriz; RODRIGUES, Angélica; AZAMBUJA, Rodrigo. Defensoria pública do estado do Rio de Janeiro: igualmente dignos da proteção estatal. In: INSTITUTO ALANA (org.). *Pela dignidade*: a história do habeas corpus coletivo pelo fim da superlotação no sistema socioeducativo. São Paulo, SP: Instituto Alana, 2022. p. 58-71.

[671] DEFENSORIA PÚBLICA DO ESTADO DO RIO DE JANEIRO. *Relatório temático de fiscalização da unidade de atendimento socioeducativo Escola João Luiz Alves*. Disponível em: https://sci.defensoria.rj.def.br/Restrito/uploads/arquivos/906f51a726b24a6597c5d9e222e3 9ccb.pdf. Acesso em: 25 dez. 2022.

[672] HOOKS, bell. *Ensinando a transgredir*: a educação como prática da liberdade. Tradução de Marcelo Brandão Cipolla. 2. ed. São Paulo: WMF Martins Fontes, 2017. p. 51.

no currículo, que não é capaz de produzir a almejada transformação multicultural. Não basta, tampouco, que os processos históricos sejam ensinados, que as assimetrias sejam abordadas em sala de aula e que os alunos as conheçam. Em verdade, a fim de que a educação para democracia cumpra o seu propósito, é indispensável incluir os pontos de vista das minorias ao longo de todo o currículo escolar e abordar o conteúdo mediante constante questionamento das parcialidades da epistemologia tradicional.[673] É isso que proporcionará densidade ao processo educativo, a maximização da aprendizagem e a formação do pensamento crítico necessário para que os estudantes percebam as opressões com autonomia, para além das paredes da escola e por toda a vida.

Ademais, além de inserir as múltiplas identidades no currículo, uma educação comprometida com a redução das desigualdades deve adotar uma pedagogia engajada, que tenha por pretensão conduzir os alunos à prática transformativa. Assim, para além de mudar mentalidades, as políticas educacionais deverão assumir uma feição positiva no sentido de instigá-los a combater as opressões no seu cotidiano. Isso demanda que os educandos reconheçam a condição de humanidade das minorias e tenham empatia; combatam estereótipos, intolerâncias e discriminações; e se dediquem a ampliar as oportunidades para as minorias. Ao mesmo tempo, uma educação comprometida com a prática transformativa precisa habilitar e incentivar os oprimidos a participarem da vida pública, das tomadas de decisões e de espaços que não são habitualmente ocupados por eles. Nesse sentido, se, como se viu, a educação para democracia precisa estimular o engajamento cívico para todos, isso se faz ainda mais importante para os grupos subalternizados. Trata-se de proporcionar o resgate da autoestima perdida e de atenuar a sua baixa representatividade em espaços de poder. Os mais pobres, portanto, precisam aprender sobre seus direitos e como podem se mobilizar para reivindicá-los; as mulheres precisam confiar que podem se enveredar em espaços que são habitualmente ocupados por homens, como a política, ciências e tecnologia; e os negros devem acreditar que têm competência para exercer profissões intelectualizadas e ocupar cargos de chefia. Com isso, a ideia é ampliar o catálogo de opções para que definam seus projetos de vida, maximizando a sua autonomia e evitando que se autossabotem. Logo,

---

[673] HOOKS, bell. *Ensinando a transgredir:* a educação como prática da liberdade. Tradução de Marcelo Brandão Cipolla. 2. ed. São Paulo: WMF Martins Fontes, 2017. p. 55.

para além do conhecimento, a educação também pode servir como um catalisador para o empoderamento e libertação.

Uma das formas de implementar esse projeto é analisar boas práticas e multiplicá-las pelo Brasil. Entre elas, tem-se a experiência da Escola Comunitária Luiza Mahin em Salvador (BA), que foi reconhecida como uma das Escolas Transformadoras pela iniciativa global da ONG Ashoka, correalizada no Brasil pelo Instituto Alana.[674] Na unidade, os alunos são predominantemente negros e são incentivados a construir a sua própria árvore genealógica, a fim de reconhecer e valorizar a sua identidade. Ao mesmo tempo, há preocupação em incluir no currículo a cultura do território local, trabalhar com livros infantis que trazem protagonistas negros e referenciar personalidades de mulheres negras, como Luiza Mahin, Aqualtune, Dandara, Anastácia, Clementina de Jesus, Carolina Maria de Jesus e Conceição Evaristo. Tais práticas têm proporcionado resultados importantes na valorização da identidade, na melhora da autoestima e no sentimento de pertencimento dos estudantes, fortalecendo-os para enfrentar o racismo.

Outra prática interessante foi implementada em uma escola estadual localizada em uma comunidade urbana quilombola no sertão paraibano. A unidade Arlindo Bento de Morais, situada em Santa Luzia (PB), ganhou o prêmio "Educar para a Igualdade Racial e de Gênero", na categoria Quilombola, atribuído pelo Centro de Estudos das Relações de Trabalho e Desigualdades (CEERT).[675] Com o objetivo de implementar uma educação para relações étnico-raciais, a pedagogia da escola passou a contar com abordagem interdisciplinar destinada a valorizar a cultura, o conhecimento e o saber dos quilombolas e, ainda, de outras etnias, como indígena e cigana. A trajetória desses povos foi, então, incorporada ao currículo e às práticas pedagógicas, tendo sido realizadas palestras, aulas de campo no quilombo, atividades envolvendo música, dança, teatro, caminhadas pelo território, aulas de culinária africana, formação de um grupo de capoeira e conversas com representantes de diferentes religiões. Além disso, os profissionais

---

[674] INSTITUTO ALANA. *Recriar a escola sob a perspectiva das relações étnico-raciais*. São Paulo: Instituto Alana, 2022. Disponível em: https://alana.org.br/wp-content/uploads/2022/03/RecriarAEscola.pdf?utm_source=news&utm_medium=social&utm_campaign=ia-educacao. Acesso em: 26 dez. 2022. p. 20-27.

[675] INSTITUTO ALANA. *Recriar a escola sob a perspectiva das relações étnico-raciais*. São Paulo: Instituto Alana, 2022. Disponível em: https://alana.org.br/wp-content/uploads/2022/03/RecriarAEscola.pdf?utm_source=news&utm_medium=social&utm_campaign=ia-educacao. Acesso em: 26 dez. 2022. p. 47-59.

buscaram valorizar e incentivar o reconhecimento de identidade pelos próprios adolescentes, enquanto forma de resgatar a autoestima. Esse trabalho gerou resultados e provocou um aumento do número de autodeclarações de pessoas negras: até então, eram poucos os responsáveis que se declaravam como tal e hoje esse número chega a 72%.

Para além dos currículos, recursos e práticas pedagógicas, a representatividade também deve ser buscada na formação do corpo discente e docente. Em primeiro lugar, a escola é um dos primeiros espaços de socialização da criança e, por isso, influencia a sua percepção de mundo. Daí por que, se a pluralidade é importante em todos os espaços, ela se faz ainda mais relevante nas unidades de ensino. É preciso que a sociedade complexa e heterogênea que existe do lado de fora seja minimamente reproduzida entre as paredes da escola, a fim de que os alunos, desde a infância, já se familiarizem, internalizem e aprendam a lidar com as diferenças. Em segundo lugar, a pluralidade possibilita que os estudantes e professores tenham contato com diferentes pontos de vista e experiências, maximizando a aprendizagem. A propósito, o relato pessoal de bell hooks exemplifica bem esse ponto: apesar do avanço civilizatório alcançado após o fim da segregação racial nas escolas norte-americanas, um dos pontos negativos vivenciados pela autora foi o esvaziamento da pretensão da transformação de corações e mentes por intermédio da educação.[676] O fato de os professores serem todos brancos fez com que o conhecimento se resumisse à pura informação, as lições reforçassem estereótipos racistas e a pedagogia fosse mais um instrumento de reforço à dominação.

Nada obstante, a adoção de uma pedagogia multicultural deve ocorrer mesmo quando ausentes pessoas integrantes dos grupos marginalizados. Em verdade, a transformação dessas salas de aula se faz ainda mais importante para instaurar uma sociedade mais sensível à diversidade. É comum, todavia, que as escolas que têm um único professor negro pretendam impor a ele a responsabilidade de promover uma educação antirracista; ou que alunos integrantes de grupos subalternizados sejam encarados como informantes sobre diversidade.[677] Trata-se, contudo, de uma imposição de responsabilidade injusta sobre os ombros dessas pessoas e de uma forma de pessoas privilegiadas se

---

[676] HOOKS, bell. *Ensinando a transgredir:* a educação como prática da liberdade. Tradução de Marcelo Brandão Cipolla. 2. ed. São Paulo: WMF Martins Fontes, 2017. p. 11-12.

[677] HOOKS, bell. *Ensinando a transgredir:* a educação como prática da liberdade. Tradução de Marcelo Brandão Cipolla. 2. ed. São Paulo: WMF Martins Fontes, 2017. p. 62.

descompromissarem com uma educação inclusiva. Para que a educação para democracia seja efetiva, é preciso que a desigualdade seja encarada como um problema de todos, e não somente dos grupos marginalizados. Assim, a educação libertadora também precisa ser apropriada por aqueles que se situam nos espectros mais privilegiados.

Verifica-se, portanto, que a luta por igualdade deve ser o principal compromisso da educação para democracia no Brasil. Uma educação que busque fortalecer o regime democrático precisa enfrentar desigualdades e buscar uma sociedade mais inclusiva, em que não haja pobreza nem preconceitos. Desse modo, é possível caminhar rumo ao rompimento desse longo processo de dominação, frear práticas sociais de exclusão e contribuir para empoderamento dos oprimidos. Para dar conta desse projeto, há que se adotar uma pedagogia crítica que alcance toda a prática educativa e currículo escolar, proporcionando uma revolução de valores e a formação de visão crítica de mundo. As hierarquias, então, passarão a ser enxergadas nos casos mais nebulosos e combatidas por meio da prática transformativa. O aprendizado, assim, tornar-se-á uma experiência de inclusão e libertação.

CONCLUSÃO

1. Após tempos de luta em busca da efetividade das normas da Constituição de 1988, os últimos anos foram marcados pela ascensão de discursos e práticas que escancaram o déficit de cultura democrática no país. Houve a proliferação de ataques cotidianos a instituições essenciais, notícias falsas para retirar a confiabilidade do sistema eleitoral e discursos que representam a ditadura militar como um tempo de prosperidade. A erosão da democracia também se revela no dia a dia, nas conversas despretensiosas, nas mesas de bar, entre familiares e amigos. A polarização faz com que não mais existam acordos para discordar, dificultando consensos; o ressentimento alimenta o desprezo pelas diferenças, acentuando as hierarquias. Nesse cenário, as violações ao texto constitucional ocorrem no cotidiano e são naturalizadas pela população. Enfraquece-se, então, elementos imateriais indispensáveis para a estabilidade da democracia: o compartilhamento de premissas sobre o mundo e a formação de uma identidade coletiva calcada nos valores constitucionais.

2. A democracia e o constitucionalismo estão passando por uma crise de âmbito global, decorrente de um processo de erosão dos direitos fundamentais e dos mecanismos institucionais de contenção do poder. As pessoas ainda votam, instituições democráticas permanecem vigentes, mas pouco a pouco são adotadas medidas que, embora isoladamente lícitas, dão origem a um conjunto final marcado pelo autoritarismo. Nesse contexto, a ausência de uma cultura constitucional tem papel determinante para permitir a deflagração dessas crises e, ainda, dificultar que se saia delas. A peculiaridade atual é que os demagogos têm chegado ao poder pelo voto de um povo insatisfeito, que se seduz com uma retórica antissistema e autoritária. Em seguida,

mesmo quando já instalada a crise, a adesão popular aos valores da Constituição é fundamental para que não haja a virada de chave para a ditadura.

3. Em regra, quando se analisa a relação entre educação e democracia, fala-se sobre como a primeira é indispensável para proporcionar aos educandos as capacidades necessárias para que participem, como livres e iguais, das deliberações da sua comunidade. De fato, abstratamente, a educação possibilita aos cidadãos que suas escolhas sejam mais conscientes, formem pensamento crítico, alcancem o mínimo existencial e conquistem o reconhecimento social necessário para que suas vozes sejam ouvidas. Isso é, evidentemente, essencial para resguardo do regime democrático. Mas, para alcançar todo o seu potencial, as políticas educacionais também devem se voltar a formar gerações comprometidas com a democracia e seus valores, como liberdade, igualdade e justiça. É o que se denominou de educação para democracia. Por meio dela, pretende-se que os cidadãos compartilhem um conjunto de premissas sobre o mundo e o Estado de Direito que sejam compatíveis com a Constituição. Diferentemente da perspectiva anterior, a preocupação não se restringe ao plano procedimental, mas busca incidir sobre o próprio conteúdo do discurso, de modo que a democracia alcance a substância das deliberações.

4. Há razões políticas que justificam a implementação da educação para democracia. Elas decorrem da instabilidade dos regimes democráticos, que são abalados periodicamente por reversões autoritárias ou retrocessos constitucionais. Aquelas dão ensejo a um rápido colapso da democracia, por meio de golpes militares ou uso indevido de poderes de emergência; ao passo que estas ocorrem de forma gradual, por intermédio de um conjunto de medidas legais e institucionais que abalam a competição eleitoral, os direitos liberais e a estabilidade do Estado de Direito. Mais recentemente, o retrocesso constitucional tem ocorrido em muitos países do mundo, inclusive no Brasil. Neles, governantes populistas autoritários tomam o poder pela porta da frente, eleitos pelo voto de um povo que não mais se identifica com a representação política tradicional e que se seduz com uma retórica antissistema, contra "tudo isso que está aí". Diante de constantes ameaças à democracia, é preciso refletir sobre ferramentas capazes de contê-las.

5. Há uma crença no sentido de que as instituições são o baluarte do regime democrático: caberia a elas atuarem como *veto players* em relação a quaisquer insurgências autoritárias. Embora sejam fundamentais

para frear crise, é utópica a confiança de que as instituições sozinhas podem impedir o triunfo do autoritarismo. Trata-se, afinal, de fenômeno cujas causas envolvem crises econômicas, a superveniência das novas tecnologias, mudanças nas relações de trabalho, descontentamentos com a representação política tradicional, ressentimentos com conquistas alcançadas no plano do reconhecimento, entre outras. Além disso, as instituições sofrem, a todo momento, influxos advindos da sociedade e são responsivas às demandas populares. Ademais, quanto mais tempo o governante autoritário perdura no poder, incrementa-se o risco de falência dos arranjos institucionais, em decorrência do forte estresse, do elevado número de ataques e do risco de aparelhamento. Essas são as razões institucionais que justificam a educação para democracia: a estabilidade política de um país depende não só das instituições, mas também da mobilização popular em favor das convenções e normas que viabilizam a vida democrática.

6. No plano cultural, para que as Constituições gozem de legitimidade, não basta que sejam fruto de ampla deliberação democrática, tenham sofisticados arranjos institucionais, tampouco contem com um vasto catálogo de direitos; é preciso que a sociedade conheça suas normas e confie no projeto por elas implementado. A cultura constitucional é o que proporciona adesão genuína à Constituição, respeito as suas normas no cotidiano e a solidez do sistema. Todavia, ainda há um déficit desse sentimento no povo brasileiro. Nos últimos tempos, houve aumento no número de invasões a terras indígenas, execuções extrajudiciais cometidas pela polícia e ataques a grupos não hegemônicos, como mulheres, negros e pessoas LGBTQIA+. Constata-se, então, que, após anos de luta em busca da efetividade das normas da Carta de 1988, ainda há setores que não aceitam os valores plurais e democráticos da Constituição. Para esse cenário seja alterado e se instale uma unidade em torno dos valores constitucionais, não há lócus melhor do que a educação.

7. Para além das razões políticas, institucionais e culturais, as teorias filosóficas de John Dewey e Paulo Freire reconhecem o potencial da educação para promover transformação social, fortalecer o regime democrático e superar desigualdades. A propósito, Dewey defende expressamente a educação para democracia e ainda adota como premissa a ideia que a organização social não é estática, mas se mantém em constante renovação e pode ter seu curso alterado por meio da educação. As políticas educacionais, assim, devem ser planejadas, executadas e monitoradas de acordo com o futuro que se

pretende alcançar. Se esse futuro inclui uma democracia fortalecida, esse projeto demanda a remodelação da educação para que os valores democráticos sejam transmitidos para as futuras gerações, engajando-as nessa causa. De forma similar, Freire também reconhece o papel da educação para fazer com que os educandos não enxerguem o destino de forma fatalista, mas se encarem como parte do processo de sua construção. O autor também defende a implementação de uma pedagogia dialógica, que proporcione o desenvolvimento de pensamento crítico, o desvelamento da realidade e a superação dos fatores de opressão. Isso é capaz de permitir que os educandos façam suas próprias reflexões, não se encantem com discursos proferidos por demagogos, lutem pela democracia e se engajem na redução das desigualdades. Logo, as contribuições da filosofia também reforçam o potencial das políticas educacionais para fortalecimento da democracia.

8. O ordenamento jurídico-constitucional brasileiro não só admite como exige a implementação da educação para democracia. A Constituição de 1988 prevê que a educação é direito social, que deve ser assegurado a todos, e um dever do Estado e da família, visando ao pleno desenvolvimento da pessoa, seu preparo para o exercício da cidadania e sua qualificação para o trabalho (art. 205). Com efeito, o modelo adotado pela Carta de 1988 é mais abrangente do que a mera instrução, calcada na leitura, escrita e matemática; ultrapassa o ensino de competências básicas para o trabalho; e vai muito além da simples memorização do conteúdo. Em verdade, as salas de aula devem se preocupar com o desenvolvimento das pessoas, permitindo que alcancem autonomia nos mais diferentes aspectos da sua personalidade; com a formação de cidadãos aptos a exercer seus direitos, cumprir seus deveres e participar das suas comunidades; e com o preparo para o trabalho, tornando-os habilitados técnica e pessoalmente. As escolas não são fins em si mesmos e devem ser um meio para fortalecer a democracia.

9. A ideia de que a educação pode servir para formar gerações comprometidas com democracia, liberdade, igualdade e justiça não é nova no Brasil, mas já foi implementada pela política pública de educação em direitos humanos. A sua trajetória sempre esteve atrelada ao movimento pendular da democracia brasileira, oscilando entre avanços e retrocessos. As primeiras iniciativas surgiram durante a ditadura militar, enquanto instrumento de resistência e denúncia contra a opressão praticada pelo regime. Com a redemocratização, a educação em direitos humanos foi institucionalizada, adentrando

na educação formal, como forma de evitar que aquelas violações de direitos se repetissem. A sua implementação como efetiva política pública, contudo, só começou a ocorrer a partir dos anos 2000. Nesse cenário, o fluxo político era favorável para inserir a educação em direitos humanos na agenda política nacional e, por consequência, disseminá-la pelas redes estaduais e municipais. Ainda assim, houve disparidades na implementação da política Brasil afora: há Estados e Municípios que aderiram e se engajaram no projeto, mas há também aqueles que se limitaram a editar planos que não saíram do papel. Mais recentemente, seguindo o movimento pendular da história, a política sofreu retrocessos em âmbito nacional, em razão da crise da democracia, acompanhada pelo fortalecimento do conservadorismo e de uma agenda contrária aos direitos humanos.

10. A trajetória da educação em direitos humanos precisa ser considerada para implementação da educação para democracia, de modo a replicar os seus sucessos e evitar os seus fracassos. Partindo dessa premissa, foram formuladas propostas institucionais para que a educação para democracia seja incentivada, efetivada e monitorada no Brasil. De início, com objetivo de que os entes federativos lhe confiram importância e permanência, sugeriu-se a reinserção do tema na agenda nacional e a previsão da política pública em lei. Ademais, considerando que a educação em direitos humanos começou a ser institucionalizada há cerca de vinte anos, há que se fazer a sua atualização, a fim de incorporar as transformações dos últimos tempos. É preciso, ainda, criar órgãos de coordenação em todas as esferas federativas, de modo que sejam incumbidos do planejamento, articulação e engajamento necessários para execução da política. Tais órgãos deverão oportunizar a constante participação da sociedade civil, inclusive de crianças e adolescentes, de modo a aprimorar e democratizar a educação para democracia. Propôs-se, também, que sejam destinados recursos financeiros, didáticos e humanos para execução da política e que esta seja submetida a um constante monitoramento.

11. Para que a educação sirva ao propósito de fortalecer a democracia, é fundamental que sejam promovidas alterações no currículo escolar. Daí por que foram apresentadas propostas curriculares para subsidiar essa reforma, de modo que os alunos aprendam conteúdos e desenvolvam valores aptos a fortalecer um sentimento de apreço à democracia. Nesse sentido, por meio da combinação de transversalidade com disciplinaridade, revela-se necessária a inserção de competências democráticas no projeto político-pedagógico e a criação de uma

disciplina específica de direito constitucional no currículo escolar. Dessa forma, a prática pedagógica por inteiro deverá ser permeada de valores democráticos, como diálogo, tolerância, engajamento e respeito às diferenças; mas haverá uma disciplina destinada a ensinar conhecimentos indispensáveis para se compreender a ideia de democracia, como noções sobre o regime democrático, separação de poderes, atribuições das instituições, igualdade, discriminações, racismo. Ao final, o objetivo principal é que os alunos não só apreendam tais conteúdos, mas engajem-se na prática transformativa, de modo a combater o autoritarismo e a desigualdade no seu cotidiano.

REFERÊNCIAS

ABRAJANO, M.; HAJNAL, Z. L. *White backlash*: immigration, race, and American politics. Princeton, NJ: Princeton University Press, 2015.

ABRANCHES, Sérgio Henrique. *O presidencialismo de coalizão*: raízes e evolução do modelo político brasileiro. São Paulo: Companhia das Letras, 2018.

ABREU, João M.; KLINOVA, Katya. *Do Brazil need to prepare for the age of artificial intelligence?* Cambridge, MA: Harvard University, 2019.

AÇÃO EDUCATIVA, UNICEF (coord.). *Indicadores da qualidade no ensino médio*. São Paulo: Ação Educativa, 2018.

AÇÃO EDUCATIVA, UNICEF, PNUD, INEP, SEB/MEC (coord.). *Indicadores da qualidade na educação*. São Paulo: Ação Educativa, 2013.

ACKERMAN, Bruce. *Social justice in the liberal state*. New Heaven: Yale University Press, 1980. p. 10-12 e 255-357.

AGAMBEN, Giorgio. *Estado de exceção*. Tradução de Iraci Poleti. 2. ed. São Paulo: Boitempo, 2004, pos. 590/591 (edição eletrônica).

A EDUCAÇÃO sem bússola. *Revista Piauí*. Disponível em: https://piaui.folha.uol.com.br/educacao-sem-bussola/. Acesso em: 29 out. 2022.

ALEMANHA. Tribunal Constitucional alemão. BVerfGE 93, 1 (1995).

ALEMANHA. Tribunal Constitucional alemão. BVerfGE 125, 175 (2009).

ALEMANHA. Tribunal Constitucional alemão. Caso *Numerus Clausus I*, BverfGE 33, 303 (1972).

ALEXY, Robert. *Teoria dos direitos fundamentais*. Tradução de Virgílio Afonso da Silva. São Paulo: Malheiros, 2008.

ALMEIDA, Fábio. *Liberalismo político, constitucionalismo e democracia*: a questão do ensino religioso nas escolas públicas. Belo Horizonte, MG: Argvmentvm, 2008.

ALMEIDA, Silvio Luiz de. *Racismo estrutural*. São Paulo: Sueli Carneiro; Pólen, 2019.

ALUNOS de escola pré-militar entoam cantos fascistas que exaltam violência. *Mídia Ninja*. Disponível em: https://midianinja.org/news/video-alunos-de-escola-pre-militar-entoam-cantos-fascistas-que-exaltam-violencia/. Acesso em: 21 nov. 2022.

ALUNOS fogem em meio ataque a escola na Bahia. *Estado de Minas*. Disponível em: https://www.em.com.br/app/noticia/nacional/2022/09/26/interna_nacional,1398215/video-alunos-fogem-em-meio-ataque-a-escola-na-bahia.shtml. Acesso em: 21 nov. 2022.

ALVES, Cléber Francisco. Defensoria Pública e educação em direitos humanos. *In*: SOUSA, José Augusto Garcia de. *Uma nova Defensoria Pública pede passagem*. Rio de Janeiro: Lumen Juris, 2011.

ARAUJO JUNIOR, Julio José. *Direitos territoriais indígenas:* uma interpretação intercultural. Rio de Janeiro: Processo, 2018.

ASSOCIAÇÃO CIDADE ESCOLA APRENDIZ. *Centros de Educação em Direitos Humanos da Cidade de São Paulo*: territórios, educação e cidadania. São Paulo: Associação Cidade Escola Aprendiz, 2016. Disponível em: https://www.cidadeescolaaprendiz.org.br/wp-content/uploads/2016/04/CEDH-da-cidade-de-S%C3%A3o-Paulo.pdf. Acesso em: 16 nov. 2022.

ASSY, Bethânia; FERES JUNIOR, João. *Reconhecimento*. *In*: BARRETTO, Vicente de Paulo (coord.). *Dicionário de filosofia do direito*. São Leopoldo: Unisinos, 2006.

BALKIN, Jack. Constitutional crisis and constitutional rot. *Maryland Law Review*, v. 77, issue 1, p. 147-160, 2017.

BALKIN, Jack. *Constitutional redemption:* political faith in an unjust world. Cambridge, Massachusetts: Harvard University Press, 2011.

BAPTISTA, Patrícia; KELLER, Clara Iglesias. Por que, quando e como regular as novas tecnologias? Os desafios trazidos pelas inovações disruptivas. *Revista de direito administrativo*, v. 273, p. 123-163, set./dez. 2016.

BARAK, Aharon. *Human dignity:* the constitutional value and the constitutional right. Cambridge: Cambridge University Press, 2015.

BARBOZA, Estefânia; KOZICKI, Katya. Judicialização da política e controle judicial de políticas públicas. *Revista de Direito GV*, São Paulo, v. 8, n. 1, p. 59-86, jan./jun. 2012.

BARCELLOS, Ana Paula de. *A eficácia jurídica dos princípios constitucionais*: o princípio da dignidade da pessoa humana. 3. ed. revista e atualizada. Rio de Janeiro: Renovar, 2011.

BARCELLOS, Ana Paula de. *Curso de direito constitucional*. 2. ed. Rio de Janeiro: Forense, 2019.

BARCELLOS, Ana Paula. Direitos fundamentais, políticas públicas, informação e desigualdade. *In*: SILVA, Christine Oliveira Peter da; BARBOSA, Estefânia Maria de Queiroz; FACHIN, Melina Girard; NOVAK, Bruna (org.). *Constitucionalismo feminista*. 2. ed. Rio de Janeiro: Selo Feminismo Literário, 2021, v. 1, edição eletrônica.

BARCELLOS, Ana Paula de. Políticas públicas e o dever de monitoramento: "levando os direitos a sério". *Revista Brasileira de Políticas Públicas*, Brasília, v. 8, n. 2, p. 251-265, 2018.

BARREIRO, Guilherme; FURTADO, Renata. Inserindo a judicialização no ciclo de políticas públicas. *Revista de Administração Pública*, Rio de Janeiro, v. 49, n. 2, p. 293-314, mar./abr. 2015.

BARROSO, Luís Roberto. *A dignidade da pessoa humana no direito constitucional contemporâneo:* a construção de um conceito jurídico à luz da jurisprudência mundial. Belo Horizonte: Fórum, 2013.

BARROSO, Luís Roberto. A educação básica no Brasil: do atraso prolongado à conquista do futuro. *Direitos Fundamentais & Justiça*, Belo Horizonte, ano 13, n. 41, p. 117-155, jul./dez. 2019.

BARROSO, Luís Roberto. *A judicialização da vida e o papel do Supremo Tribunal Federal*. Belo Horizonte: Fórum, 2018.

BARROSO, Luís Roberto. Contramajoritário, representativo e iluminista: os papeis dos tribunais constitucionais nas democracias contemporâneas. *Revista Direito & Práxis*, v. 9, n. 4, p. 2171-2226, 2018.

BARROSO, Luís Roberto. *Curso de direito constitucional contemporâneo*: os conceitos fundamentais e a construção do novo modelo. São Paulo: Saraiva, 2009.

BARROSO, Luís Roberto. *O direito constitucional e a efetividade de suas normas*: limites e possibilidades da Constituição brasileira. 9. ed. atual. Rio de Janeiro: Renovar, 2009.

BARROSO, Luís Roberto; OSORIO, Aline. 'Sabe com quem está falando?': Notas sobre o princípio da igualdade no Brasil contemporâneo. *Revista Direito & Práxis*, v. 7, n. 13, p. 204-232, 2016.

BARROSO, Luís Roberto. Revolução tecnológica, crise da democracia e mudança climática: limites do direito num mundo em transformação. *Revista Estudos Institucionais*, v. 5, n. 3, p. 1262-1313, set./dez. 2019.

BARROSO, Luna van Brussel. *Liberdade de expressão e democracia na era digital*: o impacto das mídias sociais no mundo contemporâneo. Belo Horizonte: Fórum, 2022.

BEAUMONT, Elizabeth. Education and the Constitution: defining the contours of governance, rights and citizenship. *In*: TUSHNET, Mark; GRABER, Mark A.; LEVINSON, Sanford. *The Oxford handbook of the U.S. Constitution*. Oxford: Oxford University Press, 2015.

BEAUVOIR, Simone. *O segundo sexo*. Rio de Janeiro: Nova Fronteira, 1980.

BENEVIDES, Maria Victória. Educação para a democracia. *Lua Nova: Revista de Cultura e Política*, n. 38, 1996.

BERCOVICI, Gilberto. Democracia, inclusão social e igualdade. *In*: CONGRESSO NACIONAL DO CONPEDI – Conselho Nacional de Pesquisa e Pós-graduação em Direito, 14., 2005. Fortaleza. Disponível em: http://www.publicadireito.com.br/conpedi/manaus/arquivos/anais/XIVCongresso/043.pdf. Acesso em: 28 jul. 2022.

BIAN, L.; LESLIE, S. J.; CIMPIAN, A. Gender stereotypes about intellectual ability emerge early and influence children's interests. *Science*, v. 355, p. 389-391, 2017.

BICKEL, Alexander. *The least dangerous branch:* the Supreme Court at the bar of politics. 2. ed. New Haven: Yale University Press,1986,

BINENBOJM, Gustavo. Novas tecnologias e mutações regulatórias nos transportes públicos municipais de passageiros: um estudo a partir do caso UBER. *Revista de direito da cidade*, v. 8, n. 4, p. 1690-1706, nov. 2016.

BINENBOJM, Gustavo. Pandemia, poder de polícia e estado democrático de direito. *Revista Eletrônica da Procuradoria Geral do Estado do Rio de Janeiro*, Rio de Janeiro, v. 3, n. 1, jan./abr. 2020.

BINENBOJM, Gustavo. *Poder de polícia, ordenação, regulação*: transformações político-jurídicas, econômicas e institucionais do direito administrativo ordenador. 3. ed. Belo Horizonte: Fórum, 2020.

BITTAR, Eduardo C. B. Educación en derechos humanos como política pública: la experiencia de la Coordinación de Educación en Derechos Humanos de la Secretaría Municipal de Derechos Humanos y Ciudadanía de la Ciudad de São Paulo. *In*: *Anuario de Derechos Humanos*, Facultad de Derecho, Universidad de Chile, Chile, n. 13, p. 97-109, 2017.

BITTAR, Eduardo C. B. *O Plano Nacional de Educação em Direitos Humanos no Brasil:* um cenário obscuro de implementação. Latin American Human Rights Studies, v. 1 (2021).

BOBBIO, Norberto. *O futuro da democracia:* uma defesa das regras do jogo. Tradução de Marco Aurélio Nogueira. Rio de Janeiro: Paz e Terra, 1986. Edição eletrônica.

BOLSONARO diz que MEC estuda 'descentralizar' investimento em cursos de filosofia e sociologia. *G1*. Disponível em: https://g1.globo.com/educacao/noticia/2019/04/26/bolsonaro-diz-que-mec-estuda-descentralizar-investimento-em-cursos-de-filosofia-e-sociologia.ghtml. Acesso em: 6 set. 2021.

BORRILLO, Daniel. O sexo e o direito: a lógica binária dos gêneros e a matriz heterossexual da lei. *Meritum*: Revista de Direito da Universidade FUMEC, Universidade FUMEC, 2010, v. 5, n. 2, p. 289-321, jul./dez., 2010.

BRANDÃO, Rodrigo. A judicialização da política: teorias, condições e o caso brasileiro. *Revista de Direito Administrativo*, Rio de Janeiro, v. 263, p. 175-220, maio/ago. 2013.

BRANDÃO, Rodrigo. *Coronavírus, 'estado de exceção sanitária' e restrições a direitos fundamentais.* Disponível em: https://www.jota.info/opiniao-e-analise/artigos/coronavirus-estado-excecao-sanitaria-direitos-fundamentais-04042020. Acesso em: 28 dez. 2020.

BRANDÃO, Rodrigo. *Supremacia judicial versus diálogos constitucionais:* a quem cabe a última palavra sobre o sentido da constituição? Rio de Janeiro: Lumen Juris, 2017.

BRASIL. Constituição (1988). *Constituição da República Federativa do Brasil.* Brasília, DF: Presidência da República.

BRASIL. Decreto nº 591, de 6 de julho de 1992. Atos Internacionais. Pacto Internacional sobre Direitos Econômicos, Sociais e Culturais. Promulgação. *Diário Oficial da União* de 7/7/1992.

BRASIL. Decreto nº 3.321, de 30 de dezembro de 1999. Promulga o Protocolo Adicional à Convenção Americana sobre Direitos Humanos em Matéria de Direitos Econômicos, Sociais e Culturais "Protocolo de São Salvador", concluído em 17 de novembro de 1988, em São Salvador, El Salvador. *Diário Oficial da União* de 31/12/1999.

BRASIL. Decreto nº 10.004, de 5 de setembro de 2019. Institui o Programa Nacional das Escolas Cívico-Militares. *Diário Oficial da União* de 6/9/2019.

BRASIL. Decreto nº 99.710, de 21 de novembro de 1990. Promulga a Convenção sobre os direitos da Criança. *Diário Oficial da União* de 22/11/1990.

BRASIL. Fundo Nacional de Desenvolvimento da Educação – FNDE. Conselho Deliberativo. *Resolução nº 15*, de 8 de abril de 2009.

BRASIL. Lei Complementar nº 80/1994, de 12 de janeiro de 1994. Organiza a Defensoria Pública da União, do Distrito Federal e dos Territórios e prescreve normas gerais para sua organização nos Estados, e dá outras providências. *Diário Oficial da União* de 13/1/1994.

BRASIL. Lei nº 8.069, de 13 de julho de 1990. Dispõe sobre o Estatuto da Criança e do Adolescente e dá outras providências. *Diário Oficial da União* de 16/7/1990.

BRASIL. Lei nº 9.394, de 20 de dezembro de 1996. Estabelece as diretrizes e bases da educação nacional. *Diário Oficial da União* de 23/12/1996.

BRASIL. Lei nº 12.594, de 18 de janeiro de 2012. Institui o Sistema Nacional de Atendimento Socioeducativo (Sinase), regulamenta a execução das medidas socioeducativas destinadas a adolescente que pratique ato infracional; e altera as Leis nºs 8.069, de 13 de julho de 1990

(Estatuto da Criança e do Adolescente); 7.560, de 19 de dezembro de 1986, 7.998, de 11 de janeiro de 1990, 5.537, de 21 de novembro de 1968, 8.315, de 23 de dezembro de 1991, 8.706, de 14 de setembro de 1993, os Decretos-Leis nºs 4.048, de 22 de janeiro de 1942, 8.621, de 10 de janeiro de 1946, e a Consolidação das Leis do Trabalho (CLT), aprovada pelo Decreto-Lei nº 5.452, de 1º de maio de 1943. *Diário Oficial da União* de 19/1/2012.

BRASIL. Lei nº 12.612, de 13 de abril de 2012. Declara o educador Paulo Freire Patrono da Educação Brasileira. *Diário Oficial da União* de 16/4/2012.

BRASIL. Lei nº 12.288, de 20 de julho de 2010. Institui o Estatuto da Igualdade Racial. *Diário Oficial da União* de 21/7/2010.

BRASIL. Lei nº 13.005, de 25 de junho de 2014. Aprova o Plano Nacional de Educação – PNE e dá outras providências. *Diário Oficial da União* de 26/6/2014.

BRASIL. Ministério da Educação. Conselho Nacional de Educação. Parecer CNE/CP nº 8, de 6 de março de 2012.

BRASIL. Ministério da Educação. Conselho Nacional de Educação. Resolução nº 1, de 30 de maio de 2012.

BRASIL. Ministério da Educação. *Programa Educação em Direitos Humanos* – apresentação. Disponível em: http://portal.mec.gov.br/programa-educacao-em-direitos-humanos. Acesso em: 27 nov. 2022.

BRASIL. Ministério dos Direitos Humanos. Comitê Nacional de Educação em Direitos Humanos. Plano Nacional de Educação em Direitos Humanos. Brasília, 2018. 3. reimpressão, simplificada.

BRASIL. Superior Tribunal de Justiça. REsp 1.183.378/RS, Quarta Turma, rel. min. Luis Felipe Salomão, j. 25/10/2011, *DJe* 01/02/2012.

BRASIL. Superior Tribunal de Justiça. REsp 1.185.474, Segunda Turma, rel. min. Humberto Martins, j. 20/4/2010, *DJe* 29/4/2010.

BRASIL. Superior Tribunal de Justiça. REsp 1.584.840/RJ, Quarta Turma, rel. min. Marco Buzzi, j. 23/8/2016, *DJe* 28/9/2016.

BRASIL. Superior Tribunal de Justiça. REsp 1.658.508/RJ, Terceira Turma, rel. min. Nancy Andrighi, j. 23/10/2018, *DJe* 26/10/2018.

BRASIL. Superior Tribunal de Justiça. REsp 1.695.025/DF, Segunda Turma, rel. min. Herman Benjamin, j. 7/12/2017, *DJe* 19/12/2017.

BRASIL. Superior Tribunal de Justiça. REsp 1.780.008/MG, Terceira Turma, rel. min. Nancy Andrighi, j. 2/6/2020, *DJe* 8/6/2020.

BRASIL. Supremo Tribunal Federal. ADI 3.757, Plenário, rel. min. Dias Toffoli, j. 17/10/2018, *DJe* 27/4/2020.

BRASIL. Supremo Tribunal Federal. ADI 4.277 e ADPF 132, Plenário, rel. min. Ayres Britto, j. 5/5/2011, *DJe* 14/10/2011.

BRASIL. Supremo Tribunal Federal. ADI 4.439/DF, Plenário, rel. min. Roberto Barroso, red. do acórdão min. Alexandre de Moraes, j. 27/9/2017.

BRASIL. Supremo Tribunal Federal. ADI 4.608, Plenário, rel. min. Gilmar Mendes, j. 13/5/2022, *DJe* 20/5/2022.

BRASIL. Supremo Tribunal Federal. ADI 5.215, Plenário, rel. min. Roberto Barroso, j. 28/3/2019, *DJe* 1º/8/2019.

BRASIL. Supremo Tribunal Federal. ADI 5.537, Plenário, rel. min. Roberto Barroso, j. 24/8/2020, *DJe* 17/9/2020.

BRASIL. Supremo Tribunal Federal. ADI 5.543, Plenário, rel. min. Edson Fachin, j. 11/5/2020, *DJe* 26/8/2020.

BRASIL. Supremo Tribunal Federal. ADI 6.121-MC, Plenário, rel. min. Marco Aurélio, j. 13/6/2019, *DJe* 28/11/2019.

BRASIL. Supremo Tribunal Federal. ADI 6.343, Plenário, rel. min. Marco Aurélio, red. do acórdão min. Alexandre de Moraes, j. 6/5/2020, *DJe* 17/11/2020.

BRASIL. Supremo Tribunal Federal. ADI 6.351-MC, Plenário, rel. min. Alexandre de Moraes, j. 30/4/2020, *DJe* 14/8/2020.

BRASIL. Supremo Tribunal Federal. ADI 6.387, 6.388, 6.389, 6.393, 6.390-MC, Plenário, rel. min. Rosa Weber, j. 7/5/2020, *DJe* 12/11/2020.

BRASIL. Supremo Tribunal Federal. ADI 6.421, 6.422, 6.424, 6.425, 6.427, 6.428 e 6.431-MC, Plenário, rel. min. Roberto Barroso, j. 21/5/2020, *DJe* 12/11/2020.

BRASIL. Supremo Tribunal Federal. ADI 6.586 e 6.587, rel. min. Ricardo Lewandowski, j. 17/12/2020, *DJe* 7/4/2021.

BRASIL. Supremo Tribunal Federal. ADI 6.590-MC, Plenário, rel. min. Dias Toffoli, j. 21/12/2020, *DJe* 12/2/2021.

BRASIL. Supremo Tribunal Federal. ADI 6.926, decisão monocrática, rel. min. Dias Toffoli, j. 19/12/2021, *DJe* 7/1/2022.

BRASIL. Supremo Tribunal Federal. ADPF 130, Plenário, rel. min. Carlos Britto, j. 30/4/2009, *DJe*-208.

BRASIL. Supremo Tribunal Federal. ADPF 186, Plenário, rel. min. Ricardo Lewandowski, j. 26/4/2012, *DJe* 20/10/2014.

BRASIL. Supremo Tribunal Federal. ADPF 457, Plenário, rel. min. Alexandre de Moraes, j. 24/4/2020, *DJe* 3/6/2020.

BRASIL. Supremo Tribunal Federal. ADPF 460, Plenário, rel. min. Luiz Fux, j. 29/6/2020, *DJe* 13/8/2020.

BRASIL. Supremo Tribunal Federal. ADPF 467, Plenário, rel. min. Gilmar Mendes, j. 29/5/2020, *DJe* 7/7/2020.

BRASIL. Supremo Tribunal Federal. ADPF 548, Plenário, rel. min. Cármen Lúcia, j. 15/5/2020, *DJe* 9/6/2020.

BRASIL. Supremo Tribunal Federal. ADPF 690-MC, Plenário, rel. min. Alexandre de Moraes, j. 23/11/2020, *DJe* 19/3/2021.

BRASIL. Supremo Tribunal Federal. ADPF 722, Plenário, rel. min. Cármen Lúcia, j. 16/5/2022, *DJe* 9/6/2022.

BRASIL. Supremo Tribunal Federal. ADPF 722-MC, Plenário, rel. min. Cármen Lúcia, j. 20/8/2020, *DJe* 22/10/2020.

BRASIL. Supremo Tribunal Federal. ADPF 756, Plenário, rel. min. Ricardo Lewandowski, j. 21/2/2022, DJe 24/3/2022.

BRASIL. Supremo Tribunal Federal. Plenário, ARE 1.267.879, rel. min. Roberto Barroso, j. 17/12/2020, DJe 8/4/2021.

BRASIL. Supremo Tribunal Federal. MS 37.097/DF, rel. min. Alexandre de Moraes, j. 29/4/2020, DJe 5/5/2020.

BRASIL. Supremo Tribunal Federal. RE 410.715, Segunda Turma, rel. min. Celso de Mello, j. 22/11/2005, DJe 3/2/2006.

BRASIL. Supremo Tribunal Federal. RE 639.337, Segunda Turma, rel. min. Celso de Mello. j. 23/8/2011, DJe 15/9/2011.

BRASIL. Supremo Tribunal Federal. RE 888.815, Plenário, rel. min. Roberto Barroso, red. do ac. min. Alexandre de Moraes, j. 12/9/2018, DJe 21/3/2019, Tema 822.

BRASIL. Supremo Tribunal Federal. RE 1.008.166, Plenário, rel. min. Luiz Fux, j. em 22/9/2022, DJe 20/4/2023, Tema 548.

BRASIL. Supremo Tribunal Federal. Súmula Vinculante 25. É ilícita a prisão civil de depositário infiel, qualquer que seja a modalidade de depósito. RE 466.343, Plenário, rel. min. Cezar Peluso, j. 3/12/2008, DJe 5/6/2009.

BRASIL. Tribunal de Contas da União. Acórdão 662/2020, Plenário, relatora Ana Arraes, Processo 016.242/2017-3, 25/03/2020, 9/2020.

BRASIL. Tribunal de Contas da União. Acórdão 3.688/2014, Segunda Câmara, rel. Marcos Bemquerer, Processo 031.085/2013-0, 22/7/2014, 25/2014.

BRASIL. Tribunal de Contas da União. Acórdão 3.871/2019, Segunda Câmara, rel. Marcos Bemquerer, Processo 010.222/2016-2, 11/06/2019, 19/2019.

BUCCI, Maria Paula Dallari; COUTINHO, Diogo R. Arranjos jurídico-institucionais da política de inovação tecnológica: uma análise baseada na abordagem de direito e políticas públicas. *In*: COUTINHO, Diogo R.; FOSS, Maria Carolina; MOUALLEM, Pedro Salomon B. (org.). *Inovação no Brasil:* avanços e desafios jurídicos e institucionais. São Paulo: Blucher, 2017. p. 313-340.

CAGGIANO, Monica Herman S. A Educação. Direito fundamental. *In:* RANIERI, Nina (coord.). RIGHETTI, Sabine (org.). *Direito à educação:* Aspectos constitucionais. São Paulo: Editora da Universidade de São Paulo, 2009. p. 19-38.

CANDAU, Vera; SACAVINO, Susana Beatriz. Educação em direitos humanos e formação de educadores. *Educação*, Porto Alegre, v. 36, n. 1, p. 59-66, jan./abr. 2013.

CARDOSO, Luciana Zaffalon Leme. *Participação social:* inovações democráticas no caso da Defensoria Pública Do Estado de São Paulo. Dissertação (Mestrado em Administração Pública) – FGV, São Paulo, 2010.

CARREIRA, Denise. *Indicadores da qualidade na educação*: relações raciais na escola. São Paulo: Ação Educativa, 2013.

CARVALHO, José Murilo de. *Cidadania no Brasil:* o longo caminho. 16. ed. Rio de Janeiro: Civilização Brasileira, 2013.

CENTRO DE ANÁLISE DA LIBERDADE E DO AUTORITARISMO (LAUT). *Violações à liberdade acadêmica no Brasil:* caminhos para uma metodologia. São Paulo, 2022. Disponível em: https://laut.org.br/wp-content/uploads/2022/09/Pensar-sem-medo_4_V6.pdf. Acesso em: 22 nov. 2022.

CERQUEIRA, Daniel; RANIERE, Mariana; GUEDES, Erivelton; COSTA, Joana; BATISTA, Filipe; NICOLATO, Patricia. *Indicadores multidimensionais de educação e homicídios nos territórios focalizados pelo Pacto Nacional pela Redução de Homicídios.* Brasília: Ipea, 2016. (Nota Técnica, n. 18). Disponível em: http://ipea.gov.br/portal/images/stories/PDFs/boletim_analise_politico/160908_bapi9_4_reflexao2.pdf. Acesso em: 3 maio 2022.

CITTADINO, Gisele. Patriotismo constitucional, cultura e história. *Direito, Estado e Sociedade,* n. 31, p. 58-68, jul./dez. 2007.

CLÈVE, Clèmerson Merlin. A teoria constitucional e o direito alternativo. *In: Uma vida dedicada ao Direito:* homenagem a Carlos Henrique de Carvalho. São Paulo: RT, 1995.

COMISSÃO INTERAMERICANA DE DIREITOS HUMANOS. *Situação dos direitos humanos no Brasil.* Disponível em: http://www.oas.org/pt/cidh/relatorios/pdfs/Brasil2021-pt.pdf. Acesso em: 21 fev. 2022.

COMITÊ DOS DIREITOS DA CRIANÇA. *Comentário Geral nº 01:* os objetivos da educação. Vigésima-sexta sessão, 2001.

COMITÊ DOS DIREITOS DA CRIANÇA. *Comentário Geral nº 25 sobre os direitos das crianças em relação ao ambiente digital.* 2021.

COMITÊ DOS DIREITOS ECONÔMICOS, SOCIAIS E CULTURAIS. *Comentário Geral nº 13:* artigo 13 (o direito à educação). Vigésima primeira sessão, 1999.

CONSELHO DE DIREITOS HUMANOS. *Education as a tool to prevent racism, racial discrimination, xenophobia and related intolerance* (A/HRC/RES/22/34). Twenty-second session, 15 April 2013.

CORTE INTERAMERICANA DE DIREITOS HUMANOS. *Caso Gonzales Lluy e outros vs. Equador.* Sentença de 1 de setembro de 2015 (exceções preliminares, fundo, reparações e custas).

CORBO, Wallace. *Discriminação indireta:* conceito, fundamentos e uma proposta de enfrentamento à luz da Constituição de 1988. Rio de Janeiro: Lumen Juris, 2017.

CORTEZ, Ana Claudia Salgado. *A educação em direitos humanos no Município de São Paulo:* uma análise sobre a entrada na agenda e formulação da política pública. Dissertação (Mestrado em Direitos Humanos e Cidadania) – Universidade de Brasília (UnB), Brasília, 2018. 176 f.

CORTEZ, Ana Claudia; LOTTA, Gabriela. Arranjos institucionais e capacidades estatais em nível subnacional: A política de educação em direitos humanos de São Paulo. *Cadernos Gestão Pública e Cidadania* – FGV EAESP – CGPC, v. 27, n. 86, p. 1-19, jan./abr. 2022.

CORTEZ, Ana Claudia; LOTTA, Gabriela. Empreendedores na construção de uma agenda intersetorial: a política de educação em direitos humanos na cidade de São Paulo entre 2013-2016. *Agenda Política,* v. 7, n. 2, p. 214-244, 2019.

COSTA, Susana Henriques da. Acesso à justiça: promessa ou realidade? Uma análise do litígio sobre creche e pré-escola no Município de São Paulo. *In:* GRINOVER, Ada Pellegrini; WATANABE, Kazuo; COSTA, Susana Henriques da (coord.). *O processo para solução de conflitos de interesse público.* Salvador: Jus Podivm, 2017. p. 449-473.

COSTIN, Cláudia. Educar para um futuro mais sustentável e inclusivo. *Estudos Avançados*, v. 34, n. 100, p. 43-52, 2020.

COSTIN, Claudia; PONTUAL, Teresa. Curriculum reform in Brazil to develop skills for the twenty-first century. In: REIMERS, Fernando M. (ed.). *Audacious education purposes*: how government transform the goals of education systems. Cham, Switzerland: Springer Nature Switzerland AG, 2020. p. 47-64.

COUTINHO, Diogo R. O direito nas políticas públicas. In: MARQUES, Eduardo; FARIA, Carlos Aurélio Pimenta (org.). São Paulo: Editora Unesp; Rio de Janeiro: Editora Fiocruz, 2013. p. 181-200.

CRENSHAW, Kimberle. *Demarginalizing the intersection of race and sex*: a black feminist critique of antidiscrimination doctrine, feminist theory and antiracist politics. University of Chicago Legal Forum, v. 1989, issue 1, article 8.

CUNDA, Daniela Zago Gonçalves. Controle de políticas públicas pelos tribunais de contas: tutela da efetividade dos direitos e deveres fundamentais. *Revista Brasileira de Políticas Públicas*, v. 1, n. 2, p. 111-147, 2011.

CUNHA, Beatriz. A alimentação escolar na pandemia, desenvolvimento infantil e igualdade de oportunidades. *Revista de Direito da Defensoria Pública Geral do Estado do Rio de Janeiro*, Rio de Janeiro, v. 29, n. 30, p. 59-81, 2020.

CUNHA, Beatriz. Caso Gonzales Lluy e outros vs. Equador: estigmatização e permeabilidade do conceito de deficiência. In: *Cadernos estratégicos:* análise estratégica dos julgados da Corte Interamericana de Direitos Humanos. Rio de Janeiro: Defensoria Pública do Estado do Rio de Janeiro, p. 136-160, 2018.

CUNHA, Beatriz. Jurisdição constitucional em tempos de crise: equilibrando-se entre a contenção do autoritarismo e o risco de empacotamento. *Revista eletrônica da Procuradoria Geral do Estado do Rio de Janeiro*, Rio de Janeiro, v. 4, n. 2, 2021.

CUNHA, Beatriz. Programa Nacional de Alimentação Escolar sob monitoramento: Uma análise da sua efetividade. *Revista eletrônica da Procuradoria Geral do Estado do Rio de Janeiro*, Rio de Janeiro, v. 4, n. 3, set./dez. 2021.

CUNHA Beatriz. *Retomando a democracia para os excluídos*. Disponível em: https://www.conjur.com.br/2021-jan-19/tribuna-defensoria-retomando-democracia-excluidos. Acesso em: 25 jul. 2022.

CUNHA, Beatriz; RODRIGUES, Angélica; AZAMBUJA, Rodrigo. Defensoria pública do estado do Rio de Janeiro: igualmente dignos da proteção estatal. In: INSTITUTO ALANA (org.). *Pela dignidade:* a história do habeas corpus coletivo pelo fim da superlotação no sistema socioeducativo. São Paulo, SP: Instituto Alana, 2022. p. 58-71.

CUNHA, Beatriz. Rumo a uma educação de qualidade na periferia carioca. In: *Cadernos Estratégicos II*: análise estratégica de decisões dos Órgãos Internacionais de Proteção dos Direitos Humanos/Defensoria Pública do Estado do Rio de Janeiro. Rio de Janeiro: Defensoria Pública do Estado do Rio de Janeiro, p. 84-116, 2021.

CUNHA, Marcos Vinícius. *John Dewey:* uma filosofia para educadores em sala de aula. Petrópolis, RJ: Vozes Ltda., 1994.

CURY, Carlos Roberto Jamil. Gestão democrática da educação: exigências e desafios. *RBPAE – Revista Brasileira de Política e Administração da Educação*, v. 18, n. 2, jul./dez. 2002.

DALLARI, Dalmo de Abreu. *Direitos humanos e cidadania*. São Paulo: Moderna, 1998.

DAMATTA, Roberto. Sabe com quem está falando?: ensaio sobre a distinção entre indivíduo e pessoa no Brasil. In: *Carnavais, malandros e heróis:* para uma sociologia do dilema brasileiro. 6. ed. Rio de Janeiro: Rocco, 1996.

DEFENSORIA PÚBLICA DO ESTADO DO RIO DE JANEIRO. *Município do Rio é o que acumula mais queixas sobre merenda escolar.* Disponível em: https://www.defensoria.rj.def.br/noticia/detalhes/10503-Municipio-do-Rio-e-o-que-acumula-mais-queixas-sobre-merenda-escolar. Acesso em: 18 jul. 2022.

DEFENSORIA PÚBLICA DO ESTADO DO RIO DE JANEIRO. *Ouvidoria finda relatório de 550 denúncias de falta* água *em favelas.* Disponível em: https://www.defensoria.rj.def.br/noticia/detalhes/10171-Ouvidoria-finda-relatorio-de-550-denuncias-de-falta-agua-em-favelas. Acesso em: 18 jul. 2022.

DEFENSORIA PÚBLICA DO ESTADO DO RIO DE JANEIRO. *Relatório temático de fiscalização da unidade de atendimento socioeducativo Escola João Luiz Alves.* Disponível em: https://sci.defensoria.rj.def.br/Restrito/uploads/arquivos/906f51a726b24a6597c5d9e222e39ccb.pdf. Acesso em: 25 dez. 2022.

DEFENSORIA PÚBLICA DO ESTADO DO RIO DE JANEIRO. *2º Relatório sobre o perfil das pessoas atendidas pela Defensoria Pública na busca por vaga em creches no Rio de Janeiro.* Disponível em: https://www.defensoria.rj.def.br/uploads/arquivos/2dc6dcdd25d247fda02a47d2fa2510a9.pdf. Acesso em: 26 abr. 2022.

DWECK, Carol S. *Mindset:* a nova psicologia do sucesso. Tradução de S. Duarte. São Paulo: Objetiva, 2017.

DEWEY, John. *Democracia e educação.* Tradução de Antônio Pinto de Carvalho, revista por Anísio Teixeira. São Paulo: Companhia Editora Nacional, 1979.

DUARTE, Cláudia P. Duarte. *O sistema familiar na teoria política:* repensando o lugar da criança na teoria da justiça. Dissertação – Faculdade de Direito, Universidade do Estado do Rio de Janeiro. Rio de Janeiro. 322 f. 2016.

DUQUE, Daniel; PERO, Valéria. *The equalizing third of a century:* An evaluation of equality of opportunities in Brazil for almost 40 years. 46º Encontro Nacional de Economia, Rio de Janeiro, 2018.

DUPRÉ, Catherine. *Importing law in post-communist transitions:* the Hungarian Constitutional Court and the right to human dignity. Oxford: Hart Publishing, 2003.

DWORKIN, Ronald. *O direito da liberdade:* a leitura moral da Constituição norte-americana. Tradução de Marcelo Brandão Cipolla. São Paulo: Martins Fontes, 2006.

EM meio *à* pandemia, governo Bolsonaro investe contra pesquisa em ciências humanas. *Folha.* Disponível em: https://www1.folha.uol.com.br/educacao/2020/03/em-meio-a-pandemia-governo-bolsonaro-investe-contra-pesquisa-em-ciencias-humanas.shtml. Acesso em: 6 set. 2021.

ESCOLAS militares e colégios civis com mesmo perfil têm desempenho similar. *Folha de São Paulo.* Disponível em: https://www1.folha.uol.com.br/educacao/2019/02/escolas-militares-e-colegios-civis-com-mesmo-perfil-tem-desempenho-similar.shtml. Acesso em: 21 nov. 2022.

ESTADOS UNIDOS DA AMÉRICA. Suprema Corte dos Estados Unidos da América. 347 u.s. 483 (1954).

ESTADOS UNIDOS DA AMÉRICA. Suprema Corte dos Estados Unidos da América. Caso Abrams v. United States, 250 U.S. 616 (1919).

FERRARI, Ana Claudia; OCHS, Mariana; MACHADO, Daniela. *Guia da educação midiática*. São Paulo: Instituto Palavra Aberta, 2020.

FILGUEIRAS, Juliana Miranda. *A educação moral e cívica e sua produção didática*: 1969-1993. Dissertação (Mestrado em Educação: História, Política e Sociedade) – Pontifícia Universidade Católica de São Paulo (PUC-SP), São Paulo, 2006. 211 f.

FISCALIZAÇÃO do ensino de história africana nas escolas é relegada à sociedade civil. *Jornal da USP*. Disponível em: https://jornal.usp.br/diversidade/fiscalizacao-do-ensino-de-historia-africana-nas-escolas-e-relegada-a-sociedade-civil/. Acesso em: 28 nov. 2022.

FRASER, Nancy. From Redistribution to Recognition? Dilemmas of Justice in a "Postsocialist" Age. *In*: FRASER, Nancy. *Justice interruptus*: critical reflections on the "postsocialist" condition. New York & London: Routledge, 1997. p. 21-26.

FREIRE, Paulo. *Educação como prática da liberdade* [recurso eletrônico]. Rio de Janeiro: Paz e Terra, 2015.

FREIRE, Paulo. *Pedagogia da autonomia*: saberes necessários à prática educativa. São Paulo: Paz e Terra, 2011. Livro eletrônico.

FREIRE, Paulo. *Pedagogia da esperança*: um reencontro com a pedagogia do oprimido. 1. ed. Rio de Janeiro: Paz e Terra, 2013. Livro eletrônico.

FREIRE, Paulo. *Pedagogia do oprimido*. Rio de Janeiro: Paz e Terra, 2021.

FREYRE, Gilberto. *Casa grande e senzala*. 51. ed. rev. São Paulo: Global, 2006.

FRIEDMAN, Barry. *The will of the people:* how public opinion has influenced the Supreme Court and shaped the meaning of the Constitution. New York: Farrar, Strauss and Giroux, 2009.

FUNDO DAS NAÇÕES UNIDAS PARA A INFÂNCIA (UNICEF). *A educação que protege contra a violência*. Disponível em: https://www.unicef.org/brazil/media/4091/file/Educacao_que_protege_contra_a_violencia.pdf. Acesso em: 25 jan. 2022.

FUNDO DAS NAÇÕES UNIDAS PARA A INFÂNCIA (UNICEF). *Alimentação na primeira infância*: conhecimentos, atitudes e práticas de beneficiários do Programa Bolsa Família. Brasília; UNICEF, 2021. Disponível em: https://www.unicef.org/brazil/media/17121/file/alimentacao-na-primeira-infancia_conhecimentos-atitudes-praticas-de-beneficiarios-do-bolsa-familia.pdf. Acesso em: 27 abr. 2022.

GADOTTI, Moacir. *Gestão democrática com participação popular no planejamento e na organização da educação nacional*. Brasília: Conae, 2013. Disponível em: https://www.jaciara.mt.gov.br/arquivos/anexos/05062013105125.pdf. Acesso em: 27 nov. 2022.

GARCÍA, Jorge Luis; HECKMAN, James J.; LEAF, Duncan Ermini; PRADOS, María José. *The life-cycle benefits of an influential early childhood program*. NBER Working Paper No. 22993. December 2016. Disponível em: https://www.nber.org/system/files/working_papers/w22993/w22993.pdf. Acesso em: 5 jan. 2021.

GARGARELLA, Roberto. Latin America constitutions in trouble. *In*: GRABER, Mark. A. LEVINSON, Sanford. TUSHNET, Mark. (org.) *Constitucional democracy in crisis?*. New York, NY: Oxford University Press, 2018. p. 177-189.

GINSBURG, Tom; HUQ, Aziz Z. *How to save a constitutional democracy*. Chicago; London: The University of Chicago Press, 2018.

GOIS, Antônio. Apagão de dados educacionais *é* preocupante. *O Globo*. Disponível em: https://oglobo.globo.com/brasil/antonio-gois/coluna/2022/08/apagao-de-dados-educacionais-e-preocupante.ghtml. Acesso em: 29 out. 2022.

GOIS, Antônio. *O ponto a que chegamos:* duzentos anos de atraso educacional e seu impacto nas políticas do presente. Rio de Janeiro: FGV Editora, 2022.

GOVERNO Bolsonaro exclui humanas de edital de bolsas de iniciação científica. *Folha.* Disponível em: https://www1.folha.uol.com.br/educacao/2020/04/governo-bolsonaro-exclui-humanas-de-edital-de-bolsas-de-iniciacao-cientifica.shtml. Acesso em: 6 set. 2021.

GRABER, Mark A.; SANFORD, Levinson; TUSHNET, Mark V. (org.) *Constitutional democracy in crisis?*. New York, NY: Oxford University Press, 2018.

GRUPO DE TRABALHO DA SOCIEDADE CIVIL PARA A AGENDA 2030. *IV Relatório Luz da Sociedade Civil da Agenda 2030 de Desenvolvimento Sustentável Brasil*. 2020. Disponível em: https://brasilnaagenda2030.files.wordpress.com/2020/08/por_rl_2020_web-1.pdf. Acesso em: 25 nov. 2022.

GRYNBERG, Ciro. *Democracia sanitária*: o papel da participação na construção do conceito jurídico de saúde. Dissertação (Mestrado em Direito) – Universidade do Estado do Rio de Janeiro (UERJ), Rio de Janeiro, 2015. 273 f.

GUTMAN, Amy. *Identity in democracy*. Pricenton, New Jersey: Princeton University Press, 2003.

HÄBERLE, Peter. *A dignidade humana como fundamento da comunidade estatal*. Tradução de Ingo Wolfgang Sarlet e Pedro Scherer de Melo Aleixo. *In*: SARLET, Ingo Wolfgang (org.). *Dimensões da dignidade:* ensaios de filosofia do direito e direito constitucional. Porto Alegre: Livraria do Advogado, 2005. p. 45-93.

HÄBERLE, Peter. *Hermenêutica constitucional*: a sociedade aberta dos intérpretes da constituição: contribuição para interpretação pluralista e "procedimental" da constituição. Porto Alegre: Sérgio Antônio Fabris, 1997.

HÄBERLE, Peter. La sociedad aberta de los intérpretes constitucionales: una contribución para la interpretación pluralista y "procesal" de la constitución. *In*: *Retos actuales del estado constitucional*. Oñati: IVAP, 1996.

HABERMAS, Jürgen. *Consciência moral e agir comunicativo*. Tradução de Guido de Almeida. Rio de Janeiro: GTempo Brasileiro, 1989.

HABERMAS, Jürgen. Constitutional democracy: a paradoxal union of contradictory principles? *Political Theory*, n. 29, dez., p. 766-781, 2001.

HABERMAS, Jürgen. *Direito e democracia:* entre facticidade e validade. Tradução de Flávio Beno Siebeneichler. v. 1. Rio de Janeiro: Tempo Brasileiro, 1997.

HABERMAS, Jürgen. O Estado-nação europeu frente aos desafios da globalização. *In: Novos estudos CEBRAP*, n. 43, p. 43-101, novembro de 1995.

HABERMAS, Jürgen. On the internal relation between the rule of law and democracy. *In*: HABERMAS, Jürgen. *The inclusion of the other:* studies on political theory. Cambridge, Mass.: The MIT Press, 1998. p. 253 e ss.

HABERMAS, Jürgen. Soberania popular como procedimento: um conceito normativo de espaço público. Tradução Márcio Suzuki. *Novos Estudos CEBRAP*, nº 26, 1990, p. 100-113, 1990.

HELLER, Herman. Démocratie politique et homogénéité sociale, *Revue Cités*, Paris, n. 6, p. 199-211, maio de 2001.

HADDAD, Sérgio. O contexto histórico e sociopolítico da escrita e recepção de pedagogia do oprimido. *In.*: FREIRE, Paulo. *Pedagogia do oprimido*. Rio de Janeiro: Paz e Terra, 2021. p. 14-25.

HALMAI, Gábor. A coup against constitutional democracy: the case of Hungary. *In*: GRABER, Mark A; SANFORD, Levinson; TUSHNET, Mark V. (org.). *Constitutional democracy in crisis?*. New York, NY: Oxford University Press, 2018. p. 243-256.

HARTUNG, Pedro. *Levando os direitos das crianças a sério*: a absoluta prioridade dos direitos fundamentais e o melhor interesse da criança. 2019. Tese (Doutorado) – Programa de Pós-Graduação em Direito do Estado – Faculdade de Direito, Universidade de São Paulo, São Paulo, 2019.

HEATH, Chip; HEATH, Dan. *Switch*: como mudar as coisas quando a mudança é difícil. Tradução de Luciana Natale Abdalla Ferraz. Rio de Janeiro: Alta Books, 2019.

HELLER, Herman. Démocratie politique et homogénéité sociale. *Revue Cités*, Paris, n. 6, maio de 2001. p. 199-211.

HESSE, Konrad. *Elementos de direito constitucional da República Federal da Alemanha*. Tradução de Luís Afonso Reck. Porto Alegre: Fabris, 1998.

HONNETH, Axel. *Luta por reconhecimento*: A gramática moral dos conflitos sociais. Tradução Luiz Repa. São Paulo: Editora 34, 2003.

HOOKS, bell. *Ensinando a transgredir*: a educação como prática da liberdade. Tradução de Marcelo Brandão Cipolla. 2. ed. São Paulo: WMF Martins Fontes, 2017.

HUGHNEY, M. W. White backlash in the 'post-racial' United States. *Ethnic and Racial Studies*, n.º 27, 2014.

HUNGARY'S PM bans gender study at colleges saying 'people are born either male or female'. *CNN*. Disponível em: https://edition.cnn.com/2018/10/19/europe/hungary-bans-gender-study-at-colleges-trnd/index.html. Acesso em: 25 ago. 2021.

HUQ, Aziz; GINSBURG, Tom. How to lose a constitutional democracy. *UCLA Law Review*, v. 65, n. 1, p. 80-169, February 2018.

HUQ, Aziz. *The conservative case against banning critical race theory*. Disponível em: https://time.com/6079716/conservative-case-against-banning-critical-race-theory/. Acesso em: 21 fev. 2022.

INSTITUTO ALANA. *Recriar a escola sob a perspectiva das relações* **étnico-raciais**. São Paulo: Instituto Alana, 2022. Disponível em: https://alana.org.br/wp-content/uploads/2022/03/RecriarAEscola.pdf?utm_source=news&utm_medium=social&utm_campaign=ia-educacao. Acesso em: 26 dez. 2022.

INSTITUTO AURORA. *Panorama Educação em Direitos Humanos no Brasil*: o biênio 2019-2020 e a perspectiva futura. 2021. Disponível em: https://institutoaurora.org/wp-content/uploads/2021/04/Relato%CC%81rio-EDH-pt-br-compactado.pdf. Acesso em: 25 nov. 2022.

INSTITUTO BRASILEIRO DE GEOGRAFIA E ESTATÍSTICA. *Educação 2023*, Rio de Janeiro: IBGE, 2024. Disponível em: https://biblioteca.ibge.gov.br/index.php/biblioteca-catalogo?view=detalhes&id=2102068. Acesso em 18 jun. 2024.

INSTITUTO DATAFOLHA. *A avaliação de um ano e três meses do Presidente Lula*. Março de 2024. Disponível em: https://media.folha.uol.com.br/datafolha/2024/04/02/hxnnvpz2mvs5msosj0is3f4kz2by6oh2vq5o8expsicveu9ryi2hf0yyqq8m04dljofhtftzif3n6i-ishqd-q.pdf. Acesso em: 12 ago. 2024.

INSTITUTO DATAFOLHA. *Eleições 2022:* 2º turno. Outubro de 2022. Disponível em: https://media.folha.uol.com.br/datafolha/2022/10/21/democracia-2-turno-19-10-22.pdf. Acesso em: 12 ago. 2024.

INSTITUTO INTERAMERICANO DE DERECHOS HUMANOS. *Informe interamericano de la educación en derechos humanos:* un estudio en 19 países. Parte II: Desarrollo en el currículo y textos escolares. San José: IIDH, 2003.

INSTITUTO NACIONAL DE PESQUISAS ANÍSIO TEIXEIRA (INEP). *MEC e Inep divulgam resultados do Censo Escolar 2023*. Disponível em: https://www.gov.br/inep/pt-br/assuntos/noticias/censo-escolar/mec-e-inep-divulgam-resultados-do-censo-escolar-2023. Acesso em 18 jun. 2024.

INSTITUTO NACIONAL DE ESTUDOS E PESQUISAS EDUCACIONAIS ANÍSIO TEIXEIRA (INEP). *MEC e Inep divulgam resultados do Censo Escolar 2023*. Disponível em: https://www.gov.br/inep/pt-br/assuntos/noticias/censo-escolar/mec-e-inep-divulgam-resultados-do-censo-escolar-2023. Acesso em: 18 jun. 2024.

INSTITUTO NACIONAL DE ESTUDOS E PESQUISAS EDUCACIONAIS ANÍSIO TEIXEIRA. *Panorama da educação:* destaques do Education at a Glance 2021. Brasília, DF: Instituto Nacional de Estudos e Pesquisas Educacionais Anísio Teixeira, 2021. Disponível em: https://download.inep.gov.br/publicacoes/institucionais/estatisticas_e_indicadores/panorama_da_educacao_destaques_do_education_at_glance_2021.pdf. Acesso em: 2 jan. 2022.

KANT, Immanuel. *Fundamentação da metafísica dos costumes*. Tradução de Pedro Quintela. Lisboa: Edições 70, 2011.

KIRSTE, Stephan. A legal concept of dignity as a foundation of law. *In*: BRUGGER, Winfried. KIRSTE, Stephan (ed.). *Human dignity as a foundation of law*. Stuttgart: Nomos, 2013. p. 63-82.

KLEIN, Ana Maria; SANTOS, Paula; OLIVEIRA, Flaviana. Educação em direitos humanos como política educacional: análise de projetos premiados na cidade de São Paulo. *Revista Interfaces Científicas-Educação*, v. 10, n. 3, p. 263–274, 2021.

KRAMER, Larry D. *The people themselves* – popular constitutionalism and judicial review. Oxford University Press: Oxford, 2004.

LAPA, Fernanda; KOCH, Fernando; LIZAMA, Isabel; PENHOS, Matias. A Educação em Direitos Humanos na América Latina. *Perspectiva*: Revista do Centro de Ciências da Educação, Florianópolis, v. 39, n. 3, p. 1-26, jul./set. 2021.

LAPA, Fernanda. O advocacy na ONU sobre a educação em direitos humanos no Brasil. *Cadernos da Defensoria Pública do Estado de São Paulo*, a. 3, v. 3, n. 8, 2016. São Paulo: EDEPE, 2018. p. 86-91.

LEAL, Mônica; ALVES, Felipe. A Corte Interamericana de Direitos Humanos como indutora de políticas públicas estruturantes: o exemplo da educação em direitos humanos – uma análise dos casos Ximenes Lopes e Gomes Lund versus Brasil – perspectivas e desafios ao cumprimento das decisões. *Revista do Instituto Brasileiro de Direitos Humanos*, n. 15. p. 287-300, dez. 2015.

LEITE, Ana Cláudia Leite; PIORSKI, Gandhy. *Por um método de escuta sensível das crianças:* sumário executivo da pesquisa de escuta de crianças realizada por Ana Cláudia Leite e Gandhy Piorski em São Paulo (SP), Porto Alegre (RS), Brasília (DF), Recife (PE) e Boa Vista (RO) de 2018 a 2020. Disponível em: https://alana.org.br/wp-content/uploads/2022/10/SUMARIO_EXECUTIVO_METODO_ESCUTA_CRIANCAS.pdf. Acesso em: 28 nov. 2022.

LEVITSKY, Steven; ZIBLATT, Daniel. *Como as democracias morrem.* Tradução de Renato Aguiar. Rio de Janeiro: Zahar, 2018.

LEVITSKY, Steven; ZIBLATT, Daniel. *Como salvar a democracia.* Tradução: Berilo Vargas. Rio de Janeiro: Zahar, 2023.

LIMA, Maria Jocelma; COSTA NETO, Francisco Alves; SILVA, Cicero. Ataques à educação: um olhar sobre as críticas que o educador Paulo Freire vem sofrendo do atual governo Bolsonaro. *Educação em Debate,* Fortaleza, ano 43, n.º 85, p. 58-74, maio/ago. 2021.

LOEWENSTEIN, Karl. *Teoría de la Constitución.* 2. ed. Barcelona: Editorial Ariel, Barcelona, 1976.

LÓPEZ, F.; MOLNAR, A.; JOHNSON, R.; PATTERSON, A.; WARD, L.; KUMASHIRO, K. *Understanding the attacks on Critical Race Theory.* Boulder, CO: National Education Policy Center. Disponível em: http://nepc.colorado.edu/publication/crt. Acesso em: 20 nov. 2022.

LYNN, Marvin; DIXSON, Adrienne D. (ed.). *Handbook of critical race theory in education.* 2. ed. New York: Routledge, 2022.

MACEDO, André Luan Nunes. *Narrativas conservadoras e o sequestro do futuro*: os materiais de educação moral e cívica (1971). História & Ensino, Londrina, v. 27, n. 2, p. 100-123, jul./dez. 2021.

MAIA, Antonio Cavalcanti. A idéia de patriotismo constitucional e sua integração à cultura político-jurídica brasileira. *Direito, Estado e Sociedade.* v. 9, n. 27, p. 20-32, jul./dez. 2005.

MARSHALL, Thomas H. *Cidadania, classe social e status.* Rio de Janeiro: Zahar Editores, 1967.

MAYHEW, David R. *Congress:* the electoral connection. New Heaven: Yale University Press, 1974.

MCCLAIN, Linda C. FLEMING, James E. *Civic education in circumstances of constitutional rot and strong polarization.* Boston University Law Review, Boston, v. 101, n. 5, p. 1771-1792, outubro, 2021. Disponível em: https://www.bu.edu/bulawreview/files/2021/10/McCLAIN-FLEMING.pdf. Acesso em: 26 jul. 2022.

MELLO, Celso Antônio Bandeira de. *O Conteúdo Jurídico do Princípio da Igualdade.* 3. ed. atual. São Paulo: Malheiros, 2006.

MELO, Teresa. *Devolução de medidas provisórias pelo Congresso Nacional:* desafios do mais recente instrumento de controle recíproco entre os poderes. Disponível em: https://www.jota.info/opiniao-e-analise/artigos/devolucao-de-medidas-provisorias-pelo-congresso-nacional-15092021. Acesso em: 25 jul. 2022.

MELO, Teresa. *Papéis do Poder Legislativo na defesa da democracia*: bloqueio, agenda e revisão parlamentar de atos do Executivo. No prelo.

MENDES, Conrado Hübner. *Direitos fundamentais, separação dos poderes e deliberação.* Tese (Doutorado) – Faculdade de Filosofia, Letras e Ciências Humanas, Universidade de São Paulo, 2008.

MENDES, Conrado Hübner. *O entulho autoritário era estoque*. Disponível em: https://quatrocincoum.folha.uol.com.br/br/artigos/direito/o-entulho-autoritario-era-estoque. Acesso em: 18 dez. 2022.

MENDONÇA, Erasto Fortes. Escolas cívico-militares: cidadãos ou soldadinhos de chumbo? *Revista Retratos da Escola*, Brasília, v. 13, n. 27, p. 621-636, set./dez. 2019.

MENDONÇA, Erasto Fortes. Militarização de escolas públicas no DF: a gestão democrática sob ameaça. *Revista Brasileira de Política e Administração da Educação*, v. 35, n. 3, p. 594-611, 2019,

MENEZES, Caroline Grassi Franco de. *Educação em direitos humanos*: mudança de concepção entre participantes de uma política no município de São Paulo. Dissertação (Mestrado em Educação) – Universidade de São Paulo (USP), São Paulo, 2020. 127 f.

MICHAELIS. *Dicionário Brasileiro da Língua Portuguesa*. Disponível em: https://michaelis.uol.com.br/busca?id=QX0y. Acesso em: 20 jan. 2022.

MILITÃO, Andréia; GIORGI, Cristiano. Paulo Freire: o educador proibido de educar. *Revista Retratos da Escola*, Brasília, v. 14, n. 29, p. 279-299, mai./ago. 2020.

MILITARIZAÇÃO das escolas: sob o comando de militar, crianças marcham e treinam com réplicas de fuzis em escolas. *Esquerda Diário*. Disponível em: https://www.esquerdadiario.com.br/VIDEO-Sob-o-comando-de-militar-criancas-marcham-e-treinam-com-replicas-de-fuzis-em-escola. Acesso em: 21 nov. 2022.

MILL, John Stuart. *Considerações sobre o governo representativo*. Edição eletrônica.

MINISTÉRIO DA EDUCAÇÃO/SECRETARIA DA EDUCAÇÃO BÁSICA. *Indicadores da qualidade na educação infantil*. Brasília: MEC/SEB, 2009.

MIRANDA, Jorge. Sobre o direito da educação. *Revista da Faculdade de Direito da Universidade de Lisboa*, v. LX, p. 17-44, setembro de 2019.

MOUFFE, Chantal. Por um modelo agonístico de democracia. *Revista de Sociologia e Política*, Curitiba, 25, p. 165-177, jun. 2006.

MORAES, Maria Celina Bodin de. A liberdade segundo o STF e a liberdade constitucional: o exemplo do ensino domiciliar. *Civilistica*, a. 6, n. 2, p. 1-7, 2017.

MULTIRIO. *Projeto fortalece sentimento de pertencimento dos alunos à E.M. Bernardo de Vasconcellos*. Disponível em: http://www.multirio.rj.gov.br/index.php/reportagens/13383-projeto-fortalece-sentimento-de-pertencimento-dos-alunos-%C3%A0-e-m-bernardo-de-vasconcellos. Acesso em: 25 dez. 2022.

NAÇÕES UNIDAS BRASIL. *Objetivos de Desenvolvimento Sustentável 4 – Educação de Qualidade*. Disponível em: https://brasil.un.org/pt-br/sdgs/4. Acesso em: 5 jan. 2021.

NUSSBAUM, Martha C. *Creating capabilities*: the human development approach. Cambridge: The Belknap Press of Harvard University Press, 2011.

NUSSBAUM, Martha C. Educação para o lucro, educação para a liberdade. *Revista Redescrições* – Revista *on-line* do GT de Pragmatismo e Filosofia Norte-americana. ano I, número 1, p. 5-17, 2009.

NUSSBAUM, Martha C. *Political emotions*: why love matters for justice. Cambridge, MA: The Belknap Press of Harvard University Press, 2013.

NUSSBAUM, Martha C. *Sem fins lucrativos*: por que a democracia precisa das humanidades. Tradução de Fernando Santos. São Paulo: WMF Martins Fontes, 2015.

O APAGÃO. *Revista Piauí*. Disponível em: https://piaui.folha.uol.com.br/materia/o-apagao/. Acesso em: 29 out. 2022.

O ENEM em voo cego. *Revista Piauí*. Disponível em: https://piaui.folha.uol.com.br/o-enem-em-voo-cego/. Acesso em: 29 out. 2022.

OLIVEIRA, Marcelo Elias de. *Percepções docentes sobre direitos humanos:* um estudo a partir dos projetos inscritos no Prêmio Municipal de Educação em Direitos Humanos na cidade de São Paulo entre 2013 e 2016. Dissertação (Mestrado em Educação) – Universidade de São Paulo (USP), São Paulo, 2018. 122 f.

OLIVEIRA, Vanessa Elias de; SILVA, Mariana Pereira da; MARCHETTI, Vitor. Judiciário e políticas públicas: o caso das vagas em creches na cidade de São Paulo. *Educ. Soc.*, Campinas, v. 39, n.º 144, p. 652-670, jul./set., 2018.

ORGANISATION FOR ECONOMIC CO-OPERATION AND DEVELOPMENT. *PISA 2022 Results:* Brazil. OECD Publishing: Paris, 2023.

ORGANIZAÇÃO DAS NAÇÕES UNIDAS. Convenção Internacional sobre os Direitos das Pessoas com Deficiência (Convenção de Nova York), 2007.

ORGANIZAÇÃO DAS NAÇÕES UNIDAS. Declaração Universal dos Direitos Humanos, 1948.

ORGANIZAÇÃO DAS NAÇÕES UNIDAS PARA A EDUCAÇÃO, A CIÊNCIA E CULTURA (UNESCO). *Do acesso ao empoderamento:* estratégia da Unesco para a igualdade de gênero na e por meio da educação para 2019-2025. Paris: Unesco, 2020.

ORGANIZAÇÃO PARA COOPERAÇÃO E O DESENVOLVIMENTO ECONÔMICO (OCDE). *A educação no Brasil:* uma perspectiva internacional. Tradução de Todos pela Educação. Disponível em: https://todospelaeducacao.org.br/wordpress/wp-content/uploads/2021/06/A-Educacao-no-Brasil_uma-perspectiva-internacional.pdf. Acesso em: 4 dez. 2022.

ORGANIZACIÓN INTERNACIONAL DEL TRABAJO. *Informe Mundial sobre el Trabajo Infantil:* Allanar el camino hacia el trabajo decente para los jóvenes. Junio de 2015. Disponível em: https://www.ilo.org/ipecinfo/product/download.do?type=document&id=26980. Acesso em: 11 jun. 2022.

OSORIO, Aline. *O direito eleitoral e a liberdade de expressão:* política, palavra e paixão. Dissertação – Faculdade de Direito, Universidade do Estado do Rio de Janeiro. Rio de Janeiro. 282 f. 2015.

OUVIDORIA EXTERNA DA DEFENSORIA PÚBLICA DO ESTADO DO RIO DE JANEIRO. *Escuta da sociedade civil sobre combate à pandemia da Covid-19 nas favelas e periferias do Rio de Janeiro*. Abril a Junho de 2020. Disponível em: https://drive.google.com/file/d/1 6qD9bYJ1hk1x1nN4JR6LQxW63DvtGD6_/view. Acesso em: 18 jul. 2022.

PASTI, André; PORTUGAL, Alfredo Luiz. Por que trabalho e legado de Paulo Freire são alvos de tanta desinformação?. *Carta Capital*, 2021. Disponível em: https://www.cartacapital.com.br/blogs/intervozes/por-que-trabalho-e-legado-de-paulo-freire-sao-alvos-de-tanta-desinformacao/. Acesso em: 22 nov. 2022.

PEREIRA, Anthony. *Political (in)justice:* authoritarianism and the rule of law in Brazil, Chile, and Argentina. Pittsburgh: University of Pittsburgh Press, 2005.

PEREIRA, Jane Reis Gonçalves. As garantias constitucionais entre utilidade e substância: uma crítica ao uso de argumentos pragmatistas em desfavor dos direitos fundamentais.

Direitos Fundamentais & Justiça, Belo Horizonte, ano 10, n. 35, p. 345-373, jul./dez. 2016.

PEREIRA, Jane Reis Gonçalves. *Interpretação constitucional e direitos fundamentais*. 2. ed. São Paulo: Saraiva Educação, 2018.

PERNAMBUCO, Decreto nº 30.362, de 17 de abril de 2007, art. 7º, inc. XXIV.

PESQUISA sobre o uso da internet por crianças e adolescentes no Brasil: TIC Kids Online Brasil 2021 = Survey on Internet use by children in Brazil: ICT Kids Online Brazil 2021/ [editor] Núcleo de Informação e Coordenação do Ponto BR. São Paulo: Comitê Gestor da Internet no Brasil, 2022.

PIAGET, Jean. *Para onde vai a educação?* Tradução portuguesa por Ivette Braga. Rio de Janeiro: José Olympio, 1973.

PIAGET, Jean. *The Moral Judgement of the Child*. Illinois: The Free Press, 1997.

PIOVESAN, Flávia. Igualdade, diferença e direitos humanos: perspectivas global e regional. *In*: SARMENTO, Daniel. IKAWA, Daniela. PIOVESAN, Flávia (org.). *Igualdade, Diferença e Direitos Humanos*. Rio de Janeiro: Lumen Juris, 2008.

PONTES, João Gabriel Madeira. *Democracia militante em tempos de crise*. Rio de Janeiro: Lumen Juris, 2020.

POST, Robert C.; SIEGEL, Reva B. *Roe rage:* democratic constitutionalism and backlash. *Harvard Civil Rights-Civil Liberties Law Review*, v. 42, p. 373-433, 2007.

PREFEITURA DO RIO DE JANEIRO. *Futuro em construção na Vila Cruzeiro*. Disponível em: http://www.pcrj.rj.gov.br/web/sme/exibeconteudo?id=7317107. Acesso em: 25 dez. 2022.

PRINSTEIN, Mitchell J. DODGE, Kenneth A. *Understanding peer influence in children and adolescents*. New York: Guilford Press, 2008.

PRZEWORSKI, Adam. *Crises da democracia*. Tradução de Berilo Vargas. Rio de Janeiro: Zahar, 2020.

RAMOS, André de Carvalho. *Curso de Direitos Humanos*. 5. ed. São Paulo: Saraiva Educação, 2018. Versão kindle.

RANIERI, Nina. Educação obrigatória e gratuita no Brasil: um longo caminho, avanços e perspectivas. *In*: RANIERI, Nina; ALVES, Angela (org.). *Direito à educação e direitos na educação em perspectiva interdisciplinar*. São Paulo: Cátedra UNESCO de Direito à Educação/ Universidade de São Paulo (USP), 2018. p. 15-48.

RANIERI, Nina. *O Estado Democrático de Direito e o sentido da exigência de preparo da pessoa para o exercício da cidadania, pela via da educação*. Tese (Livre docência) – Faculdade de Direito, Universidade de São Paulo. São Paulo. 421 f. 2009.

RANIERI, Nina. *O novo cenário jurisprudencial do direito à educação no Brasil:* o ensino domiciliar e outros casos no Supremo Tribunal Federal. *Proposições*, v. 28, n. 2 (83), p. 141-171, 2017.

RAWLS, John. A ideia de razão pública revista. *In*: RAWLS, John. *O direito dos povos*. Tradução de Luis Carlos Borges. São Paulo: Martins Fontes, 2001.

RAWLS, John. *A theory of justice*. Revised ed. Cambridge, Mass.: The Belknap Press of Harvard University Press, 1999.

RAWLS, John. *Liberalismo político*. Tradução de Dinah de Abreu Azevedo. 2. ed. São Paulo: Ática, 2000.

REDE BRASILEIRA DE HISTÓRIA PÚBLICA. Muito além da escola: as disputas em torno do passado no debate público. *In*: CÁSSIO, Fernando (org.). *Educação contra barbárie*: por escolas democráticas e pela liberdade de ensinar. São Paulo: Boitempo, 2019. Recurso digital.

RICH, Adrienne. Compulsory heterosexuality and lesbian existence. *Signs*: journal of women in culture and society, v. 5, n. 4, p. 631-660, diciembre 1980.

RODINO, Ana Maria. La institucionalización de la educación en derechos humanos en los sistemas educativos de América Latina (1990-2012): avances, limitaciones y desafios. *In*: RODINO, Ana Maria *et al.* (org.). *Cultura e educação em direitos humanos na América Latina*. João Pessoa: Editora da UFPB, 2014. p. 61-82.

ROGER, Franklyn; ESTEVES, Diogo. *Princípios institucionais da Defensoria Pública*. 2. ed. rev., atual. e ampl. Rio de Janeiro: Forense, 2017.

ROSSEAU, Jean-Jacques. *Emílio; ou, Da educação*. Tradução de Sérgio Milliet. 3. ed. Rio de Janeiro: Bertrand Brasil, 1995.

RUBLE, Diane; TAYLOR, Lisa; CYPHERS, Lisa; GREULICH, Faith; LURYE, Leah; SHOUT, Patrick. The role of gender constancy in early gender development. *Child development*, vol. 78, issue 4, p. 1121-1136, 2007.

SACAVINO, Susana Beatriz. *Educação em/para os direitos humanos em processos de democratização*: o caso do Chile e do Brasil. Tese (Doutorado em Educação) – Pontifícia Universidade Católica do Rio de Janeiro, Rio de Janeiro, 2008. 289 f.

SACAVINO, Susana. Pedagogia de la memoria y educación para el "nunca más" para la construcción de la democracia. *FOLIOS*, Segunda época, n. 41, p. 69-85, primer semestre de 2015.

SADURSKI, Wojciech. Constitutional crisis in Poland. *In*: GRABER, Mark A; SANFORD, Levinson; TUSHNET, Mark V. (org.). *Constitutional democracy in crisis?*. New York, NY: Oxford University Press, 2018. p. 257-275.

SANDEL, Michael J. *A tirania do mérito:* o que aconteceu com o bem comum?. Tradução de Bhuvi Libanio. Rio de Janeiro: Civilização Brasileira, 2020.

SANTOS, Boaventura de Sousa (org.). *Democratizar a democracia:* os caminhos da democracia participativa. Rio de Janeiro: Civilização Brasileira, 2002.

SANTOS, Boaventura de Sousa. Orçamento Participativo em Porto Alegre: para uma democracia redistributiva. *In*: SANTOS, Boaventura de Sousa (org.). *Democratizar a democracia:* os caminhos da democracia participativa. Rio de Janeiro: Civilização Brasileira, 2002. p. 455-560.

SANTOS, Boaventura de Sousa. Para ampliar o cânone democrático. *In*: SANTOS, Boaventura de Sousa (org.). *Democratizar a democracia:* os caminhos da democracia participativa. Rio de Janeiro: Civilização Brasileira, 2002. p. 39-82.

SARLET, Ingo Wolfgang. *Dignidade da pessoa humana e direitos fundamentais na Constituição Federal de 1988*. Porto Alegre: Livraria do Advogado, 2001.

SARLET, Ingo Wolfgang. Direitos fundamentais e direito privado: algumas considerações em torno da vinculação dos particulares aos direitos fundamentais. *In*: *A Constituição concretizada*. Porto Alegre: Livraria do Advogado, 2000. p. 107-163.

SARLET, Ingo Wolfgang. *In*: CANOTILHO, J. J. *et al*. *Comentários à Constituição do Brasil*. 2. ed. São Paulo: Saraiva Educação, 2018. (Série IDP). Versão Kindle.

SARLET, Ingo Wolfgang; MARINONI, Luiz Guilherme; MITIDIERO, Daniel. *Curso de direito constitucional*. 11. ed. São Paulo: SaraivaJur, 2022.

SARMENTO, Daniel. *A crise democrática e as instituições*. Disponível em: https://blogs.oglobo.globo.com/fumus-boni-iuris/post/daniel-sarmento-crise-democratica-e-instituicoes.html. Acesso em: 25 jul. 2022.

SARMENTO, Daniel. A igualdade *étnico-racial* no direito constitucional brasileiro: Discriminação "de facto", teoria do impacto desproporcional e ação afirmativa. *In*: SARMENTO, Daniel. *Livres e iguais*: estudos de direito constitucional. Rio de Janeiro: Lumen Juris, 2006.

SARMENTO, Daniel. *Crise democrática e a luta pela Constituição*. Belo Horizonte: Fórum, 2020.

SARMENTO, Daniel. *Dignidade da pessoa humana*: conteúdo, trajetórias e metodologia. 2. ed. Belo Horizonte: Fórum, 2016.

SARMENTO, Daniel. *Direitos fundamentais e relações privadas*. 2. ed. Rio de Janeiro: Lumen Juris, 2010.

SARMENTO, Daniel. *Ensino religioso nas escolas públicas*: a ADI 4.439 e a audiência pública do STF. Disponível em: https://www.jota.info/opiniao-e-analise/artigos/ensino-religioso-nas-escolas-publicas-23062015. Acesso em: 16 jun. 2022.

SARMENTO, Daniel. *Quando a Suprema Corte se torna inimiga dos direitos*. Disponível em: https://oglobo.globo.com/blogs/fumus-boni-iuris/post/2022/07/suprema-corte-inimiga-dos-direitos-o-caso-norte-americano-e-as-licoes-para-o-brasil.ghtml. Acesso em: 10 jul. 2022.

SARMENTO, Manuel Jacinto; FERNANDES, Natália; TOMÁS, Catarina. Políticas públicas e participação infantil. *Educação, Sociedade & Culturas*, nº 25, p. 183-206, 2007.

SECCHI, Leonardo. *Políticas públicas*: conceitos, esquemas de análise, casos práticos. São Paulo: Cengage Learning, 2012.

SEN, Amartya. *A ideia de justiça*. Tradução de Denise Bottmann e Ricardo Doninelli Mendes. São Paulo: Companhia das Letras, 2009.

SEN, Amartya. *Desenvolvimento como liberdade*. Tradução de Laura Teixeira Motta. São Paulo: Companhia das Letras, 2018.

SCHMITT, Carl. *Verfassungslehre*. 8. ed. Berlin: Duncker & Humblot, 1993.

SIFUENTES, Mônica. *Direito fundamental à educação*. 2. ed. Porto Alegre: Núria Fabris, 2009.

SILVA, Aida Maria Monteiro. *Escola pública e a formação da cidadania*: possibilidades e limites. Tese (Doutorado em Educação) – Universidade de São Paulo (USP), São Paulo, 2000. 222 f.

SILVA, Aida Maria Monteiro; TAVARES, Celma. Educação em direitos humanos no Brasil: contexto, processo de desenvolvimento, conquistas e limites. *Educação*, Porto Alegre, v. 36, n. 1, p. 50-58, jan./abr. 2013.

SILVA, Denise dos Santos Vasconcelos. *Direito à educação*: efetividade, justiciabilidade e protagonismo cidadão. 1. ed. Curitiba: Brazil Publishing, 2020.

SILVA, José Afonso da. *Comentário contextual à Constituição*. 6. ed. São Paulo: Malheiros, 2009.

SILVA, Mila Nayane; LIMA, Tânia Maria. *Desenhando a diversidade e igualdade na educação infantil*. Disponível em: https://generoeeducacao.org.br/mude-sua-escola-tipo/materiais-educativos/plano-de-aula/desenhando-a-diversidade-e-igualdade-na-educacao-infantil/. Acesso em: 29 dez. 2022.

SILVA, Virgílio Afonso da. *A constitucionalização do direito*: os direitos fundamentais nas relações entre particulares. São Paulo: Malheiros, 2005.

SILVA, Virgílio Afonso da. Deciding without deliberating. *International Journal of Constitutional Law*, v. 11, issue 3, p. 557-584, july 2013.

SITARAMAN, Ganesh. Economic inequality and constitutional democracy. *In*: GRABER, Mark A; LEVINSON, Sanford; TUSHNET, Mark (ed.). *Constitutional democracy in crisis?*. Oxford: Oxford University Press, 2018.

SOUZA, Jessé de. A gramática social da desigualdade brasileira. *Revista Brasileira de Ciências Sociais*, v. 19, n. 54, p. 79-96, fevereiro 2004.

SOUZA, Jessé de. *A ralé brasileira:* quem é e como vive. 3. ed. São Paulo: Contracorrente, 2018.

SOUZA, Jessé de. *A tolice da inteligência brasileira:* ou como o país se deixa manipular pela elite. São Paulo: Leya, 2015.

SOUZA NETO, Cláudio Pereira de. *Democracia em crise no Brasil:* valores constitucionais, antagonismo político e dinâmica institucional. São Paulo: Contracorrente, 2020.

SOUZA NETO, Cláudio Pereira de. Fundamentação e normatividade dos direitos fundamentais: uma reconstrução teórica à luz do princípio democrático. *In*: *A nova interpretação constitucional* – ponderação, direitos fundamentais e relações privadas. Rio de Janeiro: Renovar, 2003.

SOUZA NETO, Cláudio Pereira de; SARMENTO, Daniel. *Direito constitucional:* teoria, história e métodos de trabalho. 2. ed. Belo Horizonte: Fórum, 2014.

SOUZA NETO, Cláudio Pereira de; SARMENTO, Daniel. *Direitos sociais:* fundamentos, judicialização e direitos sociais em espécie. Rio de Janeiro: Lumen Juris, 2008.

SOUZA NETO, Cláudio Pereira de. *Teoria constitucional e democracia deliberativa:* um estudo sobre o papel do direito na garantia das condições para a cooperação na deliberação democrática. Rio de Janeiro: Renovar, 2006.

SOUZA NETO, Cláudio Pereira de. Teoria da constituição, democracia e igualdade. *In*: SOUZA NETO, Cláudio Pereira de; BERCOVICI, Gilberto; MORAES FILHO, José Filomeno; LIMA, Martônio Mont'Alverne Barreto. *Teoria da constituição:* estudos sobre o lugar da política no direito constitucional. Rio de Janeiro: Lúmen Júris, 2003.

SOUZA, Pedro H. G. Ferreira de. *Uma história de desigualdade:* A concentração de renda entre os ricos no Brasil 1926-2013. 1. ed. São Paulo: Hucitec, Anpocs, 2018.

STANLEY, Jason. *Como funciona o fascismo:* a política do "nós" e "eles". Tradução de Bruno Alexander. Porto Alegre [RS]: L&PM, 2020.

SUSTEIN, Cass R. *#republic:* divided democracy in the age of social media. Princeton: Princeton University Press, 2017.

TAVARES, Celma. A política de educação em direitos humanos na rede pública estadual de Pernambuco: um processo em construção. *In*: SIMPÓSIO BRASILEIRO DE POLÍTICA E ADMINISTRAÇÃO DA EDUCAÇÃO, XXVI, 2013, Recife.

TAVARES, Celma. *Educação em direitos humanos em Pernambuco*: as práticas vivenciadas nas escolas estaduais. Bauru, v. 5, n. 1, p. 225-244, jan./jun., 2017 (8).

TAVARES, Celma. Educar para o nunca mais: experiências educativas em lugares de memória na Argentina, Brasil e Chile. *Revista Momento* – diálogos em educação, v. 31, n. 1, p. 95-115, jan./abr., 2022.

'TE arrebento': PMs ameaçam alunos escolas cívico-militar do DF. *Yahoo*. Disponível em: https://br.noticias.yahoo.com/te-arrebento-p-ms-ameacam-alunos-de-escola-civico-militar-do-df-133245867.html. Acesso em: 21 nov. 2022.

TEIXEIRA, Anísio. *Educação é um direito*. 3ª ed. Rio de Janeiro: Editora UFRJ, 2004.

TEIXEIRA, Anísio. *Educação para a democracia*: introdução à administração educacional. 2. ed. São Paulo: Companhia Editora Nacional, 1953.

THE CHRISTIAN SCIENCE MONITOR. *Why is someone trying to shutter one of Russia's top private universities?* Disponível em: https://www.csmonitor.com/World/Europe/2017/0328/Why-is-someone-trying-to-shutter-one-of-Russia-s-top-private-universities. Acesso em: 25 ago. 2021.

TODOS PELA EDUCAÇÃO. *Acesso à creche*: crianças vulneráveis em primeiro lugar. Disponível em: https://educacaoquedacerto.todospelaeducacao.org.br/redes-e-desafios/acesso-a-creche-criancas-vulneraveis-em-primeiro-lugar/. Acesso em: 26 abr. 2022.

TODOS PELA EDUCAÇÃO. *Nota técnica:* Taxas de atendimento escolar. Dezembro/2021. Disponível em: https://todospelaeducacao.org.br/wordpress/wp-content/uploads/2021/12/nota-tecnica-taxas-de-atendimento-escolar.pdf?utm_source=site&utm_id=nota#:~:text=Nesta%20situa%C3%A7%C3%A3o%20est%C3%A3o%20em%202021,77%2C0%25%20em%202020.&text=Isso%20se%20deu%2C%20especialmente%2C%20por,Alfabetiza%C3%A7%C3%A3o%20de%20Jovens%20e%20Adultos). Acesso em: 6 jun. 2022.

TODOS PELA EDUCAÇÃO. *Percentual de crianças de 0 a 3 anos que frequentam e não frequentam a creche (com motivo discriminado)* – Brasil – 2023. Abril/2024. Disponível em: https://todospelaeducacao.org.br/wordpress/wp-content/uploads/2024/03/atendimento-creche-todos-pela-educacao.pdf. Acesso em: 25 ago. 2024.

TORRES, Ricardo Lobo. A cidadania multidimensional na era dos direitos. *In*: TORRES, Ricardo Lobo (org.). *Teoria dos direitos fundamentais*. 2. ed. rev. e atual. Rio de Janeiro: Renovar, 2001. p. 243-342.

TORRES, Ricardo Lobo. *Teoria dos direitos fundamentais*. Rio de Janeiro: Renovar, 2001.

TRIBUNAL DE CONTAS DO ESTADO DO RIO GRANDE DO SUL. *Cumprimento do art. 26-A da LDB nas escolas municipais do RS*: obrigatoriedade do ensino de história e cultura afro-brasileira e indígena. Disponível em: https://cloud.tce.rs.gov.br/s/YHTrnmRmcYb72Bk. Acesso em: 3 dez. 2022.

TRUMP anuncia regra para deter crianças imigrantes por temo indeterminado. *El País*. Disponível em: https://brasil.elpais.com/brasil/2019/08/21/internacional/1566396704_254162.html. Acesso em: 6 maio 2022.

TURNER, Bryan. *Citizenship and capitalism*. Londres: Allen & Unwin, 1986.

TURNER, Bryan. Outline of a theory of citizenship. *Sociology*. The Journal of the British Sociological Association, v. 24, n. 2. 1990.

TUSHNET, Mark. *Taking the Constitution away from the courts*. New Jersey: Princeton University Press, 1999.

UNICEF. *A educação que protege contra a* violência. Disponível em: https://www.unicef.org/brazil/media/4091/file/Educacao_que_protege_contra_a_violencia.pdf. Acesso em: 3 maio 2022.

UNICEF. *Promoção do direito à participação*. Disponível em: https://www.unicef.org/brazil/promocao-do-direito-a-participacao#:~:text=Na%20inf%C3%A2ncia%2C%20o%20direito%20%C3%A0,adolescente%20traz%20para%20a%20sociedade. Acesso em: 28 nov. 2022.

UNITED NATIONS DEVELOPMENT PROGRAMME (UNPD). *2023 Gender Social Norms Index (GSNI):* Breaking down gender biases: Shifting social norms towards gender equality. New York, 2023.

UNIVERSIDADE POSITIVO. *Eleições, redes sociais e democracia:* análise dos dados qualitativos sobre o conteúdo do debate político nas páginas pró-Bolsonaro durante a campanha eleitoral de 2018. Curitiba, 2021. Disponível em: https://tecdemocracia.files.wordpress.com/2021/10/4o-relatocc81rio-parcial-da-pesquisa-eleiccca7occ83es-redes-sociais-e-democracia-setembro.2021.pdf. Acesso em: 3 abr. 2022.

V-DEM INSTITUTE. *Democracy report 2024:* Democracy Winning and Losing at the Ballot, 2024. Disponível em: https://v-dem.net/documents/43/v-dem_dr2024_lowres.pdf. Acesso em: 26 mar. 2024.

VETTORASSI, Andréa; OLIVEIRA, Dijaci de; BENEVIDES, Rubens. Direitos humanos no Brasil: Os ataques às humanidades no governo Bolsonaro. *Revista Humanidades e Inovação*, v.7, n. 20, p. 401-417, 2020.

VIEIRA, Liszt. *Cidadania e globalização*. Rio de Janeiro: Record, 1997.

VIEIRA, Oscar Vilhena. A desigualdade e a subversão do Estado de Direito. *SUR – Revista Internacional de Direitos Humanos*, n. 6, ano 4, p. 28-51, 2007.

WINEBURG, Sam; MCGREW, Sarah; BREAKSTONE Joel; ORTEGA, Teresa. *Evaluating information:* the cornerstone of civic online reasoning. Stanford Digital Repository, 2016. Disponível em: https://purl.stanford.edu/fv751yt5934. Acesso em: 22 dez. 2022.

WOLIN, Richard. Introduction. *In*: HABERMAS, Jürgen. *The new conservatism: cultural criticism and the historian's debate*. Cambridge, Massachusetts: MIT Press, 1994.

WORLD ECONOMIC FORUM. *The Global Social Mobility Report 2020:* equality, opportunity and a new economic imperative. Janeiro, 2020. Disponível em: http://www3.weforgum.org/docs/Global_Social_Mobility_Report.pdf. Acesso em: 5 jan. 2021.

WORLD FOOD PROGRAMME. *State of school feeding worldwide 2020*. Rome: World Food Programme, 2020. Disponível em: https://docs.wfp.org/api/documents/WFP-0000123923/download/?_ga=2.248746629.365972922.1614175433-1077825198.1611244221. Acesso em: 27 abr. 2022.

ZACHARY. Elkins; GINSBURG, Tom; MELTON, James. *Constitute:* the world's constitutions to read, search, and compare. Disponível em: constituteproject.org. Acesso em: 25 ago. 2024.

ZAROTTI MOREIRA, Pedro. *"Tuas ideias não correspondem aos fatos":* o ensino de História e o revisionismo ideológico em difusão na atualidade. Dissertação (Mestrado profissional) – Universidade Estadual de Campinas, Campinas, SP, 2022.

ZENAIDE, Maria de Nazaré T. A Linha do tempo da educação em direitos humanos na América Latina. *In*: RODINO, Ana Maria *et al*. (org.). *Cultura e educação em direitos humanos na América Latina*. João Pessoa: Editora da UFPB, 2014. p. 29-60.

ZENAIDE, Maria de Nazaré T. Educação em direitos humanos e democracia: história, trajetórias e desafios nos quinze anos do PNEDH. *Educação & Formação*, Fortaleza, v. 3, n. 7, p. 137-161, jan./abr., 2018.

ZENAIDE, Maria de Nazaré T. Educação popular e Educação em Direitos Humanos: aproximações, diálogos e contribuições teórico-práticas. *In*: SANTORO, Emilio; BATISTA, Gustavo; ZENAIDE, Maria de Nazaré T.; TONEGUTTI, Raffaella Greco (org.). *Direitos humanos em uma época de insegurança*. Porto Alegre: Tomo, 2010a. p. 355-374.

Esta obra foi composta em fonte Palatino Linotype, corpo 10
e impressa em papel Pólen Bold 70g (miolo) e Supremo 250g (capa)
pela Gráfica Star7.